浙江大学土地与国家发展研究院

全球土地2016
热点与前沿

主　编　吴次芳
副主编　叶艳妹　吴宇哲　岳文泽

ZHEJIANG UNIVERSITY PRESS
浙江大学出版社

图书在版编目(CIP)数据

全球土地 2016：热点与前沿 / 吴次芳主编. —杭州：浙江大学出版社，2018.1

ISBN 978-7-308-17994-2

Ⅰ.①全… Ⅱ.①吴… Ⅲ.①土地问题－研究－世界 Ⅳ.①F311

中国版本图书馆 CIP 数据核字（2018）第 029385 号

全球土地 2016：热点与前沿

主　编　吴次芳

责任编辑　杨利军
文字编辑　孙　鹂
责任校对　沈巧华
封面设计　十木米
出版发行　浙江大学出版社
　　　　　（杭州市天目山路 148 号　邮政编码 310007）
　　　　　（网址：http://www.zjupress.com）
排　　版　杭州中大图文设计有限公司
印　　刷　浙江省邮电印刷股份有限公司
开　　本　787mm×1092mm　1/16
印　　张　15
字　　数　374 千
版 印 次　2018 年 1 月第 1 版　2018 年 1 月第 1 次印刷
书　　号　ISBN 978-7-308-17994-2
定　　价　45.00 元

地图审核号：浙 S（2017）205 号

浙江大学出版社发行中心联系方式：0571-88925591；http://zjdxcbs.tmall.com

私地亦悲剧
（代前言）

　　1968 年，英国生物学家加勒特·哈丁（Garrett Hardin）在《科学》杂志上发表了影响极其深刻的著名文章——《公地的悲剧》（*The Tragedy of the Commons*）。他在论述中提出了一个典型案例：在一块没有明晰产权的公共草地上，每一个牧民都想尽可能多地增加自己放羊的数量，以实现个人收益最大化，由此加入竞争的牧民越来越多，当羊的数量最终超过牧场的最大承载量时，牧场资源开始退化，最终变成不毛之地。他进一步指出，在信奉公地自由化的社会中，每个人都追求各自的最大利益，毁灭是所有人都奔向的目的地。罗纳德·哈里·科斯（Ronald Harry Coase）、埃莉诺·奥斯特罗姆（Elinor Ostrom）、泰勒·考恩（Tyler Cowen）和亚历克斯·塔巴洛克（Alex Tabarrok）等人虽然也定义过不同版本的公地悲剧，但它们之间的本质含义是相似的，即自然资源在产权上的排他性不足或者缺失，而在使用上的竞争性又过于强烈，将必然导致资源枯竭，资源所蕴含的经济租金耗散，将导致资源使用上的低效率或者无效率，从而产生"悲剧"。在历史的演化中，"公地悲剧"这一概念逐渐成为资源环境恶化的重要术语，它意味着产权界定不明晰必然导致"悲剧"的发生。

　　按照西方产权经济学理论逻辑，产权界定不明晰确实会导致资源利用的无效率，公共资源正是处于公共领域的那部分资源，人们利用公共资源时产生的外部性会最终转化为社会成本，并由整个社会来承担，其结果是公共资源的租值逐渐消散，产生"公地悲剧"。因此，清晰界定产权是解决"公地悲剧"的最重要途径。毫无疑问，如果公共资源既缺乏产权边界，又缺乏任何的约束和监管，"悲剧"是必然会发生的。但问题是，现实中完全没有任何权属划分、不具备任何排他性的公共资源是极其罕见的，这里先不说哈丁混淆了公共资源和共享资源的概念，即使是他提出的公地放牧案例，对于草地权属范围之外的放牧者（如邻国或邻地放牧者）来说，使用权仍具有清晰的排他性。就土地资源而言，哈丁所描绘的公地事实上是不存在的，即使集体土地所有权和国有土地所有权也都存在不同程度的排他性，而哈丁恰恰忽略了这一点，不少经济学家和法学家也没有充分考虑到这一点。因此，在中国土地制度改革的进程中，部分学者以"公地悲剧"为理由，而且不恰当地把"公地悲剧"理解为"土地公有制悲剧"，认为只有将土地产权人格化，把"公地"改革成"私地"，才能提高土地资源配置效率并促进其可持续发展。问题是，即使公地会发生"悲剧"，难道私地就能避免发生"悲剧"了吗？答案显然是否定的。也就是说，私地照样会发生"悲剧"。所谓"私地悲剧"，是指由于人的理性是短期的，人们很难关照长远利益和整体利益；而且，由于信息不对称，每个人不可能都掌握很充分的信息来做出理性判断，所以人们在利用私有土地的过程中往往盲目追求短期利益、个人利益和局部利益，从而降低了土地的长期利用效益和社会效益，造成土地利用的"悲剧"。据《报刊文摘》（2015 年 6 月 3 日）报道，随着肉食需求量增大，发展牲畜业的比较效益增加，大量农田被投入种植耗水量大的饲牛作物。为了种植饲养肉牛所需的苜蓿芽，美国得克萨斯州南部和墨西哥已近乎贫瘠的田地正在耗尽科罗拉多河最后一盎司重的水分。而为让美国市民每天可以享用汉堡包，里奥格兰德河几近断流。据估计，全球有 33 亿头食草牲畜，而人们对这些牲畜的过度放牧毁掉了 20% 的牧草地。人们为了追求短期的农牧业利益最大化，不断开采地下水，导致地下水开始枯竭。在印度泰米尔纳德邦和古吉拉特邦，农民为了追求土地利用经济效率的最大化，不断开采地下水，导致地下水枯竭，结果使大片大片的土地荒芜。纵观许多古文明的兴衰，可以发现，这些文明之所以从强盛走向衰落，是因为人们在文明发展的过程中很少或根本没有遵循土地的整体性规律和考虑长远利益，而是不断地强化土地的私人所有，从而导致自然生态系统的崩溃，最终酿成文明的衰败。美索不达米亚文明、玛雅文明、哈巴拉文明的衰败都是如此。日本成田国际机场建设的过程更进一步说明私地的另一种"悲剧"。1966 年 7 月 4 日，当时的佐藤荣作内阁做出决定，在千叶县成田市三里冢买地拆迁，建一座"三里冢机场"，也就是后来的成田国际机场。可是，建设机场的决定影响到了当地农民的个人利益，遭到了当地农民的强烈反对。到 2012 年 11 月，机场仍处于"未完工"状态，原设计的 A、B、C 三条跑道，40 多年过去了才建了一条半，严重影响了社会的公共利益。20 世纪 70 年代，美国纽约市政府在推进城市更新的进程中，为补偿私人土地高额的费用，1974 年仅短期贷款就达 53 亿美元，市政当局因无力偿还贷款而宣布财政破产，惠及全体市民公共福祉的城市更新不得不全面停止。从印度首都新德里到位于印度北方邦的著名旅游城市阿格拉（以泰姬陵著名）之间，虽然只有 200 千米的距离，但乘汽车单程要花 5 个小时，常使游人疲惫不堪。2007 年，印度大众社会党在北方邦赢得选举后，北方邦首席部长玛亚瓦蒂计划在该邦沿亚穆纳河修建一条从毗连新德里的大瑙怡达城至阿格拉的高速公路，这样两城之间的乘车时间可缩短至 2 个小时。这不仅能改善当地的交通状况，还可借机带动这个贫困人口大邦西部公路沿线的经济发展。可是，由于土地私有，每个人只顾自己的眼前利益，仅征地困难和高成本就足以使这些具有社会整体利益的工程不得不搁浅至今。

"私地悲剧"之所以产生，其主要根源在于：在缺乏必要的制度约束条件下，不同利益相关者的不同利益偏好必然引发利益冲突。个人利益与社会利益的诉求不同，是导致冲突的主要原因。一方面，私地的拥有者往往是理性、自利的"经济人"，他们在决策时将个人利益最大化，即以个人经济利益最大化为最重要的准则，在决策时往往会忽视自身决策对邻里、社会的外部性，从而造成"私地悲剧"；另一方面，个人在决策时往往存在短视现象，即人们很难关照长远利益和整体利益。造成这一现象的原因，一是环境的复杂性,人们在决策时面临的是一个复杂的、不确定的世界,而且决策的时间点越是长远,不确定性就越大,信息也就越不完全;二是个人对环境的计算能力和认识能力是有限的,个人不可能对环境做出完全准确的判断。正是由于短视性的存在,人们在进行资源开发利用时会陷入盲目,造成资源的浪费,从而产生"私地悲剧"。可见,如果公地会发生"悲剧",私地也会发生"悲剧","悲剧"的发生与产权形态没有必然联系。难怪弗里德里希·奥古斯特·冯·哈耶克(Friedrich August von Hayek)这位世界上最彻底的自由市场和私有产权捍卫者也不得不承认,私有财产权或契约自由的一般原则并不能为城市土地的开发利用提供直截了当的答案。

　　哈罗德·德姆塞茨(Harold Demsetz)指出,各种产权所有制都是相对于真正的权利束有弹性的概念。理想、清晰的产权制度虽然是比较容易想象的,但交易成本是一个重要的问题,不同所有制的实施需要不同的制度成本(包括设计成本、实施成本、监督成本等)。建立和维持这样一种产权制度的成本可能非常之高,以至于任何努力在它面前都望而却步。科斯也认为,对于产权制度选择,不能僵化地或出于意识形态因素考虑,认为哪一种所有制形式是更优的。没有哪一种制度是适用所有资源特殊条件的,每一种资源都需要具体分析其生产、管理和排他成本。产权制度只有在以最低的成本达到社会目标的情况下才是最好的。因此,当下中国土地制度改革,必须根据中国的国情、文化和历史,选择最适合自己的道路,而不是依据所谓的"普世价值"或"华盛顿共识"。

吴次芳

2017 年 6 月

目　录

1

全面深化土地制度改革的战略设计

靳相木　吴次芳

摘　要：在深化土地管理制度改革的研究和组织实施中，对"改什么""怎么改"的探索固然重要，但作为基础和前提的却是"坚持什么""巩固什么"。本文认为，深化土地管理制度改革的总体目标就是在坚持和巩固过去30多年已经建立起的土地管理制度基本框架的基础上，不断完善并最终形成中国特色社会主义土地管理制度体系。新形势下深化土地管理制度改革应有四条主线，每条主线之下又有不同的改革重点：①深化土地产权制度改革，重点包括集体经营性建设用地使用"同权"制度建设、宅基地使用权物权化改革、用地使用权的期限制度建设、用地使用权期间届满续期制度建设；②推动土地市场深化发展，重点包括集体经营性建设用地"同价"入市、非典型宅基地使用权的市场化流转、土地用途管制配额的商品化及市场化；③完善新型工业化、城镇化发展的土地资源动员体制，按区域、分梯度推进土地资源动员体制特别是土地征收制度的改革；④加快土地增值收益分配制度改革，重点包括完善土地征收补偿安置制度的收益分配功能、建立集体经营性建设用地入市收益分配调节制度、土地税收制度改革与建设。从改革路径看，全面深化土地管理制度改革必须坚持国家战略导向，处理好大一统与地方化的关系，重视对深化改革的系统设计，切忌将深化改革的期望全部落在对农村三项制度改革试点经验的提炼上。

关键词：土地制度改革；土地市场；土地产权；土地增值收益

The Strategic Design of Deepening the All-around Reform of the Land System

JIN Xiangmu，WU Cifang

Abstract：In the process of deepening the research and implementation of the land management system reform，the exploration of "what to change" and "how to change" is no doubt important，but it is "what to persist" and "what to consolidate" that serves as the foundation and premise. This article considers that the overall objective of deepening the reform of the land management system is to improve constantly and eventually form a socialist land management system with Chinese characteristics based on upholding and consolidating the basic framework of the land management system that has been established over the past thirty years. Under the new situation，there should be four main lines to deepen the reform of the land management system while each line has its different reform priorities：① deepen the reform of the land property rights system，which focuses on the "same right" system of collective business construction land，property right reform of homestead land use right，the term system of the construction land use right，renewal system for the expiration of the construction land use right；② promote the land market development in depth，which focuses on "same price" market access of collective business construction land，market circulation of atypical residential land use right，the commercialization and marketization of land use control quotas；③ improve the mobilization system of land resources for new industrialization and urbanization，and promote the mobilization system of land resources according to the regional gradient，especially the reform of land expropriation system；④ speed up the reform of land value-added income distribution system，which focuses on improving the income distribution function of land expropriation compensation and resettlement system，establishing the income distribution adjustment system for market access income of collective business construction land，reforming and constructing the land tax system. From the perspective of reform path，to deepen the land management system reform must adhere to the strategic orientation of the state，deal with the relationship between unification and localization，attach importance to the systematic design of deepening reform and guard against putting all expectation of deepening reform entirely on the refining of the experience of the reform of the three rural systems.

Key words：land system reform；land market；land property rights；land value-added benefits

一、逻辑起点、问题导向与方法论

(一)逻辑起点

探索全面深化土地制度改革的主线和顶层设计,首先需要对自改革开放以来我国初步建立起的土地管理制度基本框架的总体合理性做出判断。做出的判断不同,对深化土地制度改革的突破口、主线、路径和方案的选择也就大相径庭。这个判断是全面深化土地制度改革的认知起点。

自改革开放以来,我国初步建立起的土地管理制度基本框架至少包括三个层面的内容。第一,宪制性安排层面,我国初步确立了"两个分离"的土地公有制:一是"两区分离",即城市的土地属于国家所有,农村和城市郊区的土地属于集体所有;二是"两权分离",即土地的使用权可以依法转让,在土地公有框架下赋予了人民土地财产权。第二,法律制度层面,我国形成了集中和动员土地要素投入工业化、城镇化开发的"转—征—供"三位一体的制度体系,建立了中国特色土地用益物权和担保物权体系,培育了中国特色土地市场的基础结构。第三,土地行政层面,我国建立了土地政策参与宏观调控的体制、机制和政策杠杆体系,形成了一整套土地资源资产资本管理制度,保障了中国转型发展。

2011 年 8 月 23 日,胡锦涛同志在第十七届中共中央政治局第 31 次集体学习上的讲话指出:"改革开放以来,我国土地管理事业快速发展,初步建立起符合国情、适应社会主义市场经济体制要求的土地管理制度基本框架,为经济社会发展提供了有力支撑。"胡锦涛同志的这个判断有其事实依据。改革开放至党的十八届三中全会的 35 年中,我国 GDP 年均增长 9.8％,让 6.8 亿人口摆脱了贫困,这不是发生在一个小国家,而是发生在一个拥有约 14 亿人口的大国,这是人类经济史上不曾有过的情景,土地制度被作为最基础、最根本的政治经济社会制度,这充分说明我国的土地制度总体上是适应我国的发展要求的。如果我国的土地管理制度基本框架总体上不适应经济社会的发展,我国的经济社会发展就不可能取得如此举世瞩目的成就。

这个基本判断是深化土地制度改革的逻辑出发点。深化土地制度改革,必须以我国已经初步建立起的土地管理制度基本框架为基础和起点,另搞一套制度是不现实的。本文的全部逻辑展开,即以这个判断为逻辑起点。基于这个认知前提,我们去查找我国现行土地管理制度基本框架中存在的突出问题,探索深化土地制度改革究竟能够解决其中的哪些问题,以确定改革的着力点和目标定位。

与过去从计划经济体制向市场经济体制转轨时的疾风暴雨的改革不同,深化土地制度改革是对我国已经建立起的土地管理制度基本框架的完善和发展。深化土地制度改革的"美",不在"于无声处听惊雷",而在"润物细无声"。只有在这样的认知前提下,面对社会有关方面及舆论对深化土地制度改革的期望、热议和分歧,本轮深化土地制度改革才有定力,改革者才能保持清醒的头脑。

(二)问题导向

面对新形势、新任务,我国现行土地管理制度存在四个方面的突出问题,其也昭示了深化土地制度改革的四条主线。

1.二元土地产权制度面临着城乡一体化发展的巨大挑战

在土地公有"两区分离"宪制性安排下,农村土地集体所有制具有过渡性,因为当农村地区城市化后,原来的集体土地必须适时通过土地征收转为国有土地,才能维持城市土地国家所有格局。否则,集体土地就会"从农村包围城市","城市的土地属于国家所有"的宪制性安排就会成为一纸空文。由于土地城市化开发显然并非都是出于公共利益用途,将城市化开发后的集体土地不断征收转化为国有土地,必然与《中华人民共和国宪法》第10条对土地征收的公共利益要件的规定产生某些冲突。在快速城市化以及城乡一体化不断发展的形势下,宪制性安排中的这个内部紧张关系将越来越突出。

同时,由于集体土地所有权内在的地域性、血缘性和封闭性,在农村地区实行土地集体所有制也越来越不适应城市化、市场化、社会化和城乡一体化的发展要求,集体成员的土地权益界定和实现等难题也越来越凸显,夯实集体土地权能的困难越来越大。

进一步完善土地产权制度,夯实土地管理的权能基础,是今后深化土地制度改革、不断完善我国土地管理制度基本框架的主线之一。

2.土地市场深化发展面临着集体与国有土地"同权同价"的巨大挑战

在我国土地公有制的宪制性安排中,土地所有权制度设计有两个不平等:一个是城市国有土地所有权和农村集体土地所有权的权能不平等,集体土地具有公益储备性和过渡性,在公共利益需要时,集体土地应当经征收程序转为国有土地,在这个意义上,农民是"二等公民";另一个是农民和市民的土地权利能力不平等,农民可以借集体的名义取得土地所有权,而市民则无权取得任何形式的土地所有权,在这个意义上,市民则是"二等公民"。

在城乡统一社会保障制度逐步建立的背景下,随着公民社会的发展和公民权利平等意识的增强,土地所有权的两个不平等的正当性越来越受到质疑。宪制性安排内含着的这两个不平等对集体与国有两类建设用地使用权"同等入市、同权同价"构成重大约束和障碍。

在用益物权制度中,集体土地之上的宅基地使用权、集体建设用地使用权、土地承包经营权的用益物权属性虽然在法律中得到了确认,但与国有建设用地使用权相比,仍受到严格的限制。集体建设用地使用权只能随着企业破产和兼并才能转让、出租或抵押。农民住房抵押贷款试点也因抵押权实现时宅基地无法处置而进退两难。集体土地用益物权不能流转变现,农民就难以获得生产需要的流动资金,就会缺少进城创业、生活的资本,农业转移人口就无法彻底市民化。

3."转—征—供"三位一体的土地资源动员体制面临着中国经济新常态的巨大挑战

习近平同志在2014年亚太经合组织（APEC）工商领导人峰会上发表《谋求持久发展 共筑亚太梦想》的主旨演讲时，概括了中国经济新常态的三个主要特点及其带来的四个方面的发展机遇。三个主要特点：一是从高速增长转为中高速增长；二是经济结构不断优化升级；三是从要素驱动、投资驱动转向创新驱动。新常态将给中国带来新的四个方面的发展机遇：一是中国经济增速虽然放缓，实际增量依然可观；二是中国经济增长更趋平稳，增长动力更为多元；三是中国经济结构优化升级，发展前景更加稳定；四是中国政府大力简政放权，市场活力进一步释放。在中国经济新常态下，依靠"转—征—供"三位一体新增建设用地管理制度，动员和集中土地要素和社会资本来推动中国工业化、城镇化进程，将面临越来越大的挑战。

"转—征—供"三位一体这样一种高度集中的土地计划管理体制，蕴藏着影响经济增长和社会发展质量，甚至在某种程度上违背自然、经济和社会发展规律的可能性。特别是，由于中国经济总量巨大，而且不同地区的经济社会发展水平、条件差异迥然，中央与地方信息高度不对称，这套制度对各地工业化、城镇化发展的进程和速度可能造成人为的扭曲和破坏。随着政府大力简政放权，市场活力进一步释放，各地对分散决策的呼声越来越高，"转—征—供"制度对集体经营性建设用地直接入市流转的限制必将受到越来越严峻的挑战。

伴随着中国经济进入新常态，尤其是各地新型工业化、城镇化的发展阶段和程度出现梯度性差异，相应地，各地对土地资源动员体制机制的改革也产生不同要求。立足土地资源动员这一角度，对"转—征—供"制度尤其是征地制度进行改革，是当前和今后一个时期深化土地制度改革的重要内容。

4.地方政府对农转用增值收益分配的垄断面临着发展成果将惠及更广大民众的巨大挑战

"转—征—供"三位一体制度保障了政府对农地非农化开发的垄断权，建设用地由政府统一征收供应。将集体土地通过征收程序转为国有土地以及随后的国有土地使用权出让，均由市、县地方政府组织实施，而且国有土地使用权出让收入的大头归市、县地方政府享有，在这个意义上，市、县地方政府是中国农地非农化开发的主体，是一级开发者，开发商是二级开发者。在农地非农化开发过程中，农用地完成转用审批及初步整理，出让给开发商后，被征地农民获得征地安置补偿费，政府取得土地出让金扣除安置补偿费后的剩余额。

市、县地方政府以农地非农化的一级开发者身份，对转用增值收益分配和使用的垄断，引发日趋严峻的征地矛盾和冲突，农民要求集体经营性建设用地直接入市流转，分享农转用增值收益的呼声也由此而起。尤其是在中国经济新常态下，发展成果将惠及更广大民众，这对限制集体经营性建设用地直接入市、由政府垄断农地非农化开发增值收益的制度势必会产生重大冲击。

据对浙江省德清县的调查分析（见图1），2011—2013年土地出让收益为460327.61万元，其中用于征地补偿安置的费用（包括社保）为55176.79万元，占11.98%；土地价值"剪刀差"为405150.82万元，占88.02%。这块价值"剪刀差"中，上级政府仅以耕地占用税的形式拿走19015.95万元，占4.13%，其余由地方政府支配，分别用于新增建设用地有偿使用、耕地开垦、土地整理、农业土地开发、国有土地收益基金、教育基金、土地开发支出、廉租住房保障基金、农田水利建设资金、农业发展基金、生态补偿基金等方面。

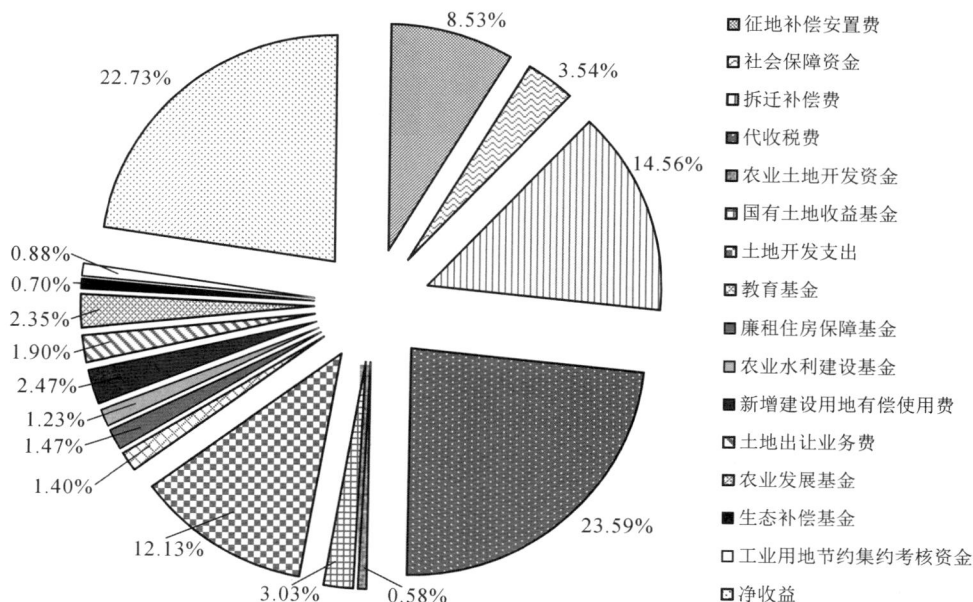

图 1　2011—2013 年浙江省德清县农转用土地收益构成

土地税收杠杆在农转用增值收益分配中缺位,必然造成农转用增值收益分配缺少法定性、权威性、客观性和共识性。在"转—征—供"制度框架中,农转用增值收益分配转换为土地征收补偿安置问题,演变为由地方政府和被征地农民讨价还价决定。也正是因为引入讨价还价的博弈机制,征地补偿安置纠纷、冲突乃至群体性事件才愈演愈烈。

目前,土地增值收益分配问题已经成为社会冲突的焦点、热点问题,如何理顺土地增值收益分配关系,探索形成科学的土地增值收益分配的政策工具和利益关系,是深化土地制度改革的一条重要线索和一个重要领域。

(三)方法论

研究深化土地制度改革的顶层设计和路径、措施,要坚持正确的方法论。

1. 坚持多学科的综合分析

当代中国转型发展正处于突破中等收入国家陷阱的"闯关"阶段,因此保持政治、经济和社会大局稳定是全面深化土地制度改革应该坚守的底线。在万众瞩目之下,深化土地管理制度改革所需要的知识和信息,远远超出经济体制改革的范畴,远远超越了经济学的想象力。在更大程度上,土地管理制度改革是政治的、社会的手术,是中国特色社会主义法律体系已经形成、全面推进依法治国的新的历史条件下的重大改革,必须全面运用经济学、法学、政治学和社会学的方法,对农村三项土地制度改革的经济、社会、政治和法学逻辑展开综合分析。

2. 坚持结构主义的制度分析法

在一个稳定运行、功能完善的制度结构体系中,不同层次以及同一层次的各项制度安排都有其相应的功能,但它们之间是相互联系、内在贯通、自洽的。对其中的一项制度安排进行改革,势必引起不同层次或者同一层次的制度安排之间的连锁反应。推动土地制度改革，牵一发而动全身，要充分认识这项改革事关我国经济社会发展全局，既要避免"只见树木不见森林"，也要避免"只见森林不见树木"，就必须坚持结构主义的制度分析法。

坚持结构主义的制度分析法，就是要把土地制度改革放在我国已经初步建立起的土地管理制度基本框架中予以统筹考虑，力戒将土地制度改革看作一个孤立的制度创新，既要考察现行土地管理制度基本框架的内在规定性及发展趋势对深化土地制度改革的约束和要求，也要考虑深化土地制度改革对现行土地管理制度基本框架合理内核的可能冲击以及对相关制度的连锁影响。在此基础上，设计深化土地制度改革的路径以及与其他改革的联动配合方案。

3. 坚持基于集体理性的社群分析方法

深化土地制度改革的主旨，不是要颠覆过去35年我国已经初步建立起的土地管理制度基本框架，而是要对这个基本框架进行完善和发展，对其中一些关键环节或重要方面存在的突出问题予以破除，并推陈出新。在这一认识逻辑下，在新的历史起点上深化改革与过去35年的改革有着很大的不同，不同就在于过去35年改革的推进，总体上呈现出"有人受益而无人受损"的帕累托改进的特点，而深化改革则步入利益调整的深水区，"有人受益而无人受损"式的改革已不复存在。深化土地制度改革被深深刻上利益调整的烙印。

马克思运用阶级分析法对资本主义社会生产关系进行分析，建立了科学社会主义理论。建设社会主义和谐社会是时代发展的新要求，阶级分析法于我们这个时代总体上已经不适用了。但是，中国特色社会主义的各个阶层、不同社会群体的利益冲突和矛盾仍然广泛存在，社会群体是客观存在的，同一个群体往往有着相同的价值观和利益诉求。在深化改革研究中，有必要将社会群体作为基本分析单位，把个人放到其社会的、文化的和历史的背景中去考察，分析不同群体对改革的不同诉求和反应。

深化土地制度改革，涉及农民群体和城镇居民群体利益关系的调整和再平衡，这一改革不但具有激发土地市场活力、"把蛋糕做大"的作用，而且也是对土地增值收益这块蛋糕的重新分配，是"有人受益、有人受损"的改革，对既得利益群体的冲击无法避免。既有利益格局的变动势必产生新的冲突和矛盾。深化土地制度改革必须算清楚不同阶层之间的利益再分配这本大账，以抓住改革的主要矛盾和矛盾的主要方面，切实避免落入"一方得利、满盘皆输"的改革乱局。

4. 坚持基于独立性的客观分析

研究人员通常身处特定的群体，而不同的群体又有其特殊的利益诉求，研究人员对问题的分析也会因此被刻上所属群体的烙印和价值判断。既然农村三块地改革涉及不同群体的利益调整，本项研究自觉坚持立场的独立性，坚持不代表特定的利益群体，努力秉承公正、客观的原则，开展独立的研究。

同时，研究人员都有其价值取向，价值取向不同，所持的观点通常会有差异，由此在对问题的分析及对策设计上产生重大分歧。本项研究力争平衡不同的价值取向，在涉及研究人员确实无法回避价值取向选择的领域，本项研究将会对研究人员所持的价值取向予以清晰、明确的标示，以有效推动该领域的进一步深入讨论。对于改革方案的设计和选择，研究通过对不同方案的制度交易成本或交易费用进行比较和客观分析，从而做出怎样改革、改革哪些内容以及如何改革的判断。

二、深化土地产权制度改革的方向和重点

(一)土地公有制框架下赋权于民的中国道路

经过 30 多年的改革和探索,我们沿着"两权分离"的思路,找到了一条公有制框架下赋权于民的中国道路,即:一方面,国家或集体持有土地所有权,维持和保障社会正义和公共利益;另一方面,公民个人、法人或其他组织持有公有土地的使用权,按市场法则行事,追求土地资源利用效率最大化。在"两权分离"的框架下,借用益物权制度,在公有土地之上为公民设立包括土地用益物权和土地担保物权在内的他物权,基本可以满足公民社会成长和土地要素市场化对土地产权制度的要求。

公有土地"两权分离"架构能够容纳不同生产力水平,具有适应不同社会发展阶段要求的旺盛生命力和广泛适应性。这个架构实现了公有土地产权的"模糊"和"清晰"相得益彰的融合,具有不断随时空环境和社会发展变化而调整的弹性。"两权分离"架构是观察、解构和透视中国土地制度改革的指针和逻辑主线,也是今后深化中国土地产权制度改革的不可逆转的路径选择。理解、把握好"两权分离"这个架构,有助于我们抛开纷繁复杂的方面、环节和细节,准确抓住土地公有制框架下赋权于民的中国道路的"内核",推动中国土地产权制度的改革和创新沿着一条正确的道路不断前行。

土地公有制框架下赋权于民的中国道路借鉴并创新了传统民法上的用益物权制度。传统民法上的用益物权的权能主要是对物的使用、收益,不包括处分,传统物权理论甚至认为处分权能是所有人权利的最后一道防线。在西方大陆法国家的市场经济体制下,所有权制度和用益物权制度各有其功能定位,所有权是个人充分实现其自由人格的保障,是个人对物的完整的、全面的支配;而用益物权解决的则是非所有人有机会借他人之物满足自己的生产、生活需要的问题,是为了更充分地实现物尽其用的目的。既然西方社会的所有权制度已经充分界定了个人对物的全面支配关系,那么,无论社会发展怎样彰显"从所有到所用"的趋势,也没有必要赋予用益物权以处分权能。否则,只能造成权利设置的重叠,使所有权成为摆设,浪费法制资源,徒增法律适用的困难。

与之截然不同的是,在公有土地产权制度的改革和建设中,用益物权制度处于优先位置。由于所有权制度不可能解决个人对公有财产的支配和处分资格问题,那么,就只能借传统用益物权制度,在使用、收益权能之外再赋予用益物权以处分权能,以建立个人对公有财产的激励和处分机制,才能让公有财产进入市场。

概言之,土地公有制框架下赋权于民的中国道路的基本逻辑是:在公有财产之上,以个体产权的激励机制建立与强化个体对公有财产进行独立支配的权利体系,赋予用益物权以处分权能,逐步建立起中国特色的用益物权体系,从而通过市场机制使公有财产得以物尽其用。过去 30 多年的改革经验表明,今后我国土地产权制度进一步改革和完善,只能沿着这条道路继续前进,而不可以偏离这个方向。

(二)集体建设用地入市"同权"制度建设

1."同权"问题的学科视角

对于集体与国有土地的"同权"问题,很多学科都可以发表意见。但要看到,"同权"问

题本质上归属法学学科，是个法学问题，须用法学的方法来研究。更进一步讲，"同权"问题主要属于民法物权法的科学问题，而不是公法或合同法的问题。当然，"同权"的实现也需要公法和合同法的配合与协调。

物权法定主义作为我国物权立法遵循的一个重要原则，其意指物权的种类和内容须由法律规定，而不得由当事人自由创设。物权法定主义源于罗马法，后为继承罗马法的大陆法系多数国家所采用，其社会土壤为土地私有制，其旨在规范土地所有人为非所有人设立用益物权的行为，以实现物权种类及其内容的格式化、标准化，从而保障交易的安全与便捷。简言之，物权法定主义是规范物权种类及内容的立法原则，而不是创立新型物权种类，也不是扩张物权内容的源泉。法律是立法者从现实的物质生活关系中"发现"出来的，而不是立法者"创制"的。新的物权类型或物权内容的扩张只能来源于现实的物质生活关系，物权法定主义充其量只是对现实的物质生活关系中本已存在的物权原型予以格式化、标准化而已。认为并期望通过法律的径直规定就能实现集体与国有土地"同权"，完全是一种空想。

集体与国有土地能否以及在多大程度上、多大范围内实现"同权"，从根本上讲，是由当代中国社会的现实物质生活关系及其变化趋势决定的。事实上，在集体和国有这两种不同的土地公有制基础上构建用益物权，由于国家土地所有权和集体土地所有权的内部治理机制截然不同，国家土地所有权和集体土地所有权对建立其上的用益物权的束缚和要求也会存在很大的不同。

回答集体与国有土地"同权"问题，必须回到法学研究的框架内，从实际出发，通过深入研究集体土地所有权的历史及现实的物质生活关系及其变化趋势，深刻理解不同地区的农村"熟人社会"建构的关于集体土地产权的非正式制度安排的共性及差异性，揭示集体土地所有权对建立其上的用益物权的特殊要求，探明人们对集体建设用地使用权入市的供给侧和需求侧的认知特性，明确国有和集体土地之上的用益物权的重大差别所在，实事求是地锁定和夯实"同权"的内涵和要义。唯有如此，才能让集体建设用地入市改革试点避免机械照搬国有建设用地相关制度，避免陷入"驴唇不对马嘴"的境地。

2.**"同权"的科学内涵**

在民法物权法中，所谓集体与国有土地"同权"，是指集体和国有两类土地上的建设用地使用权在法律性质、物权种类和物权基本规格上的同一。作为同一个种类的用益物权，其物权基本规格应至少具备"五个统一"。一是设立目的的统一。二者均以在土地之上（包括土地的地表、地上或者地下，下同）建造建筑物、构筑物及其附属设施为目的。二是主体资格的统一。就是不再考虑城镇和农村居民的身份差别，凡中华人民共和国的自然人、法人等民事主体均有资格成为集体和国有两类土地上的建设用地使用权的权利主体。三是权能范围的统一。就是不再因集体和国有的所有制差异而对建设用地使用权的权能做出分别，二者均应被赋予占有、使用、收益和处分的权能，特别是享有转让、互换、出资、赠予或者抵押等法律上的处分权能。四是使用期限的统一。二者均按土地用途确定最高或最低年限，只要是相同的土地用途，不管集体或国有，均适用相同的最高年限和最低年限。五是物权变动方式的统一。集体和国有两类土地上的建设用地使用权在设立、变更、转让和取消等环节适用相同的规则。

这"五个统一"是集体经营性建设用地入市的"同权"制度建设的底线，是城乡统一的建设用地市场交易安全与便捷的保障。达不到"五个统一",就谈不上二者的"同权",也根本谈不上城乡土地市场的统一。在物权基本规格的层次上,借物权法定主义,通过物权立法,对农村现实物质生活关系中本已存在的集体建设用地使用权原型予以格式化、标准化,在法律上实现与国有土地在物权基本规格上的"五个统一",使二者归属同一个种类的用益物权,是可能且可行的。但是,物权法定主义无法恣意妄为,无法在物权基本规格之外追求更大范围、更高程度的"同权"。

概括地讲,在民法物权法的学科框架内,从权利的法律性质和物权种类等角度,在物权基本规格的层面上来理解集体与国有土地"同权"的科学内涵,是有意义的。当越出物权法,进入公法领域,不动产物权的权能及价值实现必须接受土地用途及空间管制等公法手段的限制,特别是当进入合同法的意思自治领域,"同权"的概念便荡然无存。

(三)宅基地使用权物权化改革的困境及突破

1.宅基地使用权的法律构造

在现行法下,农村宅基地使用权制度呈现出身份化和物权化"两化复合"的结构特征。

一是宅基地使用权的身份化。宅基地使用权的身份化是通过"一户一宅"的制度安排表达和实现的。在司法实践中,宅基地使用权是农村集体经济组织成员享有的、无偿取得的、无期限的权利,与享有者特定的身份相联系,非本集体经济组织成员无权取得或变相取得。这一权利除可在集体成员内部有条件流转外,城镇居民不得到农村购买宅基地或农民住宅,单位和个人不得非法租用、占用农民集体土地进行房地产开发。这样,宅基地使用权的身份化在实践中便具体表达为宅基地使用权的"无偿、无期限和限制流动"。

二是宅基地使用权的物权化。随着我国市场化改革的深入发展,在宅基地使用权作为身份化权利的基础上,《中华人民共和国物权法》(以下简称《物权法》)又赋予宅基地使用权以用益物权属性,使之成为农民的一项重要财产性权利。

当前,宅基地使用权的身份化和物权化彼此交织、渗透并复合为一体:宅基地使用权的身份化是其物权化的前提和基础,而物权化则是这一身份化权利的实现形式。在社会化和市场化大潮中,若没有宅基地使用权的物权化,其作为身份化权利的价值亦将大打折扣。在新型城市化和城乡一体化发展的新形势下,推动宅基地制度改革,必须对我国现行宅基地制度的这个"两化复合"结构特征有一个客观、清晰的认知。

深究当前我国农村宅基地使用权"两化复合"的结构特征,其身份化和物权化并不在同一层次上,而是主次有别。按现行法律法规,在这个复合结构中,宅基地使用权的身份化是主,是内核;宅基地使用权的物权化是次,是外皮。这个制度安排与农村集体土地所有权的内在逻辑是自洽的。这是因为宅基地使用权建立、生长于集体土地所有权制度之上,集体土地所有权的身份性、地缘性特征必然传递给宅基地使用权,并构成宅基地使用权的内在规定性。对宅基地制度改革取向及路径和方案的设计,不能脱离对现行宅基地制度的这个内核的客观把握。

2.宅基地使用权物权化改革的困境

从制度结构自洽的角度看,宅基地制度为维护其内核的稳定性,必须约束其物权化的广度和深度。一旦宅基地使用权彻底物权化,那么,宅基地使用权的身份化就很可能荡然无存。因此,在现行宅基地制度"两化复合"的实践逻辑中,宅基地使用权的身份化必然要

"绑架"着物权化，限制着物权化的成长空间，制约着物权化的展开和强化，宅基地使用权也因此无法成为真正的用益物权。虽然宅基地制度正在最大限度地实现着我国最大群体、最弱势群体的居住正义，但由此造成的对宅基地使用权物权化的约束和限制还是无法适应我们这个时代对社会化、市场化和城乡一体化的发展要求。

宅基地使用权的物权化在其身份化的"绑架"之下，基于房地一体的实践法则，宅基地使用权身份化导致建立其上的农村房屋所有权无法抵押、担保、转让，这与城镇居民住宅的彻底物权化形成鲜明对比，构成城乡一体化发展的重要制约因素，成为实现城乡公民权利平等的重要障碍之一。宅基地使用权的"无偿、无期限和限制流动"导致农民住房的财产价值无法彰显、增值和实现，制约着农民的自由发展，限制着农民群体的公民权利，这个代价无疑是巨大的。

宅基地使用权身份化对物权化的"绑架"不仅体现在其对宅基地使用权物权化成长空间的限制上，而且即便在已经释出的空间里，宅基地使用权物权化的成长也受到"一户一宅"的巨大限制。在流动性、开放性和社会化不断加强的时代里，以"一户一宅"方式维持宅基地使用权身份化这个内核的稳定性，是一个巨大的实践难题。"一户一宅"之"户"的概念受到婚嫁丧娶、升学参军、户籍迁移、外出务工等不同复杂情形的冲击。宅基地管理中的"户"只能以公安机关登记的户籍资料为基础，但又必须超越公安机关的"户"的概念，且经村民自治确定"一户一宅"之"户"的认定标准，方能抑制通过分户来额外谋取宅基地的机会主义行为。对"户"的界定，各地实践中的做法必然差异巨大，纠纷和冲突也就在所难免。另外，随着新农村建设和农村城市化的发展，尤其随着城乡接合部农民公寓的出现，各地对"一宅"的认定标准也莫衷一是。再加上通过继承等合法方式出现的"一户多宅"等现象，也进一步造成"一户一宅"政策落实的复杂性、差异化。随着农村城市化进程的加快，在"一户一宅"框架内，宅基地使用权作为用益物权，其权利主体及权利边界的界定所遭遇的挑战和面临的难题将越来越多。

3. 宅基地使用权物权化改革的方向及突破口

宅基地使用权的身份化和物权化二者之间存在着"此进彼退、此消彼长"的关系。在深化改革的新的历史起点上，宅基地使用权物权化改革还是要适时向前推进。现行宅基地制度的突出问题既然根源于宅基地使用权的身份化无法适应新的发展要求，那么，宅基地使用权物权化改革就必须沿着去身份化这个基本取向前进，通过在宅基地使用权的取得、行使和转让等诸环节上去身份化，打破宅基地制度的身份化和物权化"两化复合"结构，促进宅基地使用权彻底物权化。

时下，学界、政府部门以及舆论在宅基地制度改革上，大多脱离宅基地的去身份化而聚焦于宅基地市场化流转上。一些地方尝试开展的宅基地使用权抵押试点也大多撇开宅基地去身份化这个前提。

事实上，宅基地使用权去身份化是包括抵押在内的宅基地使用权市场化流转的前提，而市场化流转则只是去身份化改革的自然结果。正视和抓住去身份化这个要旨，就抓住了宅基地制度改革的关键所在，改革就会逐步取得实质性进展；反之，若不去触动宅基地使用权的身份化，而聚焦塑造所谓宅基地使用权市场化流转制度，则可能不得要领，其结果势必会无疾而终。宅基地使用权去身份化是宅基地制度改革之"纲"，而市场化流转则是宅基地制度改革之"目"，纲举则目张。

财产权制度是社会可持续发展的基石,宅基地使用权去身份化符合当代中国财产权体系发展的大趋势。在公有土地之上赋予公民个人以用益物权,是当代中国财产权制度尤其是不动产物权发展的基本脉络。宅基地使用权只有去身份化,才能为其物权化"松绑",才能释放出物权化的成长空间。改革完善现行宅基地制度的细节设计及时序安排,都要围绕去身份化这个要旨进行。若在宅基地使用权去身份化上停步不前,或者模糊、回避去身份化这个焦点,甚至背离去身份化这个要旨,那么宅基地制度改革就不可能有真正的进展,更不可能解决当前已经凸显出的问题。

宅基地使用权去身份化改革必须循序渐进,必须将去身份化改革的社会冲击和负面影响控制在可以承受的范围内。地方试点胆子要更大一点,步子要更快一点。国家层面的改革要有定力,不要躁动;既要系统设计,又要有在泥泞中前行的准备。在改革目标设计上,要坚持去身份化这个基本取向,明确城乡居民住房制度一体化这个远景目标。同时,要对宅基地制度改革分步走的阶段性改革路径及方案进行系统设计,不要期待一夜之间可以破除宅基地使用权的身份化。

宅基地使用权去身份化改革必须选择一个合适的突破口。一般来说,改革突破口的选择须具备两个条件:一是突破口改革的代价小、风险小,容易取得成功;二是突破口改革的成效大,具有连锁影响,对推进后续改革具有示范和引致效应。按照这一标准,应当选择继承环节去身份化作为宅基地使用权去身份化改革的突破口。不管继承人的身份为何,均可通过继承取得宅基地使用权,在这一点上社会共识程度高,加之由于仅局限于继承环节去身份化,社会阵痛小,改革成本低、风险小,改革的前景比较明朗、确定。通过宅基地继承环节的去身份化,可以观察宅基地去身份化的正负效应,积累进一步全面推进宅基地使用权去身份化的经验。

选择宅基地继承环节去身份化作为突破口,推动宅基地使用权去身份化改革,就是要承认宅基地使用权属于可以继承的财产权利,不论通过法定继承还是遗嘱继承,凡继受农村房屋所有权的继承人,不管其是否为本集体成员,也不管其是农村居民还是城镇居民,均可按照房地一体的原则,连带取得宅基地使用权。通过继承取得的农村住房及宅基地,允许突破身份限制的自由流转。

将继承环节作为宅基地使用权去身份化改革的"最先一公里",待累积经验后,再适时深入全面推动宅基地使用权诸环节去身份化。

(四)建设用地使用权的期限制度

1.最低年限的法律效果

土地所有人在其所有土地之上为非所有人所设立土地权利的年限,尤其是最低年限,作为区分土地物权和土地债权及适用法律的重要依据之一,是大陆法系国家民法物权法的习惯做法。对这一传统,我国《物权法》应予承袭和坚持。

我国现行《物权法》尚未明确建设用地使用权的期限,仅通过《中华人民共和国城镇国有土地使用权出让和转让暂行条例》(以下简称《暂行条例》)这个行政法规对国有建设用地使用权的最高年限做出了规定,而没有对建设用地使用权的最低年限做出规定。1990年《暂行条例》第12条明确了各类用地使用权出让的最高年限:居住用地70年;工业用地50年;教育、科技、文化、卫生、体育用地50年;商业、旅游、娱乐用地40年;综合或者其他用地

50 年。近年来,《暂行条例》规定的最高年限在实务中有演化成标准年限的趋势。

由于尚未对建设用地使用权的最低年限做出规定,我国《物权法》与《中华人民共和国合同法》(以下简称《合同法》)在土地物权和土地债权的区分及法律适用上呈现模糊和混乱的状态。

2. 完善期限制度的方向

建设用地使用权的期限属于物权基本规格的范畴,物权法应予以明确。在将来修改现行《物权法》第 12 章的相关条款时,应当增加使用期限的条款,并应按土地用途不同分类设立相应的建设用地使用权最低年限。凡在法定的最高和最低期限内的,为用益物权,由《物权法》调整;凡高于最高年限的,为无效合同,应修改为法定期限内;凡低于最低年限的,为债权性土地权利,不具备用益物权的权能,不受《物权法》的规范,而由《合同法》调整。

考虑到居住用地的特殊性,可以将 70 年作为居住用地的标准年限,凡国有土地出让用于住宅建设的,期限一律为 70 年。此一法律效力应溯及既往,凡过去未按 70 年出让的,应将其期限补足到 70 年,并按规定补交出让金。也就是说,在我国土地产权制度建设上,以不设立债权性质的住宅建设用地使用权为宜。

对于工业用地,可坚持现行的最高年限 50 年,建议增加最低年限 20 年;教育、科技、文化、卫生、体育用地的最高年限 50 年,增加最低年限 20 年;将商业、旅游、娱乐用地的最高年限由 40 年增加到 50 年,增加最低年限 20 年;综合或者其他用地的最高年限 50 年,增加最低年限 20 年。

凡在最低年限 20 年以下出让国有土地使有权,用于工业、教育、科技、文化、卫生、体育、商业、旅游、娱乐等的,均可引入弹性年期制度,地方政府可从实际出发,设立低于 20 年的债权性土地权利。尤其在各类工业园区和经济技术开发区内,弹性年期制度的引入可以开辟国有土地使用的灵活空间和途径。

(五)住宅建设用地自动续期制度

1. 双轨制续期及其分野

《物权法》是一部保障人民财产权的集大成之作,代表了当今中国社会对于财产权的最高认识水平。以 2007 年《物权法》为分界点,国有建设用地使用权续期制度由单轨制转变为双轨制:《物权法》施行之前,《暂行条例》《中华人民共和国土地管理法》和《中华人民共和国城市房地产管理法》(以下简称《城市房地产管理法》)三者确定了单轨的国有建设用使用权申请续期制度;《物权法》施行之后,形成了住宅建设用地自动续期、非住宅建设用地申请续期的双轨制。

(1)申请续期制度

2007 年《物权法》施行之前单轨制下的申请续期制度是国有土地使用权出让制度中的一部分,它与国有土地使用权出让的其他制度安排是相辅相成、内在贯通的。在现行土地使用权出让制度框架中,土地使用权出让是一个不动产物权设立行为,土地出让合同是不动产物权设立合同。一经签订合同,并经登记,国家与土地使用权人之间在国有土地之上便产生了用益物权关系。依物权法原理,土地使用权期间届满续期,自然需要再一次达成合意,签订新一个期间的土地出让合同,支付新一个期间的土地使用权出让金,并再经登记,才能设立新一个期间的土地用益物权。这一法理逻辑体现和落实在《城市房地产管理法》《暂行条例》等相关法律法规对申请续期的规定上 。

2007 年《物权法》施行之前单轨制下的申请续期本质上是一种合意续期,需双方当事人对新设定的用益物权的内容及重新缴纳出让金等方面达成一致,只不过原土地使用权人具有优先权,除根据社会公共利益需要收回该幅土地之外,原出让人对续期申请应当予以"批准"。在这样的法理逻辑下,土地使用权可以从出让、终止、收回到再次出让,形成一个不间断的循环过程,现行国有土地使用权出让制度也才能得以保持、再现和持续。

在《物权法》提出的双轨制续期中,非住宅建设用地申请续期继承了之前单轨制下申请续期的基本要件,双方仍要达成合意,重新签订土地出让合同、缴纳土地出让金、进行土地登记等。双轨制下的申请续期仍将是优先权约束下的合意续期,其要件还是双方合意、重新签订合同及再次缴纳土地出让金,它本质上仍是现行土地出让制度的法理逻辑的要求和展开。但相对于单轨制下的申请续期而言,《物权法》双轨制下的申请续期在地上物处置方面有一定的发展和突破,对《暂行条例》关于国家无偿收回地上物的规则进行了限制,明确可以按双方约定的方式处理地上物的产权移转。

(2)自动续期制度

在 2007 年《物权法》规定的双轨制续期中,住宅建设用地另起炉灶,跳脱出了我国现行国有土地使用权出让制度的法理逻辑对申请续期的要求,改为自动续期的方式。

对于自动续期的含义,笔者认同孙宪忠、王利明、宋炳华等学者的见解,认为住宅建设用地使用权到期后,不需要到政府有关部门申请办理续期手续。这是因为,按照文义解释,《物权法》第 149 条的规定中有两点是明确的:一是续期的对象是"住宅建设用地",而非其他用地;二是续期程序的启动和完成是"自动"的。在《辞海》中,"自动"的意思是"主动",即不靠外力,无须对方配合。亦即,住宅建设用地使用权期间届满后,使用权人无须原出让人的配合,就可以自行启动并完成续期程序。若进一步探究立法者原意,这一点更加清晰:既然《物权法》中自动续期是从之前的申请续期制度中独立出来、推陈出新的产物,自动续期的新制度就应破除申请续期的旧制度的某些要件,应当不再以申请、合意、重新签订出让合同与缴纳出让金等为续期要件。综合文义解释和立法者原意解释,按照寻找最大公约数的方法,自动续期的要义是土地使用权人无须与原出让人达成合意,即可自行启动和完成续期程序。简言之,自动续期是非合意续期。

对于自动续期的实现形式,《物权法》留足了探索空间。笔者认为,自动续期虽然是非合意续期,但最终要以法定续期的形式来实现,即自动续期权是住宅建设用地使用权人享有的法定权利,住宅建设用地使用权人行使这一法定权利时,必须符合法定条件,遵从法定程序,履行法定义务。住宅建设用地使用权期间届满后,使用权人便可依法自动延展一个新的期间。以法定续期的形式实现住宅建设用地自动续期,解决了公寓众多住户难以都到政府部门办理申请延长续期手续等难题,续期制度的实施成本大幅度降低。

不能否认,无偿无期限续期当然也属于自动续期可能涵盖的情形之一。从逻辑上讲,法定续期不必然排斥无偿无期限续期,当然也不排斥有偿有期限续期。法定续期是自动续期各类主张的最大公约数,无论什么样的续期方案,最终都要通过法定续期的形式来落实。对《物权法》所留空间的探索,应当在法定续期这个最大公约数内,探索并明确自动续期的法定条件、法定程序、法定期间和法定义务,以形成自动续期的法律方案。

在土地出让法律关系性质上,住宅建设用地和非住宅建设用地原本没有任何不同之处，二者在出让环节的建设用地使用权设立之时并无二致。《物权法》刻意在期间届满环节将住宅建设用地与非住宅建设用地分开，使住宅建设用地走上了自动续期的轨道，其背后的逻辑是将住宅建设用地续期这个法律问题作为一个政治议题对待，认为相对于非住宅建设用地使用权，住宅建设用地使用权应该得到特别优待。这是法律问题的政治解决方式，它考量的是民意对住宅建设用地续期的诉求，而不是现行国有土地出让制度的法理逻辑。

2. 实行自动续期的制度及社会效应

（1）自动续期的制度效应

前已论及，申请续期是我国现行国有土地使用权出让制度的法理逻辑的必然要求和展开，不论自动续期的法定条件、法定程序和法定义务为何，单就基于政治逻辑将住宅建设用地推向自动续期的轨道这一点，就是对我国现行国有土地使用权出让制度的重大变革与突破，是对我国现行国有土地使用权出让制度框架的重大修正。

《物权法》确立自动续期制度的初衷，是为了保障人民安居乐业，实现社会长治久安，是立法对人民的基本财产权或属于基本生存条件的住宅给予特别的保护。以法定续期方式实现自动续期，相当于在国有土地之上设立了永久土地使用权，权利人可以永久性地拥有住宅用地的使用权，连同其上的无期限的房屋所有权，这解决了申请续期制度下土地使用权有期性与房屋所有权无期性的矛盾。但我们必须清醒地认识到，在自动续期制度下，国有土地所有权实现形式将发生重大变化，人民在国有土地之上取得的住宅建设用地使用权将成为一项事实上没有期限的永久性用益物权。今后，在对《物权法》所留空间的探索上，我们对这一点要有充分的警醒和认知。

（2）自动续期的社会效应

在申请续期制度下，住宅建设用地70年到期后，使用权人与原出让人需要达成新的合意，重新签订土地出让合同，土地利益分享及土地占有不公问题可以周期性地得到矫正。将住宅建设用地推向自动续期的轨道后，如果自动续期最后走向无偿无期限续期，或者是有失公平的低价无期限续期，则可能带来严重的社会负面效应。无偿无期限的自动续期制度使土地使用权人永久且免费地占有国有土地使用权，与拥有多套房的人相比，对于那些无房户或者只拥有一套房的人来说，其间的不公正不言而喻。另外，这也将大幅削弱国家对社会的调控能力，可能导致土地资源占有不公长期凝固化的历史格局。对于自动续期可能引致的重大社会效应，立法者和学界应当及早予以重视和充分研究。

3. 自动续期方案形成的政治逻辑

住宅建设用地续期问题事关广大人民群众的切身利益。既然《物权法》跳出现行国有土地出让制度的法理逻辑，在政治逻辑下考量住宅建设用地自动续期问题，接下来对《物权法》所留空间的探索也应顺理成章地循入政治机制，运用民主制度方法，收集、发现民意，以民意为依归，在此基础上形成住宅建设用地自动续期的法律方案。

（1）民意对土地正义的诉求

政治的本质就是民意的反映、表达和实现。"民意，又称民心、公意，是社会上大多数成员对其相关的公共事物或现象所持有的大体相近的意见、情感和行为倾向的总称。"但是，已经显现的民意并不一定就是社会最真实的意见。社会舆论往往容易迁就少数民众的强烈偏好，往往会形成"会吵的有糖吃"的不公结果。有能力掌握与运用表达渠道的人群对个人需求表达的质量和效度都会更高，这部分人的意见通常会上升为显性民意。显性民意更容易被决策者与立法者听见，常常被误认为是普遍的认知倾向。然而，民意具有潜在性特点，社会中潜在民意广泛存在。公共政策制定和制度设计必须搜寻并回应潜在的真实民意。

住宅建设用地自动续期问题引发海量民意的涌动。当前，要求无偿无期限续期的声音很响，似是民意主流。但这种声音未必能代表社会各阶层的潜在民意。拥有多套住房的人群站在利己角度，期待并且要求无偿续期，希望期间届满后永久且无偿占有多套住房的国有土地使用权。这类人群的影响力相对较大，其主张比较容易上升为显性民意。而只拥有一套住房甚至无房的人群则可能希望有偿续期或者有条件的有偿续期，但这个群体的声音较小，且目前续期问题造成的影响不具有切肤性、直观性，他们是沉默的大多数，他们的意见成为潜在民意，无法成为主流舆论。因此，当前台面上活跃着的民意，对其真实性及代表性需要仔细推敲和甄别，绝不能机械地认为声音大的民意就必定代表着社会上大多数成员的公意。

古往今来，民众向来"不患寡而患不均"，公正是民意的根本诉求，住宅建设用地自动续期方案的设计必须符合土地正义精神。笔者判断，无偿无期限自动续期的不公正问题显而易见，不可能得到潜在民意的真正支持。对人民的居住权及房屋所有权的保护，应当建立在土地公平与正义原则的基础上，应防止个别群体对土地资源的过度占有和抢夺。住宅建设用地自动续期方案不宜盲从呼吁无偿无期限续期的所谓显性民意。

（2）民意对土地财产权的诉求

从民意认知和变迁的角度分析，《暂行条例》确立的城镇国有土地使用权出让制度，其重心在"使用"，旨在引入市场机制解决计划经济体制时期国有土地利用"无偿、无期、无流动"的低效问题。但是，随着公民对国有土地使用权的分享，人们开始把已经取得的建设用地使用权视为自己的财产，人民的土地财产权观念逐渐强化，国有土地使用权出让制度的重心在人民的心目中开始从"使用"向"产权"倾斜。在这个过程中，国有土地使用权出让制度逐渐从国有土地的使用权制度转型为一种在国有土地之上赋权于民的产权制度，国有土地权利主体制度建设的重心也随之从国家（各级政府）转向了公民（自然人和法人）。在这一场民意引导的城镇国有土地使用权出让制度认知大变迁中，2007年施行的《物权法》是一个标志性的转折点，公民在国有土地之上享有的使用权在民法的高度上得到了肯定、规范和保护。《物权法》的施行将进一步强化公民在国有土地之上的财产权意识和诉求。住宅建设用地自动续期话题动辄会引发社会舆论的激烈交锋，其原因即在于此。

在今天的民意中，住宅建设用地期间届满续期问题已经转化为"公民在国有土地之上究竟应该享有什么样的土地权利"这样一个社会舆论高度关注的热点、焦点问题。回应民意的这一诉求，我们就不能把住宅建设用地续期制度仅仅作为现行国有土地出让制度的一个部件来看待，必须跳出现行土地出让制度的法理逻辑，转而站在赋权于民这个更根本、更高层次的角度上来开展续期制度的研究和创立工作。在这个趋势下，在国有土地之上赋予公民以更强化的建设用地使用权，必然成为自动续期制度建设的基本取向。

4. 自动续期的法律方案

民意如流水，民意的表达无法直接形成法律制度。民意层面的自动续期方案最后必定要上升为法律方案，要落脚到法定续期的框架内。

（1）法定条件

住宅建设用地自动续期的要义,是不需要申请手续,不需要达成新的合意,当然也无须交付一定对价。这是因为,若以申请、合意和交付对价为前提条件,由于这些行为均为民事行为,当使用权人不予配合时,自动续期就无法进行下去。因此,自动续期权作为住宅建设用地使用权人享有的法定权利,除根据社会公共利益需要应该收回这一情形之外,住宅建设用地使用权期间届满的,使用权人皆可自行启动和完成续期程序。

王利明、崔建远、宋炳华等学者基于"地随房走"的逻辑,认为若地上物毁灭,建设用地使用权应不能再续期。这种见解不符合我国财产权制度建设和发展的大方向,因为未来在我国公民财产权体系中,土地使用权将成为公民手中财产权利的主要形式和最重要载体。虽然根据我国现行的"权利人一致"原则,土地使用权和房屋所有权必须归属同一个主体,但这两项权利是独立的,土地使用权并不附属在房屋所有权上。土地是永续存在的,房屋是有自然寿命的。随土地之灭失,其上的房屋亦将不复存在。但反过来,则不然。在我国土地与房屋的法律关系设计中,土地应是主物,房屋应是从物,住宅建设用地使用权人断不能因为地上房屋的毁灭而丧失自动续期权,地上物存在与否不能作为自动续期的法定前提。

（2）法定程序

自动续期的法定程序应至为简单。非社会公共利益原因,住宅建设用地期间届满后,使用权人就可以自行持相关证件到不动产登记机关办理新一个期间的建设用地使用权登记。一经登记,自动续期即告完成和生效。

在大陆法地上权的法理逻辑下,"续期"须在维持原来条件的前提下延长期限,而我国自动续期制度下展开的新一个期间的住宅建设用地使用权在设立条件等方面却与上一个期间明显不同,新一个期间的住宅建设用地使用权只具有续期的外观,实质上属于用益物权的更新或新设。以重新登记为自动续期生效的程序要件,实属当然。

（3）法定期间

从赋权于民的角度来思考,新一个期间应以 70 年为宜。70 年,既是对既往实践经验的总结,也符合人的生命周期对置业的需求。只要符合法定条件,遵从法定程序,履行法定义务,住宅建设用地使用权期间就可以不间断地自动延展下一个新的 70 年,公民在国有土地之上就取得了事实上的一项永久土地使用权。如此一来,人民对于财富创造的预期,以及人民的安居乐业,便有了坚实的土地权利制度基础。

（4）法定义务

自动续期不以交付对价为要件,但这并不意味着续期后使用权人无须承担任何法定义务。相反,待完成自动续期程序,新一个期间的建设用地使用权生效之后,使用权人应当履行相应的法定义务。笔者认为,自动续期生效后的住宅建设用地使用权人应当依法缴纳年金。所谓年金,即年度国有土地使用金,其法律性质介于地租和土地税之间。年金制的要义,在于回应民意对土地正义的诉求,在于调节土地利益在不同人群之间的分配关系。计划经济体制下国有土地无偿使用的弊病及教训殷鉴不远。当然,年金的征缴水平及地区差异应当根据当时的情况由法律做出规定。

在自动续期生效后,年金制的实行不单关乎人民对社会公平正义的诉求,而且还是维护和实现土地国有制的需要。这是因为,当公民在国有土地之上无条件地取得了一项事实上的永久土地使用权时,若再不缴纳一定水平的年金,土地国有制将名存实亡。此外,住宅建设用地自动续期实行年金制,继承了现行国有土地使用权出让制度的逻辑惯性,有利于自动续期制度的平稳落地,同时也有利于保持与非住宅建设用地申请续期制度的逻辑贯通性,以实现住宅建设用地和非住宅建设用地在续期制度设计上的协同。

从制度实施成本最小化的角度,在年金的征缴方式设计上,可以通过设置房地产保有税附加,在房地产保有税的基础上,针对自动续期后的房地产额外计征房地产保有税附加。通过设置合理的房地产保有税附加税率,对期间届满续期后的不同价值的房地产"钉"住其房地产保有税而征缴数额不同的年金,可以调节自动续期的土地利益分配关系,有助于实现社会公平,并为地方政府提供稳定的收入来源。让年金以一定比例"钉"在房地产保有税上,这种方式通过搭上未来房地产保有税评估及征收体系的便车,大大节省了制度实施成本。当然,这里提出的以房地产保有税附加的方式征收年金无法孤立地推进,它需要"搭车"我国房地产体系改革和建设,即必须首先开征房地产保有税,才能对自动续期后的房地产征缴房地产保有税附加。

住宅建设用地期间届满自动续期后,不再一次性交纳新一个期间的地价,而是每年缴纳一定的使用金,这一改变并不会影响住宅建设用地使用权的物权性质。其他大陆法系国家的地上权大都是按年缴纳地租的,其物权性质也都可以得到很好的体现和保障。不仅如此,我国住宅建设用地自动续期后,以房地产保有税附加的法定方式征缴年金,年金水平亦由法律直接规定,这将在更大程度上限缩用益物权更新时双方当事人的意思自治成分,其物权性质反而可能由此得到加强。

对于自动续期后使用权人延迟或不缴纳房地产保有税附加的行为,应规定相应的追缴措施和罚则,包括通过法律程序向当事人采取执法行为等强制措施。但应明确,年金交付延迟或拒交不应构成土地所有权收回的要件。

三、土地市场深化发展的重点领域及制度创新

(一)土地用途管制与土地市场的层次性

市场在资源配置中起决定性作用,是深化经济体制改革的总体要求,是社会主义市场经济发展提出的新要求。从土地的资源、资产和资本属性三位一体管理的角度观察,市场在土地资源配置领域的作用有三个不同的层次。

第一个层次是资源管理。如土地利用总体规划、耕地占补平衡、高标准基本农田建设、城乡建设用地增减挂钩等。对这个层次的土地资源配置,市场不可能起决定性作用,也不可能起基础性作用。在这个层次上,政府行政主导必须发挥决定性作用,政府直接对土地资源进行配置是常态,但市场可以起重要的调剂作用。如何发挥市场在这个层次上的重要调剂作用,促进和实现市场在我国总体经济运行中起决定性作用,是深化土地制度改革的重要任务。

第二个层次是土地一级市场。如通过土地划拨、有偿出让等,在公有土地之上为人民设立土地财产权,彰显土地的资产属性,是我国土地一级市场的重要任务。在这个层次上,市场可以发挥基础性作用,深化土地制度改革应当完善这个基础性作用。完善国有土地使用权出让制度,推动集体经营性建设用地使用权入市改革,就是这个层次上的问题。通过

允许集体经营性建设用地使用权直接入市流转,建立城乡统一的建设用地市场,可以使市场在更大程度上、更大范围内参与土地资源的优化配置,提高土地资源配置效率和节约集约土地资源利用水平。

第三个层次是土地二级市场。当人民从政府或集体手中得到土地财产权并投入经济运行,此时土地的资本属性彰显为首要特征。在土地二级市场这个层次上,市场应当也必须发挥决定性作用。加强市场在土地资源配置中的作用,重点就在这个层次。国有或集体建设用地使用权一经设立,其进一步的转让、出租、抵押等便是这个层次上的问题。应通过夯实、完善国有和集体土地用益物权的权能,实现城乡建设用地市场的一体化,逐渐让市场在土地资源优化配置层次上起决定性作用。

(二)集体经营性建设用地"同价"入市

所谓"同价",是指在政府与市场的关系上,集体和国有两类土地上的建设用地使用权遵循同样的价格形成机制,市场起着同等的决定性作用,其要义在于"同等入市",即政府对集体建设用地入市的价格形成机制不实施有别于国有土地的特殊管制。也就是说,"同价"不是指集体和国有两类土地上的建设用地使用权"市场成交价格相同或相近","同价"的制度建设旨在实现城乡建设用地市场的交易规则的统一。

目前,有一种认识所期待的集体经营性建设用地入市的成交价与同样条件的国有土地相同或接近,是缺乏理论和实践逻辑支撑的。这一点无须赘述。商品价格水平的高低是由供求关系决定的,即便是在国有建设用地之间,宗地的供求关系不同,成交价也会不同,更何况集体土地和国有土地。从建设用地市场的供给侧看,国有建设用地不单单要追求经济利益最大化,还必须服从国家的宏观调控要求,而集体建设用地则没有这么多的"顾虑",二者的供给决策机制明显不同;从需求侧看,由于国家土地所有权运动的高度社会化,加之遵循全国统一的法律制度,国有建设用地使用权的需求者来自"五湖四海",而由于集体土地所有权与生俱来的社区性、封闭性和地缘性,集体建设用地除遵从正式的法律制度外,还需要遵从各地的无形的、不足为外人道的"村规民约",故其需求者将主要来自本乡本土的"熟人社会"。供给侧和需求侧的众多差异势必导致集体与国有建设用地的价格水平的偏离。

既然"同价"的要义在于"同等入市",那么表达和落实"同价"的制度创新,其核心就是建立城乡统一的建设用地市场。就建立城乡统一的建设用地市场而言,从制度创新的角度看,无须另起炉灶,只需将集体建设用地入市纳入现行国有建设用地市场体系,将市场对土地资源配置所起的作用从国有土地扩大到集体土地,实现建设用地市场的扩容,塑造和形成城乡统一的建设用地使用权价格形成机制。在入市的基础规则上,集体和国有两类建设用地应无二致。集体建设用地入市改革试点的重要任务,是要在统一的市场平台上,在入市的基础规则之外,探索集体建设用地入市的特殊性。其特殊性主要表现在两个方面:一是入市主体制度建设,二是土地增值收益分配制度建设。

集体建设用地入市的真正挑战,在于"集体"的内部治理结构。我国现行法中的民事主体有两类:一是自然人,二是法人。"集体"是农村集体土地所有权的主体,目前我国现行法对"集体"这个民事主体的形态、内部治理结构及法律性质缺乏明确、统一的规定。如果说"集体"属于法人的话,那么,"集体"指的是村民委员会,还是村级集体经济组织?村民委员会与自然村、行政村的概念又有所不同,我国各地的村级集体经济组织在形态和内部治理结构上也千差万别。在全国人大常委会授权开展集体建设用地入市改革试点之前,在一些地方,集体建设用地"黑市"是广泛存在的。在"黑市"的情况下,对于"集体"的形态、内部治理结构及法律性质等还可以暂时模糊、搁置,但在今天常态入市所带来的巨大利益面前则无法回避了,必须把"集体"的事情在法律上说清楚。适应全国人大常委会授权入市的新要求,试点单位必须在主体制度建设上,即在"集体"的组织形态及内部治理结构改进上做出自己的探索,为下一步的集体土地入市主体制度的法制化提供素材和经验。

市场是一架协调交易双方利益关系的精巧机器。从这个角度看,集体经营性建设用地入市就是要引入市场机制调节农村土地非农化开发的增值收益分配关系。我国现行法下,"农用地转用—集体土地征收—国有土地供应"这个行政链条是我国农村土地非农化开发的主要机制。只要当代中国转型发展的任务还没有完成,即便今后集体经营性建设用地入市从存量扩展到增量,这个行政链条在农村土地非农化开发中仍将发挥不可替代的作用。国内外的实践已经证明,土地增值收益的"涨价归公"是政府动员社会剩余推进现代化建设的不二选择。探索集体经营性建设用地入市与集体土地征收转用相衔接的土地增值收益分配制度体系,是"同价"制度建设的题中之意。与集体土地转用征收制度改革相衔接,开征集体经营性建设用地入市收益调节金,探索集体土地出让收益在集体组织内部的分配关系,一方面保障地方政府动员社会剩余推进现代化建设的资金需求,另一方面实现集体经营性建设用地入市与集体土地征收转用涉及的两个农民群体的利益平衡和社会公正,是现阶段的必然选择。集体经营性建设用地入市收益调节金的征收水平,既要让入市的农民群体有实实在在的获得感,又不能让征收转用的农民群体产生明显的失落和不满,以继续发挥现行集体土地制度促进转型发展、维护社会稳定的功能及优势。

最后,作为城乡统一的建设用地市场的一项技术性基础工作,城乡统一的建设用地基准地价体系是集体与国有两类建设用地"同价"的市场构造中的一个重要部件,是城乡建设用地市场一体化发展的黏合剂。探索形成集体建设用地价格评估技术体系,是集体经营性建设用地入市制度探索和试验不可或缺的一项重要内容。

(三)宅基地使用权的市场化流转

1.宅基地使用权市场化流转的两难选择

当今,我国人均 GDP 已经超过 8000 美元,进入中等收入国家行列;我国人口城镇化率已经达到 54%,城乡一体化发展进入新阶段。经过 30 多年的改革开放和发展,我们已经积累了雄厚的物质基础,积累了推进大国改革和制度创新的丰富经验。基于这一物质基础和改革经验,当代中国有条件也有能力推进并驾驭好农村宅基地去身份化改革,有条件推行城乡居民住房制度一体化。通过宅基地去身份化改革,逐步释出宅基地使用权物权化的成长空间,赋予宅基地使用权以清晰、完整的用益物权属性,推动宅基地和农民住房突破身份限制的市场化流转,这必将为我国城乡一体化发展注入新的动力。

当代中国转型发展正处于突破中等收入国家陷阱的"闯关"阶段,保持政治、经济和社会大局稳定是深化改革的出发点。推动宅基地去身份化改革,实现市场化流转,面临着一个两难选择:一方面,若不适时推进宅基地去身份化改革,宅基地使用权物权化就无法获得成长空间,宅基地和农民住房市场化流转就无从谈起,更无法摘下扣在农民头上的"二等公民"的帽子,农民的自由发展和城乡一体化目标将遥遥无期;另一方面,若全面彻底推进宅基地去身份化改革,它势必会打破针对中国最大群体、最弱势群体的一项社会兜底制度,宅基地和农民住房可能入市流转,农民的居住正义可能由此遭遇重大冲击,进而可能影响中国转型发展的稳定大局。

宅基地制度作为一项社会兜底制度,它兜住的是中国最大群体、最弱势群体的居住公平正义。我们必须全面评估打破这项社会兜底制度的正反两方面影响,对当前中国转型发展是否已经具备承受宅基地去身份化冲击的条件做出科学判断。过去十几年,我们把市场机制引入城镇住宅制度改革,城镇房地产业成长为国民经济支柱产业,但城镇居民住房的社会兜底制度尚未真正建立起来。不仅如此,由于城镇房地产业过度市场化,城镇高地价、高房价已经成为当代中国要解决的头号民生问题。城镇住房制度改革殷鉴不远,对在多大程度上、多大范围内、什么时点上推进宅基地去身份化改革,我们必须慎之又慎。

要特别考虑到,由于当代中国转型发展正处于社会矛盾多发、集中爆发期,产业转型升级、经济发展方式和政府职能转变的关键时期,能否平稳度过这个阶段,事关中国转型发展能否跳出中等收入国家陷阱、进入高收入国家行列,事关中华民族伟大复兴的中国梦的实现,而宅基地去身份化改革势必打破针对中国最大群体、最弱势群体的一项社会兜底制度,将从根本上触动我国农村基层社会的治理结构,对我国转型发展的稳定大局可能产生重大冲击。因此,宅基地使用权去身份化的启动以及对改革路径的判断和抉择,必须分阶段、按区域、有步骤地进行。

2.推动宅基地使用权的市场化流转

我国城乡接合部尤其是大中城市郊区、城中村的宅基地使用权,在法律性质上与典型农业地区的宅基地使用权没有差异,但就其承担的社会功能而言,其已经与城镇住宅建设用地使用权没有什么差异了。这部分宅基地使用权,其资产属性已经彰显,已经不再具有典型农业地区宅基地使用权的社会保障功能。在继承环节去身份化后,再推动这部分地区的宅基地使用权的市场化流转,是我国宅基地使用权彻底物权化的重要一环。

可沿着"管住增量—调整存量—双轨管理"的思路,在城乡接合部尤其是大中城市郊区、城中村地区有步骤地推进宅基地使用权的市场化流转。所谓"管住增量",就是选择合适的时机,冻结凭集体成员身份取得宅基地使用权,遏制农村人口城市化"两头占地"趋势。所谓"调整存量",就是对存量宅基地按"一户一宅、面积法定"原则进行确权和清理,在此基础上,将存量宅基地及建立其上的农村住房梳理划分为保障房和商品房两大类,实行双轨管理:保障房发挥社会保障制度的功能,以行政调节为主,其取得、继承及其他形式的交易要受严格管制;而对商品房则引入市场机制,实行宅基地有偿使用,允许宅基地及农民住房突破身份限制的自由流转。"双轨管理"的目标是逐步建立城乡统一的住房制度,即实现农村保障房与城镇保障房接轨,发展农村商品房与城镇商品房一体化的城乡房地产业。

(四)土地用途管制配额的商品化及市场化

在社会主义市场经济不断发展的形势下,如何突破"最严格的土地管理制度等于行政管制或者等于指令性计划"的窠臼,实现最严格的土地管理制度与市场机制的有效衔接和协调,已经成为当代中国土地管理科学和管理实践面临的重大课题。

1.管制配额的商品属性

实行最严格的土地管理制度并不等于全面的行政管制,更不等于否认市场在资源配置中的作用。从国外的理论与实践看,在一些难以界定产权的公共资源和环境管理领域,通过引入可转让配额管理思想、理论和技术,将市场机制与行政管制有效衔接和协调起来,是实现自然资源和环境可持续利用的重要途径。

自 20 世纪 60 年代以来,美国在土地分区规划管制中创设的可转让发展权计划(transferable development rights,TDRs)则是可转让配额管理思想的另一种表达形式。分区规划作为一种"命令—控制"型的土地利用管制技术,强制性地设定了不同区域土地的开发强度与发展方向,对私人财产权产生"暴利—暴损"(windfall-wipeout)的再分配效应,由此极大损害了社会公平,并招致所有权人提起征收之诉。为此,政府允许所有权人将发展权的一部分或者全部从土地财产权利束(a bundle of rights)中分离出来,转移至许可高密度发展的区域,从而获得土地未来发展的潜在经济价值。一旦施行 TDRs 转移,接收区可获得超出原规划强度的发展权利,发送区则建立保护性地役权,失去了未来开发的可能性,借此达到对特定用途土地的保存目的。TDRs 消解了分区规划的财产权价值漂移效应,使土地利用管制在政治上变得更为可行和易于实施,使土地保护效果更为显著,并且还可抑制分区规划的蔓延效应。事实上,TDRs 构成了分区规划市场取向的实施机制,是土地利用规划和用途管制的辅助工具,是行政管制政策的重大创新。

在我国现行土地管理体制下,无论是国家下达的新增建设用地计划指标,还是地方政府通过农村建设用地复垦生成的城镇建设用地指标,本质上都是地方政府农用地转用公权力的配额,是一种具有经济价值的行政管制配额,因此它具有让渡和交易的潜在可能。

2. 规范增减挂钩的发展权转移市场制度

引入土地用途管制配额的商品化、物权化和票据化,是土地市场深化发展,促进市场在土地资源配置中起决定性作用的重要领域。可以率先在增减挂钩中引入发展权转移市场制度。

在增减挂钩的发展权转移市场制度中,"拆旧区"土地用途限定在农业用地,土地开发强度下降,而"建新区"从农业用地转为工商业或住宅用地,土地开发强度增大,此即所谓"土地发展权"从"拆旧区"转移至"建新区";与此同时,"建新区"土地级差收益则返还至"拆旧区",以补偿"拆旧区"土地开发降级造成的损失。增减挂钩指标的市场化实施机制,本质上就是引入土地用途管制配额的市场化交易机制,是以挂钩指标为载体的土地用途管制配额商品化。

重庆、浙江、湖北、安徽等地挂钩指标在两个基层政府之间(即地区之间)的市场化流转经验表明,在增减挂钩中引入发展权转移市场制度有利于增强土地用途管制的弹性,有利于克服土地用途管制对不同地区之间的"暴利—暴损"效应,有利于实现地区公平。需要指出的是,"地票制度"似乎能在更大程度上实现土地资源的商品化和市场化配置,但从重庆等地的实践结果看,这一制度是否有利于保护耕地、节约集约用地,是否有利于促进区域统筹发展,是否有利于增加农民的财产性收入等,结论是不肯定的。未来改革的总体思路应该是,全过程按照增减挂钩原理组织、运作和监管,个别具备条件的地方节余指标可按地票模式运作,并实行市场配置与计划调控相结合,因地制宜,有序推进。

四、新型工业化、城镇化的土地资源动员体制改革

(一)中国工业化、城镇化的土地资源动员体制

在现行《土地管理法》《城市房地产法》等相关法律法规的框架下,集中和动员土地要素投入工业化、城镇化开发,必须通过"转—征—供"三位一体的管理流程,如图 2 所示。

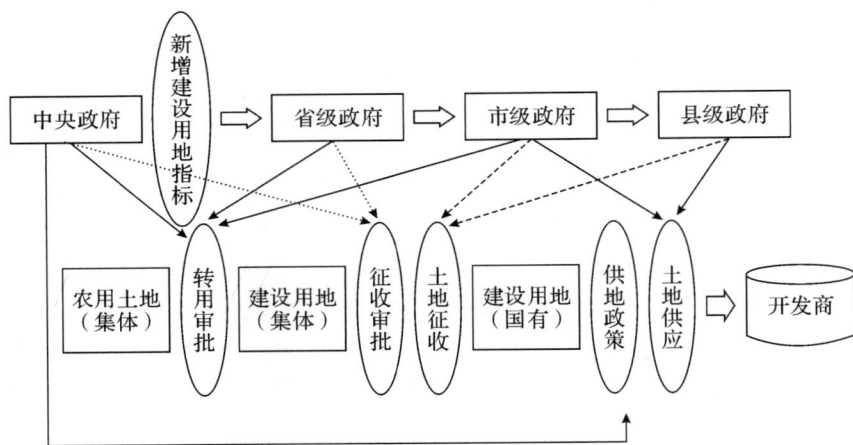

图 2 中国工业化、城镇化的土地资源动员体制

图 2 由上、下两部分构成,上部表示中央、省、市、县四级政府在农地非农化开发管理链条中的职权划分及衔接关系,下部表示农地非农化开发管理制度的主要环节。

农用地转用审批作为农地非农化开发管理制度的"阀门",是实施土地用途管制的主要杠杆。农用地转用审批权由中央、省、市三级政府分享,各自的权限是:①省级政府批准的道路、管线工程占用地,涉及农用地转为建设用地的,由国务院审批;②在土地利用总体规划确定的城市和村庄、集镇建设用地规模范围内,为实施该规划而将农用地转为建设用地的,按土地利用年度计划分批次由原批准土地利用总体规划的机关批准;③上述两种情形以外的建设项目占用土地,涉及农用地转为建设用地的,由省级政府批准。完成农用地转用审批之后,在土地用途管制层面农用地就已变更为建设用地,但此时的土地仍为农民集体所有。

从图 2 可以看出,在农用地转用审批环节,中央通过新增建设用地指标实现对省、市两级政府的农用地转用审批权的量的约束。新增建设用地指标管理实行"总量控制、统一分配、层层分解、指令性管理"体制,即:中央政府通过编制全国土地利用总体规划一次性确定规划期内全国的新增建设用地指标,同时决定规划期各地的新增建设用地配额,并由中央到地方层层分解,直至下达到乡镇。年度新增建设用地指标同样实行指令性配额管理体制。省、市两级政府只能在分配的农用地转用指标的范围内行使农用地转用审批权,没有新增建设占用农用地计划指标不得批准农用地转用。省级政府行使土地征收审批权也相应要限定在中央政府下达的新增建设用地指标的控制范围内。

土地征收作为农地非农化开发制度的中间环节,实践中执行的是《土地管理法》第 43 条

"任何单位和个人进行建设,需要使用土地的,必须依法申请使用国有土地"、第 63 条"农民集体所有的土地的使用权不得出让、转让或者出租用于非农业建设"以及《城市房地产管理法》第 8 条"城市规划区内的集体所有的土地,经依法征用转为国有土地后,该幅国有土地的使用权方可有偿出让"等规定。这就是说,不管是否出于公共利益的需要,凡集体农地用于非农化开发建设,均须通过征收程序。土地征收审批权由中央和省两级政府分享,各自的权限是:征收基本农田、征收基本农田以外的耕地超过 35 公顷,征收其他土地超过 70 公顷的,由国务院批准;征收前述规定之外的土地的,由省级政府批准,并报国务院备案。土地征收审批获准之后,由市、县级政府负责实施具体的土地征收活动。只有经过并完成土地征收程序,农民集体土地所有权才变更为国家土地所有权。

在土地征收程序之后,再经过土地供应程序,土地才能到达开发商手中。土地供应的方式有划拨、出让、出租以及其他方式,但土地出让已逐渐成为土地供应的主渠道。土地供应具体由市、县级政府有计划、有步骤地组织实施。土地供应必须在中央制定的《划拨用地目录》《限制用地项目目录》和《禁止用地项目目录》等供地政策的约束之下进行。土地开发商取得土地后,在土地供应合同约定的范围内从事具体的非农开发活动。

总体上看,"转—征—供"三位一体管理制度链条确立了当代中国将新增建设用地动员、投入快速工业化和城镇化开发中的主要机制和制度安排。在这个框架下,集体土地除用于乡镇企业、乡(镇)村公共设施和公益事业、农村村民住宅等之外,不得投入工业化、城镇化开发中。

(二)"转—征—供"体制的优势及成效

随着社会主义市场经济的发展,我国产品市场、资本市场和劳动力市场逐步建立、完善和成熟,国家对经济社会资源的控制日渐松弛,在消费品的生产、流通和分配上国家几乎不再行使权力了,在资本市场上国家也不再是垄断者,劳动力自由流动和人民自由选择职业也已经成为常态。但是,中国的转型发展必须循序渐进,如果政府骤然全面放弃对经济社会资源的控制和动员能力,激进地转向市场主导型经济发展模式,对我们这样一个拥有 13 亿人口的发展中大国可能会产生灾难性后果。在过去、当前和今后一段时间内,政府凭借"转—征—供"三位一体的农地非农化开发制度,实现对全国土地资源开发利用的垄断和控制,并由此得以继续主导转型发展进程,有其正当性和必要性。

在"转—征—供"制度框架下,土地出让制度与农用地转用审批、土地征收制度捆绑在一起,我国在引入市场机制配置土地资源的同时,也保留了政府对新增建设用地投放速度、时序、结构的发言权,这对于扼制土地市场投机、协调区域发展可能发挥立竿见影的作用。通过"转—征—供"三位一体制度框架,政府能够把握我国转型发展的方向、步骤和速度。

一是在"转—征—供"制度框架下,以用途管制为核心的土地利用管控制度为统筹各种用地和维护粮食安全、生态安全提供了有力保障。通过建立和实施土地利用规划计划管理、基本农田保护、耕地占补平衡和农转用审批制度,切实落实耕地保护目标,守住耕地保护红线,基本满足了保障发展、保护资源、维护民生、修复生态的要求。

二是以土地征收为主体的建设用地取得制度为工业化、城镇化的健康发展提供了空间保障。只有农民住宅、乡镇企业、乡镇公共设施和公益性事业等可以使用原有农村集体建设用地,其他建设用地由政府统一征收供应,切实保障了快速工业化和城镇化发展的用地需求。如德清县，2011 年通过土地征收供应新增建设用地 242.65 公顷，2012 年为 209.71 公顷，2013 年为 279.14 公顷。

三是以土地有偿供应为基础的土地要素市场配置制度为工业化、城镇化健康发展注入了强大动力。建立和实施有偿、有期限、有流动的土地供应制度，实现了土地资源的市场化配置，转变了用地方式，显化了土地的资产、资本属性；同时，也确立了快速工业化、城镇化的社会资本动员和集中机制。

从图 3 可以看出，2000 年，土地出让收入与地方财政收入比仅为 0.093，但自 2002 年全面推行招标、拍卖、挂牌出让国有土地使用权以来，土地出让收入与地方财政收入比迅速上升，2003 年这一比例升至 0.55。之后，除 2005 年受收紧土地"闸门"和 2008 年受全球金融危机影响外，其他年份的土地出让收入与地方财政收入比大都维持在 0.5 的水平上。作为地方政府非税收入的重要组成部分，土地出让收入在一些地方已成为"第二财政"。地方政府"以地生财"，"经营城市"，寻求跨越式发展，为当代中国快速工业化、城镇化做出了不可否认的重大贡献。

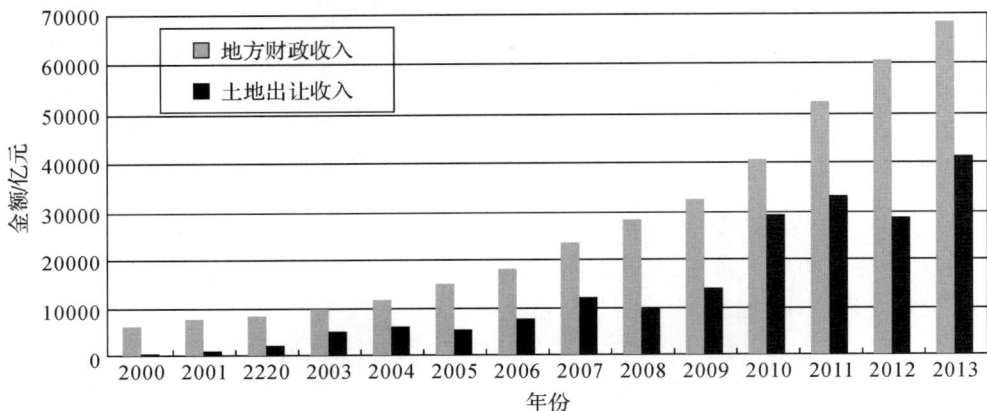

图 3　2000—2013 年全国土地出让收入与地方财政收入对比

(三)适应区域差异化要求的土地资源动员体制改革与创新

在我国当前的"转—征—供"制度框架中，大量的商业用地、房地产用地、工业用地等经营性用地也都通过土地征收取得。这个框架中的土地征收权只具备一般公益性征收关系的外部特征，而不具备一般公益性征收关系的性质和机制，是拟制性的征收关系，它实质是公权力主导的集体农用地非农化开发制度链条的一个环节，是实现集体土地向国有土地转化，动员土地资源投入工业化、城镇化的制度杠杆。也就是说，在当代中国转型发展的实践中，只有把土地征收权置于"转—征—供"制度框架中，并进一步把"转—征—供"制度框架嵌于我国工业化、城镇化的土地资源动员体制这个大的制度背景下，才能准确理解和把握土地征收权的法律性质及改革方向。反之，若以西方社会中的公共利益征收学说来观照我国的土地征收制度，则可能陷入削足适履的困境，并扭曲对我国土地征收权的法律性质及发展趋势的把握。

从工业化、城镇化的土地资源动员体制这个角度入手，适应新型工业化、城镇化的发展要求，只有按区域有步骤地开展土地征收制度改革，才能符合并服务于中国转型发展的大局。这里应当强调,自改革开放以来我国初步建立起的以"转—征—供"为核心的土地管理制度基本框架总体上符合中国国情,适应社会主义市场经济体制要求,为中国转型发展提供了有力支撑。今后十年,我国仍然处于工业化、城镇化快速发展的战略机遇期。在中国经济新常态下,虽然增长速度从高速增长转向中高速增长,但经过35年的高速增长,中国的经济体量已经跃居世界第二,年均经济增长的绝对额度更加庞大;虽然由要素驱动转向创新驱动,但快速工业化、城镇化仍将依赖土地要素的动员和投入。虽然政府大力简政放权,但由于当代中国转型发展正处于突破中等收入国家陷阱的"闯关"阶段,政府必须牢牢掌控转型发展的主导权,必须继续坚持以"转—征—供"为核心的土地管理制度基本框架,在这个基础上因地制宜推动"转—征—供"制度框架的不断完善和发展。

我国工业化、城镇化的发展阶段和程度呈现明显的东、中、西空间差异,不同区域工业化、城镇化的发展阶段和程度不同,对土地资源动员体制机制的要求也就相应不同。在"转—征—供"制度框架中,征收制度是动员土地资源投入工业化、城镇化的关键一环,土地征收制度改革在东、中、西部应该呈现出梯度差异。

1. 东部地区的改革

我国东部地区,尤其是上海、深圳等特大城市的工业化、城镇化已经基本完成,动员土地资源投入新型工业化、城镇化的需求也会发生相应的变化。在东部地区,可以逐步疏解现行征收权的职能,考虑将现行的公共利益用地和非公共利益用地均通过征收权取得的制度,在条件成熟和各方达成共识的基础上,改革转型为唯有公共利益用地,方可由征收权取得的制度。在公共利益用地征收中,必须落实"公正补偿"原则,强化征收权的公权性质,形成整个社会对征收权应有的尊重。同时,考虑到政府在我国转型发展中的独特作用,征收权退出以后的经营性用地的取得及整合,可以引入国家购买,政府以市场主体身份,通过国家购买的方式介入进来,以市场的手段将集体土地转为国家所有。

东部地区尤其是大中城市不宜大规模推广集体经营性建设用地直接入市,宜将集体经营性建设用地直接入市限定在城镇用地规划范围之外。"城市的土地属于国家所有,农村和城市郊区的土地属于集体所有"的宪制性安排事关中国特色社会主义的基本规定性。这一宪制性安排已经深入渗透到中国政治、经济、文化和社会生活的方方面面,我们的政治制度、经济制度、行政制度等庞大的上层建筑牢固地建立于土地公有制原则之上。对这一宪制性安排的修正,必须启动修宪程序,其位阶与集体经营建设性用地入市改革不可相提并论。

城市化是打破传统的血缘、地缘关系,以业缘关系为基础构建一种社会化、契约化的社会组织和社会关系的过程。在快速城市化背景下,"城市的土地属于国家所有"的宪制性安排隐含着将集体土地不断转化为国有土地的宪制逻辑。如果修正这一宪制性安排,允许集体土地进城,集体土地"从农村包围城市",必定不断复制、形成新的"城中村",造就的只能是一种半拉子的城市化。因为,借集体土地所有权的血缘性、社区性、地域性和封闭性,进城农民可以继续维系在传统的血缘、地缘关系中,形成一个既不同于传统农民也不同于城市居民的特殊群体,形成一个独立的小社会,这不利于这部分人真正融入城市社会,并可能塑造城市社会的新的二元结构,为城市的现代化发展埋下巨大的制度隐患。特别是,集体土地进城后,这部分人以集体名义继续保有土地所有权,掌握着土地经营收益,将凸显这部分人和原市民群体的土地权利能力的不平等,可能引发广大市民群体提出土地所有权诉求。尤其随着城乡社会保障制度的一体化，允许一部分城市人群取得和保有土地所有权，而限制另一部分城市人群取得和保有土地所有权，不符合土地正义和社会公平的基本要求。修正已确立多年的"城市的土地属于国家所有"宪制性安排，允许集体土地进城，其引发的政治、经济和社会风险是巨大的。

2. 中西部地区的改革

在中西部地区，对于城镇用地规划范围内的工业化、城镇化开发用地，在继续坚持"转—征—供"制度的同时，应不断完善补偿安置制度，提高被征地农民的补偿安置水平。同时，在县城、建制镇和乡政府驻地等区域，可以适度放开和推广集体经营性建设用地直接入市，实行集体与国有建设用地"同权、同价和同责"。

五、土地增值收益分配改革的理论及重点制度设计

(一)"涨价归公"学说

"涨价归公"学说是孙中山先生在约翰·穆勒和亨利·乔治的土地税理论基础上，基于中国近代社会经济现状提出的关于土地增值收益分配的理论学说。其原旨是将土地商品因受到社会进步、经济发展等外部因素作用形成的价值自然增值部分由社会大众共享，而不能由产权人垄断独享。

"涨价归公"学说的正当性早在孙中山领导的旧民主革命时期就解决了。中国共产党领导的新民主革命更加清晰地认识到土地"涨价归公"的历史必然性，并且以土地公有的形式更加彻底地解决和实现土地"涨价归公"。今天，在这个问题上的所谓不同见解，其实是不同立场和不同价值观的反应。但从代表最广大人民群众的根本利益的角度看，土地"涨价归公"是简单明了、无须多言的。

当前有人将"涨价归公"等同于"涨价全部归公"，有人质问"若涨价归公，那跌价怎么办"等，这实际上是对土地"涨价归公"理论原旨的曲解和污名化，应予以警惕。土地"涨价归公"有利于节制不劳而获，符合人类伦理和社会正义的要求，是中国特色社会主义理论的本质要求之一。也就是说，"涨价归公"是土地增值收益分配制度改革的重要理论依据。

不仅如此，现阶段中国仍然处于快速工业化和城镇化的发展阶段。地方政府如何满足推动工业化、城镇化资金支出的需求，解决"钱从哪儿来"的问题，是关系到中国经济社会发展全局的重大理论和实践课题。应当将土地"涨价归公"问题置于这个重大课题的背景下来考虑，要避免孤立地看问题。国内外的经验均表明，政府从土地增值收益中拿走一部分用于公共支出，实乃国际通例。

"土地涨价"和"大白菜涨价"不能相提并论。土地作为天赋资源，是人类生存之母，人类社会的种种利益冲突莫过于土地利益冲突，由社会因素形成的农转用土地增值收益归社会所有，并由作为公共利益代表者的政府占有，是土地正义的体现，是土地公有制的初衷和主旨所在。至于政府对这块增值收益的分配和进一步的使用，向集体土地所有者和被征地农民倾斜，以促进被征地农民市民化，则属再分配范畴的问题，与这块增值收益的归属无关。鼓吹农转用土地增值收益应当归集体土地所有者和被征地农民所有，认为替被征地农民谋利益具有当然的道德正当性，是不会得到其他社会群体的认同的。

（二）完善土地征收制度的收益分配功能

1. 土地征收制度的收益分配功能

在快速工业化、城镇化背景下，在农用地非农化开发过程中，农用地在农民手中的价值与政府将其转换为国有建设用地并出让给开发商的价格之间存在着一个巨大的增值额。目前，各界广泛讨论、争拗的所谓土地增值收益分配问题指的就是这块增值额。对农转用导致的价值增值进行调节，从理论思路上讲应当是非常清晰的，即应当通过土地税收进行调节。然而，在"转—征—供"制度中，农转用导致的价值增值及其分配问题被导入土地征收制度框架中予以讨论，从而原本该由土地税收制度解决的问题转换为土地征收补偿安置问题，土地征收补偿安置政策代替税收制度调节农转用土地增值收益分配的局面也由此而生。

在"转—征—供"制度框架中，地方政府以"先征后让"的方式，即通过低价征收集体土地，转为国有土地后，再由地方政府高价出让，实现了对这个增值收益的垄断。在当前快速工业化和城镇化中，地方政府出让的土地大都是经过征收程序将集体土地转为国有土地之后才出让的。土地出让金虽然形式上是国家土地所有权在经济上的实现，但实质上是国家通过征收权来汲取农转用增值收益。政府本应该通过税收权参与这块增值收益的调节和分配，以征收权实现对这块增值收益的垄断，虽然目的正当，但有"狗逮耗子"之嫌，手段确有不妥和可议之处。不过，在税收权不作为的情况下，靠征收权的补位，也可使社会公正得以实现，这一点应予以正视和肯定。

2. 完善土地征收补偿安置制度的方向

在"转—征—供"体制下，通过农地用转用，将集体土地征收为国有，再由县、市地方政府进行出让。在这个过程中，被征地农民取得征地补偿安置费，土地出让金扣除补偿安置费和开发成本后的增值额被政府拿走。现行的土地征收制度虽有检讨、改进的空间，但它在解决"钱从哪儿来"的问题上的贡献是不容否认的。在我国工业化、城镇化基本完成之前，现行土地征收制度经过改革完善后，还必须继续坚持一段很长的时间。

进一步分析 2011—2013 年德清县集体土地转用征收的土地收益分配关系（见图 1），若将征地补偿安置费、社会保障资金和拆迁补偿费三项视为取得成本，三项合计约占土地总收益的 26.54%，这部分为被征地农民所得；若将土地开发支出、土地出让业务费和土地整理成本回收款三项视为开发成本，三项合计约占土地总收益的 31.02%；其余 13 个项目则可理解为政府征收转用集体土地的增值收益总额，约占土地总收益的 42.44%。也就是说，2011—2013 年，被征地农民从全部土地收益中拿走 26.54% 的份额，政府通过运用征收权从土地收益中拿走 42.44% 的份额，政府所得占比约是被征地农民占比的 1.6 倍。

吕萍、卢嘉（2007）在对三省六地的调查研究中发现，农民获得的征地补偿金占土地供应金额的 22%；政府获得土地供应金额的 78%，其中土地开发成本占 40%，税费收益占 17%，土地增值收益占 21%。梁爽（2009）选取涿州市 2000—2004 年 435 宗征地案例，分析得出农户及农民集体与各级政府获得的收益份额分别为 26.38%、73.62%。褚培新、唐鹏（2013）采用江苏省某县 2006—2011 年的征地出让数据，发现农民集体获得的土地收益份额仅为土地出让总收益的 3%～16%。

总体来看，各地农民集体在征地过程中获得的征地补偿金约占土地商品总价值的

3%～26%,而地方政府获得的各项收入约占土地商品总价值的 75%以上,用于地方的工业化、城镇化建设。由于征地补偿安置水平还不高,农民的利益没有得到合理补偿,由此引起的社会矛盾和冲突频频发生。

建议分区域进行土地征收补偿安置制度改革,着力完善土地征收补偿安置制度的收益分配功能,从各地的实际出发,参照当地的经济社会发展水平和居民收入水平,给予被征地农民合理的补偿安置,大体实现被征地农民与其他社会群体的利益平衡。

(三)集体经营性建设用地入市收益分配制度

通过"扩权立制",集体经营性建设用地入市流转,其价值势必发生增值。土地增值收益在国家、集体和个人之间如何分配,是农村集体经营性建设用地入市制度改革试点的核心内容之一。

由于土地资源禀赋属性,集体土地入市流转的增值收益来源不外乎两个方面:一是集体组织或相关权利人投入的劳动和资本所致;二是土地这种资产吸纳的社会剩余,即所谓自然增值。国家通过征收土地增值收益调节金,将部分增值收归社会所有,由众人共享。这样,就产生了一个被征地农民和集体建设用地入市农民在土地增值收益分享上的公平问题,征收调节金的比例也要与土地征收转用的情形相衔接,实现被征地农民和集体建设用地入市农民两个群体的利益的大致均衡。

为指导和规范各试点县位的试点工作,财政部、国土资源部印发了《农村集体经营性建设用地土地增值收益调节金征收使用管理暂行办法》(以下简称《暂行办法》)。《暂行办法》提出了实施土地增值收益调节金征收的两条路线:一是以土地增值额为征收基础,通过计算入市收益扣除取得成本和土地开发支出后的增值额,针对增值额确定调节金征收比例(以下简称"增值额路线");二是以入市收益为征收基础,按入市总收益一定比例征收调节金(以下简称"入市收益路线")。

作为全国 15 个农村集体经营性建设用地入市制度改革试点县之一,德清县从自己的实际出发,选择了"入市收益路线",对农村集体经营性建设用地土地增值收益调节金征收制度进行了探索和试验,其经验值得总结。

德清县以"同权、同价、同责"为出发点,沿着"按类别、有级差"的思路,探索按入市总收益一定比例征收土地增值收益调节金,形成的方案是:乡镇规划区外工业用地征收比例为16%,乡镇规划区内工业用地征收比例为 20%,县城规划区内工业用地征收比例为 24%;乡镇规划区外商服用地征收比例为 32%,乡镇规划区内商服用地征收比例为 40%,县城规划区内商服用地征收比例为 48%。

从集体经营性建设用地入市收益中征收调节金,用于地方工业化、城镇化的基础设施等建设,具有现实必要性。征收调节金的多寡,要因地制宜,从地方的实际需求出发予以确定。

(四)土地税收制度的改革与建设

税收是国家依据法律法规,对经济单位和个人强制、无偿征收实物或货币,是国家凭借政治权力参与国民收入分配和再分配的一种政策工具。土地税收(房地产税)则是指针对土地或土地改良物(如建筑物)价值或其租金收取的财产税。政府代表广大人民的根本利益,凭借税收权参与因人类劳动、经济发展、物质进步而形成的土地增值收益的分配,是有效调节商品价值漂移造成的土地资产商品价格上涨的一种有效政策手段。

不同国家和地区针对土地资产商品增值收益征收的税目主要分为两种类型：一是在土地资产商品的保有环节征收房地产税，间接参与土地增值收益分配，美国、加拿大、英国、德国、意大利、韩国、日本、新加坡、中国等都设立了房地产税相关税目，除新加坡设定的房地产税税率较高之外，其他各国房地产税税率的设定基本在5%以下，最低降至1%以下；二是在土地资产商品的流转环节征收土地增值税，直接参与土地增值收益分配，意大利、韩国、中国等都设立了土地增值税相关税目，但是各国设定的土地增值税税率差异较大，意大利设定的税率最高为30%，韩国设定的税率在30%左右，而我国台湾地区设定的税率最低为40%。

与其他国家和地区的土地增值收益调节税目相比，我国土地税收制度中土地保有环节和流转环节的税目设定均存在不合理性，没有充分使用税收权这一政策工具，导致政府对土地增值收益的捕获能力较差，尤其是在存量建设用地上，大部分土地增值收益归属经济单位和个人所有。因此，健全和完善税收权机制是土地增值分配改革的主要方向和重点任务。

通过土地增值税制度的改革和创新，使其参与对土地增值收益的调节，以适当集中、动员这块增值收益用于城镇化建设，保障和促进社会公正。本着统筹兼顾国家、集体和个人的原则，探索运用税收权参与土地增值收益调节的思路和方法，推动我国现行土地增值税制度的改革和创新，要及时将集体经营性建设用地土地增值收益调节金转为土地税收。

六、深化土地制度改革的顶层设计

（一）总体目标

深化土地管理制度改革的总体目标，就是在坚持和巩固过去30多年已经建立起的土地管理制度基本框架的基础上，不断完善并最终形成中国特色社会主义土地制度体系。

（二）基础与前提

在深化土地管理制度改革的研究和组织实施中，对"改什么""怎么改"的探索固然重要，但作为基础和前提的却是"坚持什么""巩固什么"。只有明确了"坚持什么""巩固什么"，并取得社会共识之后，再来探索"改什么""怎么改"，才能有效地推动改革走向深入。否则，深化改革将演变成"三岔口式论争""各吹各号"的乱局。近年来，深化土地管理制度改革的进展及成效不如社会预期，其中一个很重要的原因就是我们对"坚持什么""巩固什么"缺乏深入的研究和共识。

1. 坚持和巩固土地所有权公有化

土地是天赋资源，是人类生存之母，人类社会的种种利益冲突莫过于土地利益冲突。中国历史上社会发展长期被土地兼并及其引起的土地占有不公问题所困扰，这一点是近代、现代中国各政党、各界的共识。土地公有制有可能从根本上解决土地占有不公的历史难题，消除以土地为纽带剥削他人劳动的机制，为社会成员公平、公正地利用土地提供新的舞台、新的可能和新的境界。

土地公有制这个概念的法律内涵不明晰，在制度设计层面应以土地所有权公有化这个明确的法律概念取代之，以利于对深化土地管理制度改革的讨论走向深入和取得共识。土地所有权公有化至少有两个方面的要义：一是防止个人对土地支配权的垄断，所有权主体不能为自然人或私法人；二是防止个人对土地利益的垄断，亦即土地增值收益应由社会大众共享。坚持和巩固土地所有权公有化，就是要坚持这两个要义。

2. 坚持走"两权分离"的赋权于民道路

在坚持和巩固土地所有权公有化这个前提下，通过"两权分离"，借传统民法上的用益物权制度的创新，在公有土地之上赋予自然人或私法人以土地财产权：一是解决个人对土地的不可或缺的支配权的问题，二是解决个人对土地利益分享的问题。

这条道路，是过去30多年改革形成的最大制度成果，是中华民族智慧的结晶，是对人类文明多样化的重大贡献。今后深化土地管理制度改革，我们必须坚持而不能背离这条道路。

3. 坚持"转—征—供"的工业化、城镇化资源动员体制

三位一体的"转—征—供"是我国土地管理制度基本框架的核心，它将土地用途管制制度、土地征收制度和国有土地出让制度衔接为一体，为当代中国工业化、城镇化发展提供土地和资本要素的保障。对"转—征—供"的资源动员和保障功能，要予以正视和肯定。"转—征—供"与我国的土地公有制是自洽的。只要我国工业化、城镇化发展的任务没有完成，这个阶段还没有过去，就应当继续坚持三位一体的"转—征—供"制度。

尤其是不能孤立地看待土地征收制度，不能将土地征收制度机械地理解为公共利益征收。在中国的制度条件下，土地征收制度只能是工业化、城镇化发展的土地资源动员制度。我国的土地公有制在其内在逻辑上，对土地利用活动中的公共领域和私人领域的划分，从而对公共利益的界定，明显不同于土地私有制国家。在价值取向上，土地公有制摒弃个人对土地开发利用活动的独占性垄断权，倾向赋予包括农业在内的全部土地开发利用活动以不同程度的公共性，并将全部土地开发利用活动置于公共领域的控制和引导之下。要坚持土地所有权公有化，就得承认和坚持它的这一内在逻辑。农村土地归农民"集体所有"显然不是农民"集体私有"。从公共利益界定的角度出发，想搞一个公共利益清单，临摹西方土地私有制国家的公共利益征收，探索中国征地制度改革的方案和路径，注定因无法与我国土地公有制结构自洽而失败。

4. 坚持土地市场深化发展

把市场引入土地资源配置中，是过去30多年土地管理制度改革的核心内容之一。今后深化土地管理制度改革，很重要的任务就是从广度和深度上推动土地市场深化发展，更加精确地发挥市场在土地资源配置中的决定性作用。坚持土地市场深化发展的同时，要不断完善土地规划计划等用途管制制度，优化政府的土地资源配置功能，更好地发挥政府作用。

（三）改革主线

综合来看，深化土地管理制度改革主要有以下四条主线。

一是深化土地产权制度改革。在坚持和巩固土地所有权公有化的前提下，沿着"两权分离"的赋权于民道路，进一步完善我国土地产权制度体系，夯实土地管理的产权基础。

二是推动土地市场深化发展。在优化土地规划计划、土地用途管制等政府职能的基础上，发展城乡统一的建设用地市场，引入增减挂钩等发展权转移市场制度，建立起中国特色土地市场体系。

三是完善新型工业化、城镇化发展的土地资源动员体制。适应不同区域工业化、城镇化的发展阶段和程度的差异性要求,按区域因地制宜完善新型工业化、城镇化发展的土地资源动员体制。

四是加快土地增值收益分配制度改革。在"涨价归公"原则的指导下,改革和创新土地增值收益分配政策工具,妥善处理国家、集体和个人的土地增值收益分配关系。

(四)重点突破

明确改革主线后,深化土地管理制度改革还必须选准改革重点,实现重点突破,才能把改革不断推向深入。

1.深化土地产权制度改革

(1)集体经营性建设用地使用"同权"制度建设

通过扩权立制,实现集体和国有两类土地上的建设用地使用权在法律性质、物权种类和物权基本规格上的统一。在物权基本规格上,实现设立目的、主体资格、权能范围、使用期限和物权变动方式的五个统一。

(2)宅基地使用权物权化改革

宅基地使用权的身份性和物权性二者之间存在着"此进彼退、此消彼长"的关系。在深化改革的新的历史起点上,宅基地使用权物权化改革还是要适时向前推进。通过渐进地在宅基地使用权的取得、行使和转让等诸环节上去身份化,打破宅基地制度的身份化和物权化"两化复合"结构。将继承环节作为宅基地去身份化改革的"最先一公里",待累积经验后,再适时深入全面推动宅基地使用权诸环节去身份化。

(3)建设用地使用权的期限制度

土地所有人为非所有人所设立土地权利的年限,尤其是最低年限,作为区分土地物权和土地债权及适用法律的重要依据之一,是大陆法系国家民法上的习惯做法。对这一传统,我国物权法应予承袭和坚持。修改现行《物权法》第12章的相关条款时,应当增加使用期限的条款,并应按土地用途不同分类设立相应的建设用地使用权最低年限。

凡在法定的最高和最低期限内的,为用益物权,由《物权法》调整;凡高于最高年限的,为无效合同,应修改为法定期限内;凡低于最低年限的,为债权性土地权利,不具备用益物权的权能,不受《物权法》的规范,而由《合同法》调整。

(4)建设用地使用权期间届满续期制度

住宅建设用地自动续期是《物权法》赋予住宅建设用地使用权人的法定权利,住宅建设用地使用权人行使这一法定权利时,必须符合法定条件,遵从法定程序,履行法定义务。自动续期方案设计要在法定续期这个最大公约数内,不以谈判、不以合意、不以缴纳对价为前提,以民意为依归,探索法定续期的具体制度创设。

住宅建设用地期间届满后,除公共利益原因外,使用权人可以自行持相关证件到权责机关办理新一个期间的建设用地使用权登记。在自动续期生效后,住宅建设用地使用权人应当依法缴纳年金。为降低制度实施成本,应让年金以房地产保有税附加的方式,以一定比例"钉"住房地产保有税,搭上未来房地产税征收体系的便车。

在建立住宅建设用地自动续期制度的同时,加紧探索建立非住宅建设用地申请续期制度,尽快建立起中国特色建设用地使用权期间届满续期制度。

2.推动土地市场深化发展

(1)集体经营性建设用地"同价"入市

集体经营性建设用地"同价"入市,是指在政府与市场的关系上,集体和国有两类土地上的建设用地使用权遵循着同样的价格形成机制,市场起着同等的决定性作用。"同价"不是指集体和国有两类土地上的建设用地使用权"市场成交价格相同或相近",其要义在于"同等入市",即政府对集体建设用地入市的价格形成机制不实施有别于国有土地的特殊管制。作为"同价"的题中之意,集体经营性建设用地入市和集体土地征收转用两种情形的土地增值收益分配也应遵循同一逻辑规则。

(2)宅基地使用权的市场化流转

我国城乡接合部尤其是大中城市郊区、城中村的宅基地使用权,在法律性质上与典型农业地区的宅基地使用权没有差异,但就其承担的社会功能而言,已经与城镇住宅建设用地使用权没有什么差异了。这部分非典型宅基地使用权,其资产属性已经彰显,已经不再具有典型农业地区宅基地使用权的社会保障功能。在全国范围内推动继承环节去身份化后,再沿着"管住增量—调整存量—双轨管理"的思路,推动非典型宅基地使用权突破身份限制的市场化流转。

(3)土地用途管制配额的商品化及市场化

无论是国家下达的新增建设用地计划指标,还是地方政府通过农村建设用地复垦生成的城镇建设用地指标,本质上都是地方政府农用地转用公权力的配额,是一种具有经济价值的行政管制配额,因此它具有让渡和交易的潜在可能。引入土地用途管制配额的商品化、物权化和票据化,是土地市场深化发展,促进市场在土地资源配置中起决定性作用的重要领域。可以率先在增减挂钩中引入发展权转移市场制度,待成熟后,再在耕地占补平衡指标等其他管制配额领域引入发展权转移市场制度。

3.完善新型工业化、城镇化发展的土地资源动员体制

我国工业化、城镇化的发展阶段和程度呈现明显的东、中、西空间差异,不同区域工业化、城镇化的发展阶段和程度不同,对土地资源动员体制机制的要求也就相应不同。在"转—征—供"制度框架中,征收制度是动员土地资源投入工业化、城镇化的关键一环,土地征收制度改革在东、中、西部应该呈现出梯度差异。

(1)东部地区的改革

我国东部地区,尤其是上海、深圳等特大城市的工业化、城镇化已经基本完成,动员土地资源投入新型工业化、城镇化的需求也会发生相应的变化。在东部地区,可以逐步疏解现行征收权的职能,将现行的公共利益用地和非公共利益用地均通过征收权取得的制度,在条件成熟和各方达成共识的基础上,改革转型为唯有公共利益用地,方可由征收权取得的制度。同时,考虑到政府在我国转型发展中的独特作用,征收权退出以后的经营性用地的取得及整合,可以引入国家购买,政府以市场主体身份,通过国家购买的方式介入进来,以市场的手段将集体土地转为国家所有。东部地区尤其是大中城市不宜大规模推广集体经营性建设用地直接入市,要将集体经营性建设用地直接入市限定在城镇用地规划范围之外。

(2)中西部地区的改革

在中西部地区,对于城镇用地规划范围内的工业化、城镇化开发用地,在继续坚持

"转一征一供"制度的同时,应不断完善补偿安置制度,提高被征地农民的补偿安置水平。同时,在县城、建制镇和乡政府驻地等区域,可以适度放开和推广集体经营性建设用地直接入市,实行集体与国有建设用地"同权、同价和同责"。

4.加快土地增值收益分配制度改革

(1)完善土地征收补偿安置制度的收益分配功能

从各地的实际出发,参照当地的经济社会发展水平和居民收入水平,给予被征地农民合理的补偿安置,大体实现被征地农民与其他社会群体的利益平衡。

(2)集体经营性建设用地入市收益分配制度

从集体经营性建设用地入市收益中征收调节金,用于地方工业化、城镇化的基础设施等建设,具有现实必要性。征收调节金的多寡,要因地制宜,从地方的实际需求出发予以确定。在农村集体经营性建设用地入市的场合,不必拘泥于土地增值额概念的束缚,可按照入市总收益一定比例征收调节金;在再转让农村集体经营性建设用地的场合,由于存在两个时点的土地价值之差,计算土地价值增值额是完全可行、合理的,可按增值额征收一定比例调节金。

(3)土地税收制度改革与建设

通过土地增值税制度的改革和创新,使其参与对土地增值收益的调节,以适当集中、动员这块增值收益用于城镇化建设,保障和促进社会公正。本着统筹兼顾国家、集体和个人的原则,探索运用税收权参与土地增值收益调节的思路和方法,推动我国现行土地增值税制度的改革和创新,要及时将集体经营性建设用地土地增值收益调节金转为土地税收。

这里也要强调,土地管理制度改革综合性很强,复杂性很高,连锁效应很大,在重点突破的同时,应当整体推进。土地管理制度改革如何与自然资源管理体制改革和生态文明体制改革以及空间规划体制改革深度融合、人地分离机制创新、存量土地再开发机制创新、土地空间管制机制创新、土地财政可持续增长机制创新等都应该是土地管理制度改革紧迫性很强的重大课题。尤其是在当前土地制度综合改革的进程中,要把握制度创新的本质和难点是如何解决好"责权利对等"的问题。就农村土地三项制度改革而言,如何解决城乡土地"同权、同价和同责"中的"同责"问题,如何解决村级土地规划缺位的问题,如何更加有效地维护土地公平正义等问题,都亟待更深入和更细致的探索。否则,缺乏整体协调的土地管理制度改革所带来的问题比所解决的问题可能还要多、还要大。

(五)组织实施

1.坚持国家战略导向

土地管理制度改革要始终服务于国家发展战略的总方向,有利于推进"四个全面"战略布局、全面建成小康社会、新型城镇化、生态文明建设和国家治理体系和治理能力现代化。要突破条块思维和条块体制的改革推进模式,寻求新的"市场—政府"的平衡点,打破"一放就乱、一收就死"的改革死结。

2.处理好大一统与地方化的关系

中国幅员辽阔,各地经济社会发展阶段不一致、经济社会发展条件差异大,深化土地管理制度改革必须处理好大一统与地方化的关系。要明确全国大一统的土地制度、政策的领域、重点及界线,要授权地方政府尤其是省级政府从实际出发施行区域性的土地制度、政策。

3.系统设计与试点试验相结合

今天深化土地管理制度改革与我国20世纪70年代末80年代初启动改革时相比,已经有条件针对改革重点,将系统设计与试点试验相结合。在这个阶段,尤其要重视对深化改革的系统设计,切忌将深化改革的期望全部落在对农村土地三项制度改革试点经验的提炼上。

参考文献

[1] 崔建远. 物权法[M]. 北京:中国人民大学出版社,2014.

[2] 房绍坤. 物权法用益物权编[M]. 北京:中国人民大学出版社,2007.

[3] 华生. 城市化转型与土地陷阱[M]. 北京:东方出版社,2013.

[4] 梁彗星. 中国物权法草案建议稿条文、说明、理由与参考立法例[M]. 北京:社会科学出版社,2000.

[5] 刘卫东. 中国土地利用和管理改革透视[M]. 北京:科学出版社,2015.

[6] 王利明. 物权法研究:下册[M]. 北京:中国人民大学出版社,2002.

[7] 吴次芳,靳相木. 中国土地制度改革三十年[M]. 北京:科学出版社,2009.

[8] 谢在全. 民法物权论:上册[M]. 北京:中国政法大学出版社,1999.

[9] 喻国明. 解构民意:一个舆论学者的实证研究[M]. 北京:华夏出版社,2001.

[10] 鲍海君. 城乡征地增值收益分配:农民的反应与均衡路径[J]. 中国土地科学,2009,23(7):32-36.

[11] 陈科. 基于城市化角度的增减挂钩政策实施研究[J]. 城市规划,2011,35(7):14-19.

[12] 程世勇. "地票"交易:模式演进和体制内要素组合的优化[J]. 学术月刊,2010,42(5):70-77.

[13] 崔宝敏. 天津市"以宅基地换房"的农村集体建设用地流转新模式[J]. 中国土地科学,2010,24(5):37-40.

[14] 段力誌,傅鸿源. 地票模式与农村集体建设用地流转制度的案例研究[J]. 公共管理学报,2011,8(2):86-92.

[15] 付志宇,姜贵渝. 孙中山土地税思想及其实践对我国房地产税制改革的借鉴[J]. 财政研究,2011(10):39-41.

[16] 高圣平,刘守英. 集体建设用地进入市场:现实与法律困境[J]. 管理世界,2007(3):158-159.

[17] 高圣平,杨旋. 建设用地使用权期限届满后的法律后果[J]. 法学,2011(10):104-112.

[18] 郭瑞雪,付梅臣. 关于集体建设用地"同地同权同价"问题辨析[J]. 中国人口·资源与环境,2014,24(5):419-421.

[19] 郭振杰. "地票"的创新价值及制度突破[J]. 重庆社会科学,2009(4):71-75.

[20] 蒋省三,刘守英. 打开土地制度改革的新窗口——从广东《集体建设用地使用权流转管理办法》说起[J]. 学习月刊,2006(1):24-25.

[21] 蒋省三,刘守英. 土地资本化与农村工业化——广东省佛山市南海经济发展调查[J]. 管理世界,2003(11):87-96.

[22] 靳相木,陈箫. 土地征收"公正补偿"内涵及其实现——基于域外经验与本土观的比较[J]. 农业经济问题,2014(2):45-53.

[23] 靳相木,姚先国. 农地非农化管理的分权取向改革及其情景模拟[J]. 公共管理学报,2010,7(3):10-20.

[24] 李昌平,刘学熙,张慧. "土地增减挂钩"与农民集中居住是大势所趋[J]. 商务周刊,2011(1):24-25.

[25] 李杰,段龙龙. 城乡建设用地同权同价改革困境及实现路径论析[J]. 海派经济学,2014,12(3):76-87.

[26] 梁爽. 土地非农化过程中的收益分配及其合理性评价——以河北省涿州市为例[J]. 中国土地科学,2009,23(1):4-8.

[27] 刘广明. "双轨"运行:城镇化进程中农村宅基地(使用权)制度解困的可行解[J]. 法学论坛,2014,29(2):101-108.

[28] 刘红梅,段季伟,王克强. 经济发达地区农村宅基地使用权继承研究[J]. 中国土地科学,2014,28(2):44-52.

[29] 吕德文. 撕裂中的再造——城镇化进程中的乡土传统[J]. 民俗研究,2014(1):15-17.

[30] 吕萍,卢嘉. 农地转用利益分配关系分析与调整[J]. 农村经济,2007(1):28-31.

[31] 牛立夫. 论我国住宅建设用地使用权的附条件有偿续期[J]. 海南大学学报(人文社会科学版),2012,30(6):82-86.

[32] 沈延生. 村政的兴衰与重建[J]. 战略与管理,1998(6):1-34.

[33] 宋炳华. 住宅建设用地使用权续期之法理分析及完善路径[J]. 国土资源情报,2011(8):26-30.

[34] 谭峻,戴银萍,高伟. 浙江省基本农田易地有偿代保制度个案分析[J]. 管理世界,2004(3):105-111.

[35] 万玲. 公共决策中的民意表达与整合[J]. 探求,2012(5):78-82.

[36] 汪晖,陶然. 论土地发展权转移与交易的"浙江模式"——制度起源、操作模式及其重要含义[J]. 管理世界,2009(8):39-52.

[37] 王利明,易军. 改革开放以来的中国民法[J]. 中国社会科学,2008(6):134-147.

[38] 王守军,杨明洪. 农村宅基地使用权地票交易分析[J]. 财经科学,2009(4):95-101.

[39] 王小映. 土地征收公正补偿与市场开放[J]. 中国农村观察,2007(5):22-31.

[40] 吴次芳,郑娟尔,罗罡辉. 平均地权思想回顾及其启示[J]. 中国土地科学,2006,20(3):61-64.

[41] 熊祖琳. 宅基地使用权流转机制中的价值冲突与解决路径[J]. 法制与社会,2014(5):223-225.

[42] 徐唐奇,张安录. 新农村建设背景下的湖北省农村居民点土地整理[J]. 国土资源科技管理,2008,25(3):35-41.

[43] 喻文莉. 转型期宅基地使用权流转之法理分析[J]. 中国土地科学,2013,27(2):22-27.

[44] 张国华. 宅基地使用权流转的经济学分析[J]. 经济研究参考,2013(62):3-11.

[45] 张红星,桑铁柱. 农民利益保护与交易机制的改进——来自天津"宅基地换房"模式的经验[J]. 农业经济问题,2010(5):10-16.

[46] 周诚. 关于我国农地转非自然增值分配理论的新思考[J]. 农业经济问题,2006(12):4-7.

[47] 周建春. 集体建设用地使用制度改革中的几个问题[J]. 中国土地科学,2003,17(3):21-24.

[48] 周京奎,吴晓燕,胡云霞. 集体建设用地流转模式创新的调查研究——以天津滨海新区东丽区华明镇宅基地换房为例[J]. 调研世界,2010(7):24-26.

[49] 周其仁. 同地、同价、同权——我对广东省农地直接入市的个人看法[J]. 中国经济周刊,2005(33):20.

[50] 周昭霞. 意大利、韩国和台湾地区土地增值税制的借鉴和启示[J]. 生产力研究,2005(9):154-155.

[51] 朱广新. 论住宅建设用地使用权自动续期及其体系效应[J]. 法商研究,2012,29(2):3-12.

[52] 诸培新,唐鹏. 农地征收与供应中的土地增值收益分配机制创新——基于江苏省的实证分析[J]. 南京农业大学学报(社会科学版),2013,13(1):66-72.

[53] MICELI T J, SEGERSON K. Regulatory Takings: When Should Compensation Be Paid? [J]. The Journal of Legal Studies, 1994, 23(2): 749-776.

[54] 陶长春. 网络谣言对民意的表达与歪曲[D]. 武汉:武汉大学,2014.

[55] 何真. 以流转为核心深化宅基地使用权改革[N]. 中国社会科学报,2014-03-19.

[56] 孙宪忠. 消除各种"权"的误解[N]. 国土资源报, 2015-03-11.

[57] 张千帆. 续期有偿无偿都得给个说法[N]. 南方都市报, 2009-03-27.

[58] 章林晓. 同地同价同权理论的谬误[N]. 中国房地产报, 2012-04-12.

[59] 宗庆后. 宗庆后建议完善住宅建设用地到期后续期的法律[N]. 北京新闻网, 2011-02-28.

中国政府土地收入管理转型:域外经验及借鉴^①

刘卫东　郑凯文　蔡　潇

摘　要:中国城市土地出让金作为地方政府收入的主要来源,为城市化和经济社会发展做出了积极的贡献,也面临着城市建设用地规模控制及土地利益分配不公等带来的不可持续性问题,地方政府土地收入由卖地财政向管地财政转变是新时期土地利用和管理改革的必然选择。本文在文献阅读和规范研究的基础上,阐明了土地收益成为政府收入来源的缘由,系统地介绍了世界主要国家和地区的政府获得土地收入的方式和途径,剖析了目前中国政府土地收入管理的基本特征和存在的问题。本文根据世界城市土地利用和政府土地收入的变化趋势,借鉴世界主要国家和地区的政府土地收入管理的经验,提出了未来中国城市土地财政转型和政府土地收入管理改革的方向,明确指出未来政府土地收入的主要来源应该是城市存量国有土地资产的增值及与土地相关的税收收入。本届政府任期内只能够支配任期年份按照年份分摊的每年土地出让金收入,超额借用其他年份按照年份分摊每年的土地出让金收入应该承担还本付息的责任。我国土地和房地产转移环节的税收应该根据"正租、明税、少费"的原则,逐步减少不合理的重复征税和不合理收费。为了促进城市土地节约集约利用,我国应该尽快出台土地空置税和房地产税,并通过征收规划许可收费、城市土地开发收益返还、城市规划调整协议补偿等一系列规划管理改革,充分挖掘城市土地的增值收益,弥补土地出让面积减少带来的政府土地收入减少。中国城市政府土地收入的管理和不动产税收改革不能只顾政府财政收入而增加企业和社会公众的经济负担。我国集体土地平等入市,让非土地所有者和使用者的贡献而产生的土地增值以适当的形式回馈社会也需要认真考虑。

关键词:土地收益;房地产税制;土地财政转型

Management Transformation of Government Revenue from Land in China: Learn from Overseas Experience

LIU Weidong　ZHENG Kaiwen　CAI Xiao

Abstract: The transfer fees of the right to the use of the state-owned land in the urban areas, as the main source of local government revenue, have made positive contributions to urbanization and economic and social development. Because of the scale control of urban construction land and the unfair distribution of land interests, it also faces the challenge of unsustainability. The local government land revenue from land sales to the financial management of land use is the inevitable choice of land use and management reform in the new period. Based on the literature reading and normative research, this article clarifies the reason why land revenue becomes the source of government revenue. Comparing with the way and routes of the world's major national and regional governments to obtain land revenue, this article also analyzes the basic

---

①　本文系国土资源部信息中心研究项目"主要国家和地区政府土地收入管理研究"成果的一部分。

characteristics and existing problems of the current government land revenue management. According to the world's urban land use and government land income trends, this article furtherly puts forward the future direction of China's urban land finance transformation and government land revenue management reform from overseas experience. It is clear that the main source of government land income in the future should be the added value of existing urban state-owned land assets and land-related tax revenue. The current government can only use the land leasing income to be assessed on an annual basis during the term of office of the government. If borrowing more than land leasing income of the government's term of office, the current government should bear the responsibility of debt service. Based on the principle of "clear rental content, tax transparency, administrative fee reduction", unreasonable repetitive taxes and unreasonable charges should be gradually reduced in the land and real estate transfer process in China. In order to promote urban land conservation and intensive use, China should introduce as soon as possible the land vacancy tax and real estate tax, and capture the additional value through the collection of planning permit fees, urban land development income return, urban planning adjustment agreement compensation etc. to make up for the reduction of land revenue due to reduced state-owned land transfer in the urban areas. Reform for land revenue management and real estate tax system in China cannot increase the economic burden of enterprises and the public in order to increase the government revenue. As the collective land comes into the market equally, its land value added tax to feedback society also need to be seriously considered.

Key words：land revenue；real estate tax system；land finance transformation

自 20 世纪 80 年代以来,中国城市土地实行有偿、有流动、有限期使用,促进了城市土地和房地产市场的形成和发展,凸显了城市土地资产的价值。土地出让收入成为中国政府财政收入的重要组成部分,也是地方政府最能有效支配的收入,还是城市基础设施建设和公共服务事业发展的资金来源。我国通过招商引资引进了国内外先进的技术和管理经验,加快了工业化和城市化进程,为中国经济的高速发展做出了积极的贡献。

同时,中国城市土地使用制度改革和管理也面临着严峻的挑战:一是城市建设用地面积迅猛扩张,占用了大量的优质耕地,城市蔓延造成了工业污染扩散和基础设施利用效率降低,耕地保护和生态环境压力大;二是低价征地和高价出让使得城市化的红利并未完全与农民分享,进城农民工未享受到城市居民的平等待遇,失地农民的土地财产权益受到侵害,城市土地扩大而农村居民点用地没有同时减少,中国建设用地占土地总面积的比例过大;三是农民土地资产意识的觉醒,城市建设征地日益困难,城市土地取得成本不断提高,新增城市建设用地供给阻力加大;四是我国土地和房地产税收体系结构不合理,城市土地和房地产投资过热,集体建设用地灰色交易屡见不鲜,城市土地低效利用和闲置土地较多,土地集约利用水平需要提高。

中国城市土地不可能无限扩张,城市土地出让不可持续,中国以土地出让为主要来源的政府土地收入管理转型发展势在必行。主要发达国家和地区政府土地收入管理的经验值得我们认真研究及借鉴。

一、土地收益成为政府收入来源的合理性

(一) 土地所有者权益在经济上实现

世界土地所有制变迁史研究表明,人类社会早期的所有权概念可能并未产生,土地所

有权是私有制和国家产生以后才有的。西方《圣经·旧约》认为，土地是大自然的赋予，人不能宣称独自占有。中国《诗经·小雅·北山》曰："普天之下，莫非王土。"在自然经济条件下，占有土地只能通过"为这些土地奉献生命"才能最终达成，财产权是通过劳动获得的。封建土地私有制的建立标志着以往传统人地关系及基于此人群相互间宗教、道德义务的瓦解、特权阶层的崛起和森严等级体系的形成。资本主义土地私有制下，作为私人财产的土地具有纯粹的民权和法律依据，不能被任意剥夺，但可以根据条文进行交易和买卖。资本主义土地私有制下，土地是人存在、生活和发展所需凭借的一项资本，价值亟待兑现。

无论是封建社会，还是资本主义社会，土地作为国家的财富是第一位的。在封建社会，封地是"古典封建土地所有制的中心"，它始终以"一种地主和务农者之间的契约协议的形式而存在"，维系着封建社会内部结构的稳定。"封地"的来源和保证来自国家。在资本主义社会，私人所有的土地也有很多是来源于国家的出让和有偿分配。

目前世界上很少有完全私有制的国家。英国土地所有制结构中：公共部门所有的土地占 15.4％，其中中央政府所有为 2.6％，地方政府所有为 11.0％；民间所有的土地占84.6％，其中私人所有为 65.5％，法人所有为 14.4％。美国土地有三种所有形式：私人土地占美国国土面积的 59％；联邦政府土地为 32％，州政府土地为 7％；另有 2％为印第安人保留地。日本属于国家所有的土地面积占国土总面积的 23.7％；属于公共所有的土地面积约占国土总面积的 15.6％；其余 60.7％的土地属于个人和法人所有。瑞典土地中，私人占40％，企业占 20％，国家占 30％，地方政府、教会及其他占 10％。韩国公民个人持有土地占国土总面积的 52.6％；国有及公有土地占 32.2％；法人持有土地占 6.5％；非法人等其他机构持有土地占 8.7％。

作为土地的所有者，世界各国政府都会根据经济社会发展需要，通过出售土地或出让（租赁）土地使用权来获得土地收益，公共土地筹集财政收入是其土地政策和财政政策的一个主要目标。1862 年前，美国来自公共土地收入与关税收入一起构成政府总收入的绝对主体；1836 年，美国土地出售收入达到 2487.7 万美元，占联邦财政总收入的 48.96％。2010年，韩国政府土地及无形资产出售收入达到 1.61 万亿韩元，土地非税收入对中央政府的贡献接近 1％。

（二）土地资产增值的合理涨价归公

土地是地球陆地表层的一部分，土地具有位置的固定性和面积的有限性，是人类生存和发展最基本的、具有稀缺性和垄断性的资源。土地利用不仅可以促进区域发展，也可以从周围环境改善中获益。土地市场是不完全市场，土地价格由需求决定。土地资产价值的增加不完全是依靠土地产权人的努力、辛勤劳动或者聪明才智实现的，还与自然环境条件、地理区位及社会的发展，人口、资本的集聚，以及政府的产业规划、基础设施建设，科技的进步等诸多因素相关。为了抑制土地所有者的不劳而获，维护社会公平，政府有权要求将部分土地增值返还社会。

城市土地用途的形成是土地利用适应自然和历史条件，遵循经济规律进行空间竞争的结果。由于市场经济的发展，土地所有者或者使用者的相互联系和相互制约作用增强，土地"所有权绝对"的时代已经一去不复返了。私有制有其内在悖论，"虽然它促进了个性的发展，但唯有在平等地考虑了公共利益的前提下，它才能发挥作用"。政府必须维护土地利用的空间秩序，保留特有的警察权。土地利用的用途管制和建设用地空间管制使得某些土地用途可以取得较高的经济收入，而其他一些用途只能够获得相对较低的经济报酬。合理补偿是指公平地对待所有者,而不是保护土地所有权本身,这是征用法理学根本性内容的论点,是美国最高法院反复提及的格言。1960 年,美国最高法院宣布,对财产征收行为进行合理补偿的原则是"要禁止政府强迫某些人独自承担公共负担,而这些负担按照公平和合理原则,是由全社会共同承担的"。政府在土地管理过程中因为行使公权力的行为对特定公民财产的价值造成了贬损,例如政府修建铁路带来的噪声污染导致周边部分土地贬值,或者政府为了确保粮食安全规定农地农用,禁止特定区域进行非农开发,应该给予必要的补偿。而那些能够取得高额利润的土地用途和区域,实际上是以那些土地利用受到限制的区域的土地利益牺牲为代价的,应该为其超高收益的土地开发权的取得向政府支付代价。

根据土地利用学原理,土地利用结构不仅取决于自然环境条件和结构,也取决于生产力发展水平和产业经济结构。土地资产价值大,土地开发和房地产投资对于调节国民经济发展的社会总供给和总需求具有重要的作用。在适当条件下,政府需要运用国有土地的资源和资产功能进行国民经济的宏观调控。

(三) 公共服务设施投入的回收

公共服务设施是指为社会生产和居民生活提供公共服务的物质工程设施,是用于保证国家或地区社会经济活动正常进行的公共服务系统。公共服务设施由于其具有明显的公共性和外溢经济效应,企业和个人投资往往难以收回,在传统上一直是由各国政府或由政府依法特许的某些企业以近乎垄断的方式来提供的。扩大政府对公共服务设施建设的支出,既是医治经济紧缩的救急良药,也是积累长期经济增长后劲的有效举措。许多公共服务设施企业有一些共同需要,如电力、邮电、自来水、燃气等部门都要使用地下管道,整体规划、协调发展可以降低基础设施建设的社会成本。

公共服务设施投资不仅可以提高整个国民经济的运行效率和人民群众的生活质量,也能够提高一定范围的土地价值。对美国休斯敦海湾高速公路的研究表明,高速公路开通 5 年,其 0.5 英里内的土地价值上升了 122%,0.5~1 英里以内的土地价值上升了 75%,而这一地区的其他地方的土地价值上升了 26%。把因为社会投资而形成的土地增值收回,用于公共基础设施投资,是一个外部收益内部化的过程,它需要在一定空间尺度上进行。地方政府作为社会公众的代表,处在最有利的地位。在世界各国,公共服务大多是地方政府管辖范围内的事,它们可以通过规划分区和发放有条件限制的特许权证,具体实现房地产所有者利益的服务与地方条件相匹配。

在地方政府中,最活跃的选举人通常是业主。有证据显示,大多数较小的地方政府都可以使私人住房所有者的净值最大化,以获得住户的拥护。分区制使一个都市区内每个社区都被设计成为可以提供某种水平的、能够吸引某类潜在居民的服务。例如,在高消费社区,不准许为避免缴纳高额税费而建造小型住房,也不准许建造表面华丽而质量很差、容易损毁的建筑。美国宪法不允许限制外来移民,各州政府不得对从其他州迁移来的移民加以严格限制,或者要求新居民在使用州服务设施时支付很高的使用费。但是,在美国,对地方政府通过分区限制通行权的类似起诉却没有过胜诉。

(四)建立和完善公共财政体系

在自然经济时代,只要有适宜的土地,就不会有生存危机。土地既是限制人身自由的枷锁,也是人生存的保障。在封建社会,政府存在的最大理由主要是对外抵抗掠夺和对内分配土地,政府千方百计诱使农民固守在自己的土地上繁衍生息。但是,到了市场经济时代,工业和第三产业在国民经济中的地位日益重要,人们的生存和发展都依靠在市场上的交换所得。在经济社会发展中,技术进步、资本贡献日益取代了资源禀赋的限制,土地的枷锁逐步得以挣脱。

在市场经济时代,政府的有效性都植根于财产权利的界定之上,要推动社会生产,就应当让生产者在收入分配中占据优先地位。工、商企业的布局区位选择及其巨额利润诱使大量农业人口涌入城市,残酷的市场竞争令企业破产和工人失业的情况常常发生,对已经放弃土地的市民而言,失业就意味着生存受到严重威胁。没有完善的社会保障,就没有灵活、高效的企业,也就没有充满活力的市场。

如果说自然经济时代的政府因为充当政治庇护人而尽享统治的红利,政府征收税费是为了满足统治阶级的特权享受和政权巩固,那么,在市场经济时代,政府所要履行的义务就只能用"管理"或者"服务"来概括了。政府不仅负有维护国防安全和社会稳定的责任,在发展经济、改善民生条件、维护社会公平和正义、弥补市场失灵、提供公共基础设施和服务、促进平等竞争、保护社会弱势群体等方面更加责无旁贷。适应市场经济条件下政府职能的转变和实现公共政策与宏观调控目标的公共财政体制框架的形成和建立,要求政府和征税机关必须切实尊重和保护纳税人的权益,为纳税人提供优质服务,充分发挥公共财政的资源合理配置职能、收入公平分配职能、社会稳定保障职能和环境生态保护职能。

公共财政以弥补市场失灵为行为准则。市场无法解决或解决不好的,属于社会公共领域的事项,公共财政原则上就必须介入。公共财政只能以满足社会公共需要为己任,追求公益目标,一般不直接从事市场活动和追逐利润。公共财政为社会成员和市场主体提供平等的财政条件,实行一视同仁的财政政策。不管其经济成分,不管其性别、种族、职业、出身、信仰、文化程度乃至国籍,只要守法经营,依法纳税,政府就不能歧视,财政政策上也不应区别对待。不能针对不同的社会集团、阶层、个人以及不同的经济成分,制定不同的财税法律和制度。公共财政要把公共管理的原则贯穿于财政工作的始终,以法制为基础,管理要规范和透明。要求对税的征收必须以法律为依据,既不能多征也不能少征,实现应收尽收;要求纳税义务人按法律规定及时足额缴纳税金,切实履行纳税义务。

二、政府获得土地收入的方式和途径

(一) 政府土地收入的来源

我们对世界主要国家和地区政府土地收入进行分析后发现,其主要的来源有三:一是土地权利价值,通过土地所有权、使用权等土地权利出售或租赁获得的地价或地租;二是与土地有关的税收,包括土地和房地产取得、保有和转移过程中的各种税收和费用;三是土地价值捕捉,作为一种公共融资为建设公共基础设施的私人土地所有者或开发者还原其部分或全部的价值。其主要类型包括土地增值税(LVT)、税收增量融资(TIF)、特别评估区或改善区的区划、联合开发、设立空中权、公共地役权、提取基础设施影响费(如交通费或公用事业费)或其他非占有的利益,其本质上是地方政府以向收益的不动产所有者收取的一些实物贡献。减少政府对于公共服务设施的投资或对于规划管制而形成的损失进行补偿,在一定程度上相当于增加了政府土地收入。

中国政府土地收入的来源和世界主要发达国家和地区的基本相似。但由于国情不同,中国政府土地收入的来源也具有中国特色(见表1)。

表 1　世界主要国家和地区土地相关税收体系比较

国家（地区）	土地取得环节			土地保有环节			土地转让环节		
	税种	计税依据	名义税率	税种	计税依据	名义税率	税种	计税依据	名义税率
美国	遗产税与赠与税	遗留和赠与财产价值总额	自 2011 年起，美国遗产税的起点，个人为 500 万美元，夫妻为 1000 万美元，税率降低至 35%	财产税	按房地产等财产的评估价值	税率由各地方政府根据预算自行规定。财产税税率为 2% 左右（少数州高达 10%，低达 0.2%）	房产交易税	不动产交易价格	交易税一次性过户时交齐，约为房价的 2%～4%，一般由买卖双方平分
							所得税（个人和房地产公司）	投资房地产经营所得、股息、利息、租金及其他收入	超额累进税率，个人所得按照纳税人身份（夫妻、单身）申报，税率设 15%、28%、33% 和 28%。房地产公司税率设 15%、25%、34%
日本	遗产税	纳税人获得的资产总价值	遗产税率：1000 万日元以下为 10%；3000 万日元以下为 15%；5000 万日元以下为 20%；1 亿日元以下为 30%；3 亿日元以下为 40%；3 亿日元以上为 50%。法定继承人如果是死者的配偶、父母或子女以外的人，税额要加算 20%	固定资产税	纳税人为保有固定资产的个人和法人。固定资产的金额，每 3 年对其税收价格评估一次	固定资产税的标准税率为 1.4%，限制税率为 2.1%。由地方税费规定	所得税	土地、房屋等可转让资产的转让收益	保有期超过 5 年的土地转让收益所得税税率为 15%，并加征 5% 的居民税；保有期少于 5 年的土地转让收益所得税税率为 30%，并加征 9% 的居民税。保有 10 年以上的住宅在转让时，收益金额在 6000 万日元以内部分，所得税和居民税分别按 10% 和 4% 税率征收；收益金额超过 6000 万日元部分，所得税和居民税分别按 15% 和 5% 税率征收
	赠与税	受赠与人所接受的赠与财产中减去基本扣除项目金额形成的课税价格	采取超额累进税率征收。被赠与人在一个年度内得到价值超过 60 万日元以上的部分将被课征赠与税	城市规划税	同固定资产税	由各市町村政府自行确定，最高税率不得超过 0.3%	登录许可税	不动产登记价格	税率按不动产取得方式不同而有所不同，通过购买获得的房地产税率为 2%，同时该项税收也有相关减税和免税规定
				特别土地保有税	保有和购置的土地，土地取得价格与市场时价中的高者	特别土地保有税实行固定税率，土地所有的税率为 1.4%，土地购置的税率为 3%	印花税	不动产交易签约	税额因签约金额而异。如 6000 万日元的签约金额需要缴纳的印花税税额为 6 万日元
	不动产取得税	土地，房屋及通过改建增加的房屋价值	土地 10 万日元，新建房屋 23 万日元，其他房屋 12 万日元为起征点。标准税率为 4%，住宅取得为 3%。土地取得者在取得土地前 2 年内住在该土地上或前 1 年内已取得该土地上的住宅，土地取得者可享受 1/4 的税额扣减	事业所得税（又称营业场所税）	只在东京、札幌、大阪、横滨、名古屋、京都、神户等城市征收。征税对象是为营业需要新建和扩建的房屋	对营业用新建扩建房屋，按纳税人自报房屋面积计征，每平方米 6000 日元			

续表

国家（地区）	土地取得环节			土地保有环节			土地转让环节		
	税种	计税依据	名义税率	税种	计税依据	名义税率	税种	计税依据	名义税率
韩国	遗产税	继承取得的财产价额（个别公示地价）	超过累进税率,税率10%～5%	财产税	所有者房产市价	超过累进税率,差等比例,标准税率0.3%～7%	转让所得税	转让所得金额（个别公示地价、基准地价）	超过累进税率,税率30%～50%
	赠与税	赠与取得的财产价额（个别公示地价）	超过累进税率,税率10%～5%	综合土地税	个别公示地价	超过累进税率,差等比例,标准税率0.2%～0.5%	法人特别附加税	法人的转让收益	差等比例税率20%
	取得税	取得财产价额（报价或个别公示地价×适用比率中更大的金额）	差等比例税率,标准税率2%						
	注册税	登记价额（报价或个别公示地价×适用比率中更大的金额）	差等比例税率,标准税率3%	城市计划税	财产税、综合土地税的计税依据	单纯比例税率,标准税率0.2%	印花税	契约文书数额	不动产转让合同额500万～1000万韩元,税额1万韩元;合同额1000万～2000万韩元,税额2万韩元
英国	遗产税与赠与税	所有赠与财产的累计总额和死亡时转移资产的总价值（公开市价）	比例税率,税率为40%	住宅房屋税（市政税）	住房评估价格	超过累进税率,税率分8档,具体税率标准由各地方政府确定	所得税（个人和房地产公司）	扣除相关费用以后的租金收入、一次性租金及其他类似的支付金	超过累进税率,个人税率分4档,最低20%,最高40%;公司税率分3档;年利润≤25万英镑25%,年利润25万～125万英镑35%;其他30%
				营业房产税	非住宅房屋的租金（不动产年净收益）	税率因房屋使用用途而异,每年4月1日由中央政府确定	印花税	注册交易价格	税率1%
							资本增值税	资产转移时价值高于资产获得时价值的增加额	按照保有年数适用不同税率,最高税率40%

续表

国家（地区）	土地取得环节			土地保有环节			土地转让环节		
	税种	计税依据	名义税率	税种	计税依据	名义税率	税种	计税依据	名义税率
瑞典	遗产和赠与税	每一个继承人所占的遗产份额	高额累进税率。税率随所接受的财产价值及继承人与被继承人关系的不同而不同。税率10%～30%	房地产税	房产"税收价值"相当于房产市场价值的75%，房产的"税收价值"每年进行修改更新	税率为房产"税收价值"的0.5%～1%。新建成的房屋自建成之日开始的5年内，免征房地产税，之后5年内减半征收房地产税。个人房屋的出售按净收入的50%征收资本所得税，税率为30%	个人所得税	个人所得	非劳动收入的税率为30%
							公司所得税	公司的全部所得都应作为营业所得，包括出售股票、不动产或其他资本性资产所获得的收益纳税	公司所得税率以统一的26.3%的比率征收；单位信托要承担30%的税率
							印花税	房地产交易价格	房地产转让按个人交易价格的1.5%、单位交易价格的3%征收
中国内地	耕地占用税	实际占用耕地面积	按照规定的适用税额一次性征收。以县级行政区域为单位，人均耕地<1亩的地区，为10～50元/m²；1亩<人均耕地<2亩，8～40元/m²；2亩<人均耕地<3亩，6～30元/m²；人均耕地>3亩，5～25元/m²	房地产税	城市、县城、建制镇和工矿区依照房产原值一次减除10%～30%后的余值计算缴纳。房产出租的，以房产租金收入为房产税的计税依据	依照房产余值计算缴纳的，税率1.2%；依照房产租金收入计算缴纳的，税率为12%	营业税	销售不动产的营业额	自2010年1月1日起，个人将购买不足5年的住房对外销售的，全额征收营业税；个人将购买超过5年（含5年）的非普通住房对外销售的，按照其销售收入减去购买房屋的价款后的差额征收营业税；个人将购买超过5年（含5年）的普通住房对外销售的，免征营业税。营业税率为5.6%
							城市维护建设税	以纳税人实际缴纳的产品税、增值税、营业税的税额为计税依据	纳税人所在地为城市市区的，税率为7%；纳税人所在地为县城、建制镇的，税率为5%；纳税人所在地不在城市市区、县城或建制镇的，税率为1%
							教育费附加	以纳税人实际缴纳的增值税、消费税、营业税的税额为计费依据	应纳教育费附加＝（实际缴纳的增值税、消费税、营业税三税税额）×3%
							契税	征税对象是境内转移的土地、房屋权属。契税的计税依据为不动产的价格	契税实行3%～5%的幅度税率。各省、自治区、直辖市人民政府在规定范围内，按照该地区的实际情况决定

续表

国家（地区）	土地取得环节			土地保有环节			土地转让环节		
	税种	计税依据	名义税率	税种	计税依据	名义税率	税种	计税依据	名义税率
中国 内地	新增建设用地有偿使用费	当地实际新增建设用地面积、相应等别	以县级行政区域为单位，全国分为15等，一等140元/m²；一至四等每等差20元/m²；五等64元/m²；五至九等每等差8元/m²（八等差6元/m²）；十等28元/m²；十至十五等每等差4元/m²（十四等差2元/m²）	城镇土地使用税	城市、县城、建制镇、工矿区纳税人实际占用的土地面积	大城市1.5～30元/m²；中等城市1.2～24元/m²；小城市0.9～18元/m²；县城、建制镇、工矿区0.6～12元/m²	印花税	产权转移书据所载金额	按所载金额0.5‰
							个人所得税	不动产转让所得	个人所得税＝（出售房屋成交价－购入该房屋成交价－合理费用）×20％。对于个人转让自用达5年以上并且是唯一的家庭居用住房的，免征个人所得税。企业所得税征收有两种方式：一种是查账征收，应纳税所得额＝预收房款×计税毛利率＝预收房款×12％；另一种是核定征收，应纳税额＝应纳税所得额×25％＝应税收入×12％×25％＝应税收入×3％
							土地增值税	转让房地产取得的收入，减去法定扣除项目金额后的增值额	按照土地增值税税率表，增值额未超过扣除项目金额50％的部分，税率为30％。增值额超过扣除项目金额50％、未超过扣除项目金额100％的部分，税率为40％。增值额超过扣除项目金额100％、未超过扣除项目金额200％的部分，税率为50％。增值额超过扣除项目金额200％的部分，税率为60％。纳税人建设普通住宅出售的，增值额未超过扣除金额20％的，免征土地增值税
中国 香港	遗产税	遗产净值	5％～15％	差饷	物业价值	每年由立法会根据香港特区政府财政收支情况确定，现行为5％	印花税	不动产转让、租约	0.25％～3.75％
				不动产税	物业的评税净值	只有在个人是业主并将物业出租时缴纳，税率16％；如物业拥有者为法人，该物业租金视为公司营业收入，税率为17.5％	利得税	投机或商业不动产交易例如	适用税率，法人17.5％，其他16％

续表

国家(地区)	土地取得环节			土地保有环节			土地转让环节		
	税种	计税依据	名义税率	税种	计税依据	名义税率	税种	计税依据	名义税率
中国台湾	遗产税与赠与税	遗产净额和赠与净额	比例税率为10%	房屋税	房屋及可增加房屋使用价值的建筑物的现值=房屋核定单价×面积×(1-折旧率×折旧经历年数)×街道等级调整率	分用途确定税率：居住1.38%～2%；营业3%～5%；其他1.5%～2.5%	契税	不动产评价委员会评定的标准价格	买卖、赠与、占有契税为契价7.5%,典权契税为契价5%,交换、分割契税为契价2.5%
				地价税	政府规定的公告地价	基本税率1%			
				空地税	该宗地应纳地价税基本额	逾期未建或增建按应纳地价税基本额加征2～5倍			
				荒地税	该宗地应纳地价税基本额	废耕农地超过复耕期限未耕种者加征应征税额3倍的荒地税	房地合一税	交易后获利超过400万元(新台币)部分	自用住宅(夫或妻、未成年子女设有户籍；持有并实际居住超过6年,没有营业和出租)：获利400万元(新台币)以下免税,超过部分缴交10%；每6年享受免税一次。台湾企业,购买住房出售要征收17%房地产所得税
				土地增值税	土地价值增加比例	累进税率40%,50%,60%			
				不在地主税	该宗地应纳地价税基本额	不在地主税案应纳地价加倍征收			

(二)中国政府土地收入的主要特征

中国实行社会主义土地公有制。在一些发达国家,国有土地主要是位置偏远、土地质量差的边际土地。中国最重要的国有资产是区位条件优越和单位面积经济收益最高的城市土地。国有土地出让、转让提供了巨额的地方财政收入来源。据统计,地方政府土地出让金收入2011年达到3.1万亿元,2012年为2.7万亿元,2013年为3.9073万亿元,2014年为4.3万亿元,2015年为3.37万亿元。

根据现行的土地和房地产相关法律法规,中国大陆地区土地和房地产税收体系中,在土地取得环节设有耕地占用税、新增建设用地使用费、契税、印花税等4种税(费);在房地产的保有环节分别对土地和房地产征收城镇土地使用税和房产税,其中房产税主要是对生产经营用房产征税,按照用途不同分为按房产原(余)值从价计征和按照房产租金收入从租计征两种方式。在房地产的转移环节,设有营业税、城市维护建设税及教育费附加、土地增值税、契税、印花税以及所得税等 7 种税(费)。除新增建设用地使用费、企业所得税和个人所得税由中央和地方政府分享外,其余税种收入和附加收费均归地方政府所有。根据有关资料,2013 年我国房地产营业税为 5411 亿元,建筑业营业税为 4315 亿元,房地产企业所得税为 2850 亿元,财产转让所得税为 664 亿元,初步计算我国各种与土地相关税收提供的地方政府收入达到 27000 亿元,相当于地方政府总税收收入的 50%(见表 2)。

表 2　2013 年中国地方财政税收收入及其构成

项目	金额/亿元	比例/%
地方财政一般预算收入	69011.16	100.00
地方财政税收收入	**53890.88**	**78.09**
地方财政国内增值税	8276.32	11.99
地方财政营业税	17154.58	24.86
地方财政企业所得税	7983.34	11.57
地方财政个人所得税	2612.54	3.79
地方财政资源税	960.31	1.39
地方财政城市维护建设税	3243.6	4.70
地方财政房产税	1581.5	2.29
地方财政印花税	788.81	1.14
地方财政城镇土地使用税	1718.77	2.49
地方财政土地增值税	3293.91	4.77
地方财政车船税	473.96	0.69
地方财政耕地占用税	1808.23	2.62
地方财政契税	3844.02	5.57
地方财政烟叶税	150.26	0.22
地方财政其他税收收入	0.73	0.00
地方财政非税收入	**15120.28**	**21.91**
地方财政专项收入	3122.22	4.52
地方财政行政事业性收费收入	4497.35	6.52
地方财政罚没收入	1613.34	2.34
地方财政国有资本经营收入	1183.63	1.72
地方财政国有资源(资产)有偿使用收入	3415.23	4.95
地方财政其他非税收入	1288.51	1.87

中国目前政府土地收入管理的基本特征可以概括为以下五点。

1.重租轻税

土地出让收入的比重明显高于土地税收的比重,地方政府财政严重依赖土地出让(见图 1)。2010—2012 年,土地出让收入对地方财政总收入的贡献度约为 24%。其中,2010 年土地出让收入占地方财政总收入的 28.06%;2012 年下降到 20.11%。土地税收对地方财政总收入的贡献度仅为 13%。其中,2010 年土地税收占地方财政总收入的 12.29%;2012 年为 13.35%(见表 3)。

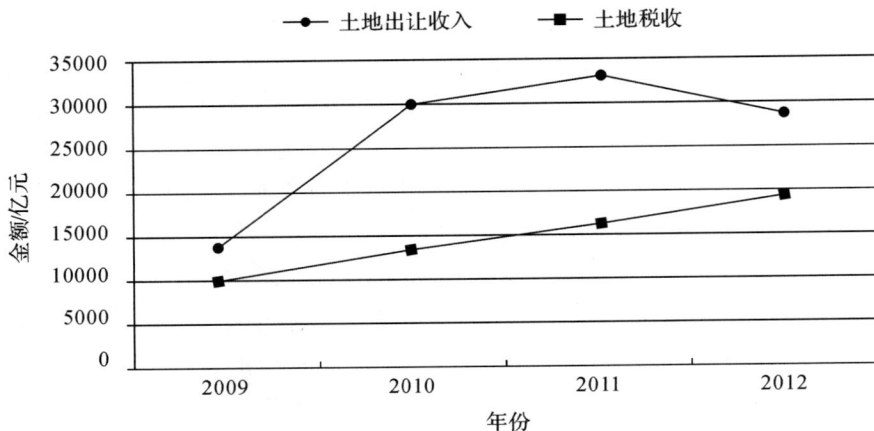

图1 2009—2012年地方政府土地出让收入、土地税收

资料来源：国家统计局数据库《年度数据》http://data.stats.gov.cn/workspace/index? m＝hgnd；中华人民共和国财政部 http://yss.mof.gov.cn/zhengwuxinxi/caizhengsh。

表3 土地出让收入、土地税收贡献度比较

项目	2010年	2011年	2012年
土地出让收入占地方财政总收入比例/%	28.06%	25.20%	20.11%
土地税收占地方财政总收入比例/%	12.29%	11.97%	13.35%

2.重增量轻存量

地租性收入偏重于土地增量带来的土地供应收入（见图2）。2003—2011年新增建设用地供应量总体呈上升趋势，从2003年的286436.7公顷增长到2011年的593284.57公顷。新增建设用地占建设用地供应总量的比重在2009年达到最高值64.6%，其他年份均在40%左右。

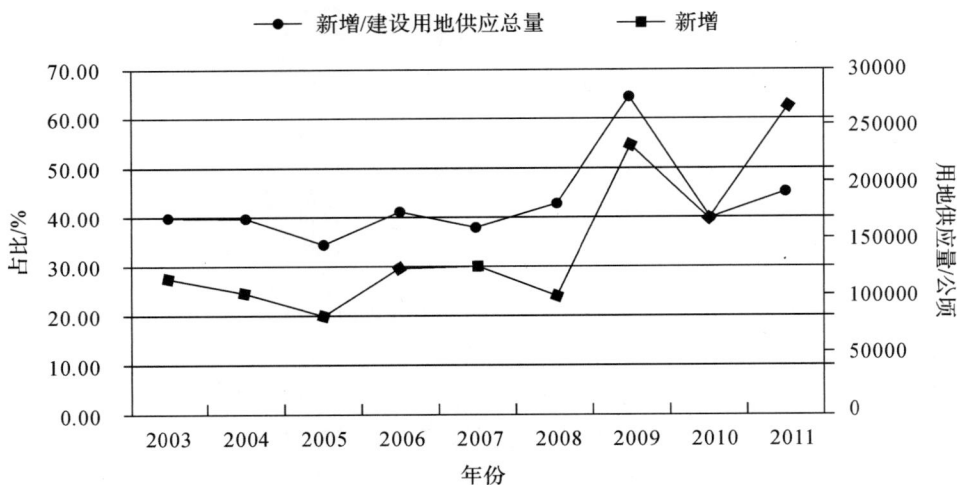

图2 2003—2011年建设用地供应情况

资料来源：《中国国土资源统计年鉴》。

3.重流转轻保有

中国现行的土地税制中,流转环节的税种包括耕地占用税、契税、企业所得税、个人所得税、土地增值税、营业税、印花税、城市维护建设税(及教育费附加)八大税种,保有环节仅有房产税、城镇土地使用税两个税种。2004—2012年,流转环节土地相关税收占地方财政总税收收入的比重总体呈逐渐上升趋势,由2004年的20.42%上升到2012年的33.84%;保有环节土地相关税收占地方财政总税收收入的比重总体保持平稳,且仅在5%左右(见图3)。

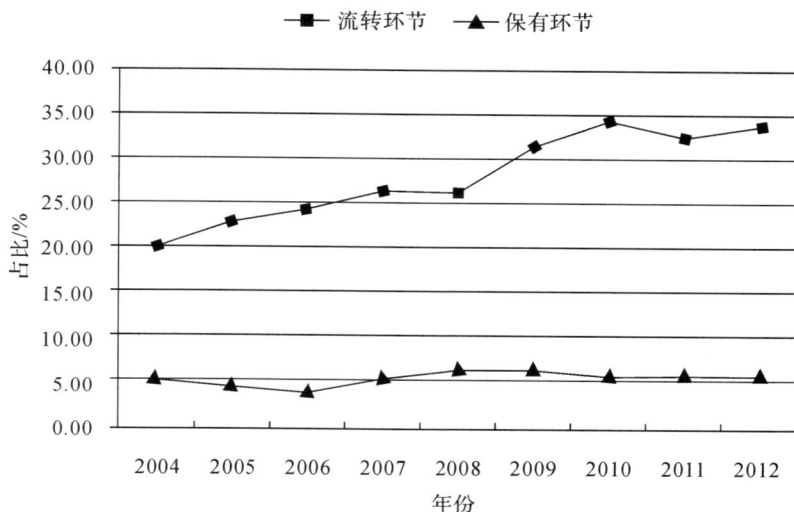

图3 2004—2012年土地税收占地方财政税收收入

4.即收即支

2010—2013年,每年的土地出让支出几乎透支了当年的土地出让收入。如2010年土地出让收支结余1804.22亿元,仅占当年土地出让收入的6%;2012年土地出让收支亏损86.98亿元(见表4)。

表4 地方政府土地使用权出让收支情况

项目	2010年	2011年	2012年	2013年
土地使用权出让收入/亿元	30108.90	33172.90	28517.82	41266.18
土地使用权出让收入安排的支出/亿元	28304.68	33170.44	28604.80	40877.76
土地使用权出让收支结余/亿元	1804.22	2.46	−86.98	388.42
土地使用权出让收支结余占土地使用权出让收入比例/%	5.99%	0.01%	−0.31%	0.94%

资料来源:《地方政府性基金支出决算表(2010—2013年)》《地方政府性基金收入决算表(2010—2013年)》。

5.行政收费繁杂

目前,与土地相关的收费按照部门划分有三大类:一是土地部门的收费,主要是耕地开垦费和新增建设用地折抵指标费,还有管理费、业务费、房屋拆迁费等;二是财政部门的收费,其实质是土地出让收入的专门性支出,如社会风险保障金、被征地人员养老风险资金、农业土地开发资金、农田水利建设基金等;三是其他部门的收费,如农业、房产、水利、交通、邮电、文物、人防、林业等部门,多数是以当地政府文件或部门规定的形式在土地资源流转的某一环节进行收费(见表5)。

表5 某城市新增建设用地取得费用

项目		费用标准
契税		土地出让金的3%
耕地占用税		50 元/m²
土地开发成本	征地补偿费	135 元/m²
	青苗及地上附着物补偿	
	水域补偿	750 元/m²
	耕地开垦费	56 元/m²
	折抵指标费	375 元/m²
	表土剥离业务费	7.5 元/m²
	表土剥离费	37.5 元/m²
	收购成本	
	利息支出	
	印花税	土地出让金的0.05%
	土地出让业务费	土地出让金的2%
新增建设有偿使用费		42 元/m²
农业土地开发资金		7.95 元/m²
社会风险保障金		土地出让金的5%
财政收益		土地出让金的7%
区域污水处理基金		土地出让金的5%
基本农田保护基金		土地出让金的1%
农田水利建设基金		(土地出让金－农业土地开发资金－土地开发成本－新增建设有偿使用费－社会风险保障金)×10%
教育事业基金		(土地出让金－农业土地开发资金－土地开发成本－新增建设有偿使用费－社会风险保障金)×11%
廉租房基金		(土地出让金－农业土地开发资金－土地开发成本－新增建设有偿使用费－社会风险保障金)×12%
城市基础设施配套费	住 宅	50～90 元/m²
	非住宅	90～140 元/m²

三、世界城市土地利用和政府土地收入的变化趋势

(一)土地利用的变化

地球陆地面积为 1.49 亿平方千米,其中人类可利用的耕作土地为 14.5 亿公顷,牧场为 34.2 亿公顷,森林与林地为 38.8 亿公顷。由于人类活动而造成的土地退化面积全球大约有 20 亿公顷,相当于地球陆地总面积的 15%,从人类活动的影响范围看,土地退化已经到达了地球的每一个角落。作为世界经济的主要方面,农业现代化和城市化的影响最为重要。

美国学者 Karen C. Seto 等的包含 326 项运用遥感影像来映射城市土地转化研究的元分析成果表明:全球范围内观察到的城市土地面积从 1970 年至 2000 年增加了 58000 平方千米。中国城市的年度平均城市土地扩张速度为 7.48%,其中大约 18% 的部分与人口增长相关,50% 与经济增长相关。印度 4.84% 的平均城市土地扩张速度中,30% 来自人口增长,大约 23% 来自人均 GDP 的增长。非洲 4.32% 的平均城市土地扩张速度中,43% 的部分可归因于人口增长,而 GDP 的增长并没有呈现出与之重要的关联。北美城市的平均城市土地扩张速度为 3.31%,其中 28% 的部分与人口增长有关,72% 的部分与 GDP 增长有关。欧洲的平均城市土地扩张速度为 2.5%,其中 86% 由 GDP 增长所贡献,4% 由人口增长所贡献。从全球范围来讲,研究中的城市的平均人口增长率为 2.18%,平均城市土地扩张速度为 4.84%。研究中的每个城市每年新增了几乎 46000 名城市居民以及大约 13.5 平方千米的城市新土地。

中国建设用地占全国土地总面积的比例已经很大。根据浙江省土地利用总体规划,2020 年浙江省建设用地总规模将由 2005 年的 94.08 万公顷扩大到 113.26 万公顷,建设用地面积占土地总面积的比例由 8.93% 提高到 10.75%;其中城乡建设用地面积由 2005 年的 69.82 万公顷扩大到 74.2 万公顷,城乡建设用地面积占土地总面积的比例由 6.62% 提高到 7.04%。浙江省和韩国面积相当,韩国建设用地只占国土面积的 5%,而浙江省建设用地占全省土地总面积的比例相当于韩国的 2 倍。建设用地面积比例偏高不仅说明我国建设用地节约和集约利用水平低,也说明我国土地利用对耕地保护和环境生态平衡构成了很大的压力,控制建设用地规模已经刻不容缓。

(二)世界税制发展情况

长期以来,发达国家主导了世界税制改革的分析,影响了其他国家的税制改革进程,各国税制走向趋同。

发达国家税制结构的历史演进大体上可以分为 4 个阶段。

第一阶段(18 世纪中叶工业革命以前)——古老直接税阶段:以农业税为主体,间接税为补充。

第二阶段(18 世纪中叶工业革命后至第二次世界大战前)——间接税阶段:以消费税和关税等间接税为主体,直接税为补充。1940 年发达国家税制结构中,消费税占 59%,个人所得税、公司所得税和社会保障税三者合计占 24%。

第三阶段(第二次世界大战前后至 1980 年代)——现代直接税阶段:以所得税、社会保

障税为主体，间接税为补充。美国 1935 年个人所得税、公司所得税、社会保障税合计占联邦税收收入的 30.2%，1945 年提高到 83.7%。

第四阶段（1980 年代以后）——现代复合税阶段：以所得税、社会保障税和货物劳务税为主体，财产税为补充。以经济合作与发展组织（OECD）为例，2011 年国家主体税种构成中，所得税占 33.5%，社会保障税占 26.2%，货物劳务税占 32.9%。

中国的税收结构与发达国家差异巨大，主要表现为发达国家以所得税为主体，而中国以商品劳务税为主体。以商品劳务税为主体的税制结构中，增值税、一般营业税、销售税、货物税、消费税、关税等税种作为国家税收收入的主要筹集方式，其税额占税收收入总额的比重大。2015 年，中国增值税、营业税、消费税、进口增值税合计占全国税收总收入的 58.84%，个人所得税和企业所得税合计占全国税收总收入的 28.62%。在发达国家，社会保障缴款是第二大收入来源，2006 年占比达到 29.1%，高于商品劳务税。2015 年，中国养老、医疗、工伤、失业、生育这五项社会保险基金总收入为 4.6 万亿元，只相当于商品劳务税收入的 60%。

（三）政府土地收入变化

世界各国政府土地收入和各个国家的国情是相互联系的。同一个国家不同的发展阶段，政府土地收入的作用和地位也不一样。

一般说来，在国家初建和疆域拓展阶段，国家拥有的土地资源多，政府控制的土地越多，通过土地出售获得财政收入、支持公共基础设施建设、奖励战争参战人员、调节地方政府收入不平衡等能力也就越强大。随着生产力的发展，土地资源的稀缺性增强，公共土地的私有化将成为激励人口合理分布、加快土地资源的开发和促进经济快速发展的有效措施。

实行土地公有制的国家和地区，国有土地面积大，特别是公有土地，包括森林、草原和荒地等自然保护地，城市土地也是重要的国有资产，土地出让和租赁所得是政府土地收入的重要来源。城市化和城市建设发展越快，新增加的城市用地越多，国有土地出让的收入占政府财政收入的比例就越大。而在以私有制为主体的国家，由于区位条件好、质量高的土地多为私人和企业占有，国有土地大多是自然保护地，国有土地出让和租赁面积很少，地价和地租占政府土地收入的比例比较小，甚至微不足道。

目前世界上一些发达国家和地区，土地所有制以私有制为主，政府土地收入主要表现为税收收入，一般属于财产税的重要组成部分。经济越发达的国家，居民占有的社会财富越多，财产税占公共财政收入的比例也越高。相反，经济发达程度相对较低，特别是实行社会主义公有制的国家，在计划经济时期，城市居民实行低工资、高福利的模式，国有企业没有经营自主权，企业公共积累少，拥有的社会财富少，财产税收入有限且占公共财政收入的比例也比较低。随着改革开放的推进，实行社会主义公有制的国家逐步建立和完善了市场经济体系，国民经济发展加快，人民拥有的财产逐步增加，财产税的作用和地位明显上升。

土地税是世界历史最悠久且普遍征收的税种，早在公元 6 世纪古希腊就有征收土地税的记载。土地税是房地产税的最初形态，既有财产税的性质，也有所得税的性质。在中世纪时期，欧洲各国的封建君主开始以房地产为征税对象。在奴隶社会和封建社会，土地是最基本的生产资料和社会财富的代表，很多税赋以实物形态呈现，地租收入和土地税收是政府主要的财政收入来源。步入工商经济时代后,随着资本主义生产方式的确立和土地私有化,政府手中的土地数量大大减少,并多用作非营利性的公共用途。经济发展也增加了政府的收入来源,特别是消费税、所得税增长很快,财产税在国家财政收入中的比例越来越小(见表6)。国家课征土地税或者房地产税已经不是或者主要不是基于财政收入方面考虑,而开始更多地关注土地税收的经济效益功能和经济政策目标。但是,财产税作为现代税收体系的重要组成部分,在筹集地方政府收入、公平分配社会财富、调节人们收入水平等方面,仍具有其他税收不可替代的作用。土地和房地产的价值比较高,是人们财产的重要组成部分,通常在个人财产中占有较大的份额。房地产税率的高低直接关乎政府和个人之间的利益分配,在实践中,各国实行的税率普遍不高,大部分国家的税率在1%左右。在发达国家,房地产税多属于地方政府收入,房地产税直接用于公共基础设施投资、教育、卫生和社区服务保障,促进土地利用效率和效益的提高。

表6　1965—2011年OECD成员财产税收入变化情况

项目	1965年	1975年	1985年	1995年	2000年	2010年	2011年
财产税收入占GDP比例/%	1.9	1.7	1.7	1.7	1.9	1.8	1.8
财产税收入占地方税收收入比例/%	7.9	6.3	5.4	5.3	5.5	5.5	5.4

四、主要国家和地区政府土地收入管理对中国的启示

中国城市土地有偿使用制度是参考主要发达国家和地区土地管理经验而建立起来的,其对于中国经济社会发展的贡献是无可否认的。中国政府土地收入管理的转型,不是对以往城市土地有偿使用制度的否定,而是适应中国国民经济发展的新形势,针对目前城市土地出让存在的问题和面临的挑战,对政府土地收入的来源进行全面梳理,吸取主要发达国家和地区国有土地资产经营和管理的经验和教训,切实解决城市新增建设用地引发的社会矛盾,维护社会公平和正义,维护国有土地的合法权益,保证国有土地资产保值增值,由"卖地财政"向"管地财政"转型,政府土地收入由以土地出让金为主转向以土地和房地产税收为主。中国政府土地收入管理转型,根据主要发达国家和地区政府土地收入管理的经验,结合中国实际,需要做好以下工作。

(一)科学评价国有土地出让的作用

城市土地为国家所有是对我国城市土地所有权现状的概括。实际上,城市土地并非完全为国家所有。城市规模和等级越高,国有土地占城市土地总面积的比例就越大。小城市和中心城镇土地中有很大一部分属于集体建设用地。近年来,一些地方征地制度改革实行村级建设留用地,使得城市土地中集体建设用地面积仍在增多。根据《世界土地所有制变迁史》的研究结论:私有制也好,公有制也罢,其实都是历史在偶然间做出的选择,选择无所谓对错,但后果必须由每一个个体承担。

目前,我国城市土地出让引发的社会矛盾主要是城市新增建设用地来源是集体土地,城市国有土地的增加是通过低价征收集体土地而来的,城市土地出让价格远高于征地补偿

价格，侵害了农民的合法土地财产权益。目前，我国土地管理制度改革呼声最高的一个方面就是缩小征地范围，让集体建设用地直接入市。这样，我国城市新增建设用地来源就受到了限制，城市国有土地面积扩大就非常有限。城市可出让土地面积减少，依靠土地出让金作为政府土地收入的主要来源就具有不可持续性，未来政府土地收入的主要来源应该是城市存量国有土地资产的增值及与土地相关的税收收入。应当指出，政府土地收入主要依靠城市存量国有土地资产的增值及与土地相关的税收收入，是有利于城市土地的节约和集约利用的。政府无地可买，低价出让土地造成城市蔓延和国有土地资产流失的现象也可以被有效制止。

发达国家和地区国有土地的出让，以增加财政收入为主要目标的考虑较少，更多的是引导土地资源的合理开发和利用。美国西部大开发过程中，政府多以低价出让土地，甚至无偿赠与土地，吸引更多的投资者参与未利用土地或低效利用土地的开发。日本战后的土地改革，由政府将194万公顷的土地强制收购，以非常低廉的价格（有的地方仅相当于一双靴子或一袋烟的钱），卖给420万户农民，让日本农民有了自己的土地，在城里人还没有找到稳定的生活的时候，农产品价格不断上涨，日本农民先富了起来。富庶的农村是日本社会长期稳定、日本经济不断发展的最根本原因。我国各地以优惠价格出让工业用地，促使我国成为世界制造业基地，也与之有异曲同工之妙。近年来的土地出让，很多人认为与之相伴的招商引资成绩理所当然，而对土地价格上升引起的房地产价格高企，以至于超过了城市居民收入的可承受能力的批评比较激烈。这在很大程度上是因为我国政府在经济发展中的直接作用比世界主要发达国家和地区的要突出得多。在唯GDP的干部政绩考核指标驱使下，政府实际上以低于土地成本的地价出让了大量的工业用地；住宅用地出让价格高，在很大程度上平衡了低价出让工业用地的成本损失。

我国土地管理法明确规定，农民集体所有的土地的使用权不得出让、转让或者出租用于非农业建设。其实，国有的农业用地的使用权也应该这样。"农地农用"是世界各国耕地保护的基本管制规则。我国土地管理法规定：任何单位和个人进行建设，需要使用土地的，必须依法申请使用国有土地；但是，兴办乡镇企业和村民建设住宅经依法批准使用本集体经济组织农民集体所有的土地的，或者乡（镇）村公共设施和公益事业建设经依法批准使用农民集体所有的土地的除外。农民集体所有的土地的使用权不得出让、转让或者出租用于非农业建设；但是，符合土地利用总体规划并依法取得建设用地的企业，因破产、兼并等情形致使土地使用权依法发生转移的除外。实际上，部分集体建设用地是允许进入市场的。我国城市建设的发展，新建城市和城市建设扩张的范围不可能完全是建设用地，实际上有很多是农用地，相当大的部分是耕地。《中华人民共和国城市房地产管理法》规定："城市规划区内的集体所有的土地，经依法征收转为国有土地后，该幅国有土地的使用权方可有偿出让。"其目的是为了对城市规划控制区范围内的土地实行"统一规划、统一征用、统一开发、统一出让和统一管理"。这与主要发达国家和地区的城市建设统一规划是一致的。

我国城市出让土地来源于对城市规划控制区的集体土地的征收。虽然，我国征地补偿标准由政府统一制定，补偿费用偏低是客观存在的事实，但是我国很多地方的农村居民期盼政府征地，城市郊区农民因为土地征收"一夜暴富"的实际情形也不鲜见。显然，征地引发的社会矛盾不应该完全归结为征地补偿标准，在不造成失地农民财产经济损失和生活质量下降的同时，而更多应该考虑农民对自己拥有合法的土地财产权的保护，让农民对自己的土地做主可能更加有利于减少城市化的矛盾和冲突。城市化过程中,让农村集体土地直接进入市场,政府征地主要是满足划拨用地的合理供给,可以减少政府土地管理部门的工作负担,使其有更多的精力来提高土地管理的质量和水平。

与主要发达国家和地区比较,我国政府土地出让收入缺乏预算制度的严格管制。由于我国城市土地出让使用法定最高年限较长,商业用地为40年,住宅用地为70年,工业用地和其他用地为50年。我国内地城市土地出让不像香港实行基金管理,每年出让的土地规模受到限制,多卖地,政府可支配的财政收入就会增加。如果政府对城市土地出让实行"有水快流"的做法,就会出现寅吃卯粮的供地行为。所以,我国土地出让招、拍、挂措施在全面推行时,有人担心政府可能会专心卖地,无心提高土地利用的效率和效益。从经济和公平的角度讲,政府可以运用全部的土地出让收入,应该规定,本届政府任期内只能够支配任期年份按照年份分摊每年的土地出让金收入,对于其他年份按照年份分摊每年的土地出让金收入应该承担还本付息的责任。有人认为,每届政府即使运用全部的土地出让收入,如果主要是投入城市建设事业,它用了后来者的钱,其建设项目也福荫后人。这个看似合理的解释忽视了监督的缺乏,这有可能导致土地出让金的不合理使用,甚至出现腐败。我国未来土地出让金收入可能减少,土地出让金收支的科学管理仍然有待加强。

地价收入无疑是政府财政收入的一个重要来源。我国香港地区的经验表明,地价收入波动很大。2007—2008年全球金融危机爆发前夕,香港地价收入达到623.2亿港元,一年后急跌73%至169.4亿港元。从审慎的理财观点考虑,政府不宜过分依赖地价收入来支付社会必需的经常性开支,因为政府经常性开支易放难收。香港的地价收入拨归基本工程储备基金用以支付基本工程开支以后,盈余并不很多。2012—2013年香港地价收入为696.63亿港元,基本工程开支为623.72亿港元,盈余只有72.91亿港元。地价收入令香港得以建设先进的交通运输网络、学校、医院等公共设施,大抵仅此而已。

我国政府土地收入管理面临的一个严峻问题是用于清偿债务的地方政府的财政收入严重依赖城市土地出让收益。截至2012年年底,11个省级、316个市级、1396个县级政府承诺以土地出让收入偿还的债务余额达34865.24亿元,占省、市、县三级政府负有偿还责任债务余额93642.66亿元的37.23%。23个省(区、市)的审计机构给出的截至2012年年底土地偿债在政府负有偿还责任债务中占比数据表明,23个省(区、市)中最少的也有1/5债务靠卖地偿还,浙江、天津的2/3债务要靠土地出让收入偿还。违规利用土地抵押融资的危害很大,一方面,它人为制造了较多的地方债务和金融风险,易造成国有土地资产流失,使得城市土地产权关系混乱,引发土地权益纠纷;另一方面,以土地作抵押也可能会成为地方政府进一步征收农民土地的理由,这也会造成各地违法征收土地现象的加剧。国内外经验表明,为了防止金融危机,必须严格控制地方政府的土地融资行为。例如我国香港地区,土地出让收入一般不再进行融资,以免放大杠杆效应。

(二)积极完善土地和房地产税费体系

由于政府的城市土地出让收入减少,地方财政收入亟待寻求新的替代来源。积极完善土地和房地产税费体系,开辟新的税收来源,被认为是当前政府土地收入管理转型的关键性举措。与世界主要发达国家和地区比较,我国目前土地和房地产税收体系的确有很多需要改革和完善的地方。

我国土地和房地产税收体系比较复杂。在土地取得阶段，国家规定征收的税费有耕地占用税、新增建设用地使用费，地方政府规定的耕地造地指标费、建设用地指标费、水利基金、菜地建设基金等费用也非常多。由于我国城市土地国有，土地取得阶段的各种税费变成了城市地价的成本部分，它对于土地出让金的使用具有指导作用，对于增加地方政府财政收入实际上没有作用。在一些耕地保护任务落实可以实行耕地和基本农田易地代保的省（区、市），减少耕地保护任务和基本农田保护面积的地区要向承担耕地和基本农田易地代保的地区支付耕地造地指标费。在建设用地指标可以跨县调剂的省（区、市），通过建设用地指标交易获得建设用地指标费的地方也需要支付建设用地指标费，它实际上增加了城市建设用地出让的成本，也提高了城市土地出让的价格。由于通过建设用地指标交易获得建设用地指标费的地方和通过耕地和基本农田易地代保减少耕地保护任务和基本农田保护面积的地区大多是经济发展水平高、土地资源稀缺性强、城市土地出让价格高的地区，耕地保护和基本农田保护面积指标交易、建设用地指标交易实际上促进了区域相互合作和区域之间的优势互补，对于指标输入地区能够增加财政收入，缩小地区之间的贫富差距。这在本质上相当于美国的土地开发权转移，目前存在的主要问题是耕地保护任务落实不能到位，耕地占优补劣，耕地质量下降。耕地和基本农田保护指标和建设用地指标输出地区，为了扩大耕地面积，可能出现坡地垦殖、毁林造地，造成水土流失和生态环境退化，甚至引发泥石流等地质灾害。

在世界主要发达国家和地区，在土地和房地产税收的收入结构中，一般保有环节的税收收入规模较大。据统计，2013—2014年我国香港地区的差饷收入为130亿港元，物业税为25亿港元。在香港特区政府的收入组合中，利得税和薪俸税大约占四成，地价收入大约占一成半，印花税占一成（主要为股票和楼宇买卖的印花税），投资收入占一成（主要为财政储备存放在外汇基金所得的回报），其余两成半为其他收入，包括差饷、博彩税、各种政府收费等。我国内地保有环节只有房产税和城镇土地使用税。2012年全国城镇土地使用税为1541.7亿元，房产税为1372.5亿元，分别只占地方政府本级财政收入的2.5％和2.2％。《2005年城镇房屋概况统计公报》显示，截至2005年年底，全国城镇房屋建筑面积为164.51亿平方米，其中住宅建筑面积为107.69亿平方米，占房屋建筑面积的65.46％。2006—2013年全国住宅类商品房累计销售面积为67.51亿平方米，如扣除拆迁，到2013年年底全国城镇住宅面积约为159.1亿平方米，城镇房屋建筑面积估计为240亿平方米。全国城镇建设用地面积954.26亿平方米。城镇土地每平方米平均税收负担1.62元，城镇房屋每平方米建筑面积平均税收负担5.71元。我国土地和房地产保有环节税费负担相对较低，被认为是开发商囤地和房地产投机盛行的主要原因。为了减轻人们的税负，贯彻房产税调节分配和公平税负的原则，我国房产税对个人自用的非经营用房产免税。普通消费者从此款免税规定中受益颇多，但此规定也有瑕疵，让一些炒房者钻了法律的空子。在不区分房屋套数的情况下，国家统一对个人自用的非营业用房产免税，使一部分本该是国家税收的财富进入炒房者的腰包。大量房主购置的房产远远超过了自己的住房需求，在各地买房投资，以期房价上涨时高价抛出，从中获取高额利润。国家对非经营用房免税的立法规定旨在减轻人们的买房负担，实践中却给炒房者开了绿灯，抬高了房价，加重了普通消费者的购房负担，与国家的立法意图背道而驰。重新设计土地和房地产保有税收环节税制因素，如我国台湾地区设立空地税、荒地税，对城市闲置土地和低效利用土地进行惩罚，被认为是土地保有税应该完善的方向。房地产税的出台，更寄希望于它可以弥补土地出让收入下降的政府财政收入。

自 2007 年《中华人民共和国物权法》公布以来，房地产税开征就像狼来了的故事一样，由于说的太多了，真真假假已分不清了。从国外房地产税的广泛采用而论，我国房地产税的出台可能是势在必行的。目前，世界上 130 多个国家和地区都对住房征收房地产税，而它们的通行做法中最突出的就是把房地产税作为调节收入和财富分配的重要工具。相对而言，房地产是透明度较高的财产，由于房地产不能移动、税基固定，对于调节社会财富的财产税来说，最容易把握、可操作性最强的就是房地产税。

我国房地产税的出台，首先应该端正纳税观念，纳税的本质绝非为了贡献于国家，而是为了替自身寻求保障。税制改革的核心绝不是征收便于扩大税源，而是为了更好地保证纳税人权利与义务的对等。其次，房地产税的出台，应该认真考虑城市居民的收入水平和可支付能力。目前国际上有人指出中国的税赋负担相当沉重，目前房地产价格很高，按照国际惯例，目前比较通行的说法认为，房价收入比在 3～6 倍之间为合理区间，如考虑住房贷款因素，住房消费占居民收入的比例应低于 30%。上海易居房地产研究院发布的《全国 35 个大中城市房价收入比排行榜》显示，2013 年全国 35 个大中城市房价收入比均值为 10.2，剔除可售型保障性住房后，北京高达 19.1，位居首位。再次，我国目前拥有房地产较多的人群并非高收入阶层，而主要是中产阶级，真正的高收入者投资渠道多，房地产占其资产的比例有限，有的已将资产转移到了海外。中产阶层（或中产阶级）是社会稳定的基石；形成以中产阶层为主体的"橄榄型"社会结构，是一个国家或地区稳定发展的重要基础，也是实现高品质民主的前提条件。房地产税的出台将使我国中产阶级人数减少。最后，目前我国房地产去库存的压力巨大，西南财经大学发布的一份关于城镇住房空置率的调研报告指出，我国有大量城镇住房处于闲置状态。2013 年我国城镇住宅市场的整体空置率达 22.4%。据此估算，全国城镇空置房为 4898 万套。房地产税的出台可能降低城市居民对房地产投资的热情。此外，在目前地方政府对土地出让收入依赖程度较大的情况下，房地产税的出台也可能造成土地出让市场萎缩，影响地方政府运行。从现实情况看，我国房地产税的出台，应该加快生产力的发展，以加快国民经济发展，增加社会财富和提高全社会居民收入水平为条件。在我国目前经济社会发展水平下，房地产税不宜以房地产评估价值为税基，而以房地产购买时的实际交易价格为宜。否则，如上海、深圳等地，房地产价格达到数万元每平方米，即使以前购买了房地产者，房地产变现需要时间，可能出现缴纳不了房地产税的尴尬。

我国土地和房地产税收主要是在转移环节，营业税、城市维护建设税、教育费附加、土地增值税、房地产契税、印花税、个人所得税、企业所得税等都是。至于房地产交易环节中的各种政府收费更是五花八门，根据《中国地产报》的报道，各种费用达 180 多种。除了地税、财政部门外，收费的还有国土局、建委、勘探、规划、拆迁办等。很多杂费可能非地产一线人员很少听说过，比如白蚁防治费、防雷减灾费、散装水泥专项基金等。甚至计生部门也能以检查农民工的名义收费。我国在转移环节对房地产交易转让收益同时设有土地增值税、所得税（个人所得税和企业所得税），属于对同一课税对象重复征税。同时，转移环节的营业税是对每年新增的房地产交易额以及新增的固定资产投资征收，销售不动产营业税及其附加属于对同一课税对象重复征税。各种收费基本就是盖章收费，坐收渔利。最终，与法定税费一样，各类杂费最终也当然要转嫁到房价中。转移环节税费负担重，抑制了我国房地产租赁市场、二手房市场的发展。我国土地和房地产转移环节的税收应该根据"正租、明税、少费"的原则，逐步减少不合理的重复征税和不合理收费。通过营改增的税制改革，通过新税种的开征及税负水平的调整，达到直接税和间接税比例的不断调和。也就是说，随着经济的不断发展、收入的不断增加，通过优化税制结构，使间接税所占比例有所下降、直接税所占比例有所上升，不断增加直接税占税收收入总额的比例，充分发挥所得税对收入分配的调节作用，最终达到建立"双主体"税制结构的目标。

（三）积极主动地捕捉土地增加价值

随着城市化和城市建设的发展，城市土地价值增加，将非土地所有者和使用者的贡献而产生的土地增值以适当的形式回馈社会，实行"涨价归公"，在国内外得到了普遍认同。我国在 1994 年也设立了土地增值税。对我国征收土地增值税的效果评价表明，目前土地增值税税率较高，实际征收阻力巨大，效果并不理想。如何积极、主动地捕捉土地增加价值，是我国政府土地收入管理转型中需要重视的问题。

世界上公认城市规划是城市土地价值增加的一个重要原因，通过土地利用规划、土地用途改变和开发强度增加，城市土地资产的价值明显提高。我国目前土地利用规划体制在一定程度上带有计划经济的烙印。由于建设用地指标是由规划方案分配的，相当于装修服务不仅送设计，而且带材料。规划对于建设用地指标的分配，造成建设用地指标多的地方获得的土地增值利益多，实际上很不公平。国外的经验表明，在市场经济条件下，规划是土地利用的优化方案选择，可以预测未来土地和房地产市场的前景，降低投资风险，对于土地的科学合理利用具有指导意义，但是，规划不能对资源进行分配。获得规划许可，土地所有者或使用者应该付出代价。在英国，除了极少数的例外情况，通过规划许可控制了所有土地开发。英国通过规划得益制度捕捉土地增加价值，在授予规划许可过程中，从规划申请人（通常是开发商）身上寻求规划条款中规定以外的利益。开发商支付规划得益可以是实物的，由开发商自行建造一些基础设施；可以是现金的，由地方政府拿这些钱组织基础设施建设；也可以是某种权益，例如允许社区居民使用其宗地内设施的权利。开发商支付规划得益是其获得规划许可的必要条件，开发商可以对规划条件提出修正，但是，必须对土地开发给社区带来的负面效应进行补偿。英国的规划得益制度使得规划管理由传统的"开发指南（蓝本）模式"转变成为更加灵活的以"一对一"（case by case）为基础的"项目导向"模式，它较征收土地增值税具有激励性，也增强了规划的弹性。它能够充分发挥开发商对市场价值的发现潜能，调动他们的主观能动性和创造性，能够最大限度地提高城市土地利用效率和效益，实现城市土地最优、最佳利用。

自改革开放以来，我国城市化快速发展，在经济发达地区城市规模扩张基本完成，如上海、深圳等地已经提出了"减量化规划"的概念，我国城市土地资产经营与管理逐步由以新增建设用地为主转向以存量建设用地为主是历史必然的选择。随着人们生活水平的提高和环境意识的增强，基础设施所需要的投入越来越多，政府无力去承担全部的城市建设和更新改造费用，客观上要求建设资金的来源多样化。政府对城市土地增值的捕捉，并不一定是直接增加政府财政收入，使公共财政负担最小，促进社会平等也是城市理性增长的目标和原则。美国的开发权转移、我国台湾地区的市地重划和区段征收、日本的土地开发收益返还制度的经验也非常可取。美国开发权转移的目的是集中开发具有开发潜力、应该开发的地区(开发权接受区,通常是房地产需求旺盛、地价上升趋势明显的地区),而限制环境约束制约、不应该开发的地区(开发权发送区,通常是生态环境脆弱、历史性建筑保护区)。通过土地开发权转移,可以保证开发权发送区和接受区的利益不受损失,也可以促进城市生态保护、历史建筑和文化遗产目标的实现。开发权转移是由市场决定的,它和传统规划中直接规定某些地方高容积率和某些地方低容积率的规划导向作用不同,如果开发权的价格变化不能达到足以激励发送区的不动产所有者出售开发权,接受区开发商无利可图不愿意购买时,开发权的转移就无法实现。一般说来,位于很高土地价值区域的不动产所有人愿意购买开发权。我国台湾地区的市地重划和区段征收,实际上是城市更新过程中,通过土地利用合理规划及实施,完善城市基础设施,提高城市土地资产价值,并以原来城市土地和房地产的市场价值为依据,在城市更新以后对原来城市土地和房地产进行等价补偿和安置以后,以城市土地增值支付城市基础设施建设投资的有效方法。市地重划和区段征收的区别在于前者是社区居民自发组织的行为,后者是政府引导和组织的行为。日本的土地开发收益返还制度内容丰富,有内部返还、直接征收、间接返还等多种形式。其中内部返还,即通过公共部门或者开发者事先取得土地,进行城市规划或者基础设施建设,使之产生的土地增加价值内部化的过程。内部返还是最直接的土地开发收益返还方法,它包括土地收用、先买土地和超过收用等形式。土地收用是指土地收用价格以交易认证时的价格为准,认证以后因公共事业引起的土地收益不可计入公共用地取得费,公共事业实施者只能在土地收用价格范围内回收其开发收益。先买土地则是开发者预先买进土地,防止土地开发以后土地收益流失。超过收用是进行公共事业建设时可以收用超过实际使用面积的土地,以超过使用面积土地的经营收入弥补公共事业建设投资。日本土地开发收益返还制度实际上为私人资金或者社会资金进行公共事业投资开辟了途径。

自改革开放以来,我国政府垄断土地一级市场,实行土地征收、城市土地收购储备、城乡建设土地增减挂钩等方式进行城市建设用地管理和经营,在一定程度上满足了城市土地增值回收的要求,城市基础设施建设采用 BOT、PPP 形式吸引私人资金和社会资金参与投资,也弥补了政府城市建设资金的不足。但是,城市土地增值分配不合理的情况比较突出。城市土地增值收入没有有效回收,造成了国有土地资产流失,使得房地产成为暴利行业,影响了实体经济的发展,造成社会贫富差距加大。土地征收、城市土地收购储备和城乡建设土地增减挂钩,政府垄断土地一级市场,使得集体土地不能平等入市,农村居民没有充分享受到城市发展和城市化的红利,影响了城市化的质量。我国土地使用制度改革明确提出让集体土地和国有土地同权同价、平等入市。这对于维护农民合法财产权益无疑是非常有利的。但是,如何保证城市规划的全面实施,完善城市公共设施,提高招商引资的质量和水平,让非土地所有者和使用者的贡献而产生的土地增值以适当的形式回馈社会,将面临更加严峻的挑战。

参考文献

[1] 布坎南,马斯格雷夫.公共财政与公共选择:两种截然不同的国家观[M].北京:中国财政经济出版

社,2000.

[2] 解学智,张志勇.世界税制现状与趋势[M].北京:中国税务出版社,2014.

[3] 李小雨.统计称房产税费是净利润2倍:连计生部门都来收费[EB/OL].(2014-05-02).http://news.xinhuanet.com/house/cz/2014-05-02/c_1110501150.htm.

[4] 廖柏伟,林洁珍.地价收入与政府财政——政府可否增加经常开支?[R].香港:香港中文大学全球经济及金融研究所,2014.

[5] 林克雷特.世界土地所有制变迁史[M].上海:上海社会科学院出版社,2016.

[6] 林善浪.国外土地产权的发展乔杉及其对我国农地制度改革的启示[J].福建师范大学学报(哲学社会科学版),2000(1):17-23.

[7] 刘畅.美国财政史[M].北京:社会科学文献出版社,2013.

[8] 刘德炳.81%的市级政府、50%县级政府承诺以土地收入偿债[J].中国经济周刊,2014(14):24.

[9] 刘卫东.中国土地利用和管理改革透视[M].北京:科学出版社,2015.

[10] 刘卫东,等.城市土地价格调查、评价及动态监测[M].北京:科学出版社,2002.

[11] 乔治.进步与贫困[M].北京:商务印书馆,1995.

[12] 王旭,罗思东.美国新城市化时期的地方政府[M].厦门:厦门大学出版社,2002.

[13] 中国国际税收研究会.世界税收发展研究报告(2014)[M].北京:中国税务出版社,2014.

[14] OATES W E.财产税与地方政府财政[M].北京:中国税务出版社,2005.

[15] SETO K C, FRAGKIAS M, GUNERALP B, et al. A Meta-Analysis of Global Urban Land Expansion[J]. PLoS One, 2011, 6(8): e23777.

[16] SMOLKA M O, AMBORSKI D. Value Capture for Urban Development: An Inter-American Comparison[R]. Cambridge, MA: Lincoln Institute of Land Policy, 2000.

秦巴山片区扶贫与就近城镇化协同发展之路

——湖北省十堰市调研报告

联合课题组

摘　要："秦巴山片区扶贫与就近城镇化协同发展研究"样本涉及四川巴中市和陕西安康市。本报告是其中三份调研报告之一。本报告的调研样本包含十堰市丹江口市、郧阳区、竹溪县、竹山县、房县，以及襄阳市保康县6个县（市、区）和16个乡（镇）、39个村和56户农户。报告阐述了十堰市扶贫开发融入区域协调、城乡统筹发展的总体情况和发展趋势，分析了十堰市农民就近城镇化的途径或道路，总结了十堰市产业兴城、兴镇、兴村以及改善农户生计的基本做法和初步经验。本报告认为："双轮驱动"，促进贫困村、贫困户和贫困人口在减贫基础上直接跨入就近城镇化的新阶段，是集中连片贫困山区扶贫与农民就近城镇化协同发展的重要路径；人往域内的四级城镇体系和美丽乡村新社区集聚，是集中连片贫困山区和其他地区相同的农民就近、就地城镇化的现实途径；产业发展、制度改革、生态修复和人口转移集聚是集中连片贫困山区扶贫与农民就近城镇化协同发展的四大引擎；在一个相对完整的地理单元内，对全域国土空间科学规划与有效管控，是集中连片贫困山区扶贫与农民就近城镇化协同发展的重要保障；改善农民生计是集中连片贫困山区扶贫与农民就近城镇化协同发展进程中需要高度重视的根本问题。

关键词：特困山区；扶贫开发；新型城镇化；协同发展

Abstract：Samples of the "Study on a coordinated development between the poverty alleviation of Qinba (Qingling-Bashan) Mountain Areas and nearby urbanization" involve Bazhong City in Sichuan Province and Ankang City in Shaanxi Province. The report is one of the three research reports of this study. Samples covered in this report include 6 counties/districts (Danjiangkou City, Yunyang District, Zhuxi County, Zhushan County, Fangxian County, and Baokang County), 16 towns/townships, 39 villages, and 56 households. The report describes the overall situation and development trends of the integration of poverty alleviation into regional coordination and a balanced rural-urban development in Shiyan City, analyses the approaches that can be used by local farmers to realize nearby urbanization, and summarizes the practices and preliminary experience concerning the revitalization of cities, towns, villages and improvement in farmers' livelihoods through industrial development in Shiyan City. The report holds that "driven by two wheels", and the entrance into the new phase of nearby urbanization of poor villages, poor households and impoverished people based on poverty reduction, is an important approach to a coordinated development between poverty alleviation in (concentrated and contiguous) poor mountain regions and nearby urbanization of local farmers; concentration of local people into the four-levels of cities and towns system (inside the city area) and the new communities constructed for beautiful countryside, is a realistic way to realize nearby and in situ urbanization of farmers lived in (concentrated and contiguous) poor mountain regions and other areas; industrial development, institutional reform, ecological restoration, and migration and concentration of population are four engines for a coordinated development between poverty alleviation in（concentrated and contiguous）poor mountain regions and nearby urbanization of local farmers；a scientific planning and effective control over the whole space inside a relatively complete geographical unit，is a vital safeguard for a coordinated development between poverty alleviation in（concentrated and contiguous）poor mountain regions and nearby urbanization of local farmers；and finally improvement in local farmers' livelihoods is a fundamental problem that should be emphasized in the coordinated development process of poverty alleviation in（concentrated and contiguous）poor mountain regions and nearby urbanization of local farmers.

Key words：poverty-stricken mountain areas；poverty alleviation and development；new-type urbanization；coordinated development

一、秦巴山十堰片区调研概述

（一）调研意义、目标、样本和方法

习近平总书记在贵州召开部分省区市党委主要负责同志座谈会时指出："'十三五'时期是我们确定的全面建成小康社会的时间节点……各级党委和政府要把握时间节点，努力补齐短板，科学谋划好'十三五'时期扶贫开发工作，确保贫困人口到 2020 年如期脱贫。"[①]当前，中国扶贫攻坚的主战场在"集中连片特殊困难地区"和"实施特殊扶持政策地区"，共 14 个片区、680 个县[②]，面积达 339 万平方千米，人口达 2.36 亿。如果大规模的片区不能与全国其他县域同步发展，大量人口不能如期脱贫，不仅影响我国全面建成小康社会目标的实现，而且将严重影响我国新型工业化、信息化、城镇化、农业现代化"同步发展"的战略实施。本课题具有重要实践意义。

本课题调研目标是"探索秦巴山片区扶贫与就近城镇化协同发展的道路"。在这一目标下：要了解样本地区关于扶贫开发、区域发展、"四化同步推进"、城乡一体化发展和促进农民就近城镇化等方面的战略谋划、规划布局；要调查样本地区自启动《秦巴山片区区域发展与扶贫攻坚规划（2011—2020 年）》以来，扶贫开发资金的投入数量、渠道、使用情况，以及如何在 2020 年以前完成扶贫攻坚战任务，实现贫困人口脱贫和区域经济协调发展，与全国其他县域同步实现全面小康目标的改革措施、实施政策、做法与成效；要总结样本地区如何在尚未脱贫的基础上，跟上其他县域发展步伐，跨入新型城镇化发展阶段，加速推进本地区新型城镇化、工业化、信息化和农业现代化步伐；要研究集中连片贫困山区农民就近城镇化的历程、路径、动力、实现形式等具有普遍意义的理论问题，据此提出推进集中连片贫困山区农民就近城镇化的改革和政策建议。这也是本课题的学术价值和理论意义所在。

十堰片区调研是秦巴山片区调研的第二站。课题组在研究组长王景新教授带领下，在

---

① 引自新华网，2015 年 6 月 19 日，http://news. xinhuanet. com/video/2015-06/19/c_127934302. htm。

② 按照国务院扶贫办《关于公布全国连片特困地区分县名单的说明》，全国共划分了 11 个集中连片特殊困难地区、505 县，即六盘山区 61 县，秦巴山区 75 县，武陵山区 64 县，乌蒙山区 38 县，滇桂黔石漠化区 80 县，滇西边境山区 56 县，大兴安岭南麓山区 19 县，燕山—太行山区 33 县，吕梁山区 20 县，大别山区 36 县，罗霄山区等片区 23 县；加上已明确实施特殊扶持政策的 3 个地区、175 县，即西藏 74 县，四省藏区 77 县、新疆南疆三地州 24 县。

十堰市委、市政府、市扶贫办及相关部门,以及襄阳保康县委、县政府的支持配合下[①],从2015年6月初至6月中旬,展开了为期10天的调研。调研样本包含十堰市丹江口市、郧阳区、竹溪县、竹山县、房县,以及襄阳市保康县6个县(市、区),涉及16个乡(镇)、39个村,入农户问卷56户(见表1)。

表1　秦巴山片区调研样本

县(市、区)	乡(镇)	调查村和考察单位	问卷农户数
丹江口市	蒿坪镇	丹江口大坝、万亩核桃基地	6
	习家店镇	茯苓村*、杏花村	
	三官殿街道	蔡湾村*	
郧阳区	茶店镇	樱桃沟村*、湖北耀荣木瓜生物科技发展有限公司	4
	柳陂镇	子胥湖集团、子胥湖生态园和新居、卧龙岗社区	
竹溪县	蒋家堰镇	集镇棚户改造区、莲花片区、敖家坝片区、洞沟河村、关垭子村、黄石头村*	9
	水坪镇	东沟村、沙坝村*	5
	鄂坪乡	罗汉垭村	
竹山县	宝丰镇	湖北省宏志五金制造有限公司、喻家塔村	
	麻家渡镇	总兵安村*、罗家坡村	9
	溢水镇	东川村	
	上庸镇	圣水湖公司、九华村*	5
房县	窑淮镇	三岔村*	8
	化龙镇	古城村	
	军店镇	唐店印象、双柏村	
	座谈交流会	十堰市委、市政府、市扶贫办、秦巴山片区办、市农办、市发改委、市财政局、市国土局、市住建设局等相关部门,以及房县委、县政府及相关办委局	
保康县	马桥镇	尧治河村、尧治河历史博物馆、中坪村*、湖北中坪村葛业开发有限公司	6
		唐二河村*、唐二河村道班小区	4

注:标注"*"的村为重点调查村,即座谈和问卷村。

调研方法上,一是面上考察,在考察地点分别与参与调研的县(市、区)、乡(镇、街办)分管领导和干部座谈。二是每个县(市、区)选择若干村(社区)作为重点调查村,与村、组干部

①　调研期间,十堰市委副书记、市长张维国,市委副书记郭俊苹,市政府秘书长程登明与调研组一行见面、交换意见;市政府副市长张歌莺,副秘书长黄太平,以及十堰市扶贫办、秦巴山片区办、农办、发改委、财政局、国土局、住房和城乡建设局等相关部门负责人参与汇报、座谈和调研;丹江口市、郧阳区、竹溪县、竹山县、房县等地的主要领导,以及各县(市、区)相关部门负责人参与调研和座谈;襄阳市保康县委、县政府以及扶贫办及相关办、委局的负责人参与调研和座谈。在此,课题组向上述地区、县(市、区)的所有领导、扶贫办及相关部门及其参与者表示衷心感谢!

及农民代表座谈，并对村集体经济组织和农户进行问卷调查。重点村座谈内容，以及村、农户的问卷内容包含：村域经济社会基本情况，新社区及居民点建设，村组集体产权制度改革及土地确权登记情况，土地承包经营权和集体建设用地使用权流转，村域主导产业发展及新产业培育，农业人口流动与城镇化趋势，村组集体收入与农户生计等。三是每个县（市、区）的调查结束前，课题组都要向当地分管领导和相关部门负责人反馈情况，进一步交流和讨论相关问题。四是课题研究组内部交流调查笔记和感性认识，讨论调研报告框架，分工撰写调研报告。五是调研报告初稿完成后，组织课题指导组的领导和专家，听取课题研究组的调研情况及初级成果报告。六是将调查报告反馈给调研样本地市征求意见，进一步修改完善调研报告。本报告只包括了十堰市，襄阳保康调查报告另文。

（二）十堰市域经济社会及发展概况

十堰市位于中国版图雄鸡心脏部位秦巴山区汉水谷地，湖北省西北部，汉江中上游，是鄂、豫、陕、渝毗邻地区唯一的区域性中心城市，境内的丹江口水库是亚洲第一大人工淡水湖，是我国南水北调工程中线核心水源区。十堰市面积达 2.4 万平方千米，辖 9 县（市、区）、117 个乡镇、1857 个行政村，2014 年年底，全市户籍 119.6 万户，户籍总人口 347 万人。

十堰境内山脉分属 3 个系，秦岭山脉东段延伸到十堰市北部，武当山位于十堰市中部，大巴山东段横列于十堰市西南部，整个地势南北高、中间低，自西南向东北倾斜。全市可分为丘陵、低山、中山、高山 4 种主地貌类型和河谷平地、山间盆地 2 种副地貌类型。"八山一水半分田、还有半分是家园"的民谣凝练地概括了十堰的资源禀赋和特点。目前，十堰市农业用地 2953.94 万亩，建设用地 128.36 万亩，未利用土地 468.85 万亩。在农业用地中，耕地 310.38 万亩，占全市土地总面积的 8.74%；园地 74.78 万亩，占全市土地总面积的 2.11%；林地 2439.56 万亩，占全市土地总面积的 68.70%；牧草地 29.02 万亩，占全市土地总面积的 0.82%；其他农用地 100.20 万亩，占全市土地总面积的 2.82%。

十堰市文化底蕴深厚，旅游资源丰富，有世界文化遗产、道教圣地武当山，有号称"世界水都，亚洲天池"的丹江口水库，有莽莽原始森林神农架，有竹溪、竹山古庸国和被史学家称为"内长城"的楚长城，有房县"诗祖故里"、"诗经"产地和千里流放文化，有被列为当年"世界考古十大发现"之首的"郧县人"遗址，有恐龙蛋化石群和恐龙骨骼化石……旅游业已经成为十堰的三大支柱产业之一（另两大支柱产业为汽车产业和农产品加工业），仅武当山每年接待游客 2900 多万人次。

十堰市农业基础牢实。全市粮食播种面积和总产量分别保持在 27.5 万公顷和 115 万吨左右，2014 年，全市粮食作物播种面积 27.72 万公顷，比上年增加 800 公顷，粮食总产量达到 117.9 万吨，比上年增长 1.6%。扶贫开发推动了农业产业结构调整和转型，一个以茶叶、柑橘、食用菌、中药材、核桃、魔芋、畜牧养殖、蔬菜等产业为主体，以区域化布局、规模化生产、系列化开发为特色的产业发展格局初步形成。2014 年，十堰市实现农林牧渔业增加值 151.2 亿元，其中农业增加值 90.6 亿元，占 59.9%；林业增加值 5.7 亿元，占 3.8%；牧业增加值 44.9 亿元，占 29.7%；渔业增加值 9.3 亿元，占 6.1%；农林牧渔服务业增加值 0.8 亿元，占 0.5%[①]。

---

① 数据来源：十堰市统计局历年《十堰市国民经济和社会发展统计公报》。

十堰市工业产业已成体系。十堰是闻名全国的汽车工业基地,是驰名中外的"东风车"故乡,是全国唯一的汽车关键零部件产业基地;市域内医药制造业、纺织业、化学制品业、有色金属冶炼业、电力生产、农产品加工业等也有较好的发展。2014年年末,全市规模以上工业企业达到884家,规模以上工业增加值550.5亿元,比上年增长10.4%,规模以上工业企业实现主营业务收入1677亿元,利润总额164.7亿元,税金总额49.3亿元,分别比上年增长5.6%、7.1%和下降3.7%。近千家规模企业是十堰市域经济的重要支柱,也是十堰市开展"千企进千村"扶贫行动的重要基础。

随着旅游业、物流业的快速崛起,十堰市第三产业加速发展,地位逐年提升,市域经济结构渐趋合理。2014年,全市三次产业结构比为12.6∶50.8∶36.6。进一步调整结构,区域经济将保持一个较长时期的稳步发展。

但是,特殊的经济地理条件,加上南水北调工程中线核心水源区、生态限制区、库区移民搬迁区等方面的制约[①],造成了十堰市农村长期贫困。一是贫困区域大,在所辖9个县(市、区)中,郧县、郧西县、竹山县、竹溪县、房县、丹江口市等6县(市、区)名列其中。二是贫困村、贫困户多,贫困人口发生率高,按照国家关于贫困村、贫困户的识别标准[②],截至2014年年末,十堰市共识别认定1000个贫困村,占全市1857个行政村的53.9%,其中重点贫困村456个(占行政村总数的24.6%),相对贫困村544个(占行政村总数的29.3%);识别贫困户26.3万户、82.2万人,占全市245.5万农业人口的33.5%,十堰市贫困发生率高出全国贫困发生率(10.2%)23.3百分点,高出湖北省贫困发生率(14.7%)19.7百分点。三是贫困程度深,分布区域广,在26.3万贫困户中,人均可支配收入低于2000元的极端贫困户达9.46万户,占比36.0%;82.2万贫困人口分布于全市9个县(市、区)的117个乡镇、1857个行政村,其中66.5%的贫困人口分布在高山远山区、深山石山区和边远库区等重点贫困村[③]。

(三)十堰市扶贫与就近城镇化总体评价

课题组认为:十堰市"外修生态、内修人文""连片开发、整村推进""一城两带、城乡一体"等方面的战略谋划和精准实施,推动区域经济快速、持续发展,新农村(社区)和宜居居民点的建设稳步推进,村域经济充满生机与活力,城乡社会稳定和谐,城乡面貌发生了翻天覆地的变化。

1.十堰市克服困难,始终把扶贫攻坚和新型城镇化作为区域发展的动力,保持了区域内的社会稳定和经济强劲、持续增长

在国内外经济增速放缓、商用汽车市场增长乏力、南水北调库区移民安置任务重、区域发展受到极大约束和限制的条件下,十堰市各级党委、政府带领广大人民群众克服重重困

---

① 课题组调查间隙,通过非正式交流渠道获知的未经核实的情况是:丹江口水库建设,十堰市库区移民搬迁,前后两期移民搬迁48万人口,关闭工厂250多家,库区农产品种植受到严格限制,比如库区取消了亩均利润2000多元的黄精种植。此外,增加了库区生产生活成本,库区所有乡镇都建有污水处理厂,国家直接投资8600万元完成建设,但每个乡镇污水处理厂经营成本为180万元/年,成为乡镇的重要负担。

② 贫困村识别标准为"一高一低一无",即行政村贫困发生率比全省贫困发生率高一倍以上,2013年全村农民人均纯收入低于全省平均水平的60%,无集体经济收入;贫困户识别标准是,2013年农民人均纯收入少于或等于2736元(2010年2300元不变价)为贫困户。

③ 数据来源:十堰市扶贫办《十堰市扶贫开发建档立卡大数据分析报告》。

难,在为南水北调水利工程做出重大贡献的基础上,始终保持着区域经济快速、持续增长。2010—2014 年的 5 年间,十堰市地区生产总值基本保持了两位数的增长速度,到 2014 年,全市人均 GDP 达到 35604 元,相当于当年全国平均水平(46531.2 元)的 76.5%,是同处秦巴山片区的巴中市平均水平的 2.6 倍①。全市财政收入从 2010 年的 84.9 万元增长到 2014 年的 133.1 万元。城乡居民收入分别由 2010 年的 12653 元、3499 元增长到 2014 年的 22143 元、7046 元;城乡居民收入差距呈现缩小趋势,由 2010 年的 3.6：1 缩小到 2014 年的 3.0：1(见表 2)。

表 2　2010—2014 年十堰市经济社会发展主要指标

年份	GDP/亿元	GDP 比上年增长/%	财政收入/亿元	财政收入比上年增长/%	居民人均收入/元	农民人均收入/元	城乡居民收入比	建成区面积/千米²
2010	736.8	19.5	84.9	54.3	12653	3499	3.6：1	—
2011	851.3	11.0	106.8	25.8	14172	4044	3.5：1	65.2
2012	955.7	8.2	120.7	13.0	16011	4566	3.5：1	65.6
2013	1080.6	10.4	117.4	10.7	17694	5226	3.4：1	72.2
2014	1200.8	9.5	133.1	13.3	22143	7046	3.0：1	79.2

数据来源:十堰市统计局《十堰市国民经济和社会发展统计公报》(历年)。

2. 十堰市"外修生态、内修人文",整合各类资源和政策,在尚未脱贫、又要追赶发达地区"四化同步推进"的多重压力下,走出了一条"绿色崛起"的路子

十堰市坚持"外修生态、内修人文"的扶贫开发和区域发展战略,以"养山、养水、富民"为根本,走绿色发展的道路,不仅使荒山变绿、水体变清,城乡居民休养生息,同时大力促进了"生态产业化",绿色十堰、绿色丹江、绿色郧阳、绿色竹房城镇带和汉江生态经济带,绿得让人陶醉。课题组强烈地感觉到:风水轮流转,"八山一水半分田、还有半分是家园"的现状,通过十堰市人民的共同努力,将变成"八山一水全是钱,古今未来为家园",十堰市乃至整个秦巴山区的未来将是中国经济发展的新增长极,将再次成为中华民族休养生息的重地,这是需要国家高度关注的长远战略。

精准扶贫实施近一年多来,十堰市各级党委、政府、扶贫部门及基层组织做了大量工作:完成了建档立卡,建立贫困村、贫困户大数据平台等繁杂的任务;提出了三级精准扶贫策略和具体实施办法,并动员政府、企业和社会多元参与,投入了大量人力、物力和财力,效果明显;全域扶贫五大工程以及驻村入户结对帮扶等工作,措施得力;丹江口市、郧阳区鼓励贫困农户改造危旧房和集中修建宜居新房或者进城购房等三种补助政策,以及南三县(竹溪县、竹山县、房县)整合资金、连片开发、整村推进镇村联建的工作扎实有效,农村干部、农民和贫困户普遍满意。

3. 十堰市"一城两带""一核多支点"城镇化战略策划、实施初见成效,创出了一条秦巴山贫困片区农民就近、就地城镇化的路子

———————————

① 2014 年,巴中市人均 GDP 为 13746.1 元,相当于全国平均水平的 29.5%。

课题组认为：十堰市"一城两带"和"一核多支点"城镇化战略及规划科学，"十堰主城区—县级次中心城市—重点中心镇—特色小镇"四级城镇体系的框架基本成型；十堰主城区是秦巴山片区中心城市，100平方千米的骨架已经拉开，"核心"基本形成；"竹房（竹山县、竹溪县和房县）城镇带"和"汉江生态经济带"建设的成效显著；以县城次中心、重点中心镇和特色镇为"多支点"的城镇体系正在形成；重点中心镇、特色镇与新村片区联建联创，形成了为数众多的，集农村政治、经济、文化中心为一体的新片区（小城镇），一个由道路通达、村容村貌整洁、生态环境优美的新片区托起的美丽乡村景象初露端倪。

从宏观数据上看，十堰市的城镇化明显提速。城镇建成区面积从2011年的65.2平方千米增长至2014年的79.2平方千米，城镇化率达到51.6%，接近同期全国城镇化整体水平（54.77%）；从十堰市域层面比较，城镇化率比"十一五"末期提高5.3百分点，年均增长1.33百分点；与湖北省域比较，城镇化年均增长速度快于全省平均增速。近两年，十堰市建成区面积每年增加3.5平方千米，相当于每年新建2个人口6万~7万人的重点镇。

从农民进城购房比例看，十堰市农民在县城、重点中心镇、特色镇买房农户比例较大。课题组根据镇村干部座谈情况估计，进城购房农户不低于总农户的20%。课题组在座谈中了解到，十堰市农民若不进城购房，年轻人就娶不到媳妇。课题组在十堰市对6个村、2575户农民进行问卷调查后发现，进城购房的农户419户，占农户总数的16%，其中在城镇带上的建制镇购房的比例最大（不同于巴中农民主要到县城购房）。十堰市城乡经济快速发展，加上几十年"打工经济"积累，一部分农户具备了到城镇购房的资本积累，但因农村产权制度深化改革带给农民"财产不断、权益更有保障"的心理预期，加之进城农民就业不稳定和长辈不愿进城定居等因素的影响，多数农民尚未下决心进城定居，绝大多数进城购房农民尚未转移户口、放弃农民身份及其附着的财产权利，在城乡之间流动，我们称其为"城乡两头家"。一旦时机和条件成熟，十堰市的城镇化率将快速攀升，地方政府应该及早谋划应对措施。

课题组认为：十堰市农村贫困区域大、贫困发生率高、贫困程度深的现状还令人揪心，追赶型发展任务艰巨，多数农户还没有摆脱对打工收入的依赖；十堰市扶贫与农民就近城镇化协调发展还存在一些需要探索和研究的问题，比如精准扶贫与村域经济社会发展如何协调推进，村域产业弱、村集体经济普遍贫穷的问题如何化解，如何进一步深化农村产权制度改革，加强对进入农村土地的工商资本监管，特殊镇村、贫困户的一些特殊矛盾如何化解等。对此，我们必须有清醒的认识和更加得力的改革举措。

二、把扶贫开发融入区域协调、城乡统筹发展的大框架

（一）按照区域协调和城乡统筹发展要求调整扶贫战略

1. 紧跟国家战略调整市域扶贫攻坚的思路

伴随着国家扶贫战略重点转移，十堰市不断创新扶贫开发模式和政策，力求将扶贫开发工作融入区域经济社会发展战略框架之中。2001—2010年的《中国农村扶贫开发纲要》将国家的扶贫战略定位为连片开发、整村推进。十堰市根据连片开发的国家扶贫战略，宏观上确定了市域"两带一路"扶贫开发战略，连片开发"竹房城镇带"和"汉江生态经济带"；

微观上利用行政村合并、异地搬迁移民、新农村建设等机遇,形成颇具规模的镇村联建、片区综合开发的建设模式。

2013年,《中共中央办公厅国务院办公厅印发〈关于创新机制扎实推进农村扶贫开发工作的意见〉的通知》、国务院扶贫办关于《建立精准扶贫工作机制实施方案》和《扶贫开发建档立卡工作方案》等文件相继颁布,十堰市委、市政府对接国家扶贫新战略和政策,立足区域性中心城市建设和各县(市、区)资源禀赋、发展基础,提出构建"一城两带""一核多支点"发展战略,确立了扶贫开发和区域发展"两轮驱动"工作方针:一方面贯彻"精准扶贫"理念和政策,精准识别贫困村、贫困户,把扶持贫困村整体脱贫和提升贫困农户收入能力和水平作为扶贫攻坚的重点;另一方面,始终抓住城乡经济社会统筹协调发展的主线,继续坚持连片开发、整村推进和片区联创。

党的十八届三中全会后,十堰市学习和贯彻习近平总书记关于"革命老区、民族地区、边疆地区、贫困地区在'三农'工作中要把扶贫开发作为重中之重"的讲话精神,市委常委会审议通过了《十堰市秦巴山片区区域发展与扶贫攻坚目标责任考核办法(试行)》,将"扶贫开发工作成效"纳入全市综合目标考核体系,引导各县(市、区)、市直各部门把主要精力转移到扶贫开发工作上来,从而促进了全市扶贫开发工作与区域经济社会发展的深度融合。

2.科学规划,引领扶贫攻坚融入区域协调发展之中

国务院批复的《秦巴山片区区域发展与扶贫攻坚规划(2011—2020年)》明确将十堰市列为秦巴山片区三大中心城市之首,明确了重大基础设施建设、产业发展、改善农村基本生产生活条件、就业与农村人力资源开发、社会事业发展与公共服务、生态建设和环境保护六个方面的建设任务。十堰市实现了与《国家主体功能区规划》《丹江口库区及上游地区经济社会发展规划》《丹江口库区及上游地区水污染防治及水土保持规划》及省委、省政府区域性中心城市战略等重大决策规划的有效对接,从顶层设计上为秦巴山十堰片区攻坚提供了规划保障。

十堰市抓住秦巴山片区扶贫攻坚机遇,依据《湖北秦巴山片区区域发展和扶贫攻坚实施规划(2011—2020)》,构建了市域发展的完善规划体系,组织片区领导小组成员单位分别编制了片区科技创新中心、产业发展、交通、水利等专项规划。规划确定了基础设施、产业发展、民生改善、公共服务、能力建设和生态环境保护六大类1947个项目,规划总投资5052.8亿元。

在规划引领下,十堰市采取有效措施,统筹、协调与合力推进域内扶贫开发与区域发展。一是加强与湖北省委省政府、科技部等上级党委、政府和部门的对接。二是统领市域内经济社会发展全局,形成域内协调推进机制,成立了由党委、政府主要领导任组长,相关部门为成员的片区区域发展与扶贫攻坚领导小组,建立了领导小组联席会议制度,成立了秦巴山片区发展与扶贫攻坚领导小组办公室,及时掌握政策信息和工作动态,督办政策项目落实。三是出台系列政策,分类指导、分层推进。十堰市委、市政府出台了《关于抢抓秦巴山片区扶贫攻坚新机遇 切实加强新一轮扶贫攻坚的决定》《关于创新机制扎实推进农村扶贫开发工作的实施意见》和《关于印发〈十堰市"结穷亲、帮穷户、拔穷根"精准扶贫工程实施方案〉的通知》等一系列文件,明确了今后一个时期攻坚工作的思路、目标、任务和措施,并将市级专项扶贫投入增加到3000万元。

（二）连片开发、整村推进无缝对接农民就近城镇化

1. 建设一体化的基础设施网络，夯实农民就近城镇化的基础

城乡一体的基础设施网络体系建设是扶贫开发与新型工业化、城镇化和农业现代化协同推进和农民就近城镇化的前提。自 2010 年以来，十堰市委、市政府在规划和建设基础设施网络体系时，按照"让城乡居民公平享受公共资源"和"城乡一体化发展"的要求，先后实施了两轮《城区农村扶贫规划》，安排扶贫资金 9000 万元，带动各级投入 5 亿多元，实施了以交通、水利、通信、搬迁、产业、村庄治理等重点的扶贫开发项目 1000 多个。比如：启动武当山机场、武汉至十堰客运专线、谷竹高速公路、十房高速公路等重大交通项目，奠定十堰市城乡发展的基础。努力改善农村生产生活条件，统筹推进水、电、路、视、讯"五通"建设。全市实现了村村通等级公路，其中通客车的行政村占 58.2%；重点贫困县（市、区）农村饮水安全普及率达到 90% 以上，广播电视混合覆盖率达 98.1%；同时，抓好小流域综合治理、病险水库加固、移土培肥、低丘岗地改造等农田水利设施，推进农村新一轮电网改造，保障生产生活用电需求，加强绿色能源建设。

2. 融合"整村脱贫"与"美丽乡村"的要求建设文明新村

"外修生态、内修人文"，绿色崛起，是功在当代重点建设工程，也是惠及子孙的千秋大业。文明新村建设是在这一理念上起步的。十堰市按照《十堰市农村扶贫开发规划（2011—2015 年）》，一方面开展以"五改三建"（改路、改水、改厨、改厕、改栏，建沼气池、建安居房、建致富园）为重点的"生态家园工程"，全面治理脏、乱、差，着力改善人居环境，从而消除贫困户住危房现象，基本解决贫困村行路难、饮水难、用电难、收视难、安居难等问题，使贫困群众生产生活条件明显改善；另一方面整合各类资源和政策，用于合并小型村，搬迁偏远村，保留村的危旧房改造，片区和中心村建设，引导农民适度集中，把扶贫开发中的"整村推进、整村脱贫"升级为美丽乡村建设示范点。自 2014 年以来，十堰市将 65 个重点贫困村建设纳入十堰市向全市人民公开承诺办好的"十件实事"，安排专项扶贫资金 7020 万元，整合各项资金 13480 万元，村平均投入 315 万元，实施项目 355 个，打造了一批贫困村直接脱贫致富的美丽乡村，改变了十堰市农村面貌。

3. 把培育农村产业当成扶贫和农民就近城镇化主要途径

产业兴、城镇兴、农民富，培育农村产业既是产业扶贫的要求，又是十堰市全域经济结构转型升级的大战略。近几年，十堰市围绕"贫困人口增收、农民脱贫致富"这一主题，通过产业扶贫这一抓手，着力打造十堰市特色产业"四个百万工程"，即建成百万亩茶叶、百万亩中药材、百万亩核桃、百万亩山羊，打造区域特色农产品加工基地，发展特色农业和现代农业。目前，十堰市特色产业基地面积 600 余万亩，实现了重点村人均 1 亩高效经济林园，农产品加工产值达到 150 亿元。此外，依托武当山、丹江水、汽车城三大品牌，带动农村旅游业发展，2014 年，全市接待游客 3435.4 万人次，实现旅游收入 242.7 亿元。十堰市农村初步形成了"县有支柱产业、乡有主导产业、村有特色产业、户有致富项目"的新格局。

建设产业园区，引导生产要素、项目和人口向园区集中，产业园区与农村社区统一规划和建设，是农村特色集镇形成的重要通道。目前，十堰市各县域以生物医药、农产品加工和机械加工为主的一批创新型企业初具规模，吸引了大批农村剩余劳动力就地就近转移。产业园区建设，必须着力培养产业化龙头企业。十堰市鼓励城市工商业到农村发展种养业，

通过以工促农、村企联姻、以企带村等方法，建立了一批"企业＋基地＋农户""企业＋合作社＋农户"等现代农业产业组织和基地，推动城乡产业整体提升。2014年，全市培育家庭农场141家、农民专业合作社205家，市级以上农业产业化龙头企业累计达到115家，农民专业合作社累计达到1726家，辐射带动贫困农民25.3万户。

4.片区联建，造就众多乡村经济文化中心

十堰市片区联建包含两个层面：一是在市域范围内打造"六个扶贫开发示范区"，即秦巴山区十堰连片开发示范区、全省脱贫奔小康十堰示范区、竹房城镇带扶贫示范区、汉江生态经济带十堰扶贫示范区、以域内25个重点老区乡（镇）和125个老区重点村为区域革命老区重点扶贫示范区以及十堰城区农村扶贫开发示范区；二是在六个示范区内实现多村联创，组团式发展，造就一批乡村片区经济文化中心，使之成为城乡一体化发展的新载体。

（三）精准扶贫，加速特困村和特困户减贫增收

十堰市委、市政府既重视扶贫攻坚重点的阶段性，又注重贫困人口脱贫致富的长期性和连续性，善于将"连片开发、整村推进"和"精准扶贫"的优势结合起来，解决十堰市全域扶贫面临的复杂问题。用"连片开发、整村推进"解决区域性贫困整体脱贫致富问题；用"精准扶贫"解决特殊村庄和特困农户的减贫问题。十堰市"精准扶贫"工作、效果及特色表现在以下方面。

第一，建档立卡，建立"精准扶贫"实施和管理机制。十堰市按照"县为单位、控制规模"的要求，将贫困村、贫困户规模逐级进行分解，完善贫困识别机制。按照"一高一低一无"的标准（即行政村贫困发生率比全省贫困发生率高一倍以上，行政村全村农民人均纯收入低于全省平均水平的60％，行政村无集体经济收入）识别贫困村；以农户收入为基本标准，综合考虑住房、教育、健康等状况，识别贫困户。截至2014年12月底，十堰市已完成录入重点贫困村456个，贫困户26.3万户、82.2万人的建档立卡工作，为精准实施和管理奠定了基础。

第二，开展"四双"驻村帮扶行动。致力精准识别、精准帮扶、精准管理，瞄准的是扶贫对象，锁定的是干部责任，"四双"主城帮扶是责任落实抓手。"双包"即单位包村、干部包户到人；"双建"即建强农村基层党组织，建好农村新型经济合作组织；"双带"指市场主体带动扶贫产业发展，能人大户带动贫困户脱贫致富；"双促"是促干部作风转变和促群众增收脱贫。"四双"帮扶实行市县乡村"四级联动"，明确帮扶责任，一定6年不变，农民不脱贫，驻村工作队不脱钩。十堰市组成1236支工作队进驻1232个村开展工作，34名市级领导、1397名副县级以上干部、3.5万名党员干部结对帮扶4.2万户贫困户、15万人，1154家企业、1003名科技特派员已进驻入村，共规划到村、到户项目55349个，已启动项目895个，到位资金1821万元（专栏1）。

专栏① 十堰市精准扶贫案例

案例1 竹溪县精准扶贫的主要做法

一是县委、县政府将"精准扶贫"作为"一号工程"，从严格"精准识别"程序抓起。按照"农户申请、入户调查、群众评议、乡村审核、张榜公示"的程序操作，确定全县3.35万贫困户、11.1万贫困人口，为"精准扶贫"奠定基础。

二是明确扶持的内容,实施"四大工程",即产业增收工程、安居工程、就业创业工程和解难解困工程;同时,通过"十个到户到人",确保扶持到位。

三是通过创新工作机制,扶持方式精准化。竹溪县通过搭建"四双"帮扶平台,建立了县、乡(镇)、村"三级联动",单位、企业、科技特派员"三位一体"的工作机制。对户帮扶项目规划4593个,已启动3373个,已完成233个。另外,还引入金融扶贫,创新扶贫模式,全县已发放金融扶贫贷款2.3亿元,其中2944户贫困农户贷款1.4亿元,119家合作社、大户贷款0.3亿元,10家龙头企业贷款0.6亿元。

案例2 竹山县麻家渡镇总兵安村的"四双"工程

总兵安村总户数为252户,总人口为1163人,其中,贫困户117户,贫困人口310户,劳动力691人。全村耕地面积1269亩,水田456亩,河流一条,山塘5口。2014年全村总收入1066万元,人均纯收入6820元,主要收入来源是种植业和打工业。茶叶产业面积228亩,常年粮食种植面积3124亩,产量629吨,油料种植面积1258亩,年养猪600头、家禽3000只。驻村工作队来自县职教集团、麻家渡政府、镇直机关,进村帮扶企业是麻家渡镇砖场,并安排有一名科技特派员。

实施工作队驻村帮扶计划。其一,产业建设。依托盛茂园林有限公司,发展苗木512亩,黄金果品有限公司发展猕猴桃150亩,管理老茶园228亩。其二,安全饮水。新建饮水管道3500米,铺设支管网8500米,解决全村252户、1163人生活用水。其三,村庄居住环境。硬化道路1300米,旧房改造50户,治理河道2000米。其四,扶贫搬迁。以美丽乡村建设为重点,实施集中新建场坪、完善公共服务设施建设,安置贫困户50户、165人。其五,乡村旅游业。新发展集旅游、休闲、观光于一体的农家乐2家,建公厕2处。其六,科技培训。组织劳动力实施技能培训320人,劳务输出200人。

实施企业带动和科技特派员服务计划。企业带动发展产业(苗木、猕猴桃)面积800亩,支持就业培训500人。科技特派员培训乡土科技人才30人,其中,茶叶种植加工技术人才10人,林果栽培技术人才20人;培训科技致富明白人320人,达到每个贫困户都有一个科技明白人,懂1~2门实用技术。

十堰市的"四双"工程中,"千企帮千"拓展了工业反哺农业的路径,极具特色。十堰市组织市、县属企业和民营企业,在6年时间分期分批结对帮扶已确定的1000个贫困村,第一批参与帮扶的企业共有1154家,帮扶村943个,其中市属企业502家统筹安排到县(市、区),县属企业652家,通过产业带村、基地兴村、劳务帮村、资金扶村等多种形式,带领基础设施建设、带强产业、带动项目、带活市场、带富贫困群众、带出经济合作组织,帮助贫困村脱贫增收。

第三,"雨露计划·金蓝领"助学"拔穷根"。十堰市对贫困家庭"两后生"实行"两免一补",每年补助3000元,确保每年培训建档立卡贫困生1万人次、转移就业5000人。按照这个思路,十堰市把贫困劳动力转移培训作为贫困人口脱贫致富的根本性举措来抓,按照"市州指导、资金到县、培训到户、直补到人"的要求,严格落实政策,加强监督指导,建立完善扶贫培训信息网络和基础档案,确保雨露计划工作有效开展。2015年完成雨露计划培训7000人。通过贫困劳动力转移培训阻止贫困代际传递。

第四,生态扶贫搬迁"挪穷窝"。十堰市仍然有近24万户农户居住在土坯房和危房中,这是实现扶贫开发总目标的最大困难。自 2014 年以来,十堰市学习陕西商洛市"陕南大搬迁"、四川巴中市"巴山新居"等做法,提出实施生态扶贫搬迁的构想,编制了《全市生态扶贫搬迁规划》,计划 6 年时间搬迁 6 万户,市财政安排专项资金 1000 万元予以支持,引导边远高山农户向平坝地区集聚,平坝地区农户向集镇或中心村集聚。目前,全市已实施扶贫搬迁和生态移民 3900 户,涌现出了竹山县上庸镇吉鱼村等一批好的典型。

第五,金融扶贫"换穷业"。产业扶贫重点发展致富产业。十堰市统筹安排财政专项扶贫资金、小额贴息贷款、企业贴息贷款和互助金,每年撬动银行贷款 15 亿元以上。竹溪县出台了《关于实施金融扶贫的意见》,县财政安排 1000 万元担保资金和 800 万元贴息资金,为贫困户发展产业提供担保和贴息支持。

扎实有效的工作制度和扶贫机制带来了扶贫开发和区域融合发展的态势,成效明显。2014 年,十堰市减少贫困人口 42.22 万人,贫困农民人均纯收入增长幅度高于全市平均水平,村平均投入达到 315 万元,实施项目 355 个,完成了 941 个重点贫困村整村推进,贫困乡村基础设施明显改善,在湖北省、十堰市的各项考评中取得好成绩。

三、探索适合十堰市情的农民就近城镇化道路

(一)更新理念、注重规划,引领十堰市域新型城镇化

1. 更新理念

课题组在调查中强烈地感受到,十堰市新型城镇化推进过程中,始终贯彻着三大发展理念。

一是绿色崛起、山区特色的发展理念。十堰市"外修生态、内修人文"的扶贫开发和区域发展理念同样被贯彻到新型城镇化建设之中。市委、市政府提出"以生态化产业体系为动力,支撑新型城镇化、城乡一体的山地特色城镇化发展模式"。其核心理念是,结合十堰市山地生态资源优势,构建涵盖一、二、三产的生态化产业体系,作为支撑十堰市山区城镇化的产业动力。生态化产业体系包括依托农林生态化经营和当地特色农林资源的特种养殖业、药材种植业、绿色食品业、手工纺编业等生态农业,为生态农林业提供加工、包装、市场导入的城镇加工业和服务产业,以山地自然和人文景观资源为主的山地生态旅游业等。

二是城乡一体化的发展理念。因为特殊的地理环境和国家战略需要,十堰市农业生产条件十分有限,退耕还林、生态保护的任务艰巨,人均耕地面积不断减少,只有通过城镇化来实现十堰市的可持续发展。另外,在十堰市"汽车城"带动下,十堰市工业现代化快于农业现代化,城市现代化快于农村现代化,城乡二元结构矛盾突出。只有打破城乡二元结构,区域协调、城乡统筹发展,十堰市才能快速崛起。在这一理念下,十堰市委、市政府着重强调三个统筹,即:以城带乡,统筹城乡经济发展;协调规划,统筹城乡规划建设;统一建设,统筹城乡基础设施;公平和谐,统筹城乡社会服务。

三是集聚发展、核心带动的非均衡发展理念。主要思路是依托现有中心城市和城镇体系,以点带线、带面,差异有序发展,即通过市域中心城市发展,带动县、镇、村等各级城镇体系发展,进而带动腹地城乡全面协调发展。

根据上述发展理念,十堰市反复研究,最终形成了市域新型城镇化发展战略:以建设秦

巴山片区三大中心城市（十堰市）为统领，以打造"竹房城镇带"和"汉江生态经济带"为两翼，着力构建市域"十堰主城区—县级次中心城市—重点中心镇—特色小镇"四级城镇体系与建设美丽乡村协同推进的新格局。

2. 注重规划

根据上述战略定位，十堰市制定了清晰的中长期城市发展系列规划，包括《十堰市城市总体规划（2010—2030年）》《十堰市城市风貌特色规划》《十堰市生态滨江新区核心区规划》《十堰市园林绿地系统专项规划》《十堰城郊生态文化游憩带规划》《十堰市创建国家生态文明建设示范区（生态市）规划》，以及《十堰市竹房城镇带城乡一体化试验区总体规划（2011—2015年）》和《十堰市汉江生态经济带总体规划（2011—2015年）》等。同时，十堰市正在加紧进行县级次中心城市重点中心镇和农村片区建设规划的编制（专栏2）。

专栏② 郧阳区投入巨资制定总体规划

郧阳区注重区域规划。郧阳区2014年投入1040万元用于城市规划编制，并开展《郧县城乡总体规划修编（2013—2030）》。根据规划，郧阳区被定义为区域内的政治、经济、文化中心，拟建设成为以机械、轻工业为主要工业产业，注重开发休闲旅游的滨水城市。2014年撤县建区后，郧阳区组织完成全区第一次地理国情普查工作。郧阳区稳步实施"一江两湖四区六镇"城市战略规划："一江"即汉江；"两湖"即郧阳湖、安阳湖；"四区"即老城区、政务新区、长岭新区、安阳科教产业区；"六镇"即谭家湾镇、杨溪铺镇、青山镇、郧阳岛小镇、柳陂镇、城关镇。在规划中，郧阳区着力打造百万平方千米生态屏障、百万平方千米水面、百万平方千米城区面积的中等城区。

十堰市、县（市、区）城镇化规划衔接紧密。与总规划衔接，十堰市加强控规保障，实现了控规全覆盖，专规和基础规划也不断完善；市、县（市、区）规划对接，《十堰市城市总体规划（2011—2030）》将全市划分为五个发展地区，即北部中低山生态发展区、北部河谷地区城镇协调发展区、中部丘陵农林生态发展区、南部城镇协调发展区和南部高山生态保育区，不同地区采用差异化的发展策略。上述规划在对应市、县、区编制的城镇规划中得到了充分体现，比如：房县建设"四化"协调发展示范区，郧阳区建设"十堰生态滨江新区"，丹江口市建设"中国水都"，竹山县建设"十星高地"，郧西县打造文化旅游强县，竹溪县建设十堰绿色崛起示范县等。十堰市县级中心城市建设各具特色（专栏3）。

专栏③ 十堰市县市级中心城镇建设各具特色

房县属限制开发区和高山生态保育区，城镇整体规划被定义为政治、经济、文化、交通中心，农副产品集散地，以发展绿色食品加工、生物医药为主导，建设成为具有休闲旅游特色的山水园林城市。

郧阳区毗邻十堰市主城区，2012年初定发展规划时就将自己的发展和十堰市中心城区的发展紧密结合起来，作为十堰市城区的一部分进行规划。撤县建区后，郧阳区更加注意区政府所在地及周边乡镇在规划建设中与十堰市中心城区在功能设置、市政基础设施和道路设施建设方面进行协调和对接。

丹江口市是鄂西生态文化旅游圈内的重要节点，境内丹江口水库是南水北调中线的起点,在落实十堰市城市总规时,将保护环境作为发展城镇化的前提,以水体保护为重点,确保南水北调中线工程水源安全,丹江口北部山区习家店、蒿坪、石鼓等镇,特别注重自然生态保护、山地水土流失治理,注重适度控制城镇规模,严禁大规模污染性产业发展,适度发展农林特产种植和加工业。丹江口市南部(包括官山、盐池河镇)属于丘陵农林生态发展区,因此注重保护耕地,积极发展果林生产和畜牧业,适度发展生态观光旅游业,适度控制城镇发展规模,提高森林覆盖率。

(二)改革创新,引领农民向区域内四级城镇化体系聚集

引导农民就近城镇化,面临的主要矛盾是"人往哪儿聚""产业如何兴""钱从哪里来"。这三大矛盾在秦巴山片区有不同的表现形式:有些地区工商业经济发展滞后,财政能力和社会财富有限,制约域内城镇和产业发展,不能满足域内农民就近城镇化的需求;有些工商业经济相对发展,有一定的地方财政实力和社会资本动员能力,加上国家发展战略机遇带给地方的投资能力,推动着域内城镇超前建设,但域内产业发展和农户财富积累都赶不上城镇扩张速度,因此有些城镇有房无人,"人往哪儿去"演变成"人从哪里来"的矛盾;有些地方大量农业转移人口在城乡之间无序流动,多数农民尚未做出明确的目标选择,农户"城乡两头家"的现象越来越普遍。在化解城镇化三大突出矛盾方面,十堰市通过规划引领和改革创新,进行了有益探索。

1.规划引领下的改革创新

一是按照"依法、自愿、有偿"原则,建设和规范农村土地流转市场及其机制。十堰市组建乡镇土地流转服务中心和村土地托管服务中心,搭建流转平台,规范土地流转流程,建立土地流转服务体系,推行土地出租、入股等流转经营模式,为城乡特色产业兴起创造条件。到2014年年末,十堰市累计流转耕地14.26万亩、山场33.29万亩。十堰市下发了《关于推进城乡建设用地增减挂钩试点工作的指导意见》,尝试构建节约集约用地机制,强化各类建设用地指标控制,合理提高城镇建筑容积率,实现土地综合利用和收益最大化,化解新型城镇化体系建设用地指标不足的矛盾。

二是在乡镇综合改革中植入强镇扩权改革。十堰市、县级政府将12个部门39项行政审批事项下放给试点镇,化解重点中心镇人口过大而管理职能不匹配的矛盾。

三是在"竹房城镇带"试验区推行户籍制度改革,采取"一取消、两放宽、一相同"政策措施,加速城乡居民管理融合。取消户口性质划分,放宽地域限制和落户条件,农民进城后享受与城镇居民相同的社会保障和公共服务政策。目前"竹房城镇带"试验区的18个乡镇全面取消了农业户口、非农业户口及其他户口性质划分,为农民就近城镇化铺平了道路。

四是改革农业经营管理体制,培育新型经营主体,为产业兴城奠定基础。比如,依托特色主导产业,积极发展农民专业合作组织,目前这类组织已达1000多家。

五是创新城镇化的投融资机制。创新重点放在发挥政府资金的引导作用,健全农村金融服务网点,加强社会融资服务体系建设,健全农村信用担保机制和创新农村信贷产品与服务方式等方面。创新目标是形成政府引导、社会参与、市场运作、农民主体的多元化投融资体系。"竹房城镇带"坚持基础设施建设以政府投入为主、产业发展以业主投入为主、农房建设以农民投入为主的"三为主"资金投入模式,累计吸收社会投资26.8亿元、农民自筹21.3亿元、信贷投资10.4亿元,用于新型城镇化;郧阳区子胥湖采用PPP投资模式推进新

城区建设(专栏4)。其他县(市、区)将各项涉农资金整合、统筹用于城镇化。

专栏④ 子胥湖新区建设的 PPP 模式

2014—2015年,子胥湖新区完成投资21.52亿元,其中企业自筹6.5亿元,政府项目资金6.9亿元,企业自筹加政府共建项目资金作资本金,申请融资10亿元。政府从土地政策、出让金返还,税收政策,政府项目资金投入三方面支持企业完成子胥湖生态新区建设。

土地政策:子胥湖生态新区规划建设用地9000亩,其中商住建设用地(商业、服务业和居住)6000亩,政府在5年内予以建设用地指标保障。土地出让金入库后,一个月内全额返还给企业。

税收政策:子胥湖生态新区项目范围内所有税收县级留成部分全额奖励给企业用于新区建设;经营期间,除商住开发项目外,县级留成部分全额奖励给企业,并保持税收政策十年不变;商住开发项目有关税收,部分奖励给企业用于弥补新区建设和公益性项目投资不足。

2.改革创新效果

改革创新初步化解了"人往哪儿聚""产业如何兴""钱从哪里来"的矛盾,域内四级城镇体系建设加速推进,农民就近城镇化效果明显。

第一,十堰市中心城区建成区面积、人口和产业发展的规划目标基本实现。十堰市的核心和枢纽是国家重要的汽车产业基地。规划到2015年,实现建成区面积100平方千米,城区人口承载力超过100万,汽车产量跨上100万辆,基本建成功能完善、产业高端、生态宜居、文明和谐的现代化区域性中心城市。到2015年5月,十堰市中心城区辖区面积达5056平方千米,城市建成区面积100平方千米,三个城区共聚集人口90万人,市辖区常住人口则达到135.6万人。课题组在调查中了解到,十堰市域的主导产业分别为汽车产业(二汽的商务用车制造为主)、旅游产业和农产品加工业。其中,80%的企业和汽车产业有关,80%以上的规模企业在城区。这表明,汽车产业已经成为十堰市主城区的主导产业、市域经济的龙头。

十堰市主城区路网建设日趋完善:人均道路面积15.9平方米;城区污水处理率达到96.2%;天然气对接入户16万户,通气入户率达到98%;城区新增绿地371.2公顷,人均绿地面积达到11平方米。十堰市主城区的未来发展充满希望,作为全国首批10个试点城市之一,十堰市在试点建设期内将获得9亿元中央财政专项资金补助①。到"十二五"末,十堰市将成为秦巴山片区的中心城市和全国特大城市之一,十堰市汽车制造和汽配产业将成为辐射带动周边城镇和乡村发展的领头羊。

第二,"竹房城镇带"吸纳20多万农民就近城镇化,"汉江生态经济带"绿色发展见成效。"竹房城镇带"东起房县,沿346国道到关垭,共计173千米,这一带"一线串珠"式地串联了沿线3座县城、18个乡镇、373个镇村,规划总面积148.5平方千米。"竹房城镇带"通过产

---

① 数据来源:十堰市人民政府《新型城镇化建设工作的报告——2015年5月21日在市四届人大常委会第30次会议上》,以及市住建委在本课题组调研座谈会上《关于推进新型城镇化工作的基本情况》介绍。

业园区和产业基地建设，吸引农民就近城镇化。至 2014 年年底，城镇带总人口达到 82.7 万人，比 2010 年增加了 8.1 万人；城镇人口达到 50.9 万人，比 2010 年增加了 23.2 万人；城镇化率从 2010 年的 36.5％增加到 61.5％，"竹房城镇带"的城镇化率比全市高出近 10 百分点。

"汉江生态经济带"及其经济带的城镇建设也取得了成效。到 2014 年年末，十堰市完成造林 90.3 万亩，森林覆盖率达 64.7％；完成近 400 个村庄环境连片整治示范工作，建成国家级生态乡镇 4 个、省级生态乡镇 6 个、生态村 38 个；自筹资金 10 亿元，启动十堰市城区神定河等五条河流生态化治理，建成主支管网 384 千米；大力实施"清水行动"，实施饮用水源综合整治工程，整治排污口 800 多个；建成并投入运行污水处理厂 12 座、垃圾处理场 7 个，确保了南水北调中线工程正式通水。同时，"汉江生态经济带"的城镇建设加速进行，课题组实地考察了丹江口右岸新城区建设、郧阳滨江新区建设，充分感受到"汉江生态经济带"热火朝天的城镇建设场面。

第三，"多支点"中小城镇格局显露雏形，已成为十堰农民就近城镇化的主要集聚地。"多支点"包括县级次中心城市、重点中心镇以及特色镇和片区联建形成新片区（小集镇）。县级次中心城市主要分布在十堰市北部、中部和南部的三个重点生态保育地区，到 2030 年，北部丹江口市区、郧阳区和南部房县县城，将形成 3 个 20 万～30 万人口规模的中等城市。郧西县城、竹山县城、竹溪县城，将建成 3 个 10 万～20 万人口的小城市，同时建成 15 个 1 万～5 万人口规模的重点中心镇。

（三）中心镇、特色集镇和片区联建共推农民就近城镇化

1．重点中心镇引领新农民就近城镇化

十堰市抓住秦巴山片区扶贫攻坚和丹江水利枢纽工程移民搬迁镇村重建等机遇，启动了"小城镇建设成长工程"和"美丽乡村建设工程"，成为十堰市推进农民就近、就地城镇化的点睛之笔。目前，十堰市有 11 个镇入选 2014 年国家级重点镇，入选湖北省级的重点中心镇 8 个、特色镇 6 个、宜居村庄（社区）60 个[①]。课题组实地考察看到：北部丹江口市的浪河、六里坪、习家店，郧阳区茶店等重点镇、中心镇和特色镇，城镇扩容、产业和人口集聚迅速，有的镇区规模和人口已不亚于县城；南部"竹房城镇带"上，房县军店，竹山县宝丰、擂鼓、上庸，竹溪县水坪、蒋家堰等重点镇、中心镇、特色镇，已汇聚 3 县 80％的人口、85％的经济总量，成为南部（房县、竹山县、竹溪县）3 县人口密集区和政治、经济、文化中心地带。

（1）六里坪镇

六里坪镇是一个以工业为主体、农业和第三产业为两翼，集农、工、商、旅为一体的综合型明星镇。六里坪镇位于丹江口市西部，镇域东、西、南、北分别与武当山风景区、十堰市白浪高新技术开发区、丹江口市官山镇及均县镇接壤。镇域面积 187 平方千米，辖 20 个行政村、3 个居委会，镇域总人口 5.4 万人，镇区居住人口达到 2.8 万人，占全镇人口的 52％。工商业经济发展是该镇城镇化的主要推动力，2015 年上半年，全镇完成工业总产值 52 亿元，其中规模以上企业总产值 45 亿元，同比增长 28％，占全年目标任务的 52％。该镇 2014 年入选国家级重点镇、湖北省重点中心镇。

---

① 数据来源：十堰市人民政府《新型城镇化建设工作的报告——2015 年 5 月 21 日在市四届人大常委会第 30 次会议上》，以及市住建委在本课题组调研座谈会上《关于推进新型城镇化工作的基本情况》介绍。

自 2009 年始,六里坪镇按照"四区一带"的规划布局,全面启动重点镇建设。一是在靠近白浪高新技术开发区,建设以岗河为中心、包含 3 村的工业园区。二是利用武当山风景区的辐射带动,融入鄂西生态文化旅游圈,建成包括五家沟、孙家湾等 6 村的休闲观光旅游度假区。三是利用紧邻十堰市城区的优势,打造以油坊坪为中心、连带 6 村的高效生态农业示范区。四是抓住域内铁路、高速和高等级公路以及武当山机场建设的机遇,打造以财神庙为中心及周边 5 村的商贸物流区,形成鄂西交通枢纽和物流高地。"四区"建成后,最终形成沿武白公路(武当山特区至十堰市城区白浪堂)的城镇带。六里坪镇区建成区面积已由 2009 年的 2.1 平方千米增加到目前的 4.8 平方千米。整齐划一的工业园区内集聚中央和市属国有企业 20 余家,民营企业 180 余家,从业人员近万人。六里坪镇城镇建设质量和管理水平明显提升,成为当地引领农民就近、就地城镇化的龙头。

(2)宝丰镇

宝丰镇位于竹山县中西部,是施洋烈士故乡、女娲炼石补天神话发源地,谷竹高速、346 国道贯穿镇域东西。该镇总面积 188.8 平方千米,辖 29 个村(场、社区),总人口 7.8 万人。截至课题组调查日,宝丰镇建成区面积 3 平方千米,户籍及常住人口 4.1 万人,城镇化率达 52.6%。

近几年,该镇全面实施"四化同步,文旅融合"发展战略,走出了一条城乡统筹、产城互动、节约集约、生态宜居的新型城镇发展路子。该镇城镇建设途径和特色主要有四点。

一是重视城镇建设规划。该镇立足于打造竹山县域副中心、鄂西北商贸流通中心镇的定位,先后于 2002 年、2009 年、2014 年三次修编镇域城镇规划,最后一轮规划修编中,宝丰镇区扩展北至凤凰堰、南至女娲山风景区、东至九里岗、西至宝丰工业园区,覆盖 8 个村(居)近 10 平方千米的现代小城镇。

二是集镇与新农村(社区)同步规划,城镇与农村片区联建联创。目前,该镇实施并推动了以龙井、喻家塔、韩溪河、双庙、侯家湾、上坝、下坝、铧场为主的中心示范村建设,探索了镇村互动建设和农民就近、就地城镇化路子。

三是强化产业支撑,产城一体化建设。该镇先后启动建成九里岗生态茶叶加工园、北大街绿松石加工展销区、宝丰工业园、下坝物流园等四大核心产业园区,培育发展以宏志五金(专栏 5)、秦家河钒矿、盛达矿山机械、圣水公司、金龙水泥、珠宝公司、明宏塑编、诚成木业、鑫鑫建材、可盛印刷等为代表的工业企业 39 家,其中规模企业 6 家,工业成为宝丰镇域经济的重要支柱。该镇以旅游产业为核心的现代服务业正逐步形成:实施了女娲山景区二期工程建设,成功申报了女娲山国家 4A 级旅游景区,贯通了上庸镇、九女峰、武陵峡、神农架循环旅游线路,年接待游客近 5 万余人次;商贸流通加速发展,近 3 年,该镇镇区建成大中型超市 32 家,个体工商户近 2800 家,吸纳从业人员 1.8 万人,辐射县内外消费群体逾 15 万人,年交易额达 25 亿元,宝丰镇已成为鄂西北重要的商贸流通中心镇。

四是整合资源,拓宽城镇建设投融资渠道。该镇近几年累计整合各类资金 1.2 亿元,吸纳民资 2.6 亿元,用于城镇建设和产业发展。

专栏⑤ 宝丰镇农民返乡创业,建成湖北宏志五金有限公司

湖北宏志五金有限公司由竹山务工农民创办于上海。2013 年,业主夫妇分工,丈夫回乡创业，妻子继续经营管理上海的公司。该公司进入宝丰镇工业园区后，企业以每亩土地购买价格7.3万元，购买50亩土地使用权，总投入4000万元，建成8间车间。目前，该公司生产30种规格的五金、电器和汽车配件。其中：4个五金配件车间已经投入生产，年产值5000万元，带动当地农民150人就业；4个汽车配件车间即将投产，投产后预计带动200人就业，年产值可达1.5亿元。

2. 内迁安置中的特色镇和片区联建

郧阳区柳陂镇及卧龙岗社区、竹山县上庸镇，是借助库区移民内迁安置，推动特色集镇和农村新社区同步规划建设的两个典型。

柳陂镇是南水北调中线工程淹没区，镇域面积170平方千米，人口6万余人。淹没区和影响区波及该镇23个村、20962人，是十堰市乃至湖北省的移民内安大镇之一。全镇现有耕地面积5万亩，柑橘基地1.5万亩，蔬菜基地1.8万亩，可养殖水面5000亩，成为观光农业的重要基地。自迁建工作开展以来，郧阳区和柳坡镇始终把移民迁建安置与美丽乡村建设和新型产业培育结合起来，同步规划和建设。柳坡镇从2009年5月开始，着手编制规划，2011年3月移民内迁安置工作全面启动。经过几年努力，柳坡镇已完成集镇整体搬迁、12个移民安置点的建设任务。目前，集镇规划总投资5亿多元，规划镇区面积3.04平方千米，目前建成区面积0.45平方千米，迁建镇直属单位25家、6家企业，迁建人口3875人，镇区集聚非农人口1300人，集镇市场正在形成之中。卧龙岗社区的前身是柳陂镇舒家沟村，迁建后社区占地面积3平方千米，有4个社区网格，安置（集聚）农民262户、1300余人。新社区拥有耕地1273亩，其中水田838亩、旱地435亩、山地1460亩。1273亩土地全部流转给太阳能发电企业，该企业每年支付村民土地流转费用1200元/亩。当前，柳陂镇区与近邻卧龙岗社区连成一片，成为十堰市郊型生态农业观光新区、郧阳旅游示范新区。

上庸镇地处竹山县南部，原为田家坝镇，曾是古庸国都城地，2010年2月5日经湖北省政府批准更为现名。现在的上庸镇由两个乡镇合并而成，镇域面积210平方千米，辖10个村（居）委会，人口2.1万人，库区蓄水淹没后剩余1.1万亩耕地。上庸镇的迁建安置涉及集镇和6个行政村整体搬迁，2007年12月启动，2009年建成，总投入8000多万元。经过两年建设，新镇区的水、电、路、绿化等基础设施配套齐全，街道主路面宽10米，人行道铺设彩砖，建成日处理200吨的人工湿地两个和垃圾处理场一座。新镇区建设着力打造生态文化旅游景点，投入800多万元重建黄州会馆和三盛家院，投入2700万元建设旅游广场、旅游码头、生态停车场、星级厕所等旅游配套设施，培植旅游开发企业3家、农家乐134家、专业合作社10家、特色店铺18家，集镇商贸、餐饮服务、奇石根雕等关联产业逐步兴起。整村搬迁的6个村同步建设，建设规格、风貌与镇区形成配套，建筑风格体现"粉墙、黛瓦、坡顶、翘角、马头墙"五大元素及灰白色调组合为一体的竹山地域特色，展现现代"庸派"建筑风格。目前镇区集中农户1100户、5700余人，集镇与6个村连成一片，显现新集镇与美丽乡村的整体效应，推动了镇域经济发展。2014年，镇域总产值2.2亿元，财政收入350万元；同时，一个文化旅游小镇悄然兴起，已成为湖北省特色乡镇、旅游名镇。2015年1—4月，上庸镇观光游客突破1万人次，实现旅游综合收入30万元。

3. 特色镇和农村片区联建共创

"竹房城镇带"以重点镇、特色镇为龙头，带动新农村片区联建共创，一个新集镇与秀丽、宜居、宜业、宜游的美丽乡村新片区交相辉印的景象已在"竹房城镇带"呈现出来。

（1）蒋家堰镇与敖家坝片区

蒋家堰镇与陕西省平利县长安镇接壤，是湖北通往大西北、出入大西南的重要门户，鄂陕交界处，古老的楚长城横亘其间。该镇历史上就是边贸重镇，商贾云集，是闻名遐迩的"露水集"，素有"朝秦暮楚"之称。蒋家堰镇面积 123.5 平方千米，辖 32 个村（场）、192 个村民小组，全镇户籍人口 39400 人，常住 3.4 万人、8978 户（常住人口）。全镇耕地面积 23580 亩，其中水田 10815 亩、旱地 12765 亩，另有山林 11.3 万亩。2014 年农村经济总收入 14.1 亿元，财政收入 572 万元。蒋家堰镇已成为湖北省级特色镇和全省十大重点口子镇之一。

蒋家堰镇按照"规划先行、产业支撑、政府主导、群众参与、市场运作、多元投入"建设方式，以发展商贸业和现代服务业为龙头引领集镇建设：完成商贸老街改造，镇区建成"露水集"3 处、商铺 470 个、大型超市 6 个；培育连锁经营、物流配送、信用消费等现代服务业，培养个体工商户 1800 余户，魔芋加工大户 270 户，与周边的龙坝镇、中峰镇、鄂坪乡 3 个乡（镇）共建物流集散地；完善镇区冷藏、仓储等硬件基础设施和中介、批发、物流的软件设施。到 2014 年年末，镇区建成区面积已达 2.5 平方千米，集聚 1.1 万人，商贸重镇已经成型。

蒋家堰与集镇建设同步，规划建设农村中心片区，将 32 个村（场）规划 4 个中心片区，采用多种建设方式推进。老村庄旧房外形改造，户均支付 3.5 万元，其中政策性补助 1 万元；宜居新区建设，片区统一规划、招标统一建设，周边村户自愿申请购买，购买价格略高于建筑成本（建筑成本 750 元/米²、购买价格 1000 元/米²）。民居户型分为大、小两种户型，小户型为 2 间 2 层，建筑面积 75 米²×2＝150 米²，大户型 3 间 2 层，建筑面积 140 米²×2＝280 米²，大、小户型都建有工具间或贮藏室，申购入住宜居新区后，住户户籍保持在原行政村不变。片区成立一个总支部管理办公室，作为片区协调指导机构。目前，蒋家堰镇已建成莲花生态示范区（含 4 个村）和敖家坝新农村建设示范区（含 4 个村）2 个片区（专栏 6）。8 个村庄和特色集镇连成一体，展现出类似于欧洲田园城镇的风貌特点，成为"竹房城镇带"上的旅游观光新景点，2015 年端午节这几天，到敖家坝旅游的客人不下 2000 人。2015 年 4 月 19 日至 21 日，湖北省委李鸿忠书记到蒋家堰这两个片区考察时给予了充分肯定和极高评价。课题组在这两个片区调查时看到：片区旧房改造和新民居建设已经完成，山、水、林、田、路完成了综合治理，道路、桥梁、河堤、河道等基础设施齐备，文化广场、健身场地等公共设施完善，真是"一条条水泥大道通村达院，一栋栋徽派民居整齐排列，一畈畈农田菜地星罗棋布……"[①]

专栏⑥　敖家坝片区黄石头村建设及产业发展概况

　　敖家坝片区黄石头村距离敖家坝镇区 5 千米，辖 4 个村民小组，共 303 户、1306 人，其中劳动年龄人口 680 人。全村耕地总面积 670 亩，其中有效灌溉水田面积 470 亩、旱地 200 亩，另有林（地）2400 亩。2014 年村民人均纯收入 7300 元。

　　黄石头村社区建设属于旧村改造型，规划改造建设与敖家坝片区民居风格一致的 1 个居民点，课题组进村调查时已建成并迁入 285 户，占全村总农户的 94.1％。村域主

---

① 郭军.竹溪以片区建设为突破推进新农村建设观察[N].十堰日报,2014-03-10.

要产业有水稻、玉米、红薯。黄石头村有 1 家魔芋专业合作社，成立于 2012 年，注册资金 50 万元，入社农户 30 户。村域有魔芋加工厂、成康药业有限公司等 3 家企业，流转农民承包土地 500 亩，流转年均费用 500 元/亩。新村和新产业建设吸引部分农业转移人口返乡，从 1998 年全村约 600 人外出务工经商，减少到 2014 年 400 人外出务工经商，其中，市域内务工经商 20 人，省内务工经商 80 人，省外务工经商 300 人。

（2）水坪镇与大石门片区

水坪镇大石门片区中心村位于大石门村，中心村距县城 8 千米、镇政府驻地 3 千米。谷竹高速、305 省道沿村而过，交通便利，四野群山环抱，两条河道与山谷呈"人"字形分布。片区包含东沟、大石门、黄龙、胡柳树等 4 村，占地 15 平方千米，涉及 1300 户、4000 多人。《大石门片区建设规划》由杭州规划设计院编制，片区以"新农村、产业园、休闲地、旅游区"为总体定位，以竹溪"贡"文化为主题，以发展生态产业为主导，建设"两区一园"（贡茶园、贡木区、植物园），在东沟发展贡茶基地 350 亩，在西沟发展以红豆杉、金丝楠木为主的贡木基地 150 亩，既增加了农民收入，也极大改善了片区生态环境。

截至课题组调查日，该片区三大工程基本完成。完成基础设施建设：架设 1 座车行桥、2 座钢架人行桥；安装 80 余盏路灯；整修河堤 7500 米，新修扩建道路 5 千米；新建 2800 余平方米群众文化广场和党员群众服务中心；完成消土工程。水坪镇出台优惠政策，支持农房改造和新建。片区共拆除土木结构平房，新建楼房 52 户，改造低矮楼房 200 户，新建集中居住规模 50 余户的安置区 1 个，90% 以上土木结构房屋得以消除，群众住房条件明显改善。片区完成了清洁家园工程，组建了环卫队伍，彻底改善了村庄环境卫生面貌。

在新村建设的同时，片区通过创新四个机制，提升片区生产、生活水平。一是创新土地流转机制，有序流转土地 800 余亩，把土地向茶叶、苗木产业大户集聚，提高土地集约利用率和产出效益。二是创新投资机制，融资 1 亿元（其中政府投资 2000 万元、群众投资 3000 万元、招商引资 5000 万元）用于片区建设。三是创新长效发展机制，探索农民以土地入股的形式组建苗木专业合作社或公司，推动产业健康发展。四是创新管理服务机制，成立大石门片区党总支和管理办公室，强化对片区资源、设施管理；同时开展"十星级文明农户"创建活动，推动片区和谐发展。

（3）麻家渡镇与谭家河片区

麻家渡镇面积 216 平方千米，辖 21 个行政村，总人口约 3.7 万人。该镇工业有一定发展，现有工业企业 100 家，其中规模以上 2 家（为绿松石加工企业），2014 年，全镇工业增加值 1.7 亿元。2013 年，麻家渡镇启动了镇区域片区联建。该镇将全镇 21 个村分成 4 个片区规划，谭家河片区是 4 个片区之一。

谭家河片区以夯实产业基础、完善基础设施、建设宜居村庄和生态旅游胜地为主要目的，建设范围包含"一河两岗五村"，共有柿树坪、双堰、总兵安、墩梓、黑虎等 5 个村，1950 户、7826 人。仅 2014 年，谭家河片区就整合投入 1600 多万元，"捆绑"用于片区完善基础设施、建设宜居村庄，夯实产业基础。其中扶贫专项资金 100 万元，土地整理资金 800 万元，水利建设项目 300 万元，危旧房改造资金 82 万元（0.82 万元×100 户），扶贫搬迁 64 万元（8000 元×80 户），公路修建费 300 万元。目前，谭家河片区完成房屋改造 500 余户，入住新居的人口占谭家河片区总人口的 1/3；新修柿树坪村至黑虎村三级标准公路 10 千米；完成谭家河流域 10 千米河道综合治理,农网改造升级 5000 米;建设谭家河片区 5 个村的"党员群众服务中心"和游客接待中心、村级卫生室一体化建设;迁建黑虎村、总兵安村两所小学;在总兵安村建设标准化卫生室;修建了黑虎水厂,解决了周边 5000 人的安全饮水问题。

片区产业培育方面的进展有:建成无性系茶叶科技示范园 500 亩,在建 1000 亩;建成莲藕基地 1037 亩,在建 1000 亩;建成杏李经济林 1000 亩;培育养殖大户 20 户;同时,引进了现代农业及农产品加工项目,开发了以谭家河流域自然风光为依托的"乡村一日游"项目。

四、打造承载农民就近城镇化的产业体系

(一)产业园区和基地带动中心城市人口集聚

1. 汽车产业带动产业和人口向中心城市集聚

近年来,十堰市进一步壮大和优化汽车主导产业,精心构建以整车项目为核心的整车产业园,以商务车发动机、变速箱为核心的动力产业园,以东风渝安项目为核心的微型车产业园,以零部件为核心的汽车零部件产业园,以经济型商务车为核心的东风实业公司工业园,以汽车装备为核心的装备产业园等产业园区,形成了六大产业园区和以商务用车整车生产和关键汽车零部件生产为重点、汽车零部件集散流通为支撑的产业体系。2014 年,东风与沃尔沃合资公司投入运营,东风特种商用车有限公司正式成立。东风动力总成、装备、特商、零部件工业园及小康发动机等项目快速推进,园区内大运、海龙、神河等专用车骨干企业得到进一步培育。国家汽车零部件质检中心基本建成,实现汽车工业完成产值1272.92 亿元,同比增长 9.7%,累计生产汽车 48.5 万辆,生产专用汽车 17.5 万辆[1]。汽车产业主导地位进一步强化,带动全市产业和人口向中心城市集聚,推动十堰市三个城区聚集 90 万人。

2. "两带"的产业园区和产业基地建设,推动次中心城市人口集聚

十堰市在"两带""三区"的次中心城市建设过程中,产业园区和产业基地两手抓,推动了次中心城市人口集聚。"汉江生态经济带"打造生态旅游区、生态农业示范园区、低碳工业集聚区、工业化和信息化融合试验示范区,同时建成十堰市农产品加工工业园(专栏 7),产业和人口的聚集效果明显;其中武当山生态旅游区 2014 年共接待游客 569.3 万人次,实现旅游收入 31 亿元。

专栏⑦ 十堰市农产品加工工业园

十堰市农产品加工工业园暨秦巴山片区扶贫开发示范园位于郧阳区经济开发区汉江大道东侧。园区规划总面积 10000 亩,计划总投资 100 亿元,共分三期建设,首期建设 1600 亩,"十二五"末达到 5000 亩,2020 年以前达到 10000 亩,园区全部完成后预计每年可实现农业加工产值 200 亿元、增加值 50 亿元,税收 10 亿元以上。目前,园区已完成确认入园企业 13 家,一共实现 1500 人的就业,农户日均收入 100 元。

---

[1] 张维国. 政府工作报告——2015 年 2 月 6 日在十堰市第四届人民代表大会第六次会议上[R].十堰:十堰市政府,2015.

湖北耀荣木瓜生物科技发展有限公司于 2014 年 10 月进入园区，注册资本 1017 万元，主要经营木瓜的深加工，生产木瓜全粉、木瓜精油、木瓜果酒、木瓜果醋。公司成立专业合作社，带动 1350 户农户参与，建成 3 个大基地，公司自营 4000 多亩木瓜生产基地，带动 1.5 万亩木瓜种植基地，涵盖 7 个行政村，年产木瓜 8000 吨，木瓜种植每吨净收益破千元。公司发展木瓜加工产业，辐射生产基地 23 万亩，带动全区 15 万贫困人口脱贫致富和 3 万移民安居乐业。

郧阳区子胥湖生态新城区的建设过程中，彰显了城市新区与产业园区融合发展的理念。比如：子胥湖生态新区完成 1.1 万亩的土地流转，用于建成 1000 亩创意农业（花卉）博览园、3000 亩的苗木基地、2000 亩的生态茶园、2000 亩的生态果园等现代化农业园。

"竹房城镇带"重点培育水电能源、绿色食品加工、生物医药、矿产建材、商贸物流等特色产业集群，截至 2014 年年末，"竹房城镇带"共新建工业园区 15 个，引进入园企业 139 家，推动了"竹房城镇带"产业和人口集聚。

(二)主导产业推动重点镇和特色镇发展

人们对"工业兴镇、商贸兴镇"的道理深信不疑，前文所述的丹江口市六里坪镇、竹山县宝丰镇和竹溪县蒋家堰镇就是十堰市域工商业兴镇的典型代表，不赘述。

现代农业和旅游业同样可以兴镇。丹江口市蒿坪镇就是特色现代农业和生态观光旅游带动城镇建设的样本之一。该镇把握扶贫开发和"汉江生态经济带"建设契机，利用山地资源优势，自 2010 年以来确立"人均 2 亩核桃林，户平均收入 2 万元"目标，着力建设核桃产业，2013 年引进湖北霖煜农科技有限公司，经过两年的发展，"龙头企业＋合作社＋基地＋贫困户"产业链条模式和利益联结机制已经形成，农户进行土地流转和资金入股分红，实现贫困户在基地务工（专栏 8）。核桃产业发展通过多种产业主体并重，培育出一个龙头企业，4 个农业专业合作社以及两个家庭农场，实现每村建设百亩以上示范基地 1 个，实现全镇 10 亩以上种植大户 1000 个。多种产业模式并进：以合作社与农户合作入股的方式托管观音庙基地 500 亩；以合作社与种植大户技术托管的方式达 2000 亩。目前，全镇投资建成核桃基地 2.5 万亩，已挂果的核桃树有 2000 多亩，每亩产值突破 2 万元。此外，该镇凭借悠久的远古蒿国文明及烟熏岩、滴水岩、神仙床等北山自然风光大力发展生态观光农业，将核桃产业和观光旅游业相结合，生态观光农业逐渐形成。2014 年，镇中心实现 3000 人口的集聚，人均纯收入 5700 元，夯实了新型生态农业重镇兴起的基础。

专栏⑧　蒿坪镇产业组织——"龙头企业＋合作社＋基地＋贫困户"

*核桃企业情况：*2013 年湖北霖煜农科技有限公司落户蒿坪。公司已流转土地 4000 亩，建起核心示范基地，建成了 50 万株的育苗采穗基地、3600 平方米的培训中心和加工生产线。公司有千亩示范基地，镇核桃协会办 500 亩示范基地。公司与贫困户生产托管的方式达 4000 亩。公司采取以会代训、现场指导、参观学习、经验交流等形式，加大技术培训力度，全镇参加培训人员达到 3000 人次以上。

*核桃产业技术支持情况：*成立核桃协会和核桃专业合作社。以林业站技术人员为基层，组建 20 人核桃专业技术服务队，并在各村培训兼职核桃技术员 18 名。加上霖煜农公司的专业技术人员，形成了横向到边、纵向到底的科技服务网络。

核桃产业发展目标:在今后几年,萵坪镇将首先通过"互联网＋"的商业新趋势,大力拓宽核桃的网络销售渠道,促进农民增收;其次,将发展、健全核桃仁的深加工以及核桃鲜果的加工,促进相近产业的发展。

(三)一村一品夯实美丽乡村的产业基础

1. 樱桃沟村

郧阳区茶店镇樱桃沟村交通便利,209国道穿村而过,村域面积7.7平方千米,其中耕地总面积2300亩(水田面积460亩),林地总面积7600亩,与乡镇政府距离5千米,526户农户,1888人,其中劳动年龄人口850人。

樱桃沟村是一村一品建设典型之一。该村自启动"美丽乡村"建设以来,通过环境整治、房屋改造、旅游策划、美食挖掘和生态修复等途径形成颇具规模的、具有鄂西北文化特色的旅游乡村。村庄建设充分利用原村民住宅复建翻修,由清华团队设计,形成了修旧如旧、具有丹江口传统民居风格的美丽乡村。比如五零山居,房屋始建于1950年,1983年被遗弃用作牛棚,修复重建后由企业经营,企业再托管给专业人员经营,住客每天满员。

樱桃沟村的主要产业为樱桃种植业和观光旅游业。农业方面:小杂果面积3000余亩,主要是柑橘、猕猴桃、大枣、石榴、柿子等,其中樱桃树3万多棵(人均15棵以上);另有无公害蔬菜面积500多亩。旅游业方面:农家乐38家,其中星级16家,有一家五星级农家乐,2014年接待游客超过50万人次,2015年"五一"小长假进村参观游客突破15万人次。农业和旅游业带动了村域经济崛起。2014年,村民人均纯收入7200元;村集体当年总收入55万元,其中,投资收益50万元,补助收入4.8万元。

樱桃沟村有3家小杂果协会,成立于2008年,已注册资金10万元,420户农户加入,主要业务为小杂果技术培养、销售。农家乐协会成立于2014年,注册资本10万元,60户农户加入。特色养殖协会成立于2014年,注册资金10万元,14户农户加入。村域有1家企业——樱桃沟生态农业开发有限公司,成立于2013年,占地面积500亩,来源于本村农民承包土地流转,流转费用为400元/亩,土地用途主要为种花、采摘园、停车场。全村常年外出劳动力总人数是230人,其中,市域内务工经商130人,省内务工经商50人,省外务工经商50人。近几年由于村集体经济发展较快,返乡回村人口数量增加,2013年回村户数425户,2014年回村约100户,创业类型为农家乐、养殖、娱乐。

2. 茯苓村

丹江口市习家店镇茯苓村招商引资培育新产业,解决居村农民的生存发展问题。2014年,茯苓村引进湖北北斗星生态农林开发有限公司,连片流转土地3000亩,其中1000亩土地正在整理中,另外2000亩投产种植果蔬苗木,其中桃树和花卉种植已初具规模。居村农民从三个方面收到产业发展红利:一是土地流转每亩获得500元的收益,并以五年为周期每个周期增加200元;二是企业临时聘用农民每天收益70元;三是土地返承包,每个劳动力月均收益1400元。产业发展带动居村农户彻底摆脱贫困。

3. 三岔村

房县窑淮乡三岔村依靠现代农业推动社区建设。三岔村地理条件和土壤适合于茶叶种植。2007年,该村成立了三岔茶叶农民专业合作社,采取茶叶专业合作社与农民共同开发、农户自主发展与企业土地流转相结合的形式,该村茶叶产业初步形成。2014年,房县周氏茶叶专业合作社成立,116 户农户加入,主要业务为茶叶种植,总种植面积 800 亩,茶叶产业扩大,效益增加,每亩净收入 4000 元。2014 年,窑淮佳鑫茶叶专业合作社成立,60 户农户加入,种植面积进一步扩大,扶贫资金扶持下又发展无性系 200 亩;产业链不断拉长,由茶叶种植拓展到茶叶加工、销售。茶叶产业推动了村庄房屋和景观建设,到课题组调查时,该村完成 40 户民居改造,主干道路边坡浆砌石 2800 方,主干道两旁种植银杏、香樟、红叶石楠等树 5000 株;沿河建成竹林人家和西沟游园 2 处民俗小景,完成村委会主体广场石材铺装和绿化。

五、改善农民生计促进双向城乡一体化

本次调查中,课题组围绕农户生计、家庭劳动力流动、迁移进城意愿深入农户进行问卷调查,问卷调查范围包含十堰市丹江口市、郧阳区、竹溪县、竹山县、房县,以及襄阳市保康县 6 个县(市、区),涉及 16 个乡(镇)、39 个村的 56 个农户。问卷调查内容包含四部分:一是农户基本特征,包括家庭人口、劳动力比例、家庭类型等;二是农户生计情况,包括土地数量、生产条件、居住状况、家庭劳动力数量、家庭收支情况、参加专业合作社情况等;三是农户流动情况和城镇化意愿,包括家庭劳动力外出务工比例、外出务工年限、务工地点、从事职业、收入状况、回乡创业、进城购房情况、进城购房意愿等;四是农户生计改善、村庄建设、城镇化的政策需求。

被调查对象中,男户主 52 人,女户主 2 人,家庭一般成员 2 人,分别占被调查对象的92.86%、3.57%、3.57%,回答问卷以户主为主,农户数据具有可靠性。答卷者中,党员 8人,占 14.29%;干部 2 人,占 3.57%;村民代表 11 人,占 19.64%;普通农户 35 人,占62.50%。按照农户家庭主要收入来源划分,被调查对象中,农业专业户占 15.50%,以农业为主的兼业户占 29.50%,以非农业为主的兼业户占 35.60%,其余 19.40% 为工商业和服务业专业户。由此可见,答卷人的社会身份和职业都具有广泛性(见表3)。问卷数量虽小,但其代表性还是能够反映秦巴山片区农户经济的真实动态。

表 3 农户家庭基本情况

特征	分组范围	百分比/%
家庭地位	男户主	92.86
	女户主	3.57
	一般成员	3.57
农户家庭类型	党员	14.29
	干部	3.57
	村民代表	19.64
	普通农户	62.50
农户经济类型	农业专业户	15.50
	工商业和服务业专业户	19.40
	以农业为主的兼业户	29.50
	以非农业为主的兼业户	35.60

(一)十堰片区农户家庭生计

1.农户家庭生产生活条件分析

问卷调查显示,被调查农户 56 户,家庭总人口 238 人,户均人口规模 4.25 人,劳动力总

数 142 人,户均劳动力 2.54 人,户均外出务工劳动力 1.3 人,劳动力负担系数为 59.76%。农户户均承包耕地面积 3.33 亩,户均承包林地面积 5.96 亩;人均承包耕地面积 0.81 亩,人均承包林地面积 1.51 亩。调查农户中有 31 户农户转出土地,计 148.96 亩;有 12 户农户转入土地,计 163.7 亩;土地流转价格每年 600~800 元/亩(黄谷市场价)。农户户均拥有生产性固定资产 5.77 万元,人均拥有生产性固定资产 1.36 万元。农户户均拥有住房面积 130.17 平方米,人均拥有住房面积 30.59 平方米。由于十堰市库区移民安置和农村危旧房改造项目的推行,被调查的 56 户农户中,有 40 户都翻修或新建了房屋,占被调查农户总数的 71%,平均居住年限为 5 年;其余 29% 的农户仍居住在传统民居中,平均居住年限为 30 年。被调查农户加入本村专业合作社(协会)的有 8 户,占被调查农户总数的 14.3%;自办企业的农户 5 户,占被调查农户总数的 12.5%。被调查农户生产、生活条件如表 4 所示。

表 4　被调查农户生产、生活条件

	人口/人	劳动力/人	外出务工/人	承包耕地/亩	承包林地/亩	流出土地/亩	流入土地/亩	生产性固定资产/万元	住房面积/米²
户均	4.25	2.54	1.30	3.33	5.96	2.66	2.92	5.77	130.17
人均	—	—	—	0.81	1.51	0.64	0.69	1.36	30.59

调查结果发现,问卷调查农户经济等方面有以下特征。一是家庭劳动力比例低,劳动力负担系数高。外出务工劳动力占家庭劳动力的半数以上,外出务工是农户家庭的主要收入来源。二是耕地资源匮乏,人均承包耕地面积 0.81 亩,远低于全省 1.3 亩的水平。被调查农户对土地的依赖性不强,土地流转现状比较普遍,土地流转给经营大户和专业合作社,用于水果、蔬菜基地和生态农业项目。三是农户拥有的生产性固定资产较少,农业生产投入较低。四是农户住房面积和质量得到了很大改善,2014 年十堰市农村居民人均住房面积 39.3 平方米。五是农户参加专业合作社(协会)的比例较低,生产组织化程度低。

2. 农户家庭经济状况分析

被调查农户 2014 年家庭经济情况的调查数据统计结果如表 5 所示。

表 5　被调查农户 2014 年家庭经济情况　　　　　　　　　单位:万元

农户编号	家庭纯收入	外出务工收入	人均纯收入	家庭总支出	消费性支出	农户编号	家庭纯收入	外出务工收入	人均纯收入	家庭总支出	消费性支出
1	2.30	2.00	0.77	1.50	0.00	9	3.60	3.60	1.20	2.35	1.25
2	7.20	7.00	1.03	3.10	2.10	10	7.50	0.00	1.25	5.64	3.40
3	14.02	14.00	1.75	2.40	0.20	11	2.00	0.00	0.40	0.87	0.20
4	8.00	0.00	1.60	8.06	4.00	12	14.00	12.50	2.00	1.09	0.37
5	23.00	20.00	4.60	5.06	2.00	13	1.00	0.62	0.25	3.64	0.00
6	7.05	0.00	1.76	4.66	2.40	14	15.00	3.75	3.75	24.24	0.40
7	3.60	0.00	0.90	11.57	0.55	15	0.00	0.00	0.00	0.00	0.00
8	6.27	6.00	1.57	1.99	0.92	16	0.00	0.00	0.00	0.00	0.00

续表

农户编号	家庭纯收入	外出务工收入	人均纯收入	家庭总支出	消费性支出	农户编号	家庭纯收入	外出务工收入	人均纯收入	家庭总支出	消费性支出
17	4.00	6.00	0.80	31.17	3.00	37	3.60	3.60	1.20	2.50	2.10
18	3.00	0.00	0.75	18.54	1.50	38	3.60	0.00	0.90	2.60	2.08
19	0.34	0.00	0.11	0.00	0.00	39	2.64	2.64	1.32	1.44	1.08
20	0.18	1.80	0.09	8.34	2.30	40	3.60	3.60	0.72	2.23	1.58
21	3.00	2.40	1.00	0.00	0.00	41	11.20	7.20	2.80	8.17	6.70
22	0.18	0.00	0.04	3.40	1.80	42	6.00	3.60	1.50	4.80	2.40
23	3.00	3.00	0.75	32.52	1.50	43	0.80	0.40	0.40	0.80	0.14
24	3.00	3.00	0.75	2.48	1.53	44	17.20	13.20	1.91	25.40	5.18
25	0.20	0.00	0.03	50.52	0.52	45	12.00	0.00	4.00	6.94	4.62
26	2.40	2.40	0.34	61.70	2.00	46	12.00	10.00	2.40	6.80	3.30
27	10.00	10.00	2.50	22.38	6.00	47	3.00	0.62	0.50	3.29	3.15
28	2.60	2.00	0.87	1.20	0.40	48	2.50	0.00	0.42	0.90	0.40
29	10.00	10.00	2.00	50.00	2.15	49	8.46	7.20	1.69	5.94	2.81
30	12.00	9.50	2.00	1.65	1.29	50	4.00	3.92	1.33	5.00	5.00
31	16.00	10.00	5.33	4.00	3.40	51	6.10	6.10	1.22	5.90	5.00
32	2.90	0.00	0.97	1.61	1.38	52	3.91	3.71	0.78	4.29	3.00
33	9.60	9.60	1.92	1.50	0.98	53	1.12	1.00	0.28	1.25	0.90
34	5.00	0.00	1.67	2.20	1.41	54	5.76	5.68	1.92	2.32	2.00
35	17.00	8.40	4.25	4.00	3.00	55	3.00	2.70	0.60	5.54	5.47
36	14.50	14.50	3.63	2.60	2.10	56	4.00	1.00	1.33	6.13	0.80

　　总体上看，被调查农户户均家庭纯收入6.21万元，人均纯收入1.43万元；户均外出务工收入4万元，占家庭纯收入的64%；农户户均家庭总支出8.54万元，其中户均消费性支出1.99万元，占家庭总支出的23.3%。

　　从农户家庭收入结构看，外出务工收入占家庭纯收入的64%，家庭生产经营收入占36%（见图1）。被调查农户家庭仍然靠"打工经济"支撑家庭生计，主要在河北、浙江、江苏、广东、北京等地务工，大多为季工和短工，多从事建筑小工、采矿、家政、餐饮等技术要求较低的行业，年人均纯收入1.43万元。此外，被调查农户其他非借贷性收入增长较快，包括从政府得到的各种扶贫、低保、建房以及各项惠农补贴等。

　　从农户家庭支出构成看，家庭财产性支出和消费性支出是农户家庭所占比重最大的两项支出，分别占家庭总支出的65%和23%（见图2）。受政府危旧房改造项目和新农村建设项目推动，农户住房支出增幅明显，占家庭财产性支出近1/3。户均消费性支出中，"食品支出"占消费性支出的47.6%（占家庭总支出的18.59%），占比较高。这与被调查农户外出务

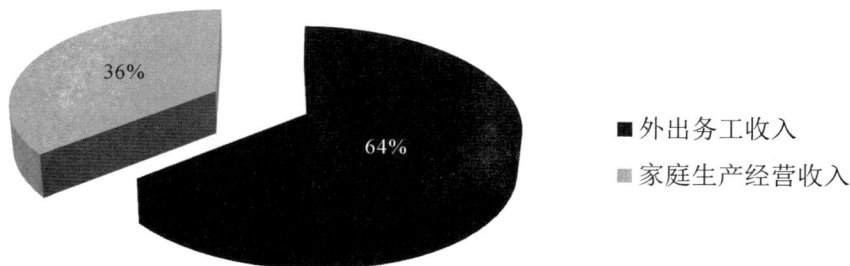

图 1　农户家庭收入构成

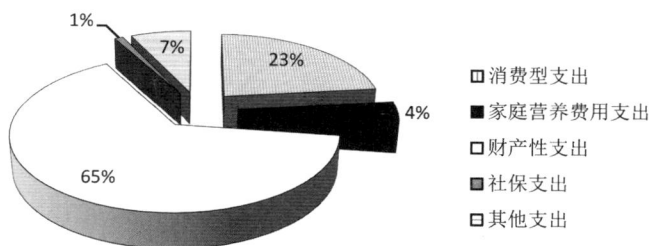

图 2　农户家庭支出构成

工和将土地流转出去有关,农户自己不耕种土地,所需食品需要购买。"衣服、交通、教育、医疗"等支出占消费性支出的 45.6%,主要负担是小孩教育和老人医疗费用。此外,其他非借贷性支出也是农户的一笔重要支出,达到 7%,这与近几年农村人情消费陷入了金钱和物质的怪圈有关,人情"走调",变成了农户沉重的经济负担。

调查发现,有良好基础设施、产业基础的村,农户生计得到快速、稳定的改善,比如郧阳区茶店镇樱桃沟村、丹江口市习家店镇茯苓村、竹溪县蒋家堰镇黄石头村等(参见前文),农户不仅获得了较高的经济收入,住进了基础设施完善的新社区,还在当地解决了就业问题,一部分农民已经转变为产业工人。综上所述,村域产业发展改善农户生计的做法,为其他村提供了成功经验。

(二)十堰片区农户家庭劳动力转移

1.农户家庭人口流动状况

参加本次问卷调查的 56 户农户中,2014 年的家庭劳动力共计 142 人,现在仍在外务工的有 73 人,占劳动力总数的 51%,主要在省外和十堰市打工(见表 6)。

农民首次外出打工的平均年龄为 21 岁,到目前,累计外出打工年数平均为 9 年,外出 3 年以上者约占 66%,被调查农户或家人或多或少有过外出务工、经商经历。近年来劳动力外出务工比例缓慢回落,2014 年,在省外打工的劳动力数量出现下滑,返乡劳动力增加,占外出务工劳动力的 34.3%。受 2015 年经济下行影响,农户普遍反映"钱不好挣",农户人均外出从业时间缩短。有少数外出劳动力最早从 4 月开始就感到"没活干",就业"时断时续"。这部分劳力打工地域主要集中在东部和东南沿海一带,不少工厂停产甚至倒闭,活儿不好找。

表 6 调查农户流动基本情况 单位：人

农户编号	人口	劳动力	外出劳动力	省外务工	返乡	农户编号	人口	劳动力	外出劳动力	省外务工	返乡
1	3	3	0	0	0	29	5	3	0	0	0
2	7	4	3	3	0	30	6	3	2	2	0
3	8	4	4	4	1	31	3	2	1	1	0
4	5	4	0	1	1	32	3	1	0	0	0
5	5	3	2	2	1	33	5	1	1	1	1
6	4	2	1	1	1	34	3	2	0	0	0
7	4	3	0	2	1	35	4	4	2	2	0
8	4	4	2	2	1	36	4	3	2	3	1
9	3	2	1	1	0	37	3	1	1	1	1
10	6	4	0	0	1	38	4	1	0	0	0
11	5	2	0	0	1	39	2	1	1	1	1
12	7	4	3	3	0	40	5	1	1	1	0
13	4	3	3	3	1	41	4	4	2	2	0
14	4	4	0	0	1	42	4	2	1	1	0
15	0	0	0	0	0	43	2	1	0	0	0
16	0	0	0	0	1	44	9	7	5	4	0
17	5	2	1	1	1	45	3	2	0	0	0
18	4	2	0	0	0	46	5	4	2	2	0
19	3	3	2	2	0	47	6	2	2	2	0
20	2	1	1	1	0	48	6	3	1	2	0
21	3	1	2	2	1	49	5	4	2	2	1
22	5	2	0	0	1	50	3	3	3	3	0
23	4	3	1	1	0	51	5	4	3	3	0
24	4	1	1	1	1	52	5	4	3	2	0
25	6	2	2	2	1	53	4	2	1	1	1
26	7	3	2	2	1	54	3	2	1	1	0
27	4	2	1	1	1	55	5	2	2	2	0
28	3	2	1	1	0	56	3	3	1	1	1
合计	共 56 户，238 人，户均 4.25 人，户均劳动力 2.54 人，户均外出劳动力 1.31 人，户均外出劳动力占户均劳动力的 51.6%，省外务工劳动力占外出劳动力的 85.5%，返乡劳动力占外出劳动力的 34.3%。										

问卷调查农户的劳动力流动状况出现了较为明显的代际差异。为方便对比分析,我们以 1980 年为界点,将出生于 1980 年之前的农民工定义为新一代农民工,将出生于 1980 年及之后的农民工定义为第二代农民工。劳动力代际流动情况如表 7 所示。

表 7 劳动力代际流动情况

	平均年龄/岁	平均外出务工年限/年	外出务工比例/%	省外务工比例/%	返乡比例/%
第一代农民工	54	11	66%	81%	70%
第二代农民工	29	7	84%	93%	4%

从流动情况来看,第二代农民工外出务工比例和省外务工比例都高于第一代农民工,已成为农户外出务工劳动力的主力。第一代农民工中已返乡 21 人,占比为 70%,大多数人的年龄在 60 岁以上。

劳动力外出务工代际传承情况如表 8 所示。

表 8 劳动力外出务工代际传承情况

	务工地点	务工工种	返乡情况	返乡原因
第一代农民工	湖北、陕西、河北、北京、江苏等	建筑、采矿、制造等	返乡比例在 70% 以上,在 2013 年前后返乡	身体不好、工作不好找、回家建新居、养老
第二代农民工	广东、北京、河北、浙江、江苏等	建筑、装潢、运输、保安、生产等	基本都在外打工,极少数返乡	照顾老人、小孩读书、创业

从务工地点上看,两代农民工的务工地点主要集中在河北、北京、江苏、陕西等地,但第一代农民工中有近半数长期在省内务工,而第二代农民工省外务工比例更高,外出务工地点更广泛。从务工工种上看,两代农民工有一定的相似性,集中在"建筑、采矿和制造"等劳动密集型行业,但第二代农民工中有少部分走上了装修设计、广告等技术和管理岗位。可以看出,第二代农民工的务工地点和工种选择上都与第一代农民工有很高的重合,表现出了一定的代际传承性,"农民工代际传承——第一代农民工的人际关系、地缘关系、技术、市场和经验传承给第二代农民工的现象"确实存在。

目前,第一代农民工中已返乡 21 人,占比为 70%,基本为年龄 60 岁以上的农民工,返乡原因主要是"身体不好""工作不好找""回家建新居"和"养老"。第二代农民工返乡比例仅为 4%,主要原因是"照顾老人""小孩读书"和"创业"。

返乡农民工的创业领域主要是生态农业、种养殖业和经营农家乐等。与外出务工的工种关联性弱,务工经验和知识的积累回村后无用武之地,这与当地无相关配套产业、基础薄弱有关。

专栏⑨ 农民工返乡创业案例

案例 1 樱桃沟村董德贵

董德贵,男,普通农户,是工业、商业和服务业专业户。家中共 4 个人,包括夫妻俩人和两个小孩。夫妻俩都是 43 岁,小孩均在外读书,一个读高中,一个读小学。夫妻二人原在茶店镇做小吃店生意 24 年,后来政府开始推动村里的基础设施建设和旅游产业发展,夫妻 3 年前回村经营农家乐。农家乐盖房、装修、餐具等的花费约 50 万元,盖房时,村上补助 4 万元。周末和节假日生意不错,每年农家乐收入约 7 万元。现在村上环境卫生、公共设施都变好了,农家乐生意也不错,夫妻不想去外面打工和定居。

案例 2 三岔村张成虎

张成虎,男,普通农户,是工业、商业和服务业专业户。家中共 3 个人,夫妻俩及一个儿子,小孩 8 岁,读小学 2 年级。前些年,他与妻子在江苏、北京、广东等地都打过工,从事过运输、建筑小工、餐饮等多个工作,外出务工 10 年左右。5 年前他觉得生意不好做,决定返乡创业,开始从事茶叶的种植和销售。回乡后,自家茶园有十几亩,后又承包了村里的老茶园 70 亩,开始种植"翠农茶",2012 年贷款 20 万元购买了茶叶加工设备,2014 年初成立了窑淮佳鑫茶叶专业合作社,注册资本为 10 万元,60 户农户加入,茶园面积达到 400 亩,主要业务是茶叶种植、代收加工、销售。现在每年产 1200 多斤干茶,茶叶近几年的市场价格一直维持在每斤 60 元左右,再过 3 年到茶园丰产期,每年可产干茶 10000 斤以上,年产值可突破百万元。

2. 农民的城镇化现状和意愿

农民的城镇化现状和意愿也是本次问卷调查的重要内容,问卷统计结果如表 9 所示。

表 9 被调查农户城镇化现状和意愿 单位:人

农户编号	务工地及工种	在外购房	随迁家属/子女	居住意愿	农户编号	务工地及工种	在外购房	随迁家属/子女	居住意愿
1	/	/	/	0	17	江苏/砖瓦工	/	2	0
2	陕西/建筑工	/	2	0	18	城关镇/个体户	/	/	4
3	广东/玩具制作	/	/	0	19				
4	湖北/矿工	/	/	3	20	广东昌平/打零工	/	/	0
5	河北/船厂包工头	/	/	0	21	/			0
6	北上广深/建筑	县城	/	3	22	/			0
7	河北/船厂	/	/	0	23	河北/钢筋工	宝丰镇	/	4
8	广州/电子	/	/	0	24	青海/电焊工	/	/	0
9	四川/餐馆打工	/	3	0	25	北京/餐饮个体户	/	/	2
10	/	/	/	0	26	镇办行政工作	房县	4	3
11	/	/	/	0	27	宝康/建筑包工头	/	2	3
12	浙江/美容美发	/	/	0	28	/	/	/	0
13	丹江口/厨师	/	/	2	29		茶店镇	/	4
14	/	/	/	0	30	广东/电子加工	/	/	0
15	/	茶店镇	/	4	31	竹溪县/建筑	竹溪县	4	3
16	/	/	/	0	32	村里/种植基地打工（干农活）	/	/	0

农户编号	务工地及工种	在外购房	随迁家属/子女	居住意愿	农户编号	务工地及工种	在外购房	随迁家属/子女	居住意愿
33	河北、新疆/矿工	/	/	0	45	/	/	/	0
34	本村/养殖鸡和羊	/	/	0	46	厦门/经营餐饮店	/	5	1
35	大连/计算机行业	/	/	1	47	河南洛阳/打隧道	/	/	0
36	珠海电子厂	/	/	0	48	河南洛阳/打隧道	/	/	0
37	挖山洞/小工	/	/	0	49	北京/服装制作	/	/	3
38	本镇/开车	/	/	4	50	河北邢台/电焊工	/	/	3
39	北京/保安	/	/	0	51	河北/矿上	/	/	0
40	贵阳/装修	/	2	1	52	西安/建筑工地	/	/	0
41	上海/美容行业	/	/	3	53	江苏/前台打字	/	/	1
42	浙江/工地	/	2	0	54	西安/建筑工地	/	2	0
43	/	/	/	0	55	江苏/建筑工地	/	/	0
44	十堰白浪/小工	白浪	3	3	56	陕西安康/餐饮	/	/	3

注:居住意愿:0 本村、1 省外、2 市区、3 县城、4 本镇。

被调查农户中已经在外购房的共 7 户,其中十堰市 1 户、县城 3 户、乡镇 3 户,占被调查农户的 12.5%。可以看出,农业转移人口在城镇购房农户比例较小,定居农户比例更小。

一般认为家庭整体迁移有利于增强农民工对城市生活的认同感和归属感,促进城镇化。从外出模式来看,农户家庭平均外出人数为 1.31 人,单人外出仍是家庭劳动力输出的主要方式,约 78.6% 的外出劳动力独自在外打工,约 21.4% 的家庭夫妻共同外出或实现举家迁移。可以看出,调查区域农户仍主要采取“城乡两头家”的生产生活方式,为返乡留有“退路”,农户的城镇化倾向不明显。

劳动力转移去向也是未来城镇化道路关注的焦点,当问及“如果条件允许,您或您的家人倾向于在哪里购房落户”时,5.4% 的人愿意迁往省外城市,3.6% 的人希望在市区购房落户,17.9% 的人愿意迁到县城居住,7.1% 的人愿意居住在户口所在乡镇,66.0% 的受访者还是选择住在农村,因为现在村里环境很好,而且生活成本比较低。调查表明,被调查农户更倾向于就地、就近城镇化。

3.农民家庭城镇化成本估算

从农户层面考虑,城镇化成本主要包含三个部分:生活成本、住房成本和社会成本。在问卷调查中,我们了解到绝大多数农民已经或倾向于在县城买房,我们以房县为例对农户家庭城镇化过程中承担的个人成本进行估算(见表10)。

生活成本估算:根据调查数据,城镇居民人均消费性支出为 7514 元,农村居民人均消费性支出为 4696 元。农民转为县城居民的人均生活成本为 2818 元。

住房成本估算:以 120 平方米住宅为例,在本村建房建筑成本 12 万元/套,装修成本 8 万元/套,共计花费 20 万元/套。房县的房价为 3000～4000 元/米²,农户如果迁居县级城市,一套 120 平方米的住宅需花费约 40 万元。因此,县城购房的人均成本约为 6.3 万元。

社会成本估算:主要是农民市民化的社会保障支出成本,约为 1.02 万元。

因此,农民转为县城居民的个人成本为 7.6 万元,农户家庭落户县城的总成本约为 32.31 万元。正常来讲,打工时间 15~20 年的农户有能力在县城购房。

表 10　十堰市农业转移人口市民化成本估算

一级指标	二级指标	指标具体含义	数值/元	成本计算公式	成本计算结果/元
C_1 生活成本	$L_城$/元	城市居民人均消费性支出(不含居住)	7514	$C_1 = L_城 - L_农$	$C_1 = 2818$
	$L_农$/元	农业转移人口人均消费性支出(不含居住)	4696		
C_2 住房成本	S/米^2	个人住房建筑面积	30	$C_2 = S \times F + G$	$C_2 = 63000$
	F/(元/米^2)	平均住房单价差	2000		
	G/元	水、电、气等入户费用	3000		
C_3 社会成本	I/元	城乡社会保障个人缴费差额:城镇居民社保个人缴费－农村居民社保个人缴费	55	$C_3 = I \times T + G$	$C_3 = 10209$
	T/元	农业转移人口进城工作年限(10年)	10		
	G/元	年工资差额	9659		
个人总成本		76027 元			
家庭总成本		323114 元			

(三)十堰片区农户生计改善意愿和政策需求

参与本次问卷调查的农户中,精准扶贫对象 8 户,占比为 14.3%,被调查贫困户享受每月 60 元的低保补助,过年、过节,政府会发放米、面、食用油、肉等生活用品,同时每人每年可以获得 400~800 元的扶贫资金、8000 元的扶贫搬迁补助,以及 2 万元的危房改造专项资金。与非贫困户相比,贫困户具有以下特点。一是人力资本积累较弱,在年龄、健康、教育、劳动力等方面存在显著劣势。二是家庭劳动力比例低,劳动力负担系数高。贫困户人口抚养比高达 68.54%,而非贫户仅为 50.98%。三是对土地的依赖性强,非农经营或就业比例低。贫困户主要从事农业生产,外出打工人数和时间少于非贫困户。四是拥有生产性固定资产和社会资本较少。贫困户的人均生产性固定资产为 1.08 万元,低于非贫困户 1.36 万元的水平。同时,与非贫困户相比,贫困户不会利用金融杠杆。在竹山县扶贫资金用于帮助农户贷款,财政出资作为银行的风险担保金,利用资金杠杆至今共放出 1.4 亿元的农户借款。但调查中,贫困户均没有使用政府的扶贫贷款,表示"怕还不起"。就社会资本看,贫困户都是村里的弱势群体,在人际网络、地缘关系、技术、市场和经验方面都处于劣势。因此,尽管精准扶贫农户获得了许多好处,生活有所改善,但难以促进贫困户由"生存性贫困"向"发展性贫困"转变。

在问卷调查中,当被问及关于扶贫开发和城镇化发展建议时,农户回答的意见和建议可归纳为以下几点。第一,农民还是倾向于连片开发和整村推进扶贫开发模式,认为扶贫资金分散给一家一户不如集中起来办点事,应该先让整个村子发展起来,资金发给个人解决不了根本问题。第二,精准扶贫单个农户,钱很快就被花掉了,效果有限。第三,应加强村里基础设施的建设和投入,修通道路,建好绿化,配套水、电、气和网络等设施。第四,扶持企业和产业,增加就业机会,促进农民增收。第五,加大教育投入,解决农村小孩上学远的问题,同时支持本地的职业教育,消除发展中的人力资本障碍。

六、基于十堰市初步实践的理论与经验总结

就近城镇化,是指农民无须远距离迁徙,就近迁入户籍所在地"市—县—镇"的城镇体系中居住、就业,并实现市民化。就地城镇化是就近城镇化的一个特例,是指居村农民无须迁徙和改变户籍性质,在居住地(社区)内实现市民化。农民就近城镇化,其实质在于居村农民的生产生活方式、收入水平及基本公共服务质量都达到中小城镇居民标准,或至少不低于所属县(市、区)城关镇居民的水平和质量。

秦巴山片区的就近城镇化,是多重压力下的追赶型、新型城镇化之路。一方面,要完成扶贫攻坚、大量贫困人口脱贫任务,并如期(2020年)与全国其他地区同步实现"全面小康"目标;另一方面,要在尚未脱贫的基础上跨入新型城镇化发展阶段,加速本地区新型城镇化、工业化、信息化和农业现代化,并尽快形成城乡一体化发展新格局。秦巴山片区的城镇化起点与其他地区的差异巨大,但新型城镇化的目标和时间节点却是相同的。多重压力下,秦巴山片区农民就近城镇化必须走出一条新路。

十堰市农民就近城镇化的外部环境和市域内部工业经济基础不同于秦巴山其他片区。从外部环境看,十堰市在国务院批复的《秦巴山片区区域发展与扶贫攻坚规划(2011—2020年)》规划中被列为该片区三大中心城市之一,作为全国首批10个试点城市之一,在秦巴山片区扶贫攻坚和国家试点城市的试点建设期内,将获得超过其他片区的财政扶持资金和专项资金;同时,十堰市是我国南水北调工程中线的核心水源区,也是生态限制区,不仅库区移民搬迁任务重,而且在丹江口水库及南水北调工程建设的长期过程中,水库淹没区长期处于限制发展状态,直到2013年7月下旬完成库区移民搬迁工作后才得以"重启",这种状况阻碍了十堰市贫困村、贫困户减贫和区域经济发展,拉大了十堰市追赶发达地区新型城镇化的距离。从十堰市域工业经济基础看,得益于"东风车"制造基地建设和发展,十堰市不仅建立了相对完善的汽车工业产业体系,而且催生了市域内医药制造业、纺织业、化学制品业、有色金属冶炼业、电力生产业、农产品加工业等方面较好、较快的发展,使之成为十堰市域经济支柱、新型城镇化的主动力。这是十堰市域经济及城镇化的各项指标都好于秦巴山其他片区的重要产业基础。

得益于十堰市委、市政府清晰的发展思路、科学的战略谋划及规划布局、适合市情的改革措施和推进政策,以及各县(市、区)党委、政府积极贯彻实施和广大干部与全体人民的努力奋斗,十堰市初步探索出了一条适合集中连片贫困山区扶贫开发与就近城镇化协同发展的道路。

第一,"双轮驱动",促进贫困村、贫困户和贫困人口在减贫基础上直接跨入就近城镇化

的新阶段，是集中连片贫困山区扶贫与农民就近城镇化协同发展的重要路径依赖。十堰市的做法和经验是：紧跟国家战略调整市域扶贫攻坚的思路，把扶贫开发融入区域协调、城乡统筹发展的大框架，一方面实施"精准扶贫"加速特困村和特困户减贫增收；另一方面用"连片开发、整村推进、镇村联建、片区共创"的开发模式无缝对接新型城镇化战略。

第二，人往"一城两带""一核多支点"的四级城镇体系和美丽乡村新社区集聚，是集中连片贫困山区和其他地区相同的农民就近、就地城镇化的现实途径。十堰市的做法和经验是：人往市域内的中心和次中心城市、重要"城镇带"和"经济带"、重点镇和特色镇以及镇村联建共创的片区（或小集镇）集聚，同时按照"生产发展、生活宽裕、乡风文明、村容整洁、管理民主"的20字方针建设美丽乡村，使农民的生产生活方式、收入水平及基本公共服务质量都达到中小城镇居民标准，无须迁徙和改变户籍性质，就地城镇化。

第三，产业发展、制度改革、生态修复和人口转移集聚是集中连片贫困山区扶贫与农民就近城镇化协同发展的四大引擎。十堰市的做法和经验是：①建设市域立体交通网络，尊重市域产业发展的技术资本和历史文化积淀，把工、商业主要布局于中心和次中心城镇，将特色矿产业、制造业、农产品加工业与物流业、商贸业、风景及文化旅游业布局于重点中心镇、特色镇、边界口子镇，把特色现代农业、乡村旅游业布局于一般镇村和新片区，通过产业集聚带动人口集聚；②通过乡镇综合改革、集体产权制度改革、农民承包土地和农村建设用地流转制度改革、城中镇建设投融资机制创新、推动域内现代产业及其体系培育和鼓励农业人口转移，拉动农民就近城镇化；③外修生态、内修人文，产业生态化、生态产业化，是功在当代、绿色崛起的新型城镇化的重要动力，也是惠及子孙的永续发展动力；④农业人口转移集聚本身，也是城镇化的重要动力，用好扶贫开发、库区移民安置、镇村迁建、美丽乡村新社区建设、鼓励农民进城购房定居等战略和政策，就能在反贫困的同时，快速推动农民就近、就地城镇化。

第四，在一个相对完整的地理单元（地级市域）内，对全域国土空间科学规划与有效管控，是集中连片贫困山区扶贫与农民就近城镇化协同发展的重要保障。十堰市相关部门根据全市发展战略定位，制定了全市中长期城市发展系列规划以及《十堰市竹房城镇带城乡一体化试验区总体规划（2011—2015年）》和《十堰市汉江生态经济带总体规划（2011—2015年）》等；县级次中心城市重点中心镇和农村片区建设规划的编制加紧进行。所辖县（市、区）城镇化规划与市级规划衔接紧密。比如，《十堰市城市总体规划（2011—2030年）》将全市划分为五个发展地区，即北部中低山生态发展区、北部河谷地区城镇协调发展区、中部丘陵农林生态发展区、南部城镇协调发展区和南部高山生态保育区，不同地区采用差异化的发展策略。上述规划在对应市、县、区编制的城镇规划中得到了充分体现。比如，房县建设"四化"协调发展示范区，郧阳区建设"十堰生态滨江新区"，丹江口市建设"中国水都"，竹山县建设"十星高地"，郧西县打造文化旅游强县，竹溪县建设十堰绿色崛起示范县等。同时，十堰市加强控规保障，实现了控规全覆盖，专规和基础规划也不断完善。十堰市在规划科学引领和有效管控下，按照"依法、自愿、有偿"原则，建设和规范农村土地流转市场及其机制，下发了《关于推进城乡建设用地增减挂钩试点工作的指导意见》，尝试构建节约集约用地机制，强化各类建设用地指标控制，合理提高城镇建筑容积率，实现土地综合利用和收益最大化，在全域国土空间"三区"（城镇、农业和生态）"三线"（生态保护红线、永久基本农田、城镇开发）边界划定和管控、农村土地复合利用与管控、传统村落保护利用及其宅基地制度改革等方面积累了初步经验。

第五,改善农民生计是集中连片贫困山区扶贫与农民就近城镇化协同发展进程中需要高度重视的根本问题。十堰市农村农民生计入户问卷调查显示,首先,农户经济条件及发展水平仍然是制约农民脱贫致富及就近、就地城镇化的主要矛盾。十堰市农村人均耕地资源匮乏,家庭劳动力占家庭人口的比例低、负担系数高、外出务工比例大,农户拥有的生产性固定资产较少,农业生产组织化程度低,因此打工仍然是十堰市农户家庭的主要收入来源。其次,问卷调查农民进城意愿"纠结",城镇化意向不明显,十堰市城乡经济快速发展,加上几十年"打工经济"积累,一部分农户具备了到城镇购房的资本积累,但因农村产权制度深化改革带给农民"财产不断、权益更有保障"的心理预期,加之进城农民就业不稳定等因素的影响,多数农民尚未下决心进城定居,因此农村进城购房农户的比例低于巴中;进城购房的农民多数未转移户口,"城乡两头家"成为越来越多农户的生产生活方式。再次,农民选择进入异地城市、本地中心城市和重点中心城镇,其机会成本(包括购房成本、人格尊严损失、农村集体成员财产保有、新市民权益保障、赡养老人等方面)渐次下降,这种情况下,农民更倾向于就近、就地城镇化。因此,重视农民生计改善,是推动扶贫与农民就近城镇化发展的当务之急。

国际山区研究进展及其发展趋势

李林林

摘　要：根据美国地质勘查局开发的可以记录地球表面每一平方千米平均海拔高度的数据库，在高度、坡度以及地势起伏三个标准基础上测定的全球山地面积几乎达到了世界总（表）面积的 1/4（24%）。不论是在过去、现在，还是在将来，山区都会对人类社会的发展产生重要影响。国际上，1992 年《21 世纪议程》第13 章"管理脆弱的生态系统：可持续的山区发展"颁布之后，山地和山区问题的重要性在国际社会上达到更广泛的共识。本文在第一部分对山区及其在人类社会发展史上的作用进行界定。在第二部分，对国际上有关山区的政策和法律的演变，包括主要山地国家制定的与山区相关的国内法和有关山区建设和发展的国际法规范两个层面，进行了阐述。在第三部分，对有关山区研究的国际组织和国际机构，主要是其发展历程和山区研究的内容，做了总结。国际组织包括侧重全球性研究的国际山地协会，以及侧重地区性研究的欧洲山区协会。国际机构包括作为全球性研究机构的联合国粮农组织，以及作为地区性研究机构的国际山地综合发展中心、瑞士伯尔尼大学发展与环境中心、中亚大学山地社会研究院，以及苏格兰高地与岛屿大学山地研究中心。最后，在国际社会不断加强山区立法和山区研究的大背景下，反观我国的山区研究现状，本文认为我国不仅在山区立法方面较为滞后，而且在地区性和国际性山区研究组织和机构中的参与不够。我国下一步需要在借鉴国际山区发展和建设经验基础上，制定和完善我国的山区法律和政策。

关键词：国际山区；政策和法律；国际组织和机构；发展趋势

International Development and Trend of Research on Mountain Areas

LI Linlin

Abstract：According to the database developed by the U. S. Geological Survey that recorded the average altitude of every square kilometer of the earth's surface, and based on the criteria of altitude, slope and relief, mountains occupy almost a quarter（24%）of the earth's land surface. Whether in the past, the present, or in the future, mountains always play an important role in the development of human society. On the international level, after the announcement of Chapter 13（Managing Fragile Ecosystems：Sustainable Mountain Development）of *Agenda 21* in 1992, the significance of mountain areas has been recognized in a broader scale. In this article, the first section defines mountain areas and its role in the human history. The second section introduces the evolution of international policies and laws related to mountain areas, including national laws made by main mountainous countries around the world, and international rules concerning the development of mountain areas. In the following third section, international organizations and agencies specialized in mountain research, especially their research history and focus, are summarized. These international organizations include the International Mountain Society, which centers on global mountain study, and the European Association of Mountain Areas, which centers on regional mountain study. The international agencies include the FAO that serves as an international research institute, and the International Centre for Integrated Mountain Development, Centre for Development and Environment from University of Bern (the Switzerland), Mountain Societies Research Institute from University of Central Asia, and the Centre for Mountain Studies from University of the Highlands and Islands (Scotland), which serve as regional research centers. Lastly, as shown above, the international society is strengthening its mountain research, as well as mountain law. Contrary to this, neither the mountain law in China is developed, nor is the participation of China in the international mountain organizations enough. In the near future, the mountain law and policies in China are supposed to be made and improved, in accordance with the international experiences on mountain development.

Key words: global mountain areas; policies and laws; international organizations and agencies; development trend

一、山区研究的重要性

山地(mountains),从更广泛的意义上来讲,山区(mountain areas/regions/territories)由于其丰富的自然资源,以及在水源供给、生态(包括特定农业)产品产出、生物多样性维持、气候调节、旅游休闲等多种自然、社会与经济方面的功能,对一国或者一定区域的经济社会发展至关重要。国际上,随着 1992 年在巴西里约热内卢召开的联合国世界环境与发展大会上《21 世纪议程》(Agenda 21),特别是其中第 13 章"管理脆弱的生态系统:可持续的山区发展"(Managing Fragile Ecosystems: Sustainable Mountain Development)的制定和颁布,山地和山区问题的重要性在国际社会上达成更广泛的共识。该章主要关注的是山区生态系统的可持续发展与(山区)流域的综合开发两个主要领域。20 多年后的今天,在一系列国际会议、国际机构和国际组织的推动下,山区研究的范围和内容有了极大的拓展,尤其是在联合国将 2002 年确定为"国际山区年"(International Year of Mountains),并从 2003 年开始将每年的 12 月 11 日作为"国际山区日"(International Mountain Day)。我国作为一个拥有将近 70%①山区面积的多山国家(石山,1990),山区研究也应成为国家发展战略制定与相关学科研究中的重要一环。

(一)山区的界定

"山区"的界定首先依托于"山地"的定义。而山地的认定一般是以其高度和坡度作为衡量标准的。在现代测量以及绘图技术,特别是人造卫星技术的发明和运用之前,山地的认定一般是基于地方或者地区性的标准。现代科技的运用使一个可以对山地进行科学界定的国际性标准成为可能。在 20 世纪 90 年代,美国地质勘查局(The United States Geological Survey,简称 USGS)不但开发出了可以记录地球表面每一平方千米的平均海拔高度的数据库,而且提出以高度、坡度以及地势的起伏(altitude, slope and relief)三个标准对山地进行界定。在此基础上测定的全球山区面积为 3580 万平方千米,占地球表面积的 24%。此外,结合同时代绘制的世界人口地图,可以明确大约有 7.2 亿人,即 12%的世界人

---

① 由于统计和计算方法的不同,此一数据在不同研究中略有差异,如张建新等人(2016:366)的研究中提及该比例为 65%,而根据贾欢、顾月月(2010:38)的研究,该比例为 69.1%,都接近 70%。

口居住在山地，而另外 14％的人口居住在山地附近。也就是说，在世界范围内，山地面积以及居住在山地地区的人口都分别达到了世界总(表)面积和全球总人口的 1/4，山地和山区研究的重要性不言自明(Price，2015：2-3)。

除了从高度、坡度、气候等自然因素对山地和山区进行界定，有的国家还将当地的人文特点纳入山区的界定标准。比如，在山地面积占国土面积 70％的罗马尼亚，除了高度标准外，还特别规定了由于海拔高度、倾斜度、植被周期及其他方面的物理和地理等不同于平原地区的因素的存在而对当地人的生产和生活产生负面影响的，也作为山区的认定标准。[①]而在意大利，高度作为山区的认定标准已被抛弃，而主要是依据社会因素对山区进行界定(贾欢，顾月月，2010：40)。

(二)山区在人类社会发展史上的作用

除了山区面积以及山区居民数量在体量上的重要性之外，Price 教授还提到了三点需要在更大范围内加强山区研究的原因(Price，2015：5)。

一是人类关键的几类主要粮食作物都起源于山地。在已经确认的世界 8 个最早实现作物家庭化种植(domestication)的起源地中，几乎所有或是其主要部分都是在山区，包括安第斯山沿线、地中海周边地区、中美地区、埃塞俄比亚、中东地区、东南亚中部地区、中国以及印度。在 20 种能够满足世界 80％人口粮食需求的农作物中，玉米、土豆、大麦、高粱、苹果、西红柿等 6 种直接源自于山区；另外 7 种，包括小麦、大米、豆子、燕麦、葡萄、柑橘、黑麦，被引入山区种植后已经衍生出很多不同的品种。同样，很多调料，包括藏红花、黑胡椒、小豆蔻，以及家养动物，包括羊驼、山羊、美洲驼、绵羊、牦牛等也首先是在山区得到生长和驯化。也就是说，山区的发展与人类在食物方面的基本需求密切相关。

二是山区丰富的矿产资源。与起源于山区的农作物相比，山区矿产资源有更为长久的历史。世界上绝大部分的金属来源地都与造山(mountain-building)运动相关。但由于各类物理、化学作用，特别是地壳运动，很多矿藏现在已经处于地下深处(有的已经远离山地)。同时，从罗马帝国时代开始，山区矿产资源的开采和交易为历史上各大帝国的成长和扩张提供了重要基础。当然，历史上地下矿产资源的持续开采也导致了部分山区产生严重的环境污染问题。但至今，山区仍然是许多金属矿产的主要来源地。比如世界一半的钨矿产自我国的南部山区，几乎一半的银矿产自北美的西部山区，而世界上超过 1/3 的铜矿是由智利的安第斯山区供应的。除了金属外，山区也是各类宝石的出产地，比如哥伦比亚东部安第斯山区是绿宝石的主要产区，缅甸的抹谷山谷(Mogok Valley)则是几个世纪以来红宝石的主要产地。在贸易全球化的推动下，这些金属矿产和宝石资源为当地人提供了更多的收入来源。

三是世界范围内对山区，准确来说是山脉，具有的重要文化影响力的共识。除了从中世纪直到 19 世纪时期的基督教将山脉视作有恶魔居住的危险地的象征，其他很多文化体系

---

① 根据罗马尼亚政府 2002 年 9 月 5 日颁布的《对山区界定标准的审批决定》(*Decision on the Approval of the Criteria for Delimitation of the Mountain Area*)，特定原因的存在导致土地利用的可能性很低，同时土地开发的成本极大提高的区域即为山区，这些原因包括：①海拔高度在 600 米以上带来的恶劣气候条件，导致作物生长季节缩短；②海拔高度在 600 米以下，大部分的农用地坡度超过 20 度，坡度过陡导致不能使用农业设备或者需要使用的农业设备过于昂贵；③虽然不如上述两种情况严重，但各种不利情况的叠加导致如上述一样不利的耕作条件的。

都对山脉持有比较积极的态度和观点。特别是在中华文化中,山脉经常会被形容为一种神圣的(宇宙)生物,比如龙,而龙是仁慈和智慧的象征。同时,中国人,以及佛教徒、希腊人、印度教徒、日本的神道教徒等都认为山脉是能够控制天气和水源的神仙和上帝居住的地方(Price,2015:5-10)。在近现代社会,随着工业化和城市化的推进,很多传统文化(包括少数民族文化、保存下来的古老方言、传统手工技艺等)在平原地区逐渐退化乃至消失。而山区一般由于其偏僻的地理位置和相对落后的经济和社会发展带来的封闭性,很多传统文化得以保留至今(Mehta,1995;Price,2015:74-78)。①山区的文化多样性也在一定程度上促进了山区生物多样性的保护和维持,比如形成和发展于山区的印加族文明和藏族文明在悠久的历史发展过程中,特别是在其宗教教义影响下,形成了一套全面、可持续地管理和利用自然资源的体系,对当地自然资源的可持续利用发挥了关键作用(McNeely,1995;Bernbaum,1990)。可以说,山地的发展和演变不仅关系山区居民的日常生活和长久发展,也会对周边平原地区居民的生产生活产生影响,尤其是在气候和水资源方面。除此之外,山区的发展也与当地整个社会的经济发展和政治稳定密切相关。

二、国际上有关山区政策法律的演变

从全球范围看,第二次世界大战以后,首先在发达国家,随着一系列经济改革政策的颁布实施以及新科技革命的推动,一些资本积累较为雄厚的国家率先进入经济发达国家行列。之后伴随新兴经济体的崛起,特别是一些亚洲国家比如中国和印度经济的发展壮大,世界经济整体进入平稳发展阶段。虽然南北(半球)贫富差距、不同国家和地区间的发展差异仍然存在,但该差异正在逐步缩小。值得注意的是,此一阶段经济的发展主要是以资源消耗为代价的,尤其是在发展中国家。而经济水平的增长以及基础设施的完善也主要肇始并局限于城市地区。农村地区,包括山区农村,虽然提供了城市开发和发展必要的资源基础,但并未同时共享到经济发展的成果(Schild et al.,2011:238)。

(一)主要山地国家与山区相关的国内法

从 20 世纪 60 年代开始,发达国家首先认识到(自然)资源的有限性以及以资源消耗为代价的发展模式的局限性,随后 1972 年 6 月在瑞典首都斯德哥尔摩举行的联合国人类环境会议(The United Nations Conference on the Human Environment)上"可持续发展"(sustainable development)的概念被首次提出。虽然当时有关山地地区的发展问题并未被纳入可持续发展的讨论范围,但从 20 世纪 70 年代开始,在山区开展的科学研究项目逐渐增多,其中尤以联合国教科文组织(UNESCO)和联合国大学(United Nations University)合作开展的研究为甚。1986 年,UNESCO、联合国环境规划署(The United Nations Environment Programme,简称 UNEP),以及世界气候研究计划(The World Climate Research Programme,简称 WCRP)共同创建了第一个可以监测山地环境变化的全球架构——世界冰川监测服务处(World Glacier Monitoring Service,简称 WGMS)。也就是说,

---

① 2016 年 11 月 24 日至 25 日,在浙江台州召开的第五届山地城镇可持续发展专家论坛的主题为"山地城镇文化保护与文化建设",主要侧重对"中国山地城镇规划建设中的文化思想""山地文化保护、传承与输出"两个专题进行研究。这突显了山地以及山区的文化问题在我国山区研究中日益受到关注。

在 20 世纪 90 年代之前，科学家们就已经开始通过收集到的大量数据来证明山地的环境和居民给其他地区（居民）所带来的益处及其遇到的各种挑战。这为在 1992 年发表的《21 世纪议程》中第 13 章关于山区可持续发展问题的规定奠定了基础。山区的发展问题也顺理成章成为一项全球性议题。

实际上，在此之前，一些山地国家已经制定了有关山地发展的政策和法律。较早的比如位于阿尔卑斯山东部的奥地利于 1884 年颁布的《关于山地水资源安全流动法案》（*Act Concerning the Safe Discharge of Mountain Waters*）（1959 年修订），其下各州，包括施泰尔马克州（Steiermark）1977 年颁布的《施蒂里亚州山地和自然拯救服务处法》（*Styria Mountain and Nature Rescue Service Law*）、1984 年颁布的《施蒂里亚州高山牧场保护法》（*Styria Alpine Pasture Protection Law*），以及蒂罗尔州 1987 年颁布的《蒂罗尔州高山保护法》（*Tyrol Alpine Protection Law*）。同样位于阿尔卑斯山区的意大利在 1923 年颁布了《制定和修改有关森林和山地地区立法的法令》（*Royal Decree Law No. 3267 Re-arranging and Reforming the Legislation in Matter of Forests and Mountain Territories*），随后分别于 1952 年颁布了第 991 号法案《有利于山地区域的措施》（*Measures in Favor of Mountain Territories*）（对山地区域的界定、有利于山区发展的措施包括抵押贷款和国家的补助、津贴等做了规定），以及 1971 年第 1102 号法案《山区发展的新标准》（*New Standards for the Development of the Mountain*）（主要提出通过鼓励山地社区在当地开发项目和地方计划的制定和实施过程中的参与来推动山区的发展）。阿尔卑斯山西北部的法国在 1985 年《山地法案》（*Mountains Act*）颁布之前，在国家层面已经对山地和山区的发展和保护问题形成了一定共识（尤其是在 1974 年第一个有关山地的报告发布之后（Villeneuve et al.，2002：45）。[①] 此外，在多山的非洲南部地区，纳米比亚和南非在 1970 年已经颁布实施《山地集水区法案》（*Mountain Catchment Areas Act*）（适用于整个南部非洲地区）。而处于东亚地区的日本也于 1970 年颁布了《山村促进法》。

上文提到，1992 年正式发布的《21 世纪议程》第 13 章主要关注的是山区生态系统的可持续发展与（山区）流域的综合开发两个主要问题，而对山区及当地人的综合发展关注不够。这也在上述各国对山区发展相对零散的规定中得到印证。在此之后，为促进山区环境及当地居民生活水平的可持续发展，主要是在山区面积较为广袤的国家，开始陆续制定专门的山区政策和法律，或者建立专门的山区研究机构。而随着联合国 2002 年"国际山区年"和每年（自 2003 年起）12 月 11 日"国际山区日"的确立，山地和山区研究在越来越多的国家受到重视，有关山区发展和建设的专门立法也逐渐增多。如图 1 所示，自 1992 年《21 世纪议程》发布以来，相继有保加利亚 1993 年《保加利亚共和国有关山区发展的议案》（*Act Respecting the Development of Mountain Regions in the Republic of Bulgaria*）、意大利 1994 年第 97 号法令《针对山区的新规定》（*New Provisions for Mountain Areas*）、韩国 1997 年《林业和山村发展促进法案》（*Forestry and Mountain Villages Development Promotion Act*）、瑞士 1997 年《山区投资补助法案》（*Federal Act 901.1 of 1997 on Aid to*

[①]　除奥地利和意大利在此时期的相关立法以外，在阿尔卑斯山区，还有列支敦士登（Liechtenstein）在 1933 年颁布的以保护山地环境为目的的《自然保护法》（*Nature Protection Act*），以及 1989 年颁布的《山地植物保护法令》（*Ordinance on the Protection of Mountain Flora*）。

Investment in Mountain Regions)、俄罗斯联邦北奥塞梯-阿兰共和国 1998 年《山区发展法案》(*The Development of Mountain Regions Act*)、格鲁吉亚 1999 年《格鲁吉亚高山地区社会经济和文化发展法》(*Law of Georgia on Social-Economic and Cultural Development of High Mountainous Regions*)、吉尔吉斯斯坦共和国 2002 年《有关山地区域法》(*The Law of the Kyrgyz Republic about Mountain Territories*)、克罗地亚 2002 年《丘陵和山地地区法》(*Law on Hilly and Mountainous Areas*),以及罗马尼亚 2004 年《山地法》(*Mountain Law of Romania*),等等。

1992年《21世纪议程》颁布之前	1992—2003年国际山区年（和日）确定期间	2003年国际山区年（和日）确定之后
• 奥地利1884年《关于山地水资源安全流动法案》、1977年《施蒂里亚州山地和自然拯救服务处法》、1987年《蒂罗尔州高山保护法》 • 意大利1923年《制定和修改有关森林和山地地区立法的法令》、1952年《有利于山地区域的措施》、1971年《山区发展的新标准》 • 法国1985年《山地法案》、纳米比亚和南非1970年《山地集水区法案》、日本1970年《山村促进法》等	• 1993年《保加利亚共和国有关山区发展的议案》 • 意大利1994年第97号法令《针对山区的新规定》 • 韩国1997年《林业和山村发展促进法案》 • 瑞士1997年《山区投资补助法案》 • 俄罗斯联邦北奥塞梯-阿兰共和国1998年《山区发展法案》 • 格鲁吉亚1999年《格鲁吉亚高山地区社会经济和文化发展法》 • 吉尔吉斯斯坦共和国2002年《有关山地区域法》 • 克罗地亚2002年《丘陵和山地地区法》	• 罗马尼亚2004年《山地法》 • 阿尔及利亚2004年《山区可持续发展与保护法》 • 列支敦士登2010年《高山农场促进法令》 • 俄罗斯印古什共和国2016年第1-RZ号山区法令

图 1　不同阶段各国有关山区发展和建设的专门立法

通观以上山地国家在山区建设与发展方面的相关法律规定,主要有以下几个特点:①法律制定的主要目标是在保护山地环境的同时,推动山区的经济、社会发展;②法律规定涉及的地区范围取决于对“山区”的法律概念的界定,而主要的界定标准为山地的高度;③各(山区)地方政府都有(法律上的)行政责任和义务来推动山区发展;④推动山区经济发展的主要手段包括设立特定基金、提供抵押贷款、政府补贴、给产品注册商标等激励措施;⑤通过改善当地基础设施、教育、医疗和其他服务设施的建设等来推动山区社会发展;⑥通过对山区森林、土壤和水资源的保存和维持,以保护山区环境(Villeneuve et al.,2002:26-27)。

尽管从总体上看,上述各国山区立法主要从山区经济、社会发展,兼顾山区生态环境保护的综合视角对山区的可持续发展问题做出了规定,但在山区居民的参与以及与其他相关法律的协调方面仍存在不少问题和漏洞(Villeneuve et al.,2002:27)。按照 Villeneuve 等人的建议,专门的山区立法首先应当采取综合的、协调的视角处理与山区可持续发展相关的林业、农业、交通、文化、教育、医疗、经济、环境、生物多样性、旅游和采矿问题。要尊重山区居民在当地发展计划中的参与以及当地传统文化,为山区提供适当的纠纷和争议解决机制。同时,创建各种体制机制推动山区不同部门和利益主体间的对话和合作,包括跨国别、跨地区的(山区国家和地区)双边以及多边合作。从一国国内法律政策体系的角度看,该法律框架的制定需要其具备对本国山区生态系统进行可持续管理的全面性的国家政策和战略。同时，对有关跨国、跨地区山区的法律问题，地区性的国家条约和其他法律规范也可以为国内相关法律规范的制定提供支持和依据。

（二）有关山区建设和发展的国际法规范

在 1992 年《21 世纪议程》制定前后，在主要山地国家国内山区立法逐步制定和完善的同时，国家间有关山地开发和建设的国际条约和规范也逐步成型。《21 世纪议程》中第 13 章对山区生态系统的规定就是其中一例（但不具有法律效力）。在此之前，阿尔卑斯山区（覆盖面积 190959 平方千米、长约 1200 千米、最宽处为 300 千米）的奥地利（拥有整个山区的 28.7%，下同）、意大利（27.2%）、法国（21.4%）、瑞士（13.2%）、德国（5.8%）、斯洛文尼亚（3.6%）、列支敦士登（0.08%）和摩纳哥（0.001%）八国于 1991 年拟定了旨在在同时保护山区自然环境和文化完整性基础上，促进该地区可持续发展的《阿尔卑斯公约》（*Alpine Convention*，1995 年正式生效）。借鉴《阿尔卑斯公约》在保护阿尔卑斯山区生态和文化方面的成功经验，位于欧洲东部喀尔巴阡山区的捷克、匈牙利、波兰、罗马尼亚、塞尔维亚、斯洛伐克和乌克兰七国于 2003 年拟定了《保护和可持续开发喀尔巴阡山的框架公约》（*Framework Convention on the Protection and Sustainable Development of the Carpathians*，简称《喀尔巴阡公约》）。与《阿尔卑斯公约》一样，该框架性公约只是规定了各缔约国在保护喀尔巴阡山区的自然环境和文化遗产方面的一般性责任和义务，以及各方合作实施公约内容的法律框架，并未规定每个国家具体的法律义务（REC，2007:14-16）。除此之外，在高加索山区（俄罗斯、格鲁吉亚、阿塞拜疆、亚美尼亚四国交界处）和阿尔泰山区（中国、蒙古、俄罗斯、哈萨克斯坦四国交界处）也有过关于制定地区性山地公约的讨论，但并未形成正式的公约文件。[①]

除了上述国际条约，还有一些国际规范对山区发展与生态保护问题做出了规定。此类规范一般是以宣言、决议、行动计划或者行为规范的形式出现，与对签订国家具有法律约束力的国际条约相比，此类规范属于（不具有法律约束力的）"软法"（soft law）的范围（Villeneuve et al.，2002:10）。这其中，最典型的适用于全球范围的是 1992 年发表的《21 世纪议程》中第 13 章的规定，以及 2002 年 9 月 4 日为了实施《21 世纪议程》第 13 章的规定而在南非约翰内斯堡发表的《可持续发展世界峰会实施计划》（*Plan of Implementation of the World Summit on Sustainable Development*，简称《约翰内斯堡实施计划》，主要涉及第 42 段）。其他地区性的涉及山区问题的国际规范，诸如 1997 年在马达加斯加首都塔那那利佛市（Antananarivo）举办的非洲山地协会国际研讨会上发布的《非洲山地和高地宣言》（*The African Mountains and Highlands Declaration*）、2001 年 4 月 27 日在秘鲁库斯科市由来自各大洲的 18 个国家签订的《关于山地生态系统可持续发展的库斯科宣言》（*The Cusco Declaration on Sustainable Development of Mountain Ecosystems*）与 2002 年 6 月 14 日在秘鲁瓦拉斯市由 16 个国家签订的《关于山地生态系统可持续发展的瓦拉斯宣言》（*Declaration of Huaraz on Sustainable Development of Mountain Ecosystems*），以及一系

---

① 其他几个具有法律效力的国际公约中也有对山地和山区的规定，但都不是专门性规定，比如 1992 年 5 月 9 日发布的《联合国气候变化框架公约》（*United Nations Framework Convention on Climate Change*，简称 UNFCCC）、1992 年 6 月 5 日发布的《生物多样性公约》（*Convention on Biological Diversity*，简称 CBD），以及 1994 年 6 月 17 日发布的《联合国防治沙漠化公约》（*United Nations Convention to Combat Desertification*，简称 UNCCD）。

列的联合国大会决议(如 1998 年 11 月 19 日第 53 次会议上关于确立 2002 年为国际山区年的决议[①]、2004 年 2 月 9 日第 58 次会议上关于山区可持续发展问题的决议)和联合经济及社会理事会(UNECOSOC)决议(如 1997 年第 45 号决议和 1998 年第 30 号决议都是有关确立 2002 年为国际山区年的内容)。[②]

虽然此类规范没有法律约束力,但却推动了相关成员国家国内山地法律的制定过程(Villeneuve et al.,2002:10)。这其中,相关国际组织和国际机构的推动发挥了关键作用。

三、有关山区研究主要国际组织和机构及其研究进展

随着 20 世纪 70 年代环境问题在国际社会得到越来越多的关注,山区的生态环境保护作为全球环境问题的一部分开启了山区研究的国际之旅。这主要表现在 1971 年联合国教科文组织(UNESCO)推出的"人与生物圈计划"(Man and the Biosphere Programme),其中涵盖了 14 项有关世界主要生态系统的主题,第 6 项即为"人类活动对山区生态系统的影响"。在此前后,一系列国际性和地区性的山地/山区组织和机构相继建立,对推动山地及山区问题的国际化研究发挥了重要作用。

(一)有关山区研究的国际组织

1. 国际山地协会(IMS)

国际山地协会(International Mountain Society,简称 IMS)的创立缘起于 1974 年在德国慕尼黑由德国技术合作公司(The Deutsche Gesellschaft für Technische Zusammenarbeit,简称 GTZ)举办的山地环境发展会议(Conference on the Development of Mountain Environment)。当时的参会者会后在创建一个可以加强山区研究者和研究机构联系的国际组织,以及专注于山区研究的期刊两个方面达成了共识。在成立之初,联合国大学(United Nations University)、高山研究工作组(Arbeitsgemeinschaft für Hochgebirgsforschung)、UNESCO、国际地理联盟的高原地质生态学委员会(The Commission on High Altitude Geoecology of the International Geographical Union)、联合国环境规划署(The United Nations Environment Programme,简称 UNEP),以及世界自然保护联盟(The International Union for Conservation of Nature,简称 IUCN)为 IMS 的运作,以及《山地研究与发展》(*Mountain Research and Development*,简称 MRD)期刊的创办提供了财力和智力上的支持。1980 年,IMS 在美国科罗拉多州的博尔德市(Boulder)正式创立,从 2000 年开始,IMS 的总部迁至瑞士的伯尔尼市(Bern)。[③]

成立至今,除了主办致力于国际有关山区理论和应用研究的《山地研究与发展》期刊,IMS 作为各大山区研究国际机构、大学和非政府组织联系和合作的平台,促成了 1992 年联合国环境与发展大会(United Nations Conference on Environment and Development,简称

---

① 从 1998 年开始,每隔两年联合国大会都会推出一份关于山区可持续发展问题的决议。详见:http://mountainlex. alpconv. org/index. php/international/。

② 资料来源:MountainLEX,http://mountainlex. alpconv. org/index. php/international。

③ 1980 年成立之初的国际山地协会办公室组成人员包括:主席是来自美国科罗拉多大学的 Jack D. Ives;副主席两位,一位是来自法国巴黎国家科学研究中心的 Corneille Jest,另一位是来自奥地利维也纳大学的 Heinz Loeffler;秘书是来自美国科罗拉多大学的 Roger G. Barry;财务主管是来自美国科罗拉多大学的 Misha Plam。

UNCED)的召开，以及涵盖山地和山区发展问题的《21世纪议程》(第13章)的制定，也进而推动了2002年"国际山区年"和每年12月11日(自2003年开始)"国际山地日"的确定。总体来看，IMS的目标是推进国际范围内有关山地研究和山区发展的知识生成和信息传播；同时，通过相关机构和个人间更加完善的交流和沟通，来推动山区的可持续发展，特别是发展中国家山地生态系统的维持和可持续发展。

IMS的成员包括个人成员和机构成员，主要机构成员包括：位于瑞士伯尔尼的瑞士发展与合作署(Swiss Agency for Development and Cooperation，简称SDC)、位于尼泊尔首都加德满都的国际山地综合发展中心(International Centre for Integrated Mountain Development，简称ICIMOD)、位于意大利首都罗马的联合国粮农组织(Food and Agriculture Organization of the United Nations，简称FAO)、位于秘鲁首都利马的安第斯生态区可持续发展共同体(Consortium for the Sustainable Development of the Andean Ecoregion，简称CONDESAN)、瑞士伯尔尼大学的发展与环境研究中心(Centre for Development and Environment，简称CDE)以及地理研究所的综合地理学系(Department of Integrative Geography，简称DIG)、位于瑞士伯尔尼的山地研究倡议(Mountain Research Initiative，简称MRI)以及高山研究校际委员会(Interacademic Commission for Alpine Studies，简称ICAS)、位于吉尔吉斯斯坦共和国首都比什凯克(Bishkek)的中亚大学山地社会研究院(Mountain Societies Research Institute，简称MSRI)、位于苏格兰高地与岛屿大学珀斯学院的山地研究中心(Centre for Mountain Studies，简称CMS)、位于中国成都的中国科学院水利部成都山地灾害与环境研究所(Institute of Mountain Hazards and Environment，简称"成都山地所")、位于南非Phuthaditjhaba自由州大学(University of the Free State)的非洲赤道及亚热带地区山地研究组(Afromontane Research Unit)，以及位于乌干达首都坎帕拉的艾伯丁裂谷保护协会(Albertine Rift Conservation Society，简称ARCOS)。机构成员的多样性和跨地区性促成了不同地区山区研究成果的分享和传播。作为各大山区研究机构、高校和非政府组织联系和合作的平台，IMS的成立和发展也提升了山区问题在国际和国内政治议程上的重要性。

2. 欧洲山区协会(Euromontana)

欧洲山区协会(European Association of Mountain Areas，简称Euromontana)最早起源于联合国粮农组织1953年赞助召开的山区农业研讨会，此后每隔两年都会举办一次山地会议。1974年，欧洲农业联盟(Confederation of European Agriculture，简称CEA)为"山区经济—社会议题"建立了一个永久性工作小组，称作"Euromontana"。起初，该小组由来自阿尔卑斯山区和比利牛斯山区国家的农业代表组成，将两年一次的山区会议机制永久化。1994年，Euromontana决定将来自其他部门，比如农村发展和环境部门的代表纳入小组，也将合作国家的范围扩展至中东欧地区。随后，在1996年，根据法国1901年7月1日颁布的非营利部门法律的规定，Euromontana成为一个非营利性的科学机构，同时也是一个独立的法律实体。14个欧洲国家和地区，包括阿尔巴尼亚、保加利亚、苏格兰、西班牙巴斯克地区、法国、希腊、意大利、马其顿王国、波兰、罗马尼亚、斯洛伐克、斯洛文尼亚、瑞士与捷克共和国，是Euromontana的创始成员国和地区。发展至今，Euromontana的正式成员涵盖来自 20 个国家的 75 个机构和组织。①

Euromontana 的早期发展和逐步壮大与山区对欧洲长远发展的重要性密不可分。如果只算 28 个欧盟国家的山区面积,该面积占欧盟国家总面积的 30%,同时山区人口占欧盟国家总人口的 17%。如果从整个欧洲地区看(包括欧盟 28 国、挪威、瑞士、巴尔干半岛和土耳其),山区面积占欧洲地区总面积的 41%,人口占比接近 26%(Price,2016:376;Gutie′rrez,2013)。因此,欧盟以及大多数欧洲国家重视山区发展有其客观原因和现实需要,Euromontana 的成立和发展也顺理成章。

根据协会章程的规定,Euromontana 成立的目标是改善欧洲山区居民的生活条件,具体的途径包括:①向欧盟,欧盟相关机构,(欧洲地区)各国政府,负责地区发展的有关机构,负责制定文化、社会和经济政策的组织,以及参与山区发展的所有组织,强调、提升和维护山区人们在文化、经济、政治和科学研究方面的权利和利益;②推动在山区开展的研究(特别是农业、林业和山区环境方面)在地方、地区、国家和部门等不同层面上的有效应用;③提高大众对山区发展所面临问题的认识;④鼓励在山区开展培训和研究,以及从山区居民的角度对欧洲山区的经济、社会和生态问题展开研究;⑤开展相关国际合作,以减少欧洲不同山区间发展不平等的问题。

从 1996 年创立开始,Euromontana 一直努力采用全局性视角,对与欧洲山区可持续发展有关的问题进行研究。这从其 2012—2016 年的优先工作事项(包括地区融合、农业和农村发展、山地产品、能源、创新、公共服务、教育和培训、林业和木材供应链、可持续旅游业、环境和气候变化、人口流动和交通基础设施建设,以及山区对青年人才的吸引)可窥一斑。2013 年以后,特别是在 2010 年欧盟委员会(European Commission)制定并推出了"欧盟2020 战略"(EU 2020 Strategy,2014—2020 年)后,Euromontana 顺势提出了一项"山地计划 2020"(Toward Mountains 2020)。具体来说,根据"欧盟 2020 战略",到 2020 年,在欧盟范围内争取实现智能增长(涵盖教育、科研创新和数字化社会三个方面)、可持续增长(低碳经济、环境保护、绿色科技、电网效率,以及提升商业环境等)、包容性增长(更多就业机会、技能投资、劳动力市场的现代化,同时增长的收益惠及欧盟所有地区)的总体目标。② 同时,为了更有效地利用各项财政扶持资金,欧盟委员会通过制定"共同战略框架"(Common Strategic Framework)将整体的增长战略转化为欧洲地区性发展政策的通用措施,并将三类增长内容具体化为 11 个优先发展事项。③ 而山区在帮助实现三类增长的总体目标和 11 个优先发展事项方面发挥重要作用(Euromontana,2013)。这正是 Euromontana 制定"山

---

① 具体成员名单详见:http://www.euromontana.org/en/about-us/members-list/。

② 该总体目标又可具体化为五个方面的具体目标:①就业方面,对年龄在 20—64 岁的人口实现 75% 的就业率;②科研和创新方面,投资额不少于欧盟总体投资的 3%;③能源和应对气候变化方面,温室气体减排 20%,可再生资源的份额增长 20%,同时资源利用的效率增长 20%;④教育方面,学校辍学率减少到 10% 以下,同时至少 40% 的 30—40 岁的青年人享受过高等教育(third level education);⑤在减少贫困和社会排斥方面,减少 2000 万贫困或者处于贫困边缘人口。

③ 这 11 个优先发展事项分别是:加强科学研究、技术发展和创新;提升信息和通信技术的普及、利用和质量;提高中小企业、农业、渔业和水产部门的竞争性;支持所有部门向低碳经济转型;提高对气候变化的应对能力,以及对危险的预防和管理;环境保护和提高资源利用效率;推进可持续的交通系统,同时减少关键性网络基础设施建设中的瓶颈;推进就业,支持和协助劳动力流动;增强社会包容性和应对贫困问题;对教育、技能和终身学习进行投资;提升相关机构的工作能力,建立高效的公共管理体系。

地计划 2020"的初衷和力求实现的目标。①

除了"山地计划 2020"，Euromontana 在推动山区研究方面的另外一项重要工作是举办两年一届的"欧洲山地会议"(European Mountain Conventions)。该会议是欧洲地区山区发展利益相关者的主要活动。每届会议都会吸引来自欧洲地区不同部门（包括欧洲委员会、各国家部长、地方商业主体、大学、发展机构等）超过 400 位专业人士和利益相关者参会。1998 年在斯洛文尼亚首都卢布尔雅那举行的第一届欧洲山地会议的主题为"欧洲的山区改革、就业以及可持续发展"；2000 年第二届会议（意大利特兰托市）的主题为"作为可持续发展先行者的山区的产品质量问题"；2002 年第三届会议（苏格兰因弗内斯市）的主题为"作为欧洲农村发展重点的山区"；2004 年第四届会议（法国罗德兹市）的主题为"释放山地的潜力：一种欧洲山区农村发展的新方式"；2006 年第五届会议（葡萄牙沙维什）的主题为"通过山地周边地区的融合发展来提高欧洲的竞争力"；2008 年第六届会议（瑞士布里格）的主题为"如何让欧洲山区产生更多的附加值"；2010 年第七届会议（挪威利勒哈默尔市）的主题为"欧洲山区的创新发展"；2012 年第八届会议（法国尚贝里市）的主题为"年轻人怎样在山区找到自己的未来发展之路"；2014 年第九届会议（西班牙毕尔巴鄂市）的主题为"在最新的欧洲共同农业政策中找到山区发展的机会"；2016 年第十届会议（葡萄牙布拉干萨市）的主题为"山区和山区居民如何适应全球气候变化并减少其影响"。可以说，每届欧洲山地会议的主题都是有关山区未来发展的重要和紧要问题，在一定程度上推动了欧洲最新的山区政策的落地和实施。

(二)有关山区研究的国际机构

除了上述两个规模较大的山区研究组织外，在全球范围内还有一些国际性和地区性的山区研究机构。在山区发展问题上做出较多研究的国际机构首推联合国粮农组织(Food and Agriculture Organization of the United Nations，简称 FAO)；其他地区性的山区研究机构包括位于尼泊尔首都加德满都的国际山地综合发展中心（International Centre for Integrated Mountain Development，简称 ICIMOD）、吉尔吉斯斯坦首都比什凯克市的中亚大学山地社会研究院（Mountain Societies Research Institute，简称 MSRI）、瑞士伯尔尼大学的发展与环境中心（Centre for Development and Environment，简称 CDE），以及苏格兰高地与岛屿大学珀斯学院的山地研究中心（Centre for Mountain Studies，简称 CMS）等。以下分别对这些机构做简要介绍。

1. 联合国粮农组织(FAO)

联合国粮农组织(FAO)是联合国的专门机构之一，是各成员国间讨论粮食和农业问题的国际组织。而山区发展问题也是实现其提高人们营养水平、提升农业生产效率和产出，以及对抗贫困和饥饿宗旨的重要组成内容。FAO 在推动山区研究和发展方面最典型的工作，是担任 1992 年作为山区可持续发展蓝图的《21 世纪议程》第 13 章（管理脆弱的生态系

① 根据"山地计划 2020"（2014—2020 年）的具体内容，该计划需要经过至少三个步骤才能实现。第一步是对 Euromontana 及其成员在之前阶段(2007—2013 年)的工作成果的价值进行评估，特别是在 11 个优先发展事项方面的价值，主要目的是对之前 Euromontana 有关工作的经验教训进行总结。第二步是丰富该山地计划的目标和内容，同时建立起相关机构和部门间的合作，互相交流山区发展问题的研究经验。第三步是 Euromontana 开始支持其成员开展具体项目的设计和实施，包括侧重山区发展的农村发展项目，从 2015 年开始计划制定地方发展战略的准备工作。

统：可持续的山区发展）的任务管理者（task manager）。整体来说，FAO关注的山区研究内容广泛，除了提供有关的技术支持，还通过规范制定（normative work）、实地调研（field program）、直接国家支持（direct country support），以及推动国际合作（global partnerships）的方式来解决山区居民的发展需求和山区的环境问题（Ceci et al.，2001：54-57；Ceci et al.，2001：93-96；Manuelli et al.，2015：66-70）。

在规范制定方面，FAO的山区项目通过多种方式创造了山区研究中新的概念和工作方法，同时与其他山区研究机构和组织分享有关知识和信息，以此提高人们对山区生态、经济和社会发展过程的理解，并制定出新的技术性指导文件，总结具有可行性的实践经验和方法论。FAO内部不同部门间的合作是其山区项目的重要特征。具体说来，其山区研究的主要内容包括：①调查研究山区的环境脆弱性、粮食短缺，以及居民的营养不良问题；②收集整理山区可持续发展方面的典型案例；③记录跟踪各成员国山区立法的趋势，并协助成员国改善影响山区发展的相关法律和政策；④评估和提升山区农业和农村可持续发展的政策环境；⑤通过在全球陆地观测系统（Global Terrestrial Observing System）中创建一个山地单元，将有关山地生态系统的全球环境和社会经济数据相连接，进而加强不同部门间的交流和合作研究；⑥强调内陆捕捞渔业和水产业对提高山区收入和营养水平的重要性；⑦鼓励对高质量的山区产品的保护和提升来提高当地居民的生活和生存机会（Manuelli et al.，2015：66；Ceci et al.，2001：93）。

在实地调研项目方面，FAO通过能力培养、制度强化和各类项目来帮助成员国解决山区发展过程中遇到的问题。这些实地项目或是在FAO技术合作项目（Technical Cooperation Program，简称TCP）的框架内，或是通过其他财政来源（如信托基金）得以实施。截至2006年9月，FAO在亚美尼亚、古巴、塔吉克斯坦、朝鲜、吉尔吉斯斯坦、波兰及（西非）福塔贾隆高地（Fouta Djallon Highlands）地区的8个国家的山区实地项目已经完成或正在进行，同时土耳其和喀麦隆的项目也在形成中。上述各个项目的具体目标多样，反映了不同国家山区发展战略中不同的优先发展事项。比如，塔吉克斯坦和朝鲜主要侧重综合性和可参与的水域管理；亚美尼亚侧重制定一个山区可持续发展的全面国家战略；吉尔吉斯斯坦侧重山区小型企业的发展，以提高山区居民的收入水平；古巴侧重通过有关山区农业和林业发展的现代技术的提升，来强化现行的山区可持续发展项目；福塔贾隆高地地区的8个国家侧重综合性的自然资源管理体系（Manuelli et al.，2015：66-67）。

在直接的国家支持方面，FAO通过与各国政府以及其他国际机构如联合国环境规划署（UNEP）、联合国开发计划署（UNDP）、联合国教科文组织（UNESCO）、联合国大学（UNU）等联合国相关机构和非政府组织的合作，极大提高了政府部门和机构对山区发展重要性的认识。此外，在2002年"国际山区年"期间，FAO支持建立了来自非洲、亚洲、大洋洲、欧洲、拉丁美洲、加勒比海地区、近东/中东地区、北非和北美地区的78个国家级委员会，来策划和实施具体的山区发展活动。如今，多数的此类委员会已经成为该国常设性机构，并致力于制定山区发展方面的国家级战略计划，创建确保公平的山区政策和法律，并实地推动山区可持续发展项目的实施。

在推动国际合作方面，FAO是2002年在南非约翰内斯堡成立的"山区伙伴关系"（Mountain Partnership）的创始成员之一（其他成员还包括UNEP和瑞士联邦政府）。这是一个致力于提高山区人民的生活水平和保护山区环境的不同国家和组织的自愿性的国际联盟。截至 2017 年 5 月,其成员包括 57 个国家级政府,14 个政府间组织,217 个来自民间社会、非政府组织和私人部门的专业组织,以及 5 个地方政府机构(Ceci et al.,2001:56-57)。

2.国际山地综合发展中心(ICIMOD)

国际山地综合发展中心(International Centre for Integrated Mountain Development,简称 ICIMOD)是一个地区性政府间的合作组织,是由位于兴都库什-喜马拉雅山区(The Hindu Kush Himalaya)的 8 个国家(包括阿富汗、孟加拉国、不丹、中国、印度、缅甸、尼泊尔和巴基斯坦)组成的学习和知识交流中心,总部位于尼泊尔首都加德满都。在全球化和全球气候变化对山区影响逐渐增大的背景下,ICIMOD 的主要目标是协助山区人民理解并逐步适应这种变化,同时解决好当地上、下游水资源的利用问题(Molden et al.,2014:179-183)。

在过去的十多年里,兴都库什-喜马拉雅山区经历了诸如人口快速增长、经济发展、城市化及大规模人口(主要为男性劳动力)外流等较大的变化,这些变化给当地的发展带来了新的挑战。同时,随着气候变化问题在全球的蔓延,山区(尤其是其生态环境保护)受到了越来越多的关注。ICIMOD 相信在未来,山区人民能享受到良好的物质和社会保障,能适应环境、社会经济以及全球气候的变化,他们的后代以及生活在下游地区的居民会从山区丰富的自然资源中获取收益和更多的发展机会。兴都库什-喜马拉雅山区不但为生活在周边国家和地区的超过 10 亿的居民提供了水源,也是全球生物多样性的典型地区,是重要的生态缓冲区,为山区和低地居民提供了各项资源和(生态)服务。ICIMOD 作为一个知识、学习和能力建设中心,主要为兴都库什-喜马拉雅山区周边的 8 个国家及其居民收集和分享相关信息和知识,推动创新国家间更有效的交流,以解决山区发展和建设中的棘手问题。[①] 从 1983 年成立以来,ICIMOD 的山区工作经历了四个阶段[②]。

1983—1987 年是 ICIMOD 的创建阶段。1984 年,ICIMOD 开启了几个主题的项目,分别是水域管理、创造非农就业、农村能源计划、环境脆弱区的工程建设、山区开发信息系统,以及资料和信息的交换服务。由于人员和资金限制,围绕这些主题的活动主要限于对关键的几个山区发展问题举办小型的研讨会。

1987—1993 年是 ICIMOD 的组织结构和项目扩张阶段。此期间的项目主要包括五类:山区土地利用、山地农业系统、山区社会和经济发展、山区基础设施和技术、山区发展资料和信息服务。该阶段 ICIMOD 正式建立了自己的山区视角框架(Mountain Perspective Framework)。

1994—2002 年是 ICIMOD 地区合作项目(Regional Collaborative Program)的整合阶段。项目分两期。第一期(1995—1998 年)项目包括三个主题类项目(分别是山区农业系统、山区自然资源和山区企业及基础设施)和三个服务类项目(分别是山地环境和自然资源信息,资料、信息和培训,以及行政管理、财政和物流)。这四年是 ICIMOD 发展较快的时期。第二期(1998—2002 年)项目主要是对第一期项目的强化和整合,主要是关于在地区合作基础上的兴都库什-喜马拉雅山区的发展。在 2001 年之前,ICIMOD 在山区发展方面的

---

① 关于国际山地综合发展中心(ICIMOD)的相关信息主要来自于网站 http://www.icimod.org/? q=abt,最后访问日期为 2017 年 5 月 23 日。

② 关于 ICIMOD 的发展历程,参见 http://www.icimod.org/? q=122,最后访问日期为 2017 年 5 月 23 日。

经验和研究被公认为是非常优秀的,也因此 ICIMOD 在 2002 年"国际山区年"的庆祝活动中发挥了关键作用。

2003—2007 年是 ICIMOD 发展地区合作伙伴关系的阶段。从 2002 年开始,ICIMOD 开始设计新的发展战略和项目,根据新制定的总体战略和中期行动计划(Medium Term Action Plan),对山区发展的干预要与兴都库什-喜马拉雅山区的物质、社会和经济脆弱性一致。六个综合性项目得以建立,分别是:①自然资源管理;②农业与农村收入多元化;③水资源、灾害和环境管理;④文化、平等、性别和治理;⑤政策和伙伴关系的形成;⑥信息和知识管理。这六个类别的项目可以说是对 ICIMOD 此前各类项目和工作的整理和整合。

从 2008 年开始,ICIMOD 改变了自己的工作模式和在兴都库什-喜马拉雅山区发展中的定位。具体说来,一是从一个项目驱动的机构转变为一个跨学科的研究中心。中心现有的研究项目大多是综合性的和互相联系的,通常涉及同一社会问题的不同方面。二是创新性地采用系统方法(systems approach)。中心评估和适用参与式知识生成方法,并强化中心在机构内部和外部(包括关键的区域合作伙伴的)知识管理和能力开发领域。三是更多地考虑区域合作者的优先发展事项。中心计划增加与区域合作伙伴的互动,进一步了解它们的政策和优先发展事项,以(与其或者通过其)加强系统化合作。四是增强国际合作。中心寻求相关国际资源中心的合作和支持,以增强其核心竞争力和提升对区域合作伙伴的服务质量。从 2012 年起,中心也根据山区发展变化的实际,重新审定了自己的战略目标,主要包括:广泛推广适用 ICIMOD 自己及其合作者的创新研究来适应各项能给人类带来积极影响的变化;积极推动相关数据、知识的搜集、分析和利用;积极提高相关工作人员和机构的学习和工作能力;推进与可持续山区发展有关的区域合作;对山区的重要性达成全球共识,同时为山区居民提供尽可能多的资源来改善他们的生计,提高他们的抗风险能力。

3. 瑞士伯尔尼大学发展与环境中心(CDE)

发展与环境中心(Centre for Development and Environment,简称 CDE)是瑞士伯尔尼大学专注于可持续发展研究的中心,也是一个跨学科的研究中心。其首要目标是与全球合作伙伴共同创造和分享可持续发展的知识。CDE 的工作侧重六个主题:全球变化的影响;可持续发展方面的创新;自然资源与生态系统服务;多维度差异性;资源治理;与可持续发展相关的教育。CDE 与瑞士以及世界范围内的高校和其他类型的主体合作,不但参与发展项目和政策制定,也从事科学研究。而在山区开展相关活动是 CDE 成立后的早期工作之一。CDE 在瑞士阿尔卑斯山、非洲东部山区和非洲之角(包括吉布提、厄立特里亚、埃塞俄比亚和索马里四国)的研究可以追溯到 20 世纪七八十年代,且现在仍在继续。在过去的 20 年里,CDE 相继与东南亚、中亚和安第斯山地区建立了合作伙伴关系(Kohler et al.,2001:203)。

CDE 认为,推动和培养山区的可持续发展能力需要考虑三个方面:一是不同山区的共性;二是具体山区面临的不同挑战和机遇;三是山区与其所在环境和全球整体发展趋势的嵌入性。因此,CDE 将对不同山区的社会和生态系统的深入研究与对比和利用区域经验的活动联系起来,试图揭示山区发展的共同模式和过程。CDE 的(现有)研究包括对世界范围内不同山区(即区域性)的研究活动,以及对全球层面的山区研究。

区域性的研究包括以下六个方面。①非洲、中亚和欧洲地区的可持续水资源管理研究。比如在东非和非洲之角高地地区展开的"高地—低地"之间用水问题研究、在塔吉克斯坦开展的综合水域管理（Integrated Watershed Management）研究、在高加索地区（特别是阿塞拜疆和格鲁吉亚）推动社区水资源管理的活动，以及在瑞士阿尔卑斯山区为减少气候变化导致的水资源供应问题的 MontanAqua 项目。②非洲和中亚地区的可持续土地管理研究。比如在埃塞俄比亚高地基于高分辨率数据库的高地农业土地管理项目，以及在中亚以推动能力建设、研究和知识管理创新为目标的可持续土地管理、资源治理和土地利用规划决策支持。③东南亚以实证为基础的土地利用规划研究。比如在老挝高地地区提出的农业生物多样性倡议（Agro-Biodiversity Initiative）中，CDE 通过参与性土地利用规划予以支持。④安第斯山区（主要是玻利维亚和秘鲁）的农业系统转型研究。为了强化内生性发展，CDE 的此项工作侧重生物和文化多样性、农业改革和农业系统的转型。⑤人口外迁及旅游业对兴都库什-喜马拉雅山区的影响研究。⑥瑞士和欧洲其他地区保护地的研究。目前 CDE 及其合作者正在对（作为联合国教科文组织世界遗产的）瑞士阿尔卑斯山少女峰-阿莱奇冰川（Swiss Alps Jungfrau-Aletsch）的重要资产，包括冰川、农业、生物多样性、水资源与文化景观等进行监测。在斯洛伐克的喀尔巴阡山区，国家层面正在鼓励保护地内部及其周边居民参与保护工作并分享收益。CDE 与斯洛伐克自然保护协会（Slovak Nature Conservancy）正在一起争取在一个更大规模的自然保护项目内引入更多利益相关人的参与（Kohler et al.，2001：203-205）。

在全球层面上，首先，从 20 世纪 90 年代末开始，CDE 已经是"山区议程"（Mountain Agenda）（一个由积极参与山区研究和发展的主要人士组成的非正式的全球网络，力求提升山区在全球讨论中的地位）的一部分。2013 和 2014 年，CDE（及其合作者共同）发表了多项有关山区农业、旅游业和山区气候变化的研究成果，CDE 是 2014 年 5 月在秘鲁库斯科市召开的世界山区论坛（World Mountain Forum）的核心组织者。其次，CDE 是 1992 年成立的世界自然保护方法和技术概述（World Overview of Conservation Approaches and Technologies，简称 WOCAT）（一个由来自超过 50 个国家的可持续土地管理专家组成的全球网络）的秘书处所在地。WOCAT 的目标是通过可持续土地管理的技术和实施方法来预防和减轻土地退化。再次，为了支持 FAO 参与组建的"山区伙伴关系"（Mountain Partnership），CDE 建立了一个关于山区环境和人口变化现状和趋势的全球数据库。初步的结果显示，2003—2013 年，尽管全球人口总体上在增长，但山区总人口却在下降。最后，CDE 还分别是监测全球土地交易情况的"土地矩阵倡议"（The Land Matrix Initiative）以及《山地研究与发展》期刊的创始人之一和主要支持者（Kohler et al.，2001：205-206）。

4. 中亚大学山地社会研究院（MSRI）

中亚大学山地社会研究院（Mountain Societies Research Institute，简称 MSRI）位于吉尔吉斯斯坦首都比什凯克，是一个致力于解决中亚山区社会和山区环境发展中的挑战和机遇的高校类跨学科研究中心。MSRI 的成立目标是通过全面科学的研究及其成果应用，来支持和提高山区社会的抗风险能力和生活质量。进一步而言，包括五个具体的目标：①通过科学规范的研究创造有关山区社会的新知识；②提高中亚地区开展与山区社会有关的科学研究的能力；③成为山区相关学者、项目实践者和决策者获取山区知识的中心（knowledge hub）；④通过科学研究来指导政策制定和实践；⑤支持中亚大学与山区社会相关的学术研究项目的发展。与其区域和国际合作者一起，MSRI 积极将其研究成果转化成意在提高中亚山区(包括天山、帕米尔和兴都库什山脉)人们生活质量的政策和实践。[①]

基于中亚山区发展面临的挑战和机遇的独特性,MSRI的研究重点在中亚地区发展山区经济的社会和自然科学两个维度。具体说来,包括:①与土地退化、气候变化、生物多样性流失和自然灾害相联系的环境变化和自然资源治理研究;②包括农牧业和粮食安全各方面的农业生计问题研究;③包括中小企业发展、山区旅游业和劳动力转移等非农业生计问题研究;④大规模山地开发的经济、社会和环境影响,包括核电、采矿和全域自然保护(landscape-scale conservation)研究。

此外,MSRI研究重点的变化也可以根据其每年的产出成果做出判断。比如,2011年关注山区农业发展问题,2012年关注山区社会的转型和山区可持续发展问题,2013年关注山区的可持续土地管理问题,2014年关注山区的旅游用地、能源开发、森林资源、生物多样性和应对山区气候变化问题,2015年关注山区林下农业和当地居民的生计改善,2016年关注山区自然资源的管理体系。

5. 苏格兰高地与岛屿大学山地研究中心(CMS)

苏格兰高地与岛屿大学山地研究中心(The Centre for Mountain Studies,简称CMS)2000年8月成立于苏格兰高地与岛屿大学珀斯学院(Perth College),目的是在大学内部创建一个有关山区的专业研究中心。由于中心的研究重点是包括苏格兰和国际范围内的山区环境和山区居民,其相应的工作目标包括四个方面:①开展高质量的研究并进行学术交流;②召开会议来传播和讨论山区知识,以形成研究规划;③为相关政策的制定过程提供信息和知识支撑;④引导山区相关学术课程和培训的设计和实施。[②]

从2000年成立以来,CMS与合作者一起参与完成了很多跨学科的、可以应用于苏格兰乃至全球范围的研究项目。从2004年开始,作为联合国教科文组织可持续山区发展主席(UNESCO Chair in Sustainable Mountain Development)的主要活动,CMS开设了网上可持续山区发展的硕士课程(MSc),全球范围的学生都可以申请。

从2000年以来,CMS参与的全球性山区研究项目包括:世界山区报告(Mountains of the World Reports,2000—2002年);世界自然保护联盟山区倡议特别工作组报告:山区自然保护与可持续发展(IUCN Mountain Initiative Taskforce Report:Conservation and Sustainable Development in Mountain Areas,2004年);属于"山区全球变化"(Global Change in Mountain Regions,简称GLOCHAMORE)项目的山区的全球变化与环境变化(Global and Environmental Change in Mountain Regions)研究(2003—2005年);变化世界中的山区森林(Mountain Forests in a Changing World,2011年)。

除以上研究项目外,CMS从2005年起每五年都会在苏格兰珀斯组织举办一次国际山区会议。2005年10月第一届会议的主题为"开放科学大会——山区的全球变化"(Open Science Conference-Global Change in Mountain Regions);2010年9月第二届会议的主题为"全球变化和世界的山地"(Global Change and the World's Mountains);2015年10月第

---

① 关于 MSRI 的山地研究介绍,参见 http://www.ucentralasia.org/Research/MSRI,最后访问日期为 2017 年 5 月 23 日。

② 关于 CMS 的研究情况,参见 https://www.perth.uhi.ac.uk/subject-areas/centre-for-mountain-studies,最后访问日期为 2017 年 5 月 23 日。

三届会议的主题为"我们未来地球的山地"（Mountains of Our Future Earth）。第二届会议的主旨演讲、总结和政策文件都可以在 2012 年的《山地研究与发展》（*Mountain Research and Development*）期刊（第 32 卷增刊）中找到。第三届会议的内容被皇家苏格兰地理协会（Royal Scottish Geographical Society）简报《地理学家》（*The Geographer*）2015 年秋季刊收录。

上述五个全球性和地区性的国际机构是国际社会上有关山区研究的主要推动者，其他一些政府机构（比如瑞士发展与合作署）和非政府组织（尤其是在多山国家和地区）也直接或者间接推动了地区性和国际性的山区研究和发展，在此不一一列举了。

（三）国际山区研究进展及发展趋势

通观上述有关山区研究的各个国际组织和机构的发展历程和研究内容的演变，在研究涉及的地理范围方面，包括国际和地区/区域两个层面。在国际山区研究层面，比如国际山地协会（IMS）以及联合国粮农组织（FAO），其主要作用和目标是促成各大山区研究国际机构、大学和非政府组织（主要是其成员国家和机构）之间的联系和合作，搭建国际山区研究的全球合作平台；同时，两者通过直接组织和参与有关的山区研究和实践项目，也推动了具体国家和地区面临的山区问题（如水资源管理、气候变化等）的解决。在区域山区研究层面，由于各相关国际机构针对的具体地区不同，因此其需要重点研究解决的山区问题存在差异。这其中，成立较早且规模较大的研究机构和组织首推欧洲山区协会（Euromontana）。从 1996 年正式创立开始，Euromontana 一直努力从全局性视角出发，研究与欧洲山区可持续发展有关的问题，最终目标是改善欧洲山区居民的生活条件。也因此，其工作内容涵盖了地区融合、农业和农村发展、山地产品、能源、创新、公共服务、教育和培训、林业和木材供应链、可持续旅游业、环境和气候变化、人口流动和交通基础设施建设，以及山区对青年人才的吸引等有关山区发展的多个方面的问题。

总部位于尼泊尔首都加德满都的国际山地综合发展中心（ICIMOD）基于兴都库什-喜马拉雅山区作为周边国家和地区超过 10 亿居民的水源地及其重要的生态缓冲区功能，研究工作首先侧重于对该地区水资源和生物多样性的保护和维持；同时，针对进入 21 世纪以来该地区经历的诸如人口快速增长、经济发展、城市化，以及大规模人口外流等变化，中心也适时将山区农业与农村收入多元化，以及山区文化、平等、性别和治理等问题作为研究重点。而随着气候变化问题在全球的蔓延，中心也加大了对如何协助山区人民理解并逐步适应气候变化的研究力度。

瑞士伯尔尼大学发展与环境中心（CDE）虽然地处北欧，但研究关注的重点却涉及包括瑞士阿尔卑斯山在内的欧洲山区、非洲东北部山区，以及东南亚、中亚和安第斯山地区。此外，在对地区性山区问题的深入研究和对比的基础上，中心也积极组织和参与了一系列全球性山区研究平台和网络（比如"山区议程"和"国际山区论坛"）的管理和建设。其具体的研究内容根据关注区域的不同而有所差别，但核心是在推动和培养山区的可持续发展能力，增强山区与其所在环境和全球整体发展趋势的嵌入性。

位于吉尔吉斯斯坦首都比什凯克的中亚大学山地社会研究院（MSRI）主要是通过加强自身与山区发展有关的科学研究能力，为中亚山区居民生活质量的提高和山区环境的改善提供强有力的科学支撑。其近几年关注的重点问题包括山区农业发展问题、山区社会的转型和山区可持续发展问题、山区的旅游用地、能源开发、森林资源、生物多样性、应对山区气候变化问题,以及山区自然资源的管理体系等。

苏格兰高地与岛屿大学山地研究中心(CMS)隶属于苏格兰高地与岛屿大学珀斯学院。作为高校内部的山地研究中心,其重点是通过开展高质量的学术研究、召开国际性学术会议、引导和参与山区相关学术(培训)课程的设计,为苏格兰及其他国家和地区乃至全球有关山区政策的制定提供信息和知识支撑。进入 21 世纪以来,中心参与的山区研究项目主要涉及山区的自然保护与可持续发展、山区的全球变化与环境变化,以及山区森林资源研究。可以说,该中心的山区研究项目主要涉及各大山区发展过程中诸如自然资源保护、气候变化等共性问题的研究和解决,而不是专注于某一特定区域山区的发展问题。

整体而言,在全球层面,在上述国际组织和机构长期不断的努力下,山区问题已经成为国际和(多数多山国家)国内政治议程中的重要组成部分。国际上对山区问题的关注也逐渐与气候变化、地区可持续发展等全球性议题相结合,彰显了山区在缓解全球气候变化、维持地区可持续发展方面的关键作用。而区域性的国际研究机构和组织更加注重本区域内的山区发展问题,同时逐渐将山区发展融入本地区的整体(经济社会)发展战略之中,进一步挖掘和发挥山区在促进地区发展中的潜力,比如欧洲山区协会提出的"欧盟 2020 战略"(2014—2020 年)和"山地计划 2020"。

四、结语

根据美国地质勘查局开发的可以记录地球表面每一平方千米平均海拔高度的数据库,在高度、坡度以及地势的起伏三个标准基础上测定的全球山地面积占世界总(表)面积和全球总人口的约 1/4;同时,居住在山区的人口也占全球总人口的 1/4。可以说,山区不仅在人类社会发展的早期提供了人类必需的主要粮食作物、丰富的矿产资源;山区的可持续发展对人类社会的可持续发展也至关重要。国际上,首先是山区面积较大的几个发达国家(在 19 世纪末 20 世纪初属于先进国家),比如奥地利和意大利,相继制定了有关山地和山区的政策和法律。当时山区法律规定的内容多集中在山区水资源、高山农业、山地动植物资源保护以及山地森林资源等单一方面。1992 年《21 世纪议程》发布之后,各国(多山国家)制定的国内山区法律逐渐向综合性方向发展,更多关注山区社会和山区居民的长远发展与长久生计问题,多数国家也制定了专门的山地法。反观我国,虽然山区(包括丘陵地带)面积占我国国土面积的 70%,山区的人地关系矛盾比较突出,但迄今为止我国并没有一部《山区法》,也很少有相关立法讨论。有关山区的内容散见于《中华人民共和国矿产资源法》《中华人民共和国森林法》《中华人民共和国水土保持法》等法律规定中。在国内山区立法方面,我国较为滞后。

进一步来看,各国国内山区立法的推进在一定程度上受到有关国际组织和国际机构对山地和山区研究的影响。国际山地协会和欧洲山区协会等国际组织,以及联合国粮农组织、国际山地综合发展中心等国际机构,对有关国际性和地区性山区问题的研究不但推动了其成员国国内山区立法的进程,也提高了山区问题在国际和国内政治议程中的地位,提高了人们对山区发展重要性的认识。在此方面,我国在地区性和国际性山区研究组织和机构中的参与略显乏力。目前有我国参与的国际机构主要是以兴都库什-喜马拉雅山区为研究重点的国际山地综合发展中心，较多参与国际山区研究和讨论的主要是成立于 1965 年的"成都山地所"（中国科学院水利部成都山地灾害与环境研究所）。为了从根本上推动我国广袤山区的可持续发展，国家不仅需要针对我国山区的具体情况制定专项政策（比如《中国农村扶贫开发纲要 2011—2020 年》确定的 14 个集中连片特殊困难地区多数属于或者涉及山区），也需要对现有相关国际研究的成果和发展经验进行借鉴。本文对相关国际组织和国际机构的山区研究情况介绍，以及国际上有关山区立法的总结是学习国际山区发展经验的初步尝试。

参考文献

[1] 贾欢，顾月月. 论山区概念的法律界定[J]. 长春大学学报，2010(4)：38-41.

[2] 石山. 中国山区开发与建设[M]. 北京：中国林业出版社，2011.

[3] 张建新，邓伟，张继飞. 国外山区发展政策框架与启示[J]. 山地学报，2016(3)：366-373.

[4] BERNBAUM E. Sacred Mountains of the World [M]. San Francisco：Sierra Club，1990.

[5] CECI P，HOFER T. Local to Global-Level Sustainable Mountain Development：FAO's Recent Achievements in Implementing Its Conceptual and Operational Framework[J]. Mountain Research and Development，2001，29（1）：93-96.

[6] CECI P，HOFER T，MANUELLI S，et al. The FAO and Mountain Partnership Engagement with Mountains[J]. Mountain Research and Development，2001，31（1）：54-57.

[7] EUROMONTANA. Toward Mountains 2020 Step 1-Capitalising on Euromontana Work to Inspire Programming[EB/OL]. (2013-02-28). http://www. euromontana. org/wp-content/uploads/2014/08/mountain_2020_en_def. pdf.

[8] KOHLER T，VON DACH S W. CDE Links Regional Research and Global Efforts for Sustainable Mountain Development[J]. Mountain Research and Development，2001，35（2）：203-207.

[9] MANUELLI S，HOFER T，VITA A. FAO's Work on Sustainable Mountain Development and Watershed Management[J]. Mountain Research and Development，2015，34（1）：66-70.

[10] MOLDEN D，SHARMA E. ICIMOD's Strategy for Delivering High-quality Research and Achieving Impact for Sustainable Mountain Development[J]. Mountain Research and Development，2014，33（2）：179-183.

[11] PRICE M F. Mountains Move up the European Agenda[J]. Mountain Research and Development，2001，36（3）：376-379.

[12] PRICE M F. Mountains：A Very Short Introduction[M]. Oxford：Oxford University Press，2015.

[13] SCHILD A，SHARMA E. Sustainable Mountain Development Revisited[J]. Mountain Research and Development，2011，31(3)：237-241.

[14] The Regional Environmental Center for Central and Eastern Europe. Handbook on the Carpathian Convention [M]. Szentendre：The Regional Environmental Center for Central and Eastern Europe，2007.

[15] VILLENEUVE A，CASTELEIN A，MEKOUAR M A. Mountains and the Law：Emerging Trends [R]. Rome：FAO Legislative Study，2002.

国外城市韧性研究进程[①]

岳文泽　代子伟

摘　要：城市在面临气候变化、自然灾害、恐怖袭击、疾病传播、经济危机等自然和社会的风险危机境况下，如何提高自身的抵抗能力、恢复能力和适应能力成为城市建设亟待解决的问题。本文梳理了韧性理论研究的四个领域，总结了城市韧性的概念，讨论了城市脆弱性、韧性和适应性三者之间的关系，在此基础上分析了城市韧性的六个特征以及总结了国外学者已有研究中的城市韧性评价指标体系。目前关于城市韧性的研究主要集中于防灾减灾、城市规划和公共管理三个方面。根据国内外城市韧性研究的动态和城市实践，本文从全阶段提高城市的抗灾能力、提高公众的参与程度和城市韧性建设注重因地制宜三个角度为我国城市韧性建设和研究提供建议。

关键词：城市韧性；灾害防治；城市空间规划；公共管理

Review on the Urban Resilience Research Overseas

YUE Wenze，DAI Ziwei

Abstract：How can a city improve the resistance ability，recovery capability and adaptive capacity when facing various disasters and crises altogether is an urgent issue to deal with nowadays. This article summarizes the four major research areas in the current studies on resilience，as well as the concept of urban resilience. Then the article discusses the relationship between urban vulnerability，resilience and adaptability. Based on the concept and discussion，the article summarizes six characteristics and evaluation index systems of urban resilience. The research on urban resilience focuses on disaster prevention and mitigation，urban planning and public administration mainly. Based on the researches and practice of urban resilience，the article provides suggestions for improving urban resilience that enhances the ability to resist disasters，increase public participation and pay attention to local situation.

Key words：urban resilience；disaster mitigation；urban spatial planning；public management

一、引言

随着城市化的发展，城市成为人口、设施、服务的集中地和经济文化的中心，城市组织不断复合，经济结构趋向多元，城市繁杂庞大的系统需要有条不紊的管理和运行机制的保

①　本研究得到国家社科基金重点项目（14AZD124）、国家自然科学基金项目（41671533）和中央高校基本业务费资助。

115

障。但是，城市处于自然灾害频发的环境危机以及恐怖袭击、疾病传播、经济危机等社会风险之中，并且城市面临的大部分风险具有不确定性和未知性，一旦部分城市子系统难以适应内外部环境的变化，则会在联动的城市整体系统中产生连锁反应，给城市带来致命的打击。但是在经历危机后，有的城市能够克服冲击并借此提升城市系统的适应力，而有的城市系统则会全面瘫痪甚至走向毁灭。

城市面对危机和挑战，需要提升自身的预警能力、抵抗能力、灾后恢复能力并最终增强自身的适应能力，城市的以上诉求催生了城市韧性概念的产生。城市韧性的关键要素在于城市系统能够根据危机的具体情况组织资源加以应对，同时合理调整系统结构并重新安排基础设施和分配资源。自20世纪90年代以来，城市韧性的概念逐渐被应用于城市发展实践之中，纽约、伦敦、巴黎等城市均将韧性思想作为城市进一步规划的重要依据。同时，学界关于城市韧性的研究也呈现激增状态，从工程韧性、生态韧性、经济韧性、社会韧性等角度对城市韧性进行研究，城市韧性在城市防灾减灾、空间规划和公共管理中的应用成为研究的热点。相对于国外的城市韧性研究和实践情况，我国对城市韧性的研究仍处于起步阶段，本文将对国外城市韧性研究的进展进行总结，同时为我国城市韧性研究及建设提供建议。

二、城市韧性的概念界定

(一)韧性概念演变

"韧性"一词来源于拉丁语"resilio"，词意为"跳回来"(Klein et al.，2003)，本意为"回到初始状态"。《牛津英语词典》将韧性定义为：①对于物质而言，指反弹或弹回的动作，或者在折弯、拉长以及压缩后能够恢复其原始形状的能力；②对于人而言，指从打击、悲痛中恢复的能力。此定义关注物质和人，基本符合"韧性"在各个领域的应用，"韧性"概念被广泛应用于数学、物理、心理、生态等诸多领域。

从19世纪中期开始，韧性概念最先出现在物理和数学领域，被用以描述物质或系统在失衡之后回归均衡状态的能力，Bodin和Wiman(2004)对韧性在数学和物理中的应用进行了总结，韧性、抵抗性、弹性、稳定性等物质性质均被用于研究系统恢复均衡的程度和速度，其中韧性同弹性具有相同含义。在数学领域，稳定性为研究的核心概念，而韧性只是稳定性分析的组成部分之一。在物理领域，机械韧性为研究的重要概念，在纯粹的机械概念中，物质的韧性指能够在避免被破坏或产生变形前提下储存并且转移应变能量的能力(Handmer，1995)，被应用于破损安全设计和优化性能研究(Gunderson，2002)。

自20世纪70年代起，韧性的概念被广泛用于描述系统能够承受压力并且可以恢复到原来状态的能力，其中生态韧性和心理韧性成为研究的重点。生态韧性为系统适应干扰和变化的能力(Holling，1973；Walker et al.，2006)，体现为系统的持久性、适应性、多样性和不可预测性(Gunderson et al.，2002)，通过系统在保持状态稳定的情况下能够抵抗的最大干扰量进行表征(Scheffer et al.，2001)。相对于数学和物理领域的韧性概念，在不断发生变化的生态系统中，生态韧性并非研究单一的平衡状态，而关注动态更新和重组的过程，着重研究变化和适应性(Berkes，2007)。

在心理学领域,心理韧性和数学韧性、物理韧性、生态韧性之间不存在明显的联系。心理韧性的概念起源于早期精神病研究的文献,被用于表征儿童对不利生活状态的适应性。随着研究不断深入,这种适应性逐渐被韧性概念所替代(Earvolino-Ramirez,2007)。Richardson(2002)等学者认为心理韧性类似于生态韧性,指个体在精神创伤后逐渐恢复并提高适应性的能力。而 Bonanno(2004)等学者认为心理韧性类似于机械韧性,指个体保持一个稳定状态的能力。

从 20 世纪 90 年代起,对于韧性的研究逐渐着眼于社会系统。心理韧性关注个体,而社会韧性则关注群体。社会韧性最早由 Judith 和其同事在医疗健康研究中提出(Chenoweth et al.,2001)。Adger(2000)将社会韧性定义为个体和社会群体适应环境变化的能力,研究对象为整个社会,包括社会群体、资源、经济等。随着可持续发展理念的深入,社会系统和其依赖的生态系统之间的相互作用成为学者研究和政府政策的重点。

韧性概念经过机械韧性、心理韧性、生态韧性和社会韧性的发展,已经成为各个领域衡量物质和系统抵抗外部冲击以及从中恢复能力的标准。表1从均衡状态数量、目标、韧性测度、干扰类型和概念重点方面总结了四类韧性概念的区别。

表1 四种不同韧性概念的比较

	均衡状态数量	目标	韧性测度	干扰性质	概念重点
机械韧性	一个	恢复到初始状态	恢复到原有稳定状态的速度	外部冲击 可预知性	抵抗能力和恢复能力 效率和可预测性
心理韧性	一个或多个	提升适应能力或恢复到原有稳定状态	恢复原有精神状态或达到新的稳定精神状态的速度	外部压力 不可预知性	恢复能力 适应能力
生态韧性	多个	塑造新的稳定状态	在达到下一个均衡状态之前可以吸收的冲击程度,自组织的程度以及适应能力	外部冲击 不可预知性	抵抗能力 适应能力 有效性 多样性
社会韧性	不再追求固定的均衡状态	不断进行自我强化,提高学习能力和适应能力	不断吸收的冲击和压力的程度,自组织的程度以及适应能力	外部及内部的冲击及压力 不可预知性	抵抗能力 适应能力 灵活性 改造环境的潜力

(二)城市韧性的概念

城市作为人类活动和生态环境共同作用的综合体,包含资源、环境、基础设施、经济、政治、思想文化等子系统,任一子系统产生问题均会给城市这一复杂的系统带来巨大冲击和致命风险。为了应对不断产生的危机和挑战,自 20 世纪 90 年代以来,城市韧性理念被应用于城市研究之中,学者在对城市韧性进行研究时,关注点主要集中于生态韧性和社会韧性上。表2归纳梳理了目前有关城市韧性概念的主要观点,从早期的生态视角发展到目前的社会生态视角。

表 2　有关城市韧性概念的主要观点

作者	定义	城市系统能力
Holling（1973）	韧性指系统在结构和功能不发生变化的情况下可以控制的扰动数量。韧性可以用系统能够承受和抵御的扰动程度来衡量。	抵抗能力
Timmerman（1981）	韧性指人类社会抵抗对基础设施造成的外部冲击和破坏的以及从中恢复的能力。	抵抗能力 恢复能力
Holling（1996）	韧性代表一种缓冲能力，即系统吸收扰动的能力或者在系统结构发生变化之前通过调整可以吸收的扰动量。	抵抗能力
Folke et al.（2002）	韧性指缓冲干扰、自我组织、学习适应的能力。韧性系统包含了更新和发展所需的经验及多种选择。可持续发展的系统需要是韧性系统。	抵抗能力 恢复能力 适应能力
Kimhi and Shamai（2004）	社会韧性存在三个特性——抵抗力、恢复力和创造力。抵抗力指承受干扰及其后果的社会力量。恢复力指从干扰影响中彻底恢复的能力。创造力指在恢复过程中获得的经验，其可以从大量抵抗干扰实践中获得。	抵抗能力 恢复能力 适应能力
Adger（2006）	韧性指在系统发生彻底性变化之前可以吸收的扰动程度，以及适应紧急情况的能力。	抵抗能力 适应能力
Resilience Alliance（2009）	弹性联盟关注社会生态系统（SES），并从三个清晰的维度对韧性概念进行定义：①一个系统可以在保持既有状态或区域吸引力的前提下可以吸收的干扰数量；②系统能够进行自组织的能力和程度；③系统提高学习和适应能力的程度。	抵抗能力 恢复能力 适应能力
UNISDR（2009）	处于危险之中的系统、社区或者社会能够及时有效地抵抗、吸收、适应和恢复的能力，包括通过恢复其基本结构和功能的方法。	抵抗能力 恢复能力 适应能力
Walker et al.（2009）	韧性指社会生态系统（SES）在保持与临界值组织内的情况下不断调整和适应的能力，适应性是韧性的一部分。	适应能力
Zhou et al.（2010）	在地理视角下，灾害韧性指的是受灾主体在灾害中避免损失以及在灾害过后重建和重组的能力。韧性可以分为抵御性韧性和适应性韧性。	抵抗能力 恢复能力 适应能力
Han（2011）	韧性思考方式不仅需要改变灾害事件以降低系统脆弱性，控制决策中的多样性和不确定性因素同样重要。	抵抗能力
Murray（2012）	韧性指一个系统能够及时有效地预测、吸收、适应和从危险事件影响中恢复的能力。	抵抗能力 恢复能力 适应能力
Lhomme et al.（2013）	韧性指城市吸收干扰和在干扰后迅速恢复功能的能力。	抵抗能力 恢复能力
Wamsler et al.（2013）	城市韧性需要减轻当前灾害冲击和预防未来灾害，降低城市系统的敏感性和脆弱性，建立灾害反应以及灾后恢复的运行机制和功能结构。	抵抗能力 恢复能力

随着城市韧性研究的不断深入,当处理自然灾难和社会危机事件时,态度已经从"预防或控制"转变为"减缓和降低脆弱性",进而逐渐演变为"适应和转化"。城市韧性的基本定义和应用范围也已经从一个系统的结构平衡逐渐发展到系统功能的维护和增强。综上所述,城市韧性主要包含抵抗冲击能力、迅速恢复能力以及学习适应能力三方面。城市韧性是城市系统应对社会、政治和环境变化带来的外部压力和干扰的能力;是城市系统在不需要根本性改变基本结构和功能的前提下吸收扰动和压力,并从中恢复的能力;是暴露在危险中的城市系统通过抵抗灾害和自身调整,保障功能和结构维持良好的状态的能力。

(三)城市韧性概念深化

在全球环境气候变化、社会生态和灾害风险科学等研究领域中,脆弱性、韧性和适应性是三个基本且相互关联的概念。在许多情况下,提高韧性可以等同于降低脆弱性和增加适应能力(Gallopin,2006)。然而到目前为止,它们的相互关系还不明确,特别是在减灾领域,这在一定程度上阻碍了合理的风险分析和科学决策。所以,识别城市韧性同系统脆弱性和适应性之间的联系以及区分三者之间的差异对于理解城市韧性内涵意义重大(Lei,2014)。

政府间气候变化专门委员会(IPCC)将脆弱性定义为系统容易受到气候变化带来的负面影响而难以处理的程度,随着社会危机事件的不断爆发,脆弱性被广泛应用于社会灾害和风险方面(Kasperson,2005),解决自然和社会风险问题需要立足于系统的脆弱性并控制系统的变化。适应性指为了应对压力和风险而对行为进行调整,并达到更优状态的情况,随着气候变化研究和社会危机研究的发展,适应性逐渐从应对自然环境变化视角扩展到社会生态视角(Winterhalder,1980)。韧性指系统抵抗干扰并迅速恢复的能力(Zhou et al.,2010),相比于脆弱性,韧性更侧重于提高社会生态系统适应不确定性和突发情况的能力(Adger et al.,2005),相比于适应性,韧性对于系统调整的覆盖范围更广。城市韧性不仅仅要求城市从实践中吸取经验和教训并调整完善,更需要城市在灾害和风险来临时抵抗冲击。

在对城市韧性进行研究时,诸多学者在城市韧性的定义中包含了脆弱性和适应性的概念。Walker(2004)等人认为脆弱性是韧性的反面含义,即当社会和生态系统缺乏韧性时便会表现出对于干扰的脆弱性,另外韧性系统能够吸收未来冲击和压力从而保持核心结构和重要功能,提高系统的适应能力。相对于三者之间存在包含关系,一些学者认为脆弱性、韧性和适应性概念存在交叉和重叠(Young et al.,2005;Vogel et al.,2007)。脆弱性关注灾害之前系统的状态,暴露度和敏感度是脆弱性的两大方面;而韧性则关注灾害中和灾害后的系统状态,提高系统抵抗灾害和从中恢复的能力;适应性具有尺度性和地域性,同脆弱性在不同尺度上是相互依赖和不可分割的,同韧性是相互作用和影响的(Smit et al.,2006)。综上,对城市韧性进行研究时不可过度区分三类性质,而应综合考虑。

三、城市韧性的主要内涵

(一)灵活性

灵活性指城市系统为应对不断变化的环境或突如其来的危机而采取替代性策略,进行调整、进化的意愿和能力。灵活性注重系统的随机应变,要求准确识别系统难以回归到初始状态的情况并及时采取新的解决方式及策略，引入新的技术或知识。对于一个城市而言，危机和风险不仅来自外部环境，而且来自内部结构，韧性城市需要具备适应内外部环境的能力（Popolo，2017），在不断变化的环境中善于调整自身结构和功能，提高自身的适应性，而不应当只关注控制和减少风险（Allan，2011）。面对已知和未知的风险和挑战，具备灵活性的城市会经历有效组织到适应再到进化的过程，从而达到韧性城市的目标（Jha，2013）。

(二)冗余性

冗余性指城市系统拥有足够资源适应激增的需求和极端压力，部分学者将其表述为丰富性。冗余性的前提在于城市系统的多功能性，可以带来更多解决问题的思路、信息和技能；相反，功能单一的城市的要素间缺乏联系，容易造成系统的脆弱性。另外，冗余性需要城市子系统具有一定程度的功能重叠，提高相互替代的程度，即保证城市在某些子系统作用中断、退化和功能损失的情况下能够提供替代性的措施和服务（Wildavsky，1988）。随着城市的发展，城市面临的风险和危机也趋向复杂，韧性城市需要有一定程度的备用功能模块，通过在时间和空间上分散风险，减少扰动状态下的损失，例如目前多种交通方式的组合可以实现突发情况下人口的大规模转移，能源系统多种输送途径可以适应需求激增或某条线路供应中断的情况（Ahern，2011）。此外，韧性城市的冗余性不仅表现在城市系统物质结构方面，还表现在制度结构和管理结构方面（Walker et al.，2006）。

(三)智慧性

智慧性指城市系统在面对冲击和威胁时，准确识别威胁来源，确定优先事项并有效调动社会资产（金融、物质、社会、环境、技术和信息）以及人力资源的能力。智慧性特征的核心在于城市系统在应对危机和恢复过程中能够迅速整合各类资源从而有条不紊地实现目标需求（Allan，2011）。首先，智慧性突出表现为城市的组织能力，城市系统不断遭受各类破坏的威胁，威胁来源的准确识别是解决问题的关键，需要城市系统具有敏锐的判断力。其次，由于每项威胁均具有不同程度的破坏性、风险性以及处理难度，所以能够确定优先事项并有序处理各项危机也尤为重要。提高城市的智慧性需要城市具备多尺度的联结性（Ahern，2011）和扁平化的管理结构（Wildavsky，1988），以促进物质、人力、管理等多要素之间的协作，提高资源的利用效率。

(四)反应性

反应性指城市系统在遭受冲击后迅速重建设施和重组结构的能力。对城市的冲击事件多数情况下具有紧急性，所以城市的反应速度非常关键。反应性体现城市系统的应变能力和敏捷的反馈能力，可以及时满足优先事项和实现重要目标，从而尽可能弥补损失、恢复功能和避免进一步的冲击（Allan，2011）。城市应对风险和危机一方面需要信息和物质快速、准确的传递，另一方面要避免社会恐慌和动乱以及提高社会的凝聚力，所以增强城市系统的反应性要求完善城市的通信系统、运输系统等，提高城市组织协调能力和危机公关能力（Fukuma et al.，2017）。城市韧性反应性的建设基于城市系统功能的综合性，集合系统机构、资源和要素并及时调动和补充，填补最重要的缺口，共同作用并达到更优的效果，同时带来附加利益。

（五）学习性

学习性指城市系统在应对威胁和冲击过程中学习经验和吸取教训，利用以往经验指导未来决策，并在危机时刻快速应用和反应的能力（Sharma et al.，2015）。城市系统不断遭受冲击和受到潜在风险的威胁，冲击和风险也随着城市应对能力的提升和环境条件的变化而不断升级，亟须城市系统提高自身的适应能力。成功的经验和失败的教训在系统学习过程中扮演着关键的角色，有利于提高决策的科学性。学习性体现了从反思性到适应性的过程，此过程伴随着城市系统自身对原有标准和准则的科学修正，例如具有反思性的规划过程能够更好地应对不断变化的环境，并将不确定性冲击作为科学修正的考虑因素，将既有经验和教训作为合理修正的依据（Ahern，2011）。

（六）稳健性

稳健性又称鲁棒性，指在避免功能退化以及功能丧失的前提下，城市系统结构承受既定水平的压力及需求的能力。稳健性需要组成城市系统的各个部分之间具有强有力的联系和反馈作用（Wildavsky，1988），整合系统资源从而承受不断的冲击，进行科学决策以确保系统故障和风险能够得以预测和解决，例如具有稳健性的基础设施各系统间密切联系，不会因为超过设计阈值而遭遇毁灭性的损坏（Abbar et al.，2016）。城市系统的稳健性的关键在于组织系统，通过良好治理和有效领导确保城市系统行为的适当合理，同时需要广泛的咨询和市民的参与，提高共同所有权意识（Jiang et al.，2015）。

四、城市韧性的评价体系

城市韧性概念具有抽象性并且所含内容广泛而复杂，构建框架指标体系以衡量城市韧性是目前国内外学术研究的重点。其中应用广泛且发展成熟的是韧性联盟提出的城市韧性研究主体框架以及洛克菲勒基金会提出的城市韧性框架指标体系。韧性联盟从管理网络构建、代谢流、建成环境和社会动力机制四个方面总结了城市韧性研究的主体框架。管理网络构建需要保证城市机构和组织的正常运作；代谢流从城市物质和能量流通的角度出发提高城市要素的利用效率；建成环境着眼于城市空间和基础设施建设；社会动力机制关注城市社会特征，从人口资源、特征和社会公平等角度促进城市韧性建设。洛克菲勒基金会城市韧性框架指标体系从城市韧性特性出发，构建了城市体系与服务、经济与社会、健康与福祉、领导力与战略四大类指标。城市体系与服务建设需要可靠的通信和机动性、连续性的关键服务以及物理暴露性的减少；经济与社会发展包括集体认同感和交互支持、社会稳定和安全、可获得金融资源和应急资源；提高居民的健康和福祉水平需要保障居民健康和生命安全、提高就业水平以保障生计、最大程度降低社会脆弱性；领导力与战略指标关注城市系统的组织和管理，通过一体化的发展战略、获授权的利益相关者参与以及高效领导与管理加以实现。另外，国内外学者基于城市韧性的概念和特征从不同的侧重点构建了指标体系。表3归纳梳理了目前有关城市韧性测度的主要指标体系框架。

表3　有关城市韧性测度的主要指标体系框架

作者	变量	指标
Briguglio et al. (2009)	经济资源 社会发展	金融业发展情况、利率管控、信贷市场、国际信用、法庭公正性、知识产权、司法独立、军事冲突、政治系统、教育、财政赤字、通货膨胀率和失业率、健康医疗水平
Cardona et al. (2008)	经济资源 灾害损失	社会捐助水平、国际信用、保险水平、国内信用、预算再分配利率、税率、灾害储备资金、GDP
Chan et al. (2014)	基础设施 社会发展 自然环境 生态条件 创新技术	公共设施、土地利用空间结构、防灾规划、资源分配能力、河流流域管理水平、环境敏感区域、缓坡保护、河流资源保护、政府财政水平、个体能力、弱势群体数量、天气预报准确性、医疗急救能力
Cutter et al. (2008)	社区建设 基础设施 社会发展 自然环境 生态条件	精神疾病情况、咨询服务、医疗健康水平、风险识别、居民生活水平、商业和制造业发展水平、关键基础设施、住宅存量和年份、交通网络、公司运营计划的连续性、应急响应计划、应急服务、风险损失减轻计划、风险控制项目、通信水平、区位水平和建筑标准、生物多样性、土壤侵蚀程度、不透水表层面积、海岸线防护工程、湿地总面积和受损面积、社会价值和凝聚力、人口数量、就业率、市政收入、社会总资产价值、社会网络
Estoque and Murayama (2014)	社会发展 生态条件	政府有效治理水平、生态系统服务价值、人均生态系统服务价值、人口发展指数、家庭贫困率
Foster(2007)	社会发展	就业率变化、人口数量变化、国民平均收入、贫困率
Graziano(2013)	基础设施 技术创新 社会发展	宽带业务、电力网络、能源网络、铁路建设、设计应用、模型应用、专利、银行存款、商业密度、住房水平、速动比率、公司贷款、非食品消费比例、人均抚恤金、人口增长率、净资产收益率、人均资产增长率
Martin(2012)	社会发展	就业率
Resilience Alliance (2009)	基础设施 自然环境 社会发展	地下水埋深、水位平衡、生物多样性保持水平、水质条件、河流生态系统状况、土壤酸度、水利基础设施、社会公平、农业收入、高乘数经济部门
University at Buffalo Regional Institute (2011)	基础设施 社会发展	市政基础设施、不动产确权、残疾情况、商业环境、经济多样化、受教育程度、健康保障、收入公平、社会稳定、区域购买力、脱贫情况、选民参与度

　　尽管在各类韧性变量中考虑的指标有很大的差异,但可以分为六个主要类别。第一类指标为社会生态指标,城市韧性研究的环境为社会生态系统,几乎所有的学者均将社会和生态指标作为城市韧性研究的重要内容。第二类指标为个体的经济资源(包括个人收入、社会保障标准、收入公平性、贫困率等)以及社会经济系统(包括商业环境、经济多元化、商业密度、信贷市场、财政收入、GDP等)。第三类指标为城市系统的制度,表现在资源分配能力、规划连续性、政治系统、市政设施水平等方面。第四类指标为基础设施水平,Percoco(2004)认为城市发展高度依赖于基础设施网络,基础设施建设有利于提高整个城市系统的经济效率,目前关于基础设施水平的研究集中于可达性和空间经济水平上。第五类指标为社会组织能力,体现在社会群体合作处理城市危机和风险的能力,包括居民的风险意识、公共事务参与度等。随着科学技术的发展以及应用程度的不断提升,技术和创新指标成为预

防和减少灾害影响的重要因素,是城市韧性的第六类指标。

但是目前大部分研究选择利用一系列的指标和方法,从不同的空间尺度对城市韧性进行测度,但缺乏理论层次上的深入探讨。城市韧性的分析和测度与特定的冲击、环境、框架以及空间尺度均相关,所以对城市韧性进行研究时需要根据研究对象和风险冲击的特定情况而选择适宜的方法及工具。

五、相关领域的研究动态

(一)城市韧性与防灾减灾

城市系统复杂且内部子系统相互依赖,容易受到气候变化和自然灾害的威胁。目前城市密集的建筑、人口以及相互关联的基础设施系统均增加了城市面临洪水、地震、飓风等灾害的风险性(Godschalk,2003)。每年自然灾害造成的损失相当惊人,瑞士再保险研究披露2015年全球全部灾害(包括自然灾害和人为灾难)造成的经济损失总额为920亿美元,约有800亿美元是自然灾害导致的损失。为了应对自然灾害对城市系统的破坏,建设低风险、低脆弱性的韧性城市需要政策高度支持、政府和私人合作、社会网络建设以及规划的科学性。

1. 防灾减灾中的城市韧性内容框架

在防灾减灾方面,提高城市韧性需要最小化灾害的负面影响,同时快速恢复社会经济活力。但是,城市韧性和自然灾害之间的关系极为复杂,需要充分考虑社会、经济和政策等多重因素。学者通过结构功能理论、冲突理论、资源竞争理论以及其他社会地理及人类学观点对城市韧性进行分析(Bates et al.,1994;Kreps et al.,1994;Hewitt,1983),最终形成了减灾系统、恢复系统和结构认知系统等三个成熟系统,其交互作用并组成了防灾减灾中的城市韧性内容框架。

(1)减灾系统

减灾系统可以降低城市面对自然灾害的暴露性及风险性,但是减灾系统的有效应用和作用体现需要满足一定的条件。首先,减灾系统建设需要基于成熟的理论,满足合理和清晰的政策目标(Sabatier et al.,1980)。其次,减灾系统建设的任务或计划必须委托给有足够资源和能力的机构实施,同时该类机构的领导层需要具备多事项管理能力以及政策制定能力(Madakasira et al.,1987)。再次,减灾系统建设需要遵循民主性原则,广泛征求民众的意见(Wenger,1978)。最后,减灾政策应当遵循稳定性原则,避免政策的频繁变动。为此,提高城市韧性需要明确城市减灾目标和规划,提供充足的资源并制定长期稳定的方案。

(2)恢复系统

随着地球环境的不断变化,利用有限的资源难以避免所有的灾害影响。受目前社会经济条件的限制,城市系统在遭受灾害冲击过后需要长期和艰难的恢复过程。因此,建设城市韧性需要关注系统的恢复能力以及采取有利于促进恢复的方式(Tobin et al.,1994),这些方式包括基础设施的建设和资本集聚、政府和私人组织的密切合作、社会资源的合理再分配(Peacock et al.,1997)、公众的参与(Berke et al.,1993)等。另外,灾害对不同地区和不同群体的影响程度不同,社会的不公平性、社会异质性以及对稀缺资源的恶性竞争均会阻碍城市系统的恢复进程(Peacock et al.,1997),所以在城市恢复过程中应当同时兼顾公平和发展。

（3）结构认知系统

城市韧性建设受到灾害情况、物质条件、社会特征、文化以及经济发展等多重因素的影响，其中对于社会结构的认知不容忽视。年龄、家庭结构、财产、性别、种族、教育水平等社会结构因素的差异均可造成城市韧性建设水平的不同（Ollenburger et al.，2008）。目前，社会的贫富差距、种族歧视和性别歧视等主要的社会结构认知问题均会影响资源分配、政策制定，进而阻碍减灾和恢复过程（Peacock et al.，1997），所以城市韧性建设需要识别社会结构特征，在充分认知的基础上采取差异化和合理化的措施。

2. 应对气候变化的城市韧性建设

在过去的几十年中，很多国家已经采取措施应对气候变化的风险。大部分国家通过加强制度建设、识别和评估风险以及提高技术水平等措施应对气候变化（Razafindrabe et al.，2014；Tanner et al.，2009；Harte et al.，2009）。经过多年的实践，学者将应对气候和灾害风险的经验整理为较成熟的框架，主要包括风险识别、降低风险、风险预测、经济保护和弹性重建等内容（Cimellaro，2010；Alshehri et al.，2015）。风险识别通过提高评估和分析能力，加深对气候灾害和风险的识别和理解，是其他应对行为的基础。降低风险的目的是通过政策和投资的全面手段，避免危险事件的再次产生（Patonet et al.，2000）。风险预测指通过风险预报、危害性预警和应急计划提高处理危机的防范能力（Gupta et al.，2010）。经济保护的目的是避免社会产生难以挽回的动乱，通过经济保护策略增加政府、私有部门以及个人家庭的经济弹性（Rose et al.，2005）。城市韧性建设的重点在于抵抗风险后的重建过程，通过各方努力和支持实现城市更为迅速和有效的恢复（Haigh et al.，2011）。

面对复杂的气候变化情况，政府决策的制定应当充分考虑未来的不确定性，为了提高城市韧性，各国需要基于目前财政状况合理制定长期且有弹性的项目规划，注重提高风险管理水平。在决策主体层面上，气候变化风险管理需要个人家庭、社区、国家承担各自的责任，为此制度建设需要辅之以合理有效的激励政策，提高各类主体参与城市韧性建设的积极性（Norris et al.，2008）。同时，应对自然灾害的韧性能力因主体不同而存在差异，应对气候变化和灾害的项目需要注重公平性（Doorn，2017）。

3. 针对具体自然灾害的城市韧性建设

气候变化日益剧烈，自然灾害频发，加之城市地缘因素的差异和城市资源的有限性，每个城市均应当着重对某种或某些自然灾害制定应对策略。Colten（2008）等人从城市韧性原理出发，从自然灾害预测、回应、恢复和减少脆弱性四个循环上升的层次对新奥尔良市应对卡特里娜飓风的经验和教训进行总结，认为城市应对飓风需要从飓风前、飓风中、飓风后和未来四个阶段进行灾害应对。Chen（2008）等人选取了新竹县、台中县和南投县三地受泥石流等地质灾害威胁的社区为研究样本，利用地理信息系统技术和逻辑回归分析手段确定了每个社区的泥石流易发性和滑坡易发性，提出了一种新的山地社区灾害风险缓解和环境规划评估方法。Krysanova（2008）等人对易北河、瓜迪亚纳河、莱茵河、提萨河、尼罗河、阿姆河等流域应对洪水和干旱的策略进行对比和总结，认为样本河流领域水利设施建设等结构性措施发达，但是土地利用政策及预警系统等非结构性措施存在严重缺陷，城市韧性建设需要加强战略制定和相关政策实施，协调供给侧和需求侧之间的矛盾，保证为多个用户提供充足的水资源，并在变化的气候条件下为流域抵抗洪水和干旱提供保障性措施。

（二）城市韧性与城市规划

随着城市化进程的不断发展，城市在经济、社会和文化等方面取得诸多成就的同时，城市系统同样暴露出严重问题，如经济、社会和空间脆弱性增强，自然资源逐渐枯竭，生态环境恶化，灾害性事件频繁出现，而该类城市化问题凸显的主要原因在于城市规划缺乏韧性，难以应对突发事件和解决累积性问题，所以在城市规划中应用韧性思维具有必要性。

1.韧性在城市规划中的作用

近些年，城市韧性逐渐成为城市规划文献的重要概念和原则。韧性思维方式有助于人们理解和分析城市系统结构，促进城市规划中合理原则和科学规划方式的产生。韧性思维不关注明确的规划目标，而着重提升城市的自适应能力，城市韧性思维在城市规划中的作用逐渐显著（Jabareen，2013）。

（1）有助于对城市社会经济系统和生态系统的理解

社会经济系统和生态系统之间共同进化，呈现非线性交互作用的特征（Walker et al.，2006）。Armitage（2012）等人认为城市韧性的重要作用在于识别扰动性因素作用下能够促使社会生态系统更新和重组的变量，进而引入能够表征城市社会经济系统和生态系统间相互作用方式、系统结构或组织机理的框架，即城市发展适应周期框架，从而动态性分析城市各系统共同进化的过程。城市韧性着重关注关系人类福祉的生态系统，城市地区发展依赖于生态产品和服务的数量以及分配（Perrings et al.，1997），保障生态服务的持续供应尤为重要。生态系统服务容易受自然条件和人类行为的影响，所以韧性城市的建设需要城市规划中的生态系统能够适应未来的需求（Andersson，2006）。

（2）有助于对城市脆弱性和城市规划进行评估

脆弱性分析是弹性思维的一个基本组成部分，通过对城市系统脆弱性的研究可以评估干扰性因素影响社会和生态系统的方式以及城市系统的敏感性（Dalziell et al.，2004；Adger et al.，2005）。韧性概念可以应用于评价城市的发展阶段，同时评估城市规划政策对经济、社会和环境的影响。从方法论角度看，城市韧性要求城市规划政策能够应对未来复杂的情况，促进城市的可持续性发展，城市韧性的概念为加强对城市规划的分析和理解提供了一套具有可操作性的分析框架和指标体系，同时韧性的特征和原则可以被用于生态、社会经济和城市规划的综合分析（Jabareen，2013）。

（3）有利于提高城市规划的适应能力

以往的城市土地利用规划更关注采取措施减少干扰性因素的影响以及风险，而城市韧性概念则注重提高城市规划的适应性能力。城市系统具备一定的自组织能力，但是严重性突发事件往往令城市系统的自组织能力失效（Peterson，2000）。韧性城市面对不同类型的干扰不仅仅是抵抗危害和风险，更在于接受干扰，合理重组城市系统并制定更为有效的应对策略，发展城市的主要功能，提高城市系统的适应能力（Folke，1992）。城市韧性的适应能力的重点在于自组织能力和转换能力的结合，具备韧性的城市规划能够在生态、经济、社会系统失衡的情况下迅速调整结构并适时转换为全新系统（Li et al.，2004）。

2.城市规划在韧性建设中的作用

城市韧性建设和城市空间规划密不可分，因为空间规划影响城市经济、社会、生态环境等多个子系统的发展以及基础设施的建设。由于城市化过于追求速度，处于城市化中期和后期的城市缺乏韧性思考，空间规划体系呈现支离破碎的状态，严重影响了区域城市韧性的建设（Davoudi，2012）。所以提高城市韧性水平需要合理规划城市布局和控制城市规模，最大限度发挥城市空间规划的潜力，增强城市各个子系统之间的协同效应。而且城市空间规划并非关注特定的子系统，而是从综合的角度考量城市的脆弱性以及潜在风险（Fleischhauer，2006）。欧洲理事会对城市空间规划在风险评估和管理以及城乡之间统筹发展中的作用的研究历史较长，之后欧盟委员会将空间规划与气候变化适应策略联系起来，并针对性采取措施控制城市扩张，合理利用城市土地，提高城市防灾基础设施建设水平等，不断促进城市的韧性建设（Fernandez，2011）。

3. 城市规划中韧性评估理论和方法

近些年，学者从评估理论（Tagliabue et al.，2005）、评估方法设计（Alshehri et al.，2015）、指标体系构建（Lee et al.，2014）以及改进评估技术等多方面对城市规划中韧性评估进行研究。另外，可持续发展观念作为城市韧性的主要特征，通过将社会环境相关原则融入城市规划中，逐渐在城市规划评估中成为重要方面（Sikdar，2003）。经过学者的研究和创新，城市韧性评估方法论不断演化，城市规划中韧性评估的框架和方法在社会环境系统及规划方面文献中大量出现。

（1）城市规划韧性评估理论

Pinho（2007）等人借鉴社会环境系统和规划评估方法论，对城市规划中韧性评价的方法论进行了阐述。城市规划韧性评价将城市规划活动作为一个整体，关注城市规划准备、制定和实施的各个阶段。城市规划评价制定应当遵循简洁易行的原则，便于评价方案实施，主要从城市韧性的适应性、连通性和便于转换性等显著特征出发对城市规划的韧性进行评价。同时城市规划中韧性评价方法论强调各地政策、项目、计划和目标的差异性，应当在充分考量当地实际情况下因地制宜地制定规划评价方案。近些年，学者不断选取代表性城市为研究区，利用城市韧性的研究框架或韧性特征对城市及城市群的物质和社会结构韧性进行评估，为各类城市的科学性规划提供建设性意见。

Dias（2013）等人以里斯本西部小城阿尔坎塔拉为研究区，通过连通性和适应性评价框架对城市多中心形态进行了韧性评价，研究结果表明阿尔坎塔拉正在经历基础设施重建和城市更新的过程，所以对城市形态和社会结构均造成改造性的影响，多中心现象下需要制定更具连通性和适应性的城市规划方案，增强城市韧性。Vitor（2013）等人以葡萄牙城市波尔图为研究区，同样利用城市韧性的方法论，从城市重建、社会资本积累两个角度对研究区城市化问题进行总结，同时从城市韧性的角度对规划政策方案进行分析。Ayda（2013）等人以伊斯坦布尔为研究区，从韧性城市的紧密性出发对城市的动态变化进行评估，结果表明城市扩张性计划以及城市土地市场动态的政策不断增强了城市核心区域的紧密性，但是建成区域缺乏灵活性，难以应对不断激增的经济、社会需求，同时应对环境质量下降的恢复能力受到了严重限制。Schmitt（2013）等人则以斯德哥尔摩城市群为研究案例，通过城市韧性指标体系分析，认为评估城市群的韧性时，不可简单采取用于提高某个城市韧性的方式，而应识别城市之间的内在结构和发展动力，为整个城市群区域制定充满适应能力、转换能力和连通性的土地利用规划。Stead（2013）等人以鹿特丹为研究区，从韧性角度综合评价气候变化以及城市土地利用规划对城市的影响，认为城市韧性不应仅仅着重城市规划和土地利用政策的制定，而应当关注城市人口的行为，将城市物质环境和社会环境相结合，提高整个社会系统应对灾害和风险的能力。

（2）城市规划韧性评估方法

城市规划领域评估韧性的方法相对于社会生态系统中韧性评估方法而言缺乏普遍性，通过借鉴以往评估规划可持续性的方法，Nijkamp和Finco（2009）提出了一个多标准评估的方法和一套评估城市规划弹性的指标，并利用该框架和方法对意大利城市克雷莫纳和荷兰城市恩克赫伊森城市规划的韧性水平进行了对比评价。Bonnet（2010）利用图形理论建立网络模型，基于对法国蒙彼利埃城市地区各公司的统计调查数据，对公司在城市规划弹性和空间组织中的重要作用进行了阐述。Stevens和Hanschka（2014）等人则提议建立评估城市规划方案的框架，目的在于规划建立具有灾害韧性的社区。该框架应用多重回归分析等数学统计方法，对多个洪水平原上的城市规划地区进行对比分析，包括低密度的老城区和高密度的新城区。评价结果表明新城区的规划韧性较强，原因在于地方政府的财政和技术支持。

4.城市韧性与城市空间动态变化

城市作为复杂系统，呈现出不同的城市发展模式和空间动态变化情况。城市变化是一个持续性的过程，它由社会、经济、文化、政治、制度等多方面因素驱动。城市化发展、城市空间动态变化以及城市政策组织间存在着交互的作用。城市政策对城市化发展具有直接作用，但同时城市化发展的多样性特征同样可能影响城市政策的发展（Renaud et al.，1981）。城市空间变化和城市政策之间同样如此。城市空间在城市化和城市政策的影响下主要呈现出城市蔓延、多中心化、收缩性、紧凑性四类特征。

城市蔓延被描述为低密度的城市扩张过程（Glaeser et al.，2003；Galster et al.，2001），同时城市蔓延往往超过社会需要而呈现出过度扩张的特征（Brueckner，2001）。城市蔓延是否有利于提高城市韧性在学界尚存在分歧，大部分学者认为低密度扩张的城市能够在突发情况下提供更大的空间调动，同城市韧性的适应性相一致。同时，分散和多中心的特征有利于提高城市系统功能的冗余性和自治性。

学者对于城市多中心的研究关注点存在差异，一些学者（Ipenburg et al.，2001；Meijers et al.，2003）关注城市多中心的影响因素、居民感知、政策设计等，一些学者（Knapp et al.，2008；Breuert et al.，2006）关注多中心城市的机构能力建设及治理问题，而Batten等学者则关注各中心的职能以及多中心之间的互补作用（Batten，1995；Capello，2000；Meijers，2007）。城市多中心的特征在于多样性、冗余性、系统职能互补性和应对灾害和风险的灵活性，在受到干扰影响情况下通过系统功能的调节稳定城市整体功能，从而提高城市的适应性和韧性（Meijers，2005）。

学者对于城市萎缩的概念存在不同看法，被普遍接受的定义是城市长期的人口损失，同时伴随着城市空间的收缩（Haase，2010）。城市收缩现象和城市蔓延及城市多中心化伴随而生，并不是非此即彼的关系。城市的收缩性意味着对经济增长压力的缓解，有利于降低城市的空心化现象，提高城市基础设施建设和社会公共服务的效率及质量，同时促进资源环境的可持续发展，从而增强城市韧性（Ryan，2012）。

城市紧凑性指的是城市活动、功能和居民逐渐积聚，分布密度不断增加的性质（Burton，2000）。紧凑性城市具有有效性、功能复杂性、连通性等特征，和城市韧性的特性相关。有效性指社会个体更为临近，资源利用效率上升，公共服务质量提升（Gordon et al.，

1997）；功能复杂性则有利于解决紧凑城市中干扰源和环境敏感区域距离较近的弊端，提高城市系统对灾害和风险的抵抗能力（Roo，2000）；紧凑城市的连通性有利于提高城市资源和社会公共服务的利用效率。紧凑型城市和蔓延性城市并非完全相互对立，城市功能的集聚性和空间冗余性均有利于促进城市韧性的提升（Sonne，2009）。

从学者讨论城市韧性和城市发展模式的文献中可以看出城市发展模式同可持续土地利用密切相关，韧性城市的原则与城市空间合理发展目标存在一致性。紧凑性与城市可居住性的目标相关，关注通勤的便捷性。效率性为城市发展的重要原则，不仅指空间结构的效率性，同时要求城市居民对于城市事物的有效参与、土地开发过程和土地利用政策之间的平衡、旧城改造和城市边缘土地的限制性利用相结合。另外，城市密度、多样化等城市空间发展的评价指标也与可持续土地利用以及城市韧性的主要原则相关。上述四类城市空间特征均对城市韧性的提升有各自的影响，所以提高城市韧性应首先关注现有的城市规划，因地制宜建设韧性城市。

（三）城市韧性与公共管理

城市韧性研究起源于工程韧性和生态韧性，关于城市韧性和韧性城市的研究多数关注城市规划领域和应对自然灾害风险领域。虽然城市规划和城市减灾均涉及城市公共管理，但是目前仅有最近两年的少数文献针对城市公共事务治理和决策进行了城市韧性研究。

1. 社区参与

（1）整合灾害管理规划和社区规划

灾害管理规划和社区规划虽然在规划理念上的出发点不同，但是两者的目标在一定程度上具有相似性，即在尽可能保障社区安全的同时提高居民生活的质量。另外，两者均和社区建筑物、基础设施的管理和维护有关，对社区安全均至关重要，所以建设韧性城市不仅需要灾害管理规划，同时应关注社区规划。Myers（1997）认为应当在不威胁社区安全的基础上，赋予社区利益相关者自主管理周边环境和资源的权利。Pearce（2003）认为在传统灾害管理策略失效且灾难性损失不断增加的背景下，应确保更广泛的社区参与，明确当地政府的基本职责，将灾害管理规划同社区规划密切联系。美国安全委员会项目提出在社区规划中调动社会的积极性需要提高社会成员风险管理的意识，发挥所有成员的创造性，同时获得相关利益主体的支持，协调个人利益和集体利益之间的矛盾，从而通过科学民主的社区规划提高社区韧性。而 Deyle（1998）等人则将社区规划四部分内容融入可持续风险管理的框架之中，通过利益相关者参与、韧性评估、规划分析以及减灾策略评估四部分循序渐进的评价步骤对社区灾害管理规划进行整合分析。

（2）社区韧性中的公众参与

随着灾害的危机性不断增强和对社会影响程度逐渐加深，如果社区的规划者和灾害的管理者忽略社区的公众参与，则解决灾害问题的效率和效果将大大降低。在澳大利亚达尔文城的飓风灾害应对案例中，由于公众和规划者之前的意见分歧，公众在社区管理和灾害应对中的积极性以及信心的低落导致城市减灾体系的失败。Hung（2016）等人以台中市为研究区，通过建立适用于政府政策的气候灾害弹性指标体系，结合模糊决策分析方法、地理信息系统方法以及多元分析方法等揭示了社区参与在应对和减少气候灾害风险中的重要性。世界各地的决策者开始在危机管理政策中考虑社区韧性。

社区韧性指通过当地政府资源的支持,社区能够在紧急情况下自我救助,从而减少政府的压力,避免更大的危机的能力(Bach et al.,2010)。为了提高社区韧性,需要政府和社区密切合作,保障社区居民拥有获取灾害信息、参与社区规划和灾害防治的权利,合理体现居民对政策的影响,令社区真正参与危机管理。另外,公众参与不代表政府可以置之不理,社区韧性的提升需要地方政府资源的充分利用,公众在政府资源支持下协助而非取代政府应对危机和重建恢复(Arnstein,1969)。提高社区韧性的关键在于政府和居民权利的合理配置,政府应当在履行宏观调控、提供基本公共服务和资源合理配置的职能基础上分散政策制定的权利。Stark(2014)等人以昆士兰洪灾为案例论证了社区分权模型对危机管理的作用,同时分析了在以政府权力为核心的社会治理环境下的社区弹性难以有效应对危机,原因在于政府下放权力的实质仍然是权力集中而非分权。美国南卡罗来纳州查尔斯顿城市防震项目中,通过举办专业研讨会和开办社区信息论坛,广泛收集专家、社区管理人员和民选代表的意见,同时在社区大学中设立地震教育中心,将专业防震知识和当地具体情况相结合,提高社区居民在防灾规划中的参与度(Beatley,1992)。通过灾害管理规划同社区规划的结合,公众的广泛参与将产生持续的风险规避作用。

2.政府韧性城市建设实践

政府作用体现在城市公共事务管理和城市治理的各个方面,公共管理领域的政府角色逐渐向分权化结构和市场化结构转变,掌舵型政府在韧性城市建设中主要负责制定城市发展战略目标、完善政府内部组织以提供充分的公共服务、重视城市居民的参与、共享公共治理和决策权力。目前,公共管理中的城市韧性建设集中体现在国内外韧性城市建设的实践之中。

(1)全球韧性城市建设

2010年3月,联合国减灾战略署(UNISDR)发起"让城市更具韧性"运动,并确定了"让城市更具韧性"的"十大准则",从公民广泛参与、风险评估和预警、基础设施建设、防灾减灾教育、灾后重建等角度对城市韧性建设提出了建议。另外,联合国减灾战略署开发了一系列城市韧性评估的框架和工具,目前已有650个地方政府采用了城市韧性自我评价工具,334座城市更是将评价结果作为城市发展规划的基础。

2013年5月,洛克菲勒基金会发起了"全球100个韧性城市"项目,通过甄别和综合评判,最终从全球选取了100个韧性城市,为入选的100个城市共准备了1.64亿美元的无偿经费资助,帮助会员城市制定并执行韧性城市建设的策略,改善城市整体功能和提高韧性设计水平,构建会员城市资源和信息共享网络,提供技术、资金、基础设施等方面的支持。

(2)国外韧性城市建设

纽约市作为"全球100个韧性城市"中的一个会员城市,其政府在公共管理方面注重加强城市韧性建设,将各级政府部门和社区组织、社会公司、私人部门协同起来,共同应对自然灾害以及社会紧急事件的威胁。纽约市政府充分发挥公共服务和基础设施建设的职能,推动城市更新进程以提高城市规划应对自然灾害的能力,加强基础设施建设和海洋防御体系以应对气候变化和突发事件。纽约市的韧性城市建设充分体现了政府公共管理注重协同治理的观念。

新奥尔良市在遭受卡特里娜飓风的重创后,缺乏韧性的政府机构难以在短时间内组织和调配所需的资源,当地居民自发组织重建社区结构,得以从自然灾害中迅速恢复,体现了城市居民的韧性。新奥尔良市的韧性城市建设体现了社区居民对居住区域的认同感和社会网络之间的紧密联系，通过发挥社区的自组织能力，将居民要素充分纳入城市治理之中，提高城市韧性建设的主体参与度。

新加坡市为了应对自然灾害的冲击，以政府公共管理为主导，总理组织关于气候变化的部长级委员会，同时听取利益相关者的意见和广大公众的态度，从而科学民主地制定应对自然灾害的国际级战略，保证政府各部门以及社会公众的意见得到充分重视。新加坡城市韧性建设过程中，政府公共管理的作用主要体现在制度机制建立方面。

日本东京市政府在城市韧性建设中的公共管理职能主要体现在策略制定上，通过制定长达 10 年的项目计划，阐明应对自然灾害和气候变化的框架战略，进一步明确政府应对气候变化的具体措施。东京市政府以战略计划为主导，利用国家级的政策目标推动可持续发展的城市建设。

（3）国内韧性城市建设

目前我国浙江义乌、海盐，湖北黄石，四川德阳已入选"全球 100 个韧性城市"项目。义乌市以世界"小商品之都"建设为目标评估城市韧性，同时与全球其他的韧性城市共享资源和信息网络，制定并实施韧性战略，增强城市发展能级，通过完善组织体系对自然灾害进行快速响应；海盐县制定全方位的应急方案和提高公共服务的覆盖度以提高城市韧性建设；黄石市城市韧性建设的重点在于防治水土流失灾害，通过大规模植树造林减少废弃土地的裸露度，提高土地蓄水能力；德阳市通过大力改善城市生态环境，加快韧性城市建设，不断提高城市发展可持续性、宜居性和抗风险的能力。另外，以成都为代表的多个城市共同参与了联合国减灾战略署发起的"让城市更具韧性"运动，并通过《让城市更具韧性"十大指标体系"成都行动宣言》，为城市防灾减灾提供实际操作指导，推动我国城市防灾减灾体系的建立和完善。成都通过地震灾后恢复重建、大规模引进世界知名企业并充分利用外资、建立覆盖城乡的公共服务均等化体系、推动农村产权制度改革、建立灾害监控网络和应急体系等措施，成为我国韧性城市建设的标杆。

六、对我国的启示

（一）全阶段提高城市的抗灾能力和恢复能力

通过对城市外在环境和自身情况的综合考量，识别城市面临的自然灾害和潜在的风险威胁，进而在时间和空间尺度上综合评估风险。以政府为主导，明确政府各部门的职责，为城市韧性系统建设制定合理预算，建立完备的预警系统，加强基础设施建设。同时整合和协调社会力量，扩大城市居民在城市韧性建设中的参与度，发挥社区的自组织能力，制定完备的抗灾和应急计划，提高城市规划的长远性和科学性。多数情况下灾害难以避免，城市韧性同样需要提高城市在灾后的恢复能力，通过完善灾后城市管理计划促进城市在社会和经济等层面快速复苏，同时有针对性地调整灾后城市的抗灾系统和城市规划。

（二）提高公众的参与程度

全球典型韧性城市的建设均注重各类主体作用的整合和协调，城市居民作为城市生活的主体，应当充分发挥在城市韧性建设中的作用。一方面需要加强公众参与的制度保障，以政府为主导建立风险信息发布平台、公众意见表达平台、主体互动平台以及决策民主参与平台等,增加政府各个部门、知名院校、专业私人机构、社区居民等多方面利益主体之间的互动,减少信息不对称、利益诉求难以实现、决策专断性等弊端;另一方面需要提高公众的参与程度,灾害防治、风险管理、城市规划建设以及公共管理等均和广大居民的切身利益密切相关,韧性城市建设不应当是自上而下的政府行为,更应是每一位居民的义务所在,通过灾害风险、城市规划、公共管理等知识的教育和培训以及对居民参与的合理激励提高公众参与的意识和能力。

(三)因地制宜制定城市韧性建设战略

我国幅员辽阔,不同地域的城市之间资源、环境、人口、城市发展水平、政策等方面均存在着差异,这些差异均会影响城市韧性的建设。我国不同城市应当全方位识别自身的内外部环境条件,科学评估目前城市的韧性情况,因地制宜地采取针对性的城市韧性发展策略。我国西部城市资源丰富而生态脆弱,滑坡泥石流等地质灾害频发,所以应着重提高生态韧性,保护生态环境。我国东部城市经济发达,但是却面临着海平面上升、地面沉降、海水倒灌、台风暴雨等灾害威胁,应当加强基础设施韧性和风险预警。同时由于全球化水平的深入,东部城市也面临经济韧性和文化韧性方面的挑战。

七、结语

学界关于韧性的研究不断深化,诸多学科的书籍、学术期刊和学术研讨会都在讨论城市韧性这个话题。值得关注的是,近些年的城市韧性相关的研究文献呈现激增的现象,表明韧性概念对于解决城市问题的意义以及该概念本身的复杂性。

目前关于城市韧性的研究方向主要集中于城市韧性的概念、原则、研究框架和指标体系等特性研究,应对气候变化和灾害风险中的城市韧性建设研究,城市规划与城市韧性研究等方面。城市韧性研究的突出趋势是整合多层次的利益相关者,应用城市治理和政策制定的韧性框架,提高不同尺度的城市适应力。值得关注的是,各国政府、国际机构和非政府组织所发表的研究文献的重点在于提高城市韧性的具体操作方法,同时有针对性地反映各政府、各机构的不同诉求,体现了城市韧性逐渐受到政府的关注,其实用性不断增强。

但是韧性概念、原则、框架和方法论等方面尚待进一步研究,衡量城市韧性的量化工具、指标和国际标准仍处于讨论和完善中,另外关于城市韧性的研究大多数着眼于城市子系统以及制度结构如何应对风险威胁上,而对于如何将韧性规划整合入城市规划设计之中却研究不足,面对城市问题和城市风险的复杂性,将城市韧性纳入城市发展的实践之中存在着挑战。

参考文献

[1]ADGER W N, HUGHES T P, FOLKE C, et al. Social-ecological Resilience to Coastal Disasters[J]. Science, 2005, 309(5737):1036-1039.

[2]ADGER W N. Vulnerability[J]. Global Environmental Change, 2006, 16(3):268-281.

[3]AHERN J. From Fail-safe to Safe-to-fail：Sustainability and Resilience in the New Urban World[J]. Landscape and Urban Planning，2011，100(4)：341-343.

[4]ALLAN P，BRYANT M. Resilience as a Framework for Urbanism and Recovery[J]. Journal of Landscape Architecture，2011，6(2)：34-45.

[5]ALSHEHRI S A，REZGUI Y，LI H. Delphi-based Consensus Study into a Framework of Community Resilience to Disaster[J]. Natural Hazards，2015，75(3)：2221-2245.

[6]ALSHEHRI S A，REZGUI Y，LI H. Disaster Community Resilience Assessment Method：A Consensus-cased Delphi and Ahp Approach[J]. Natural Hazards，2015，78(1)：395-416.

[7]ANDERSON E. Urban Landscapes and Sustainable Cities[J]. Ecology and Society，2006，11(1)：34-43.

[8]ARMITAGE D，BÉNÉ C，CHARLES A T，et al. The Interplay of Well-being and Resilience in Applying a Social-ecological Perspective[J]. Ecology and Society，2012，17(4)：388-395.

[9]ARNSTEIN S R. A Ladder of Citizen Participation[J]. Journal of the American Institute of Planners，1969，35(4)：216-224.

[10]BACH R，DORAN R，GIBB L，et al. Policy Challenges in Supporting Community Resilience[C]. London：London Workshop of the Multinational Community Resilience Policy Group，2010.

[11]BATES F L，PELANDA C. An Ecological Approach to Disasters[J]. Disasters，Collective Behavior，and Social Organization，1994，14(1)：145-159.

[12]BATTEN D. Network Cities：Creative Urban Agglomerations for the 21st Century[J]. Urban Studies，1995，32(2)：313-327.

[13]BEATLEY T，BERKE P R. Time to Shake Up Earthquake Planning[J]. Issues in Science and Technology，1992，9(2)：82-89.

[14] BERKE P R，KARTEZ J，WENGER D. Recovery After Disaster：Achieving Sustainable Development，Mitigation and Equity[J]. Disasters，1993，17(2)：93-109.

[15] BERKES F. Understanding Uncertainty and Reducing Vulnerability：Lessons from Resilience Thinking[J]. Natural Hazards，2007，41(2)：283-295.

[16]BODIN P，BO W. Resilience and Other Stability Concepts in Ecology：Notes on Their Origin，Validity，and Usefulness[J]. British Journal of Educational Psychology，2004，2(42)：33-43.

[17]BONANNO G A. Loss，Trauma，and Human Resilience：Have We Underestimated the Human Capacity to Thrive After Extremely Aversive Events? [J]. American Psychologist，2004，59(1)：20-29.

[18]BONNET N. The Functional Resilience of an Innovative Cluster in the Montpellier Urban Area[J]. European Planning Studies，2010，18(9)：1345-1363.

[19]BREUERT S，ALLERS T，SPOHN G，et al. Regulated Polyploidy in Halophilic Archaea[J]. Plos One，2006，1(1)：92-103.

[20] BRIGUGLIO L，CORDINA G，FARRUGIA N，et al. Economic Vulnerability and Resilience：Concepts and Measurements[J]. Oxford Development Studies，2009，37(3)：229-247.

[21]BRUECKNER J K，MILLS E，KREMER M. Urban Sprawl：Lessons from Urban Economics[J]. Brookings-Wharton Papers on Urban Affairs，2001，2001(1)：65-97.

[22]BURTON E. The Compact City：Just or Just Compact? A Preliminary Analysis[J]. Urban Studies，2000，37(11)：1969-2006.

[23]CAPELLO R，CAMAGNI R. Beyond Optimal City Size：An Evaluation of Alternative Urban Growth Patterns[J]. Urban Studies，2000，37(9)：1479-1496.

[24]CARDONA O D, ORDAZ M G, MARULANDA M C, et al. Fiscal Impact of Future Earthquakes and Country's Economic Resilience Evaluation Using the Disaster Deficit Index[C]. Beijing: Proceedings of 14th World Conference on Earthquake Engineering, 2008.

[25]CHAN S L, WEY W M, CHANG P H. Establishing Disaster Resilience Indicators for Tan-Sui River Basin in Taiwan[J]. Social Indicators Research, 2014, 115(1): 387-398.

[26]CHEN S C, FERNG J W, WANG Y T, et al. Assessment of Disaster Resilience Capacity of Hillslope Communities with High Risk for Geological Hazards[J]. Engineering Geology, 2008, 98(3): 86-101.

[27]CHENOWETH L, STEHLIK D. Building Resilient Communities: Social Work Practice and Rural Queensland[J]. Australian Social Work, 2001, 54(2):47-54.

[28]CIMELLARO G P, REINHORN A M, BRUNEAU M. Framework for Analytical Quantification of Disaster Resilience[J]. Engineering Structures, 2010, 32(11):3639-3649.

[29]COLTEN C E, KATES R W, LASKA S B. Community Resilience: Lessons from New Orleans and Hurricane Katrina[J]. Community and Regional Resilience Initiative, Oak Ridge, 2008, 12(8): 14-24.

[30]CUTTER S L, BARNES L, BERRY M, et al. A Place-based Model for Understanding Community Resilience to Natural Disasters[J]. Global Environmental Change, 2008, 18(4): 598-606.

[31]DAVOUDI S, SHAW K, HAIDER L J, et al. Challenges for Planning Theory and Practice Interacting Traps[J]. Planning Theory & Practice, 2012, 13(2): 299-333.

[32]DEYLE R E, FRENCH S P, OLSHANSKY R B, et al. Hazard Assessment: The Factual Basis for Planning and Mitigation[J]. Cooperating with Nature, 1998,23(4): 119-166.

[33]DIAS L F, MORGADO S, COSTA J P T A. Assessing Urban Resilience in the Metropolitan Area of Lisbon: The Case of Alcântara[J]. Resilience Thinking in Urban Planning, 2013, 18(3): 145-159.

[34]DOORN N. Resilience Indicators: Opportunities for Including Distributive Justice Concerns in Disaster Management[J]. Journal of Risk Research, 2017,11(1):1-21.

[35]EARVOLINO-RAMIREZ M. Resilience: A Concept Analysis[J]. Nursing Forum, 2007, 42(2): 73-82.

[36]ERAYDIN A, TÜREL A, KAYA D A. The Evaluation of Different Processes of Spatial Development from a Resilience Perspective in Istanbul[J]. Resilience Thinking in Urban Planning, 2013,39(5): 179-196.

[37]ESTOQUE R C, MURAYAMA Y. Social-ecological Status Index: A Preliminary Study of Its Structural Composition and Application[J]. Ecological Indicators, 2014,43(1): 183-194.

[38]FERNANDEZ G, TAKEUCHI Y, SHAW R. From Resilience Mapping to Action Planning[J]. Community Environment & Disaster Risk Management, 2011, 6(11):149-161.

[39]FINCO A, NIJKAMP P. Pathways to Urban Sustainability[J]. Journal of Environmental Policy & Planning, 2001, 3(4):289-302.

[40]FLEISCHHAUER M. Natural Hazards and Spatial Planning in Europe: An Introduction[J]. Natural Hazards and Spatial Planning in Europe, 2006,7(21): 9-18.

[41]FOLKE C, CARPENTER S, ELMQVIST T, et al. Resilience and Sustainable Development: Building Adaptive Capacity in a World of Transformations[J]. Ambio, 2002, 31(5):437-442.

[42]FOLKE C. Resilience: The Emergence of a Perspective for Social-ecological Systems Analyses[J]. Global Environmental Change, 2006, 16(3):253-267.

[43]FOSTER K A. A Case Study Approach to Understanding Regional Resilience[J]. University of California, 2007,8(1):154-163.

[44]FUKUMA S, AHMED S, GOTO R, et al. Fukushima After the Great East Japan Earthquake: Lessons for Developing Responsive and Resilient Health Systems[J]. Journal of Global Health, 2017, 7(1):10-19.

[45]GALLOPÍN G C. Linkages Between Vulnerability, Resilience, and Adaptive Capacity[J]. Global Environmental Change, 2006, 16(3):293-303.

[46]GALSTER G, HANSON R, RATCLIFFE M R, et al. Wrestling Sprawl to the Ground: Defining and Measuring an Elusive Concept[J]. Housing Policy Debate, 2001, 12(4):681-717.

[47]GLAESER E L, KAHN M E. Sprawl and Urban Growth[J]. Nber Working Papers, 2003, 4(13): 2481-2527.

[48]GODSCHALK D R. Urban Hazard Mitigation: Creating Resilient Cities[J]. Natural Hazards Review, 2003, 4(3): 136-143.

[49]GORDON P, RICHARDSON H. Where's the Sprawl? [J]. Journal of the American Planning Association, 1997, 63(2):275-278.

[50]GRAZIANO P. Vulnerability and Resilience of the Economic, Social and Environmental Dimensions of Italian Provinces[C]. Tampere: Regional Studies Association European Conference, 2013.

[51]GUNDERSON L H. Resilience and the Behavior of Large-scale Systems[J]. Journal of Range Management, 2002, 14(3):423-424.

[52]GUPTA A K, NAIR S S, CHOPDE S, et al. Risk to Resilience: Strategic Tools for Disaster Risk Management[J]. Nidm New Delhi and Iset-Colorado, 2010, 34(12):116-123.

[53]HAASE D, LAUTENBACH S, SEPPELT R. Modeling and Simulating Residential Mobility in a Shrinking City Using an Agent-based Approach[J]. Environmental Modelling & Software, 2010, 25 (10):1225-1240.

[54]HAIGH R, AMARATUNGA D. Post-disaster Reconstruction of the Built Environment: Rebuilding for Resilience[J]. Blackwell Publishing Ltd, 2011, 29(29):1074-1075.

[55]HAN G. Understanding Regional Dynamics of Vulnerability: A Historical Approach to the Flood Problem in China[D]. Worcester: Clark University, 2011.

[56]HANDMER J W. Managing Vulnerability in Sydney: Planning or Providence? [J]. Geojournal, 1995, 37(3):355-368.

[57]HARTE E W, CHILDS I R W, HASTINGS P A. Imizamo Yethu: A Case Study of Community Resilience to Fire Hazard in an Informal Settlement Cape Town, South Africa[J]. Geographical Research, 2009, 47(2): 142-154.

[58]HEWITT K. Interpretations of Calamity from the Viewpoint of Human Ecology[J]. Geographical Review, 1983, 74(5):34-46.

[59]HOLLING C S. Resilience and Stability of Ecological Systems[J]. Annual Review of Ecology & Systematics, 1973, 4(4):1-23.

[60]HOLLING C S. Surprise for Science, Resilience for Ecosystems, and Incentives for People[J]. Ecological Applications, 1996, 6(3):733-735.

[61]HUNG H C, YANG C Y, CHIEN C Y, et al. Building Resilience: Mainstreaming Community Participation into Integrated Assessment of Resilience to Climatic Hazards in Metropolitan Land Use Management[J]. Land Use Policy, 2016, 50(4): 48-58.

[62]JABAREEN Y. Planning the Resilient City: Concepts and Strategies for Coping with Climate Change and Environmental Risk[J]. Cities, 2013, 31(2):220-229.

[63]JHA A K, MINER T W, STANTON-GEDDES Z. Building Urban Resilience: Principles, Tools, and

Practice[M]. Washington D. C. : World Bank, 2013.

[64]JIANG Y, XUAN J, ZHAO W, et al. Robustness Based Resilient Transportation System Study: A Case of Urumqi Municipality[J]. Proceedings of the International Forum on Energy Environmentence & Materials, 2015,37(6):123-136.

[65]KASPERSON J X, KASPERSON R E, TURNER B L I. Vulnerability to Global Environmental Change[J]. Progress in Human Geography, 2005, 20(4):529-539.

[66]KIMHI S, SHAMAI M. Community Resilience and the Impact of Stress: Adult Response to Israel's Withdrawal from Lebanon[J]. Journal of Community Psychology, 2004, 32(4):439-451.

[67]KLOOSTERMAN R C, LAMBREGTS B. Clustering of Economic Activities in Polycentric Urban Regions: The Case of the Randstad[J]. Urban Studies, 2001, 38(4):713-728.

[68]KNAPP W, SCHMITT P, DANIELZYK R. Rhineruhr: Towards Compatibility? Strategic Spatial Policies for a Specific Configuration of Polycentricity[J]. Urban Planning International, 2008, 32(2): 137-147.

[69]KREPS G A, BOSWORTH S L. Organizing, Role Enactment, and Disaster: A Structural Theory [M]. Newark: University of Delaware Press, 1994.

[70]KRYSANOVA V, BUITEVELD H, HAASE D, et al. Practices and Lessons Learned in Coping with Climatic Hazards at the River-basin Scale: Floods and Droughts[J]. Ecology and Society, 2008, 13 (2):3545-3549.

[71]LEI Y, WANG J, YUE Y, et al. Rethinking the Relationships of Vulnerability, Resilience, and Adaptation from a Disaster Risk Perspective[J]. Natural Hazards, 2014, 70(1):609-627.

[72]LHOMME S, SERRE D, DIAB Y, et al. Urban Technical Networks Resilience Assessment[M]. Boca Raton, Fl: Crc Press, 2012.

[73]LI J, REIHER P L, POPEK G J. Resilient Self-organizing Overlay Networks for Security Update Delivery[J]. Ieee Journal on Selected Areas in Communications, 2004, 22(1): 189-202.

[74]MADAKASIRA S, O'BRIEN K F. Acute Posttraumatic Stress Disorder in Victims of a Natural Disaster[J]. The Journal of Nervous and Mental Disease, 1987, 175(5): 286-290.

[75]MARTIN R. Regional Economic Resilience, Hysteresis and Recessionary Shocks[J]. Journal of Economic Geography, 2011, 12(1): 1-32.

[76]MEIJERS E J, ROMEIJN A, HOPPENBROUWER E C. Planning Polycentric Urban Regions in North West Europe[J]. Housing and Urban Policy Studies, 2017,25(1):67-78.

[77]MEIJERS E J. Synergy in Polycentric Urban Regions: Complementarity, Organising Capacity and Critical Mass[J]. Ios Press, 2007, 25(4):549-551.

[78]MEIJERS E J. High-level Consumer Services in Polycentric Urban Regions—Hospital Care and Higher Education Between Duplication and Complementarity[J]. General Information, 2005,45(2):324-334.

[79] MILLER F, OSBAHR H, BOYD E, et al. Resilience and Vulnerability: Complementary or Conflicting Concepts? [J]. Ecology and Society, 2010, 15(3):135-147.

[80]MURRAY V, MCBEAN G M, BHATT M, et al. Managing the Risks of Extreme Events and Disasters to Advance Climate Change Adaptation[J]. Journal of Clinical Endocrinology & Metabolism, 2012, 18(6):586-599.

[81]MYERS M F. Insights Emerging from the "Assessment of Research and Applications for Natural Hazards" in the United States[J]. Disaster Preparedness Resources Centre, 1997,13(6):45-56.

[82]NORRIS F H, STEVENS S P, PFEFFERBAUM B, et al. Community Resilience as a Metaphor, Theory, Set of Capacities, and Strategy for Disaster Readiness[J]. American Journal of Community

Psychology, 2008, 41(2): 127-150.

[83]OLIVEIRA V, MARTINS A, CRUZ S S. Evaluating Urban Policies from a Resilience Perspective: The Case of Oporto[J]. Resilience Thinking in Urban Planning, 2013,45(13): 161-177.

[84]OLLENBURGER J C, TOBIN G A. Women, Aging, and Post-disaster Stress: Risk Factors[J]. Tetsu-to-Hagane, 2008, 69(1):6-10.

[85]PATON D, SMITH L, VIOLANTI J. Disaster Response: Risk, Vulnerability and Resilience[J]. Disaster Prevention & Management, 2000, 9(3):173-180.

[86]PEARCE L. Disaster Management and Community Planning, and Public Participation: How to Achieve Sustainable Hazard Mitigation[J]. Natural Hazards, 2003, 28(2): 211-228.

[87]PERCOCO M. Infrastructure and Economic Efficiency in Italian Regions[J]. Networks & Spatial Economics, 2004, 4(4):361-378.

[88]PERRINGS C, MALER K G, FOLKE C, et al. Biodiversity Loss[J]. Cambridge Books, 1997, 4(4): 264-268.

[89]PETERSON G D. Scaling Ecological Dynamics: Self-organization, Hierarchical Structure, and Ecological Resilience[J]. Climatic Change, 2000, 44(3):291-309.

[90]PINHO P, MAIA R, MONTERROSO A. The Quality of Portuguese Environmental Impact Studies: The Case of Small Hydropower Projects[J]. Environmental Impact Assessment Review, 2007, 27(3): 189-205.

[91]POMPELLA M. Measuring Vulnerability to Natural Hazards: Towards Disaster Resilient Societies By J. Birkmann[J]. Journal of Risk & Insurance, 2010, 77(4):959-961.

[92]POPOLO C M D, LOTTO R D, VENCO E M, et al. From Resilience to Flexibility: Urban Scenario to Reduce Hazard[J]. Urban Regeneration & Sustainability, 2016,17(6): 429-437.

[93]RAZAFINDRABE B H N, KADA R, ARIMA M, et al. Analyzing Flood Risk and Related Impacts to Urban Communities in Central Vietnam[J]. Mitigation and Adaptation Strategies for Global Change, 2014,23(6): 1-22.

[94]RENAUD B. National Urbanization Policy in Developing Countries[M]. Oxford: Oxford University Press, 1981.

[95]RICHARDSON G E. The Metatheory of Resilience and Resiliency[J]. Journal of Clinical Psychology, 2002, 58(3):307-315.

[96]ROO G D. Environmental Planning and the Compact City a Ditch Perspective[J]. Studies in Environmental Science, 1998, 72(98):1027-1042.

[97]ROSE A, LIAO S Y. Modeling Regional Economic Resilience to Disasters: A Computable General Equilibrium Analysis of Water Service Disruptions[J]. Journal of Regional Science, 2005, 45(1): 75-112.

[98]SABATIER P, MAZMANIAN D. The Implementation of Public Policy: A Framework of Analysis [J]. Policy Studies Journal, 1980, 8(4): 538-560.

[99]SCHEFFLER M, CARPENTER S, FOLEY J, et al. Stochastic Events Can Trigger Large Scale Shifts in Ecosystems with Reduced Resilience[J]. Nature, 2001, 41(3): 591-596.

[100]SCHMITT P, HARBO L G, DIŞ A T, et al. Urban Resilience and Polycentricity: The Case of the Stockholm Urban Agglomeration[J]. Resilience Thinking in Urban Planning, 2013,23(7): 197-209.

[101]SHARMA D, SINGH R, SINGH R. Building Urban Climate Resilience: Learning from the Acccrn Experience in India[J]. International Journal of Urban Sustainable Development, 2014, 6(2): 133-153.

[102]SIKDAR S K. Sustainable Development and Sustainability Metrics[J]. Aiche Journal, 2003, 49(8): 1928-1932.

[103]SMIT B, WANDEL J. Adaptation, Adaptive Capacity and Vulnerability[J]. Global Environmental Change, 2006, 16(3):282-292.

[104]SONNE W. Dwelling in the Metropolis: Reformed Urban Blocks 1890-1940 as a Model for the Sustainable Compact City[J]. Progress in Planning, 2009, 72(2):53-149.

[105]STARK A, TAYLOR M. Citizen Participation, Community Resilience and Crisis-management Policy [J]. Australian Journal of Political Science, 2014, 49(2): 300-315.

[106]STEAD D, TAŞAN-KOK T. Urban Resilience, Climate Change and Land-use Planning in Rotterdam [J]. Resilience Thinking in Urban Planning, 2013,43(6): 211-227.

[107]STEVENS M R, HANSCHKA S. Municipal Flood Hazard Mapping: The Case of British Columbia, Canada[J]. Natural Hazards, 2014, 73(2):907-932.

[108]TAGLIABUE M, PEDROCCHI A, BARONI G, et al. Evaluation of Theories of Complex Movement Planning in Different Levels of Gravity[J]. Acta Astronautica, 2005, 56(9):900-915.

[109]TANNER T, MITCHELL T, POLACK E, et al. Urban Governance for Adaptation: Assessing Climate Change Resilience in Ten Asian Cities[J]. Ids Working Papers, 2009, 31(5): 21-47.

[110]TIMMERMAN P. Vulnerability, Resilience and the Collapse of Society: A Review of Models and Possible Climatic Applications[J]. International Journal of Climatology, 1981, 1(4): 396.

[111]UNISDR. Terminology on Disaster Risk Reduction[J]. Abyadh, 2009, 8(2):95-105.

[112]VOGEL C, MOSER S C, KASPERSON R E, et al. Linking Vulnerability, Adaptation, and Resilience Science to Practice: Pathways, Players, and Partnerships [J]. Global Environmental Change, 2007, 17(3): 349-364.

[113]WALKER B, ABEL N, ANDERIES J M, et al. Resilience, Adaptability, and Transformability in the Goulburn-Broken Catchment, Australia[J]. Ecology and Society, 2009, 14(1):1698-1707.

[114]WALKER B, GUNDERSON L, KINZIG A, et al. A Handful of Heuristics and Some Propositions for Understanding Resilience in Social-ecological Systems[J]. Ecology and Society, 2006, 11(1): 709-723.

[115]WALKER B, HOLLING C S, CARPENTER S, et al. Resilience, Adaptability and Transformability in Social-ecological Systems[J]. Ecology and Society, 2004, 9(2):134-154.

[116]WALKER B, SALT D. Resilience Thinking: Sustaining Ecosystems and People in a Changing World [M]. Washington D. C. : Island Press, 2006.

[117]WAMSLER C, BRINK E, RIVERA C. Planning for Climate Change in Urban Areas: From Theory to Practice[J]. Journal of Cleaner Production, 2013, 50: 68-81.

[118]WENGER D E. Community Response to Disaster: Functional and Structural Alterations [J]. Disasters: Theory and Research, 1978,11(5): 17-47.

[119]WILDAVSKY A. Searching for Safety[M]. New Brunswick: Transaction Publishers, 1988.

[120]WINTERHALDER B. Environmental Analysis in Human Evolution and Adaptation Research[J]. Human Ecology, 1980, 8(2):135-170.

[121]YOUNG O R, BERKHOUT F, GALLOPIN G C, et al. The Globalization of Socio-ecological Systems: An Agenda for Scientific Research [J]. Global Environmental Change, 2006, 16 (3): 304-316.

[122]ZHOU H, WANG J, WAN J, et al. Resilience to Natural Hazards: A Geographic Perspective[J]. Natural Hazards, 2010, 53(1):21-41.

保障性住房政策综述

——人口、土地与经济

陈宇璇　　吴宇哲

摘　要：随着我国的城市化进程和住房制度的深化改革，中低收入人群的住房保障问题和城市新增人口的住房问题凸显。本文梳理、回顾了我国保障性住房政策的演变历程，从人口、土地与经济三个视角切入，分析了我国的保障性住房政策在实现"人的城镇化"中的重要作用，以及保障性住房的土地供应从拓宽增量到盘活存量的转变路径，进一步探索保障性住房发展与经济增长的协同机制和扩大保障性住房的资金支持，提出应对新型城镇化背景下的保障性住房政策建议。

关键词：保障性住房；人口市民化；土地供应；经济增长

A Review of Affordable Housing Policy：Population，Land and Economy

CHEN Yuxuan　　WU Yuzhe

Abstract：With the deepening reform of China's urbanization process and housing system，the housing security problem of low- and middle-income people and the housing problem of new urban population are highlighted. This article reviews the evolution of China's affordable housing policy. From the three perspectives of population，land and economy，the important role of China's affordable housing policy in realizing the "the urbanization of people" and the land supply of affordable housing changing from broaden the increment to revitalize the stock are analyzed. The synergy mechanism of housing guarantee and urban economic growth and the support of affordable housing funds are explored. Finally，suggestions and recommendations based on affordable housing policy are put forward in context of the new urbanization.

Key words：affordable housing；citizenization of population；land supply；economic growth

一、引言

住房是人类生存的必需品。对于高收入者，其住房问题可以通过市场解决，但是对于中低收入者和最低收入者，如何实现"居者有其屋"是政府必须考虑的问题。解决住房问题，除了考虑房地产市场，还必须关注住房保障。在我国，除了原有城镇低收入居民需要保障性住房政策的覆盖，大量的城市化新增人口也需要政府的保障性住房政策。

自改革开放以来，伴随着工业化进程加速，我国城镇化经历了一个起点低、速度快的发展过程，我国正在经历人类历史上最大规模的城市化。《国家新型城镇化规划（2014—2020

年)》数据显示,到 2013 年,城镇常住人口从 1.7 亿人增加到 7.3 亿人,城镇化率从 17.9% 提升到 53.7%,年均提高 1.02 百分点。《国家新型城镇化报告 2015》显示,2015 年我国城镇化率达到 56.1%;2030 年中国的城市化率将达到 69%(United Nations,2012)。根据联合国 2014 年发布的《世界城镇化展望》预测,至 2050 年,中国将新增 3 亿人口进入城市,相当于世界人口排名第三的美国 2014 年的人口总数。

城镇化在快速推进的过程中吸纳了大量的城市新增人口(其中大部分是农村劳动力转移就业人口),同时也出现了必须高度重视并着力解决的突出矛盾和问题。大量农业转移人口难以融入城市社会,市民化进程滞后。目前农民工已成为我国产业工人的主体,受城乡分割的户籍制度影响,被统计为城镇人口的 2.34 亿农民工及其随迁家属未能在教育、就业、医疗、养老、保障性住房等方面享受城镇居民的基本公共服务,产城融合不紧密,产业集聚与人口集聚不同步,城镇化明显滞后于工业化。

《国家新型城镇化规划(2014—2020 年)》中提出:要有序推进农业转移人口市民化。按照尊重意愿、自主选择,因地制宜、分步推进,存量优先、带动增量的原则,以农业转移人口为重点,兼顾高校和职业技术院校毕业生、城镇间异地就业人员和城区城郊农业人口,统筹推进户籍制度改革和基本公共服务均等化。

规划提出的预期发展目标是实现常住人口城镇化率达到 60% 左右,户籍人口城镇化率达到 45% 左右,户籍人口城镇化率与常住人口城镇化率差距缩小 2 百分点左右,努力实现 1 亿左右农业转移人口和其他常住人口在城镇落户。

实现农业转移人口市民化的过程中存在着许多障碍,而导致农业转移人口难以顺利实现市民化的最大阻碍在于农业转移人口的资本要素禀赋不足或者可以说资本占有程度不高,即他们还不能依靠自己的力量充分获得能够促使自己完全融入城镇发展的物质、权利、人力和社会资本(邱鹏旭,2013)。想要在城镇居住和生活,城市新增人口需要解决住房问题,而大多数新增人口都是低收入者,其资本不足以支撑他们购买商品房,这一群体的住房问题凸显。这一城市流动人口群体大多租住在面积小、质量差、交通不便的城乡接合部。

现行的住房保障体系大多只关注了城市中户籍居民的住房问题,而忽视了流动人口群体的住房问题,包括随着城市化水平的提高,不断涌入城市的大量进城务工人员的住房问题以及各类流动性人才的住房问题(吴海瑾,2009)。大多数农业转移人口收入水平低,负担不起商品房,不能通过市场解决居住问题,这意味着政府要以"公共物品"的形式去解决更多人的居住问题。为了实现"公共物品"的非排他性,政府就需要提供大量公租房、廉租房、经济适用房等保障性住房(吴宇哲,2011),以满足不同层次住房需求的条件,建立覆盖面更广、更为合理的城市住房保障体系。

通常,政府会以非常低的土地出让金甚至零土地出让金或采取其他的税费优惠政策等,引导房地产商建设保障性住房。故地方政府将无法在保障性住房的土地出让中获取大量的土地增值收益。然而,与中国城市人口快速增长相比,在建设用地总量控制的背景下,中国土地中能够用于住宅用地的较少。此外,为了确保自身的粮食安全,中国对耕地的发展实施了严格的限额(Ding et al.,2011)。《全国国土规划纲要(2016—2030 年)》中指出:2020 年和 2030 年全国耕地保有量不低于 18.65 亿亩(1.24 亿公顷)、18.25 亿亩(1.22 亿公顷),这更是严格限制了建设用地的扩张。

地方政府在住房保障中投入的土地量就越多,相应的用于商业用地"招拍挂"的土地量就越少，地方政府在土地出让中获取的财政收入也会减少，因此，为增加财政收入，地方政府倾向于在住房保障中投入更少的建设用地（吴宇哲，2016），从而对保障性住房的建设和发展造成阻碍。

但土地财政在我国经济增长与城市化进程中也扮演了积极的角色，是我国快速工业化和快速城市化的助推器（蒋省三，2007）。土地财政切实增加了地方政府的可支配收入，为城市基础设施建设提供了资金支持，改善地区配套硬件水平与经济投资环境，从而推动城市的经济增长；为提高土地相关税收收入，地方政府积极发展建筑及房地产业，带动了上下游产业发展，也带动了经济增长（夏方舟，2014）。

应对保障性住房的合理政策是住房保障能够落实的关键，是推动新型城镇化背景下农业转移人口市民化的关键，人口、土地和经济如何协调发展，是保障性住房政策探索的方向。本文基于科学内在的逻辑，从人口、土地和经济三方面对新型城镇化背景下的保障性住房政策展开论述，如图1所示。

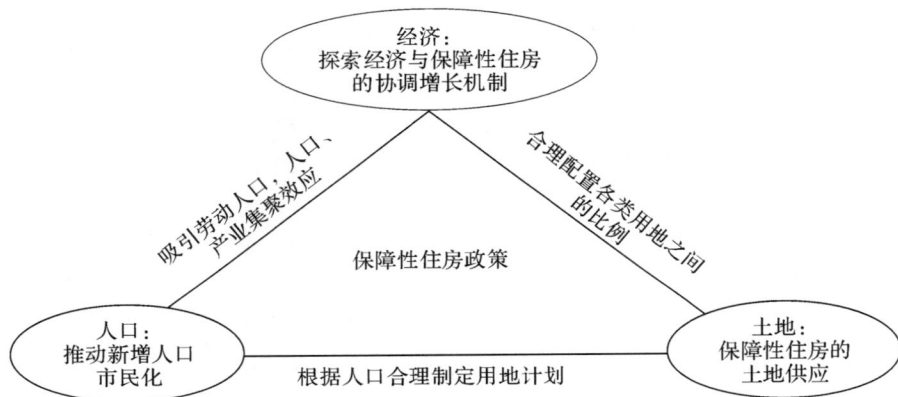

图 1　基于保障性住房政策的人口、土地、经济分析框架

二、中国保障性住房政策的回顾

我国的保障性住房政策自20世纪90年代首次提出以来，在过去的20多年中发生了巨大的变化。

在实行住房商品化之前，我国实行的是福利分房制度，指中华人民共和国成立之后计划经济体制背景下我国独特的住房体系，一般表示单位建房或买房，将房屋无偿地分配给内部职工使用，而职工在使用住房中缴纳较低租金的现象（仇雨临，2012）。

1994年国务院《关于深化城镇住房制度改革的决定》首次提出了建立市场与保障同时运行的住房体制，提出住房制度改革的内容包括经济适用房、商品住房和住房信贷三个体系的建立。

（一）以经济适用房为主导时期

1998年7月国务院发布《关于进一步深化城镇住房制度改革加快住房建设的通知》，提出要停止实物分配住房的形式，逐步实行住房分配货币化。职工可以到住房市场上购买住房的所有权(洪燕,2004)。同时要建立并完善以经济适用房为主的多层次住房供应体系,即高收入者购买商品住房,中低收入者购买经济适用房,最低收入者租用廉租房。这是我国保障性住房政策的新开端,也是我国房改取得的重大进展。福利分房制度进行了市场化改革后,中国在短时间内改善了数亿城镇居民的住房条件,取得了显著进展(Man,2011)。工作单位供应住房的责任转移到了市场,使得农村到城市的迁移和劳动力的流动比以前容易得多(Shi et al.,2016)。

1999年建设部颁发的《城镇廉租住房管理办法》中首次提出廉租房制度,主要解决城镇最低收入家庭住房问题。国家正式把廉租房纳入保障性住房体系,并对廉租房的房源做出了详细规定,增加了保障性住房供应体系的多样性和层次化,不断满足城镇居民日益增长的住房需求。

此时保障性住房政策以经济适用房为主导。中央政府将建造和分配经济适用房的责任转移到了地方政府。地方政府通常会以低地价甚至零地价将土地出让给房地产开放商,引导它们负责经济适用房的融资与建设。房地产开放商的利润上限为3%左右,以便将经济适用房的价格控制在大多数低收入家庭可以负担的水平。

(二)推动棚户区改造、廉租房建设

2003年,国务院《国务院关于促进房地产市场持续健康发展的通知》使我国房地产市场的定位发生了很大改变,首次提出房地产支柱产业地位,提出要根据市场需求,采取有效措施加快普通商品住房发展,提高其在市场供应中的比例。从经济适用房为主导到以普通商品房供给为主,这说明国务院对我国房地产市场的定位态度已经从1998年的有限市场转向了一般市场来对待。严格来讲,这实际上是对已经存在的房地产市场现状的认可。因为1998年国务院所确立的以经济适用房为主的房地产市场并没有真正实现,而真正存在的是一个普通商品房越来越占主导地位的市场。房地产市场的繁荣伴随着房价的快速上涨,使得中低收入家庭更加负担不起购买商品房,住房的可负担性仍然是中国城市面临的最大挑战之一(Yang et al.,2014),尤其是对年轻农民工和农村迁移人口(Chen et al., 2010; Yang et al.,2008)。

随着我国住房制度改革的不断深化,城市住宅建设持续快速发展,住房市场化程度逐步提高,居民住房条件总体上有了较大改善。但部分城市低收入家庭住房仍比较困难,特别是不少棚户区房屋年久失修、配套设施陈旧且不完善、环境脏乱差等问题突出,居住条件相对简陋;棚户区居住人口中,老年人口多、下岗职工多,多为城市低收入群体。为推进棚户区改造,使更多的城市居民特别是低收入家庭共享改革发展成果,提高居住环境水平,2007年8月《国务院关于解决城市低收入家庭住房困难的若干意见》(以下简称《意见》)明确要求加快集中成片棚户区改造,使困难住户的住房条件得到妥善解决(齐骥,2007)。

《意见》同时也指出,廉租房是最低收入家庭享有的"专属福利",要求各地政府加快建设廉租房住房制度。将廉租房的保障范围扩大至低收入住房困难家庭,同时房价较高的城市也将增加经济适用房的建设与供应,能对市场房价起到有力的平抑作用,是国家在发展住宅市场的同时,加快发展住房保障市场的重要举措,以期通过这些政策来调控房地产市场,但未能收到理想的效果。

我国的房地产市场随着住宅市场的商品化改革迅速发展,成为推动中国经济增长的新动力。但房价也不断攀升，城市中等收入家庭购房也出现困难，更不用提低收入家庭的困境了。随着住房市场的发展，中低收入家庭的住房困难已经成为一个不容忽视的问题。为了解决这个问题，国家开始大规模兴建保障性住房。

(三)推动保障性安居工程建设，大力发展公租房

2009年国家开始研究制定《公共租赁住房指导意见》，2010年4月，国务院发布《国务院关于坚决遏制部分城市房价过快上涨的通知》，明确要求："保障性住房、棚户区改造和中小套型普通商品住房用地不低于住房建设用地供应总量的70%，并优先保证供应。"2010年6月8日，《关于加快发展公共租赁住房指导意见》出台。该意见的出台正式将公共租赁住房纳入我国住房保障体系。公租房主要致力于解决城市中等偏下收入家庭住房困难的"夹心层"(不符合保障性住房准入条件又买不起商品房的住房困难群体)。至此，我国基本上建立了多层次的住房保障体系，并随社会发展不断完善。

2011年3月政府"十二五"规划纲要提出"重点发展公共租赁住房，逐步使其成为保障性住房的主体"，2011年7月《关于多渠道筹措资金确保公共租赁住房项目资本金足额到位的通知》中要求地方政府把公共租赁住房建设摆在优先突出位置，加大政府筹资力度，确保公共租赁住房项目资本金及时足额到位。2011年中央政府提出全年建设各类保障房共1000万套的计划，比2010年多出400多万套，多出来的计划中约一半为公租房。这些政策的出台和推动都表明我国政府的保障性住房建设思路正在发生变化，未来保障性安居工程建设将以大力发展公共租赁房为主。2014年1月1日起各地将廉租房建设计划统一并入公租房年度计划，此前已经列入廉租房建设计划的项目继续建设，建成后也将纳入公租房进行管理，此次并轨运行是完善住房保障制度体系、提高保障性住房资源配置效率的有效措施，是改善住房保障公共服务的重要途径。从此，公租房、廉租房将完全合体，统一规划、统一申请、统一轮候，政策限制应声松绑。因此，公租房将成为未来保障房的重点工程。

大力发展公租房的另一部分原因是经济适用房问题层出不穷。究其根本，经济适用房在一定年限后可以上市交易，产生巨大的价格差。利益空间所在之处，就会导致寻租空间的产生。种种乱象已将经济适用房的弊端展现得淋漓尽致。当与产权相关的巨大利益成为各方觊觎的对象，经济适用房最终难逃社会上那些"为有门路者得之"的指责，而解决低收入人群住房保障问题的功能则被大大弱化。因此已经有地方政府开始试点调整保障性住房供应结构，并轨试点过程中，取消了对经济适用房的申请，这也是保障房政策发展的一个趋势。

(四)进一步完善多层次的保障性住房体系

2011年"十二五"规划纲要指出，提高保障性住房水平，坚持政府主导和市场调节相结合的模式，逐步实现结构基本平衡、房价水平与居民收入相适应的住房供应格局。在之后5年内完成建设城镇保障性住房3600万套，到"十二五"期末，在全国范围内实现20%的保障房覆盖面。截至2015年年底，全国已开工建设的保障性安居工程已超过4000万套(见表1)。Shi(2016)认为中国的住房制度应与2006年"和谐社会"思想的发展以及2013年正式启动的新型城镇化战略紧密相连，这实质上是中国经济发展战略的重新定位(World Bank et al.,2013)。中央政府的一系列政策表明政府在不断地加大住房保障力度，从财政支出的情况(见表2)来看，也在稳步扩大对保障性安居工程的资金投入。同时，从政策上分析，我

国保障性住房政策承载着调控房地产市场、保障中低收入阶层住房权益等多重功能。

2012 年住房和城乡建设部发布《关于做好 2012 年城镇保障性安居工程工作的通知》，强调保障性住房分配和质量管理工作，对保障性住房建设的各个方面给予规范和指导。《关于鼓励民间资本参与保障性安居工程建设有关问题的通知》则为保障性住房的建设提供了有力的资金支持和良好环境。

党的十八大明确要建立市场配置和政府保障相结合的住房制度。因此，必须按照社会主义市场经济的要求，坚持市场配置商品房资源、政府主导保障房建设和管理"两条腿走路"，这一模式也是我国城市住房改革的主要方向。

从我国保障性住房政策实施的总体历程，可以看出主要有以下变化：①保障性住房覆盖的人群范围不断扩大，从关注中低收入家庭到"夹心层"人群，还有城市将公租房的范围拓宽到了新就业的大学生和稳定就业的农民工；②保障性住房的种类不断创新，从以出售为主的经济适用房到以出租为主的廉租房和公租房，以及棚户区的改造更新。

表 1　全国保障性住房开工与建成情况

年份	开工/万套	建成/万套
2010	590	370
2011	1043	432
2012	781	601
2013	666	544
2014	740	511
2015	783	772
2016	606	658

表 2　全国保障性安居工程财政支出情况

年份	财政支出/亿元
2012	3800.43
2013	3816.72
2014	4319.49
2015	4881.01

三、人口视角：推动新增人口市民化

低收入家庭的住房问题一直是一个重大的社会、经济、政治问题。它是工业化与城市化快速发展的必然产物，绝大多数国家在完成工业化、城市化过程中都经历过住房问题的困扰（曾辉 等，2012）。在许多西方国家，保障性住房在快速工业化阶段为了容纳大量工业工人而发展（Chen et al.，2014；Malpass et al.，1999）。世界各国政府在面临快速城市化的压力的同时，正在采取"类似的策略"来解决类似的住房问题（Chen et al.，2014）。

户籍制度一直被认为是非户籍人口住房消费的主要制约因素（Wu，2004；Sato，2006）。官方调查显示，2010年非户籍人口的房屋拥有率比例约为10％（PFPC，2012），这与户籍居民（NBSC，2011）的89％形成了强烈的对比。将户籍人口从当地的住房福利制度中排除，进一步加剧了外来非户籍人口在城镇住房市场的困境（Sato，2006）。尽管城镇稳定就业的外来务工人员已被纳入住房保障的对象范围，但住房保障对象仍以户籍人口为主体。大量在城镇工作与生活的农业转移人口被排除在住房保障制度的覆盖范围之外（齐慧峰，2015）。

国家"十三五"规划纲要提出：对无力购买住房的居民特别是非户籍人口，支持其租房居住，对其中符合条件的困难家庭给予货币化租金补助；把公租房扩大到非户籍人口，实现公租房货币化；将居住证持有人纳入城镇住房保障范围。

以"人的城镇化"为口号，新型城镇化战略代表中国公共政策的"关键时刻（紧要关头）"。这一战略的主要目标是促进包容性的城市增长，使越来越多的流动人口能够最终在城市定居（Koen et al.，2013；OCED，2014）。建设保障性住房的重要意义绝不仅仅是为低收入阶层提供基本的居住空间，其根本目的是降低弱势群体的生活成本，让他们有更多的资源和机会融入主流社会，以促进社会的和谐发展。由于住房价格飞涨，低收入家庭和中等收入家庭不仅错失了资产积累的机会，而且面临着越来越难以承受的房地产市场。在这种情况下，住房负担能力成为一个紧迫的问题，引起了巨大的社会不满。从2010年开始，政府将保障性住房问题重新列入议程，作为维护社会稳定的一种途径（Zou，2014）。

1961年世界卫生组织总结了满足人类基本生活要求的条件，提出了居住环境的基本理念，包括"安全性"（safety）、"健康性"（health）、"便利性"（convenience）、"舒适性"（amenity）。住房保障不但要实现"居者有其屋"，住房周边基础设施、交通区位也随着人们生活水平的提高逐渐成为保障性住房需要配套的条件。

然而根据调查，在全国各地许多经济适用房等保障性住房处于空置状态。为了完成建设指标，保障性住房主体完工迅速，而相应的配套设施却严重滞后甚至根本不在规划范围内，同时也与交通道路的规划脱轨。保障性住房在超额完成数量指标的背景下，其质量状况也堪忧。这些原因叠加导致了对应人群的入住意愿低，并没有真正合理地解决困难人群的住房需求。

由于保障性住区在空间上与城市中较成熟、高品质地区出现了明显的隔离，在社会群落上形成了大片低收入群体聚居的现象，由此导致社会低收入阶层由于获得社会资源的差距而带来贫困"代际遗传"的情况，形成了物质与社会空间上的"马太效应"，进一步加剧了城市居住空间的分异。保障性住区引起的城市空间分异也加剧了居住的贫富分化。迁居到城郊地区的保障性住区导致居民支出的增加和收入的减少更加剧了经济上的贫困（张京祥 等，2013）。推动新增人口市民化不仅仅是满足其居住需求。狭义的市民化是指农民、外来移民等获得作为城市居民的身份和权利的过程，如居留权、选举权、受教育权、社会福利保障等，广义的市民化还应包含市民意识的普及以及居民成为城市权利主体的过程（陈映芳，2003）。农民市民化是指中国城市化进程中农民向城市转移并逐渐变为市民的一种过程和状态，其间伴随着身份、地位、意识形态、行为方式、生活方式、民主权利的一系列变化（宋仁登，2012），包含非农化职业转换、农民的城市化地域转移、市民化角色转变三个层次。若只是将保障性住房建在城乡接合部、郊区偏远地区，则无法实现市民化角色转变，成为城市权利主体的这一层次。

2014年7月国务院《关于进一步推进户籍制度改革的意见》要求,以居住证为载体,建立健全与居住年限等条件相挂钩的基本公共服务提供机制,建立居住证制度,为有能力在城镇稳定就业和生活的人口有序实现市民化提供政策支撑,争取到2020年实现1亿左右农业转移人口和其他常住人口落户城镇。这些政策和规划的出台,从更高层面为全面推进中国人口市民化提供了准则和方向(吴文恒,2015)。为此,北京、上海等多地放宽了保障性住房的申请条件,户籍不再是必要条件。持居住证一定年限并连续缴纳社会保险金(含城镇社会保险)达到一定年限,有稳定的工作且无自住房或人均住房面积低于一定面积即可申请。

四、土地视角:保障性住房的土地供应

(一)新增土地

土地资源是城市一切社会经济活动赖以生存的载体,也是城市社会经济发展的必要前提。在我国目前的城市土地供给制度框架下,地方政府作为土地的唯一供给者参与市场,形成了对土地一级市场的垄断。土地供给行为异化为满足"政府私利",使得政府原本的满足市场需求的土地供给目标让位于自身收入最大化的目标,地方政府逐渐成为一个相对独立的经济实体,政府"公司化"现象日益严重。在土地的征用过程中,一些地方政府会利用手中的行政权力来确保自己成为地价上涨的最大受益者。在土地利益的驱动下,保障性住房用地基本没有保障,地方政府利用对土地供应垄断的权利,通过"招拍挂"制度不断产生出天价的"地王",土地拍卖价格不断出现新高。如何增加保障性住房建设的土地供应,是在供给端实行好保障房政策的重要途径。

随着到城市中心区(CBD)距离的增大,土地租金水平下降。土地价格的空间递减规律说明,靠近城市中心的居民比原远离城市中心的居民的交通成本小。为了保证城市居民的满意度空间不变,靠近城市中心的居民要支付比远离城市中心的居民高的土地价格(丁成日,2008)。此时,作为土地所有者,地方政府会选择在土地价格高的地方出让土地建造商品房来增加地方财政收入,而选择在土地出让价格低的地区建造保障性住房。这些地区通常在城市的郊区以及偏远的位置(赵聚军,2014)。地方政府追求预算外收入而"经营土地"的激励(李学文,2012),使其在住房保障土地供应和政策执行过程中,常常缺乏长期的发展计划,项目建设具有随意性和盲目性(李鸿翔,2007)。

(二)存量挖掘

在住房保障面临土地资金紧缺、供需矛盾突出的问题时,还应该有效挖掘存量住房的作用。结合中国的实际情况,有城中村改造(棚户区改造)、小产权房和共有产权房等途径来拓宽保障性住房的增量渠道。

1.城中村改造

在政府公共产品(面向低收入群体的廉租住房、充分的就业机会和完善的社会保障等)供给缺位或不足的条件下,城市化的农民及集体经济组织利用自身参与市场化的各种有利条件(特殊的区位优势、非农化的留用土地、自主使用的宅基地等),发展形成的一种特殊的社区类型即为"城中村"。城中村具有良好的地缘优势和低廉的土地成本,使得住房租金相

对低廉，成为低收入家庭租房的首选，为农村人口提供了一个较低的进入城市的门槛，吸纳了大量的农村迁移劳动力。自20世纪90年代以来，每年有超过1000万人口增加为城市人口，在未来的20年，预计每年将有1300万～1500万人进入城市。而在这些人口中有大量的"农民工"，靠着城中村解决住房问题（联合国，2010），在某种意义上，"城中村"是中国特色的贫民窟（吴宇哲，2011）。

"城中村"通常具有特殊的地理位置（如城乡接合部等边缘地区）和特殊的土地政策，它是具有中国特色的贫民窟，提供了一个低租金住房市场，弥补了住房市场多层次和多样化的需求。从将"城中村"纳入城市保障性住房供应体系的角度入手，不失为一种合理的治理途径。张建荣（2007）提出可将"城中村"部分存量住房的产权释放，使其从低效违法转为高效合法，将"城中村"住房合理有效地融入城市住房体系。刘传俊（2011）认为可将"城中村"改造与城市的廉租房建设形成一个有机的统一体，将"城中村"农居作为准廉租房，使其建设合法化，并利用政府税收机制调节租金，保证"城中村"住房租金依旧维持一个较低的水平。成得礼（2008）提出应促进"城中村"的改善和发展，不能被随意地拆除和消灭。而将"城中村"成为保障性住房的补充来源，正符合了使其在城市化进程中蜕变并最终和谐地与城市融为一体的理想目标。笔者认为，将"城中村"与保障性住房接轨的好处有：①政府不用再大费周章去划分新建保障性住房的区域；②节约一定的建设成本；③不用再去筛选符合住房保障的人群，直接以居住在"城中村"中的这部分人群为保障对象，节约了政府对住房对象的筛选成本和对住房建造的监督成本。

众多学者的思路集中于在"城中村"改造过程中，能够有效解决农民与外来人口等城市低收入者的住房需求。但在改造"城中村"的过程中，完善其基础设施等公共服务的建设升级对政府的财政平衡能力和公共服务能力也将是巨大的考验，政府将如何通过多渠道的融资为"城中村"改造提供资金以及人才、技术支持也需要更深入的研究。

2. 小产权房

我国的保障性住房在不断的建设中，但当面对需要住房保障的城市户籍人口都显得捉襟见肘，更无法做到保障农民工等其他边缘群体的住房需求。小产权房在我国有着不可忽视的庞大数量，民众也一直在关注国家会如何处理小产权房。如果能建立有效的管理制度使小产权房被纳入保障性住房系统，作为其有益的补充，可以增加政府对保障性住房的供给，有利于解决低收入家庭的住房问题。

刘敬爱（2012）分析了小产权房转为保障性住房可以缓解中低收入城市居民没有能力购买商品房的问题，维护社会稳定；政府可对商品房市场进行调控，平抑商品房价格的上涨；也可有效缓解城市化带给政府及社会的压力，保障民生需求；城乡统筹和新农村建设背景下农村集体土地的流转，可有效扩大保障性住房的来源；同时也可遏制游离于国家政策控制之外的"地下市场"。这些均为小产权房转化过程中的驱动因素。苏勇、黄志勇（2011）认为，当"小产权房"侵占了农用土地或以违法建筑的形式存在时，应坚决拆除，而对于剩余部分，则可视情况调整，将符合条件的小产权房转为保障性住房可为解决途径之一。乔迪、乔霞（2012）提出，若"小产权房"在符合城市发展规划范围之内，则可以制定统一的土地出让金标准，缴纳相关的税费，使"小产权房"转为经济适用房。购房者如果在本地没有房屋，其小产权房可以合法补交税费后转为经济适用房；购房者若在本地有多套房屋，则不能将该"小产权房"转为经济适用房，且由国家强制回购，回购价格参照购买成本、当前经济适用房价格等因素。汪弘(2013)提出两点建议:①考虑将符合城市规划和建筑要求的小产权房转化为保障性住房,体现了集约节约的原则,也增加了保障性住房的供应;②根据社会经济的发展不断调整保障对象的准入条件,将刚工作的学生以及符合条件的人纳入保障对象当中。

根据学者们的研究,从整体上看,小产权房与保障性房屋衔接的总体方向应从以下两个方面予以考虑:第一,关于土地问题的衔接;第二,购买人的身份及是否符合受保障对象条件的限定。他们还认为,应视存量小产权房所占用土地的性质、是否符合规划以及小产权房屋的现实占有使用状况对其向保障性房屋的具体转化路径予以分类处理,并分别对已经出租的小产权房、已经出售的小产权房、尚未对外处置的小产权房进行了转化与处理的路径分析。

由此可见,结合小产权房和保障性住房的现实特点,将符合规划的小产权房通过转化为保障性住房使其合法化是当前解决两者间问题的出路之一,学者们也在积极探索。

3. 共有产权房

共有产权房,指的是地方政府让渡部分土地出让收益,然后以较低的价格出售给符合条件的保障对象的房屋。一般来说,住房家庭的产权份额由实际出资取得,政府的产权份额由减免的土地出让金、行政事业性收费、税费等转化为相应的出资来取得。政府与保障对象签订合同,约定双方产权的份额以及保障房将来上市交易的条件和所得价款的分配份额,住房困难家庭可通过和政府共同出资购买住房来减少买房成本,同时还能够实现自住。这一模式最早出现在2007年的江苏淮安;2014年4月,住建部确定北京、上海、成都等6个城市为全国共有产权住房试点城市。

国内学者在共有产权房出现的初期对其存在的合理性进行了较多研究并提出其在经济方面的意义;在共有产权持有方面,从产权的持有比例、收益分配、市场化机制等方面也均有研究。赵文聘、陈耀东(2011)认为改善保障性住房体系最重要的是"建立产权关系清晰的住房制度"。霍现涛、汪雪晓(2009)以西安市为例,将共有产权放在经济适用房模式下研究,认为共有产权模式能够明显促进保障性住房流动、加快政府保障性资金收益和回收等。韩文龙、刘灿(2013)认为共有产权既能够发挥私有产权的最大激励作用,又能实现共有产权和政府行为的保障作用,可算是弥补"市场失灵和政府失灵的第三方力量"。李宇嘉从共有产权房的政治经济学角度研究后认为,现行的经济适用房、两限房等容易陷入福利陷阱而使得保障作用不足,而共有产权模式能够有利于社会稳定、就业,也有利于城市经济从投资型向消费型转变。金细簪、虞晓芬(2014)分析了保障性住房有限产权的弊端,认为共有产权对我国当前住房保障形式有存在的合理性,并将共有产权模式放在整个保障体系中统筹考虑,提出发展思路。王子博(2014)以产权理论为基础,他的着重点在于产权经济收益方面,指出了目前共有产权模式存在的问题并提出了完善的对策。张娟锋(2015)认为共有产权房的实现价值体现在三方面:①更符合物权法,产权清晰;②中低收入家庭有更大选择权,通过努力实现"住房梦";③"共有产权"符合市场规律,增值收益分配清晰。而共有产权房的发展思路则有以共有产权住房模式统领出售型保障房供应体系,明确共有产权的定价思路,避免价格双轨制;要因地制宜确定共有产权的比例划分。

作为住房保障体系建设的重要部分,共有产权房实施效果究竟如何还需要长期的不断实践予以检验。共有产权房是否成功地推动了保障性住房的发展,基本也都是在共有产权房的逐步推广和实践中边走边看,学术界未有定论,但以肯定为主。

(三)"砖头补贴"向"人头补贴"的转变

除了政府直接参与保障性住房的开发,以出租或出售的方式将保障性住房推向特定的人群以外,还可以直接为保障性住房的建设提供补贴或为住房需求者提供补贴。"砖头补贴"是政府向建设单位提供优惠出让甚至直接划拨土地、土地出让金抵扣、减免建设过程中的各种税费、配套建设公共基础设施等一系列降低建设成本的政策措施,通过政府在经济适用房供给端介入从而降低经济适用房价格的补贴方式,间接地传递给消费者。而"人头补贴"是指政府直接以货币形式帮助中低收入家庭提高住房支付能力的形式,直接面向消费者,让其能自主地在住房市场中寻找合适的房源购买或租赁,最终通过市场来解决住房问题。

Arlusky(1987)在住房市场过滤理论的基础上,运用住房市场的计算机模型探讨了公共住房对过滤过程的影响。他指出,从政府成本的角度来衡量,为中低收入阶层提供住房货币补贴来增加穷人住房消费的政策比政府直接为中低收入者新建保障住房的政策更加有效,其成为保障性住房政策选择的重要理论依据之一。

增加保障性住房供应的方式,虽然能在短期内缓解中低收入家庭的住房困难问题,但政府的财政支出会大大升高,整个住房市场的运行效率也会因住房供应链被连续性地打破而降低。故在实施住房保障政策时应逐步减少公共住房的直接建设供应,而尽量采用"人头补贴"的方法(宋博通,2002)。高晓慧(2002)从经济学原理出发,对政府采取的控制价格措施和货币补贴的效应进行分析,认为政府在采取货币补贴带给住房保障人群相同效用时,能够节约更多的资金投入。对于政府采取的"砖头补贴"与"人头补贴"两种解决住房困难问题的途径,从国家发展走向和消费者效用的角度来看,对住房保障人群给予直接的货币补贴将是更好的选择。牛毅(2006)从政府对建造保障房的监督管理成本、对住房市场发展的影响、分配补贴后带来的效益、补贴分配是否可操作、政府的决策行为等五个方面研究了现行住房保障政策中"砖头补贴"方式,并与可以减轻政府的财政负担,提高补贴效益,并能将对住房市场的不利影响降到最低的"人头补贴"方式进行了比较,认为后者是我国中长期应采取的补贴形式;同时,由于我国征信体制不完善,政府还没有制定出能够反映住房保障人群真实收入情况的监督机制和补贴的标准,货币补贴的实施因此受到一定的限制。

综合众多学者的分析,笔者认为"人头补贴"的优势主要体现在:①政府直接向保障人群提供货币补贴的方式能够避免对住房市场的直接干预,充分鼓励居民自己到住房市场上寻找合适的房源,有利于市场资源的优化配置,提高经济效率;②政府补贴直接提供给对应需要补贴的人群,通过现金或是形成"住房券"一类的形式,政府不用负担"砖头补贴"的建房监督成本,在建设阶段进行的住房补贴不会让建造方有寻租空间,减少了腐败的滋生。

但"人头补贴"的方式也有其不可忽视的弊端。杨继瑞(2007)指出,货币补贴在解决中低家庭住房困难的问题时也会面临其他因素的考验。一是如何确定货币补贴的额度,中低收入家庭申请不到廉租房而廉租房的租金与市场上私人租赁住房的价格有较大差距时,这些人群不能在短期内有效地解决住房问题。二是防止货币补贴被用于保障性住房之外的地方。如果低收入家庭不能找到合适的住房,领取补贴的人群可能会暂时把这部分现金转作他用,而不是用于改善他们的住房条件,这背离了政策的初衷。也有学者,如张泓铭

（2014）提出只有在具备住房市场较为发达完善、住房保障的人群不断增加成为社会的主体、保障性住房房源相对充足等一系列前提条件下，货币补贴才能达到其应有的效果。

在土地供应日趋紧张的背景下，城镇住房保障体系正逐步实现保障性住房的重点（包括经济适用房、廉租房和公共租赁房）从"以售为主"的经济适用房向"以租为主"的公共租赁房（含廉租房）转变的趋势。值得关注的是，2016 年 2 月底，杭州市住房保障和房产管理局开始"暂停受理经济适用房的申请，暂停新选址建设经适房、公租房"，"在市本级全面实施公租房货币补贴制度"，这是"砖头补贴"到"人头补贴"的真实写照。

五、经济视角：探索经济与保障性住房的协调增长机制

自 1978 年改革开放以来，中央政府以权利下放、财政制度改革以及经济特区试点运行等重大举措为先导，为了促进全国经济发展的获利，充分调动地方政府发展经济的积极性，中央政府确立了以经济为中心的发展战略，通过 1994 年分税制改革、审批权力下放等方式，来推动地方经济发展（洪世健，2012）。分税制背景下基层政府不断向上上缴资金，然而基本事权却向省以下政府移动，尤其是县乡，明显加剧了基层的财政压力（吴宇哲，2016）。

地方政府在工业用地和商住用地上之所以采取差别化策略，原因在于制造业部门具有较高的流动性，处于强大竞争压力下的地方政府为获得未来稳定而长远的税收收入流，不得不采用协议出让等极其优惠的政策吸引制造业投资；而对于商住用地，由于本地服务业消费者的非流动性，地方政府采用"招拍挂"等出让形式高价出让土地，以获取高额土地出让金（陶然，2009）。

中国住房制度下的可负担能力问题与经济增长目标之间的矛盾主要是由于地方政府严重依赖取决于住房市场繁荣的以土地财政为主的城市融资。地方政府的财政来源主要在税收和土地出让金两大方面。1994 年我国实行分税制改革，进一步加强了中央宏观调控的能力。招商引资发展制造业所带来的税收增长绝大多数都被中央和省抽走（李学文，2012）。2006 年 1 月 1 日起我国正式废止了《中华人民共和国农业税条例》，以前农民需要缴纳的农业税和农业特产税全部免除，政府无法继续通过农业税"取之于民，用之于民"。而我国的土地使用和土地保有环节的税负又过低，持有存量土地的一方税负压力很小，故难以形成经济上的约束机制和激励机制。由于城市地价的上涨，房地产开发商仅仅囤地就能获得土地增值的利润，无须进行开发，促进了城市土地取得使用权后闲置现象的频频涌现。此外，我国的土地税收制度主要现行的征税范围一般只针对生产经营活动中所涉及的土地，许多行政单位和个人被排除在征税范围以外。同时，迫于区域竞争压力，许多地方政府在招商引资时还必须主动降低税费，为开发商提供优惠措施，这也导致了地方政府财税收入基础的狭窄，不得不依靠以买地为主的"土地财政"来保障地区发展的资金支持。地方政府在经营城市的思想指导下，土地批租收入已成为地方政府预算外资金的主要来源，其规模占到地方财政收入的 40%～70%，形成了中国独特的土地财政现象。

土地和住房政策是中国政府最重要的微调经济工具。满足多数人需求的住房政策对于任何政府在过渡期间至关重要。今天，政府正在着眼于长期的经济结构调整方案，作为调控经济周期的工具。但是，为了促进"以人为本"的城市化而非"土地城市化"，国家需要重组中央到地方的财政关系，改革各地的税收制度，鼓励城市基础设施融资的实验创新，如

PPP 这种新形式(公私合营模式)。例如,过去十年来,地方政府和私人投资者之间形成了不同的集中 PPP 的模式(ADB,2008)。然而,有效的监管和政策安排是任何类型 PPP 项目成功的前提条件(Shi et al.,2016)。

投资、消费和出口是拉动经济增长的"三驾马车"。对于一个城市而言,面对复杂的国际经济形势,扩大内需,尤其是消费需求就成为当前推动经济发展和持续增长的最迫切需要。随着城市化进程的加快,上文所提的农村转移人口也逐步成为一个庞大的消费主体。如果住房问题得不到解决,城市流动人口缺乏城市归属感和长期居留城市的预期,在城市就业就会主要考虑如何多赚钱、少消费,尽量攒下钱以便回农村换取更好的生存和生活质量。因此这部分人口会尽量压缩在城市的消费,将开支缩减到仅能满足其维持劳动力再生产需求的最低水平,而将大部分工资收入都转移回了农村(王丽梅,2010)。

除了市场消费者的角色以外,新增的城市流动人口也是城市就业队伍的重要组成部分。如果已经脱离农业的农村劳动力居无定所,他们就会在不同行业和地区间进行频繁的流动,无法积累长期的工作经验,无法成长为现代化的知识化创新产业技术工人,而技术创新在实现经济合理增长、突破"中等收入陷阱"中具有关键作用,会进一步影响城市产业结构的转型升级(蔡昉,2013)。

吴宇哲、王薇(2016)建立了住房保障的三部门经济增长模型,得出了住房保障与城市经济增长目标协同的一个可靠逻辑:提供住房保障—吸引劳动力人口—促进城市经济增长。公共物品的提供在政府间是存在竞争的,城市间住房保障水平上的差异也体现了政府间对公共物品提供的差异。某城市的住房保障政策在提高劳动力效用上有相对优势会促进劳动力在该城市的集聚,劳动力流入使就业更加集中,从而更易形成产业集聚,尤其是劳动密集型产业,为追求较低的劳动力成本进行迁移时,成为迁入城市经济增长的重要引擎。陈立中(2015)运用改进的投入产出模型和计算程序,实证测算了保障性住房的各种经济效应,发现保障性住房在经济下行中的保增长作用明显,实现了保增长与惠民生的政策设计初衷且保障性住房对经济发展的拉动作用也不仅体现在建设时期,还表现在运营期间,如经济增长、创造就业等。

李燕(2014)提出在全国经济增长放缓、房地产露出疲态的情况下,保障性住房的建设成为拉动经济增长的重要部分。推进保障性住房的建设可以吸引一部分资金进入,这不仅能够增加就业、刺激消费、改善民生,而且对于市场低迷的钢铁、建材和机电业也产生一个强有力的拉动作用。保障性住房的建设有利于减少房地产市场的盲目投资和投资过热现象,有利于房地产市场的稳定发展。王斌和高戈(2011)构建了一个我国住房保障对房价的 SVAR 模型,对我国住房保障对房价的动态冲击效应进行了实证检验,发现我国保障性住房建设对商品房市场价格的上涨存在一定的抑制作用;同时,房价的上涨也会促使"相机抉择"的政府加大对保障性住房的建设力度。

六、结论

本文从我国保障性住房政策的历程入手,分析了我国的保障性住房政策在实现"人的城镇化"中的重要作用,从保障性住房的土地增量建设到存量拓宽的转变路径,进一步探索保障性住房发展与经济增长的协同机制,扩大保障性住房的资金支持,提出应对新型城镇化背景下的保障性住房政策。主要结论如下。

第一,进一步扩大保障性住房的覆盖面,将住房保障人群拓宽到有居住证的非户籍人群,以农业转移人口为重点,兼顾高校和职业技术院校毕业生、城镇间异地就业人员和城区城郊农业人口,积极探索户籍制度改革,解决新增农业转移人口市民化的问题。改善保障性住房的居住环境和周围的公共服务条件,向商品房看齐,避免保障性住房边缘化带来的附加成本和社会分异现象,可以引入 TOD 模式改善等。完善保障性住房的准入、退出机制与轮候制度,对保障对象进行严格和动态的审查。为避免保障房成为特权的福利分房与套利筹码,可逐步停止经济适用房的审批受理,推进公租房和廉租房政策。

第二,增强保障性住房土地要素供应的保障,明确政府的代表主体,根据城市当地的保障性住房需要覆盖的人群范围来合理安排各类保障性住房的用地比例,为下一阶段住房的开工建设提供一个明确可行的指标约束。除了新建保障性住房以外,还需要多方位地拓宽保障房的补充途径,如棚户区、城中村改造,共有产权房的推广与小产权住房的合理转化等。保障性住房政策实施应根据不同城市不同地区自身的发展状况因地制宜,住房保障要从实物为主转向实物和货币并举,并鼓励地方政府将符合条件的商品房回购作为保障房源。货币补贴除了现金补贴的形式之外,还可以考虑"住房券"与"租房券"的新模式,通过此路径可促进住房租赁市场经济效率的提升,使合理的住房消费理念深入人心。住房保障等有关部门可以探究制定有关公租房的分档租金、分档补贴的相关政策,使保障家庭缴纳的租金和所享受的补贴更加科学、合理,贴近保障家庭的收入。坚持"市场化""货币化"的发展思路,注重发挥市场配置资源的基础性作用。

第三,反思土地财政的不可持续性,可以通过房地产税、物业税的收入,继续保持对保障性住房政策的资金投入力度,加强国家开发银行等金融机构的支持力度。多种类型的社会融资方式可以为低收入家庭保障性住房建设构建一个良好的平台,在改善住房民生方面起到积极的作用,也有利于促进经济的稳定增长,对住房结构的调整结构发挥积极的作用。

参考文献

[1] CHEN J, HAO Q, STEPHENS M. Assessing Housing Affordability in Post-reform China: A Case Study of Shanghai[J]. Housing Studies,2010,25(6):877-901.

[2] DING C R,LICHTENBERG E. Land and Urban Economic Growth in China[J]. Journal of Regional Science,2011,51(2):299-317.

[3] MALPASS P, MURIE A. Housing Policy and Practice[M]. 5th ed. Hampshire:Palgrave Macmillan, 1999.

[4] MAN J Y. China's Housing Reform and Outcomes[M]. Cambridge, MA:Lincoln Institute of Land Policy,2011.

[5] O'SULIVAN A. Urban Economics[M]. 8th ed. Columbus:McGraw-Hill Education,2011.

[6] SHI W, CHEN J, WANG H W. Affordable Housing Policy in China:New Developments and New Challenges[J]. Habitat International,2016(54):224-233.

[7] United Nations. World Urbanization Prospects, the 2014 Revision[EB/OL]. [2016-11-15]. https://

esa. un. org/unpd/wup/.

[8] WALKER B, MARSH A. Pricing Public Housing Services：Mirroring the Market[J]. Housing Study,1998,13(4):549-566.

[9] ZOU Y H. Contradictions in China's Affordable Housing Policy：Goals vs. Structure[J]. Habitat International,2014(41):8-16.

[10] 蔡昉. 理解中国经济发展的过去、现在和将来——基于一个贯通的增长理论框架[J]. 经济研究,2013 (11):4-16.

[11] 陈立中,邓保同. 保增长与惠民生能否兼得:以住房保障的经济拉动效应为例[J]. 财政研究,2015 (12):30-36.

[12] 陈映芳. 征地农民的市民化——上海市的调查[J]. 华东师范大学学报(哲学社会科学版),2003(3): 88-95.

[13] 成得礼. 对中国城中村发展问题的再思考——基于失地农民可持续生计的角度[J]. 城市发展研究, 2008,15(3):68-76.

[14] 丁成日. 城市经济与城市政策[M]. 北京:商务印书馆,2008.

[15] 洪世健,张京祥. 城市蔓延机理与治理——基于经济与制度的分析[M]. 南京:东南大学出版社,2012.

[16] 何元斌. 保障性住房政策的经验借鉴与我国的发展模式选择[J]. 经济问题探索,2010(6):164-170.

[17] 贾生华,郑文娟,田传浩. 城中村改造中利益相关者治理的理论与对策[J]. 城市规划,2011(5):62-68.

[18] 金细簪,虞晓芬. 共有产权存在的合理性释义及未来发展思路[J]. 中国房地产,2014(11):22-26.

[19] 李学文,卢新海,张蔚文. 地方政府与预算外收入:中国经济增长模式问题[J]. 世界经济,2012(8): 134-160.

[20] 李鸿翔. 从经济适用房政策的实施看我国的住房保障制度[J]. 中国行政管理,2007(5):11-13.

[21] 刘传俊,薛耀文,宋军. 基于城中村改造的准廉租房建设构想[J]. 中国房地产,2008(6):65-66.

[22] 刘敬爱. 小产权房转为保障性住房的驱动因素分析[J]. 工程管理学报,2012,26(1):94-97.

[23] 吕萍,修大鹏,李爽. 保障性住房共有产权模式的理论与实践探索[J]. 城市发展研究,2013(2): 144-148.

[24] 牛毅. "补砖头"还是"补人头"[J]. 上海经济,2006(6):53-55.

[25] 潘聪林,韦亚平. 城中村:研究评述及规划政策建议[J]. 城市规划学刊,2009(2):62,96-101.

[26] 齐骥. 提高认识,务实创新,做好棚户区改造工作[J]. 管理世界,2007(11):1-4.

[27] 齐慧峰,王伟强. 基于人口流动的住房保障制度改善[J]. 城市规划,2015,39(2):31-37.

[28] 苏勇,黄志勇. 小产权房转化为保障性住房的路径选择[J]. 现代经济探讨,2011(2):29-33.

[29] 宋博通. 三种典型住房补贴政策的"过滤"研究[J]. 城乡建设,2002(8):27-29.

[30] 宋仁登. 城市化进程中农民市民化问题研究[J]. 山东大学学报(哲学社会科学版),2012(1):27-31.

[31] 陶然,陆曦,苏福兵,等. 地区竞争格局演变下的中国转轨:财政激励和发展模式反思[J]. 经济研究, 2009(7):21-33.

[32] 王丽梅. 城市流动人口住房保障问题的现状及对策[J]. 工作技术经济,2014(4):5-10.

[33] 王斌,高戈. 中国住房保障对房价动态冲击效应——基于SVAR的实证分析[J]. 中央财经大学学报, 2011(8):54-59.

[34] 王子博. 基于产权理论的共有产权房制度分析[J]. 经济师,2014(7):68-70.

[35] 汪弘. 在新型城镇化过程中基于保障性住房视角下的小产权房转化途径问题研究[D]. 南昌:江西师范大学,2013.

[36] 吴海瑾. 城市化过程中流动人口的住房保障问题研究——兼谈推行公共租赁住房制度[J]. 城市发展研究,2009,16(12):82-85.

［37］吴文恒,李同昇,朱虹颖,等.中国渐进式人口市民化的政策实践与启示［J］.人口研究,2015,39(3)：61-73.

［38］吴宇哲,王薇.住房保障与城市经济增长协同机制研究［J］.河海大学学报(哲学社会科学版),2016,18(6)：27-33.

［39］吴宇哲.城市住房价格时空演变研究——理论、方法及应用［M］.北京：科学出版社,2011.

［40］夏方舟,李洋宇,严金明.产业结构视角下土地财政对经济增长的作用机制——基于城市动态面板数据的系统 GMM 分析［J］.经济地理,2014,34(12)：85-92.

［41］于一凡,李继军.保障性住房的双重边缘化陷阱［J］.城市规划学刊,2013(6)：107-111.

［42］杨继瑞.促进住房租赁消费的思考与对策［J］.消费经济,2007,23(1)：60-63.

［43］曾辉,虞晓芬.国外低收入家庭住房保障模式的演变及启示——以英国、美国、新加坡三国为例［J］.中国房地产,2013(2)：23-29.

［44］张德荣."中等收入陷阱"发生机理与中国经济增长的阶段性动力［J］.经济研究,2013(9)：17-29.

［45］张娟锋.以共有产权住房推动我国住房保障体系的发展［J］.中国房地产,2015(4)：63-65.

［46］张京祥,李阿萌.保障性住区建设的社会空间效应反思——基于南京典型住区的实证研究［J］.国际城市规划,2013,28(1)：87-93.

［47］张泓铭.未来中国房地产市场调控的思路和策略［J］.社会科学,2014(4)：44-54.

［48］张建荣.从违法低效供应到合法高效供应——基于产权视角探讨深圳城市住房体系中的城中村［J］.城市规划,2007(12)：73-77.

［49］赵聚军.保障房空间局部失衡与中国大城市居住隔离现象的萌发［J］.中国行政管理,2014(7)：18-22.

［50］中华人民共和国中央人民政府.中共中央国务院印发《国家新型城镇化规划(2014—2020 年)》［EB/OL］.(2014-03-16).http：//www.gov.cn/gongbao/content/2014/content_2644805.htm.

工业用地出让策略及其对产业集聚的影响研究

——以永康市为例①

罗雨丛　岳文泽　杨遴杰

摘　要：在以土地改革推动经济转型的背景下，工业用地的市场化出让的改革步伐逐步加快。然而对于大部分城市而言，与商住用地不同，工业用地很难实现真正意义上的市场配置。在浙江省永康市，工业用地高价出让的现象频繁出现，即使如此，当地依然采取了"选商"和竞争两种策略而非全面公开竞争出让。对此，本文综合运用文献阅读、实地调研和空间分析等方法，介绍了永康市两种策略下的工业用地出让特征，并以产业集聚为切入点，分析了工业用地出让策略对产业集聚的影响以及由此形成的产业集聚模式，最后对两种出让策略的实施效果进行评价，为我国其他城市的工业用地配置改革和产业结构优化发展提供借鉴。

关键词：工业用地；出让策略；产业集聚；永康市

The Strategy of Industrial Land Granting and Its Effect on Industrial Agglomeration：A Case of Yongkang City

LUO Yucong，YUE Wenze，YANG Linjie

Abstract：Under the background of land reform, the market-oriented reform of industrial land granting is gathering pace gradually. But for most cities, it is difficult to achieve a real sense of market distribution of industrial land, unlike commercial land and residential land. In Yongkang City, Zhejiang Province, some parcels ended at impressive price in industrial land granting. However, the local government has still adopted two different strategies in industrial land granting, including investment selection and market competition. Through the use of literature review, field research and spatial analysis methods, this article introduced the characteristics of industrial land granting under two different strategies, analyzed the impact of these strategies on industrial agglomeration and the resulting spatial patterns of agglomeration. Finally, it evaluated the effects of the two strategies according to the spatial patterns, and provided practical reference for industrial land reform and industrial structure optimization in other cities.

Key words：industrial land；granting strategy；industrial agglomeration；Yongkang City

---

①　本研究得到国家社科基金重点项目（14AZD124）、国家自然科学基金项目（41671533）和中央高校基本业务费资助。

一、引言

在我国特有的土地制度框架下,国家是城市国有土地的所有者,地方政府作为唯一的供地主体,对出让数量、规模、价格有极大的决策权,土地一级市场因此呈现出二元分割、政府垄断和非市场化配置的鲜明特点。对于工业用地,地方政府长期采用计划性很强的资源配置方式,通过低价出让以吸引投资,这在很大程度上影响着工业用地利用效率的提高。对此,2007年我国改变了大规模的协议出让方式,实施公开招拍挂制度(唐焱 等,2012),但工业用地低价出让的现象依然广泛存在。在以土地改革促进经济转型、开启新一轮制度红利的背景下,党的十八届三中全会提出"建立工业用地和居住用地的比价机制,提高工业用地价格",要求充分发挥市场机制在工业用地出让中的作用;"十三五"规划纲要同样提出"完善工业用地市场化配置制度",通过工业用地多方式供应、工业用地市场多主体供应、土地弹性出让等方式,探索合理的工业用地价格形成体系,从而完善优化土地要素配置。这一系列举措表明,工业用地市场化改革的政策步伐正在加快。

从改革实践来看,2014年我国在辽宁阜新、浙江嘉兴、安徽芜湖、广西梧州等地开展了工业用地市场化改革试点,但改革进程较为缓慢,许多措施实质上并未改变政府对于工业用地的控制,比如要素差别化配置、工业用地价格调整机制等,全国层面的市场化配置改革也尚未推进。实际上,由于我国地方政府属于发展型政府,对经济发展水平尤为重视,工业用地成为政府吸引投资的最重要工具。通过干预工业用地出让,政府不仅能够以较低的成本达到引导产业布局和促进产业结构优化升级的目的,还能借此吸引企业入驻,获得稳定的税收收入和解决就业、拉动城市消费需求等一系列后续效益。因此,在工业用地出让过程中,地方政府普遍采取低价策略,根据竞买人条件"量身定制"出让标准,或者以各种途径返还土地出让金(王顺祥 等,2016),通过降低或牺牲工业用地出让金收益以换取资金流入。由此可见,提高工业用地市场化程度、促进工业用地价格合理回归在实践中依然面临着较大的难度。

然而在浙江金华下属的县级市——永康市,却频繁出现工业用地高单价、高溢价成交的现象,这引起了本研究的关注。永康市小五金产业集群数量庞大,由于产业集聚程度高、工业基础较好,企业愿意为获得规模效应而支付更高的土地价格,使得永康市具备了工业用地市场化出让的基本条件。但是,当地政府却并未将竞争性出让方式完全普及开来,而是采取了竞争出让和"选商"出让的差别化策略,这一现象背后的逻辑值得关注。另外,工业用地出让作为一种手段,其目的是促进地方产业发展,进而带动经济增长,因此在进一步研究中,有必要关注土地出让策略对地方产业集聚的影响。

从现有研究来看,产业集聚的相关文献最早可以追溯到农业区位论,杜能(Thunnen)认为在追求地租收入最大化的前提条件下,农业生产方式的空间配置取决于运输费用,并提出了农业利用的杜能圈结构;1890年,马歇尔(Marshall)考察了地方性工业的形态及起源,将工业集聚的特定地区称为"产业区",认为生产规模的扩大将产生内部经济和外部经济,而工业在产业区内集聚的根本原因在于获取外部经济;在此基础上,韦伯(Weber)和廖什(Losch)又相继提出了工业区位论和市场区位论;自20世纪90年代起,克鲁格曼(Krugman)将空间因素纳入一般均衡理论的分析框架,开创了新经济地理学派,使产业集聚理论得到了新的发展。虽然起步时间早,并形成了一系列较为系统的产业集聚理论,但在国外实证研究中却并未过多考虑土地交易的因素。相比之下,国内一些学者关注到工业用地出让对产业集聚的影响,但研究重点大部分聚焦于地价这一要素。一种说法认为工业地价与集聚程度呈负相关关系,当城市地价上涨时,传统工业部门因无法承受日益上涨的生产成本而率先迁往城市边缘,当更多资源涌入城市时,这些工业企业将从城市迁往更加偏远的地区(王珺 等,2013;杨亚平 等,2013;杨亚平 等,2013;张会勤,2014)。也有学者提出工业地价在企业区位选择中的作用不能一概而论,在全国层面和东部地区,地价对产业集聚的影响并不显著(王晓星,2016),而在西部地区,地价则被证实为区位选择中的核心要素(颜燕 等,2014)。类似地,雷潇雨和龚六堂(2014)提出,低价工业用地对企业的吸引能力是有限的,吸引力大小与地方集聚效应的强弱反向变动。

总结国内工业用地改革现状和国内外研究现状可发现,我国工业用地配置改革需要创新思路,而在研究出让策略时需重点关注其对产业集聚的影响。本文将以永康市差异化工业用地出让策略为切入点,重点探讨工业用地出让策略对产业集聚的影响,识别不同土地出让策略下形成的产业集聚模式,并对两种策略的实施效果进行评价。这为研究工业用地市场化配置和政府主导配置两种思路的具体表现及其实施效果提供了现实案例的参考,有助于更深入地认识工业用地配置方式对产业集聚的影响,对我国其他地区完善工业用地出让机制、促进产业结构优化发展具有重要的借鉴意义。

二、研究区概况与数据方法

(一)研究区概况

永康市位于浙江省中部,为金华市下辖县级市,地处长三角经济圈范围内,全市由石柱、前仓、舟山、古山、方岩、龙山、西溪、象珠、唐先、花街、芝英等11个镇,东城、西城、江南等3个街道组成,并设有经济开发区、现代农业装备高新技术产业园、浙商回归创业创新园三个省级工业发展平台,即"两园一区"(见图1)。自改革开放以来,当地地方工业经济迅速发展,2015年工业生产总值约为273.97亿元,三次产业在地区生产总值中的占比分别为1.7%、60.6%和37.7%,产业结构以工业为主导,规模以上工业总产值居于金华市首位,位列浙江省第14位。

工业经济的迅速增长得益于当地五金行业的发展壮大。永康市自古被称为"百工之乡",五金手工业源远流长,在国民经济中占有极其重要的地位。当地五金行业的发展最早可以追溯到黄帝时代,历史上早有"五金工匠走四方、府府县县不离康"之说。从古代工匠到现代工业,永康市经济发展和产业演进始终与五金制造密不可分,然而中华人民共和国成立以前,永康市五金行业一直停留在家庭作坊式的经营方式;中华人民共和国成立后,永康市个体手工业经历了合作化浪潮,通过改制成立了集体和国有工厂;20世纪50年代,永康拖拉机厂的成立促进了五金行业资本、人才、技术的原始积累,培育了当地最早的一批五金机械生产企业;20世纪80年代中期,永康市五金产业集群初具规模;20世纪90年代初,一批小五金工业企业相继成立,经过短短几年的发展,五金产值占比已经达到当地工业总产值的90%以上,形成了汽摩整车及配件、防盗门、杯业、电动工具、电器厨具、休闲器具、技

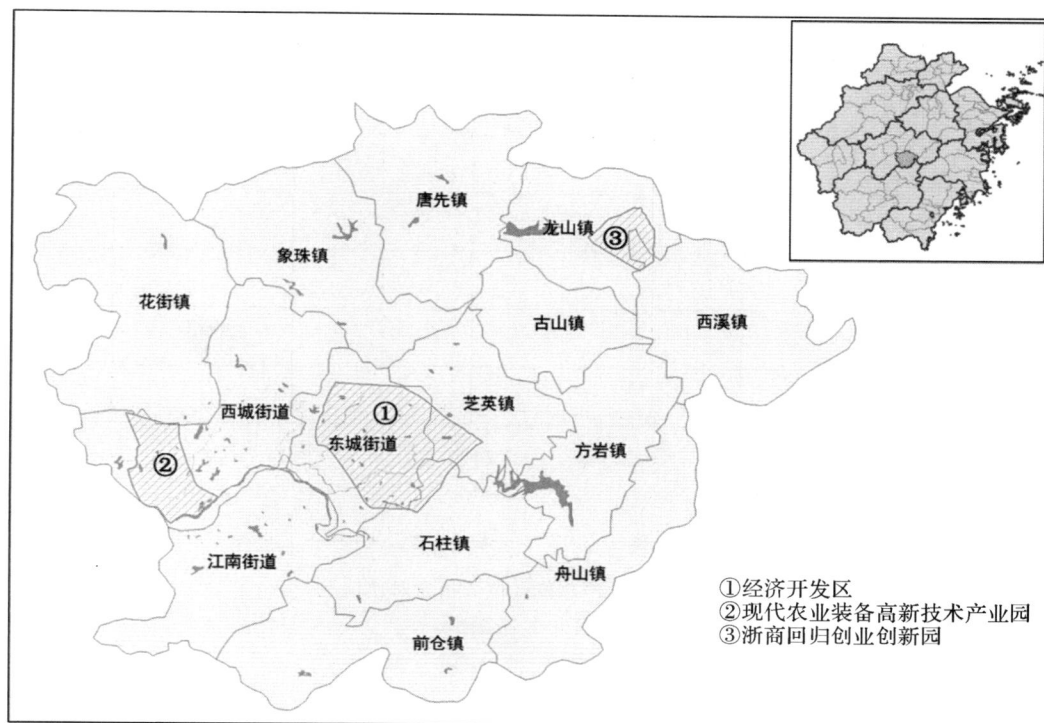

图 1　永康市地理位置和行政区划图

术装备、金属材料等八大支柱产业(金祥荣 等,2006)。进入 21 世纪以来,永康市在传统八大产业的基础上着力发展了新能源汽车、现代农业机械、现代五金等新支柱产业,并形成了永武缙五金产业集聚带。

　　由于形成了庞大的五金制造产业体系,永康市产业集聚程度优势明显,以地区工业生产总值为统计口径可以计算发现,当地工业区位熵指数已经达到 1.9 以上,与武义、缙云两县拉开差距,甚至接近苏州这样的工业强市,反映出永康市第二产业发展水平在全国层面具备显著优势,已经达到了较高的专业化程度(见图 2)。良好的产业集聚基础为工业用地价值的实现创造了前提,根据实际成交情况发现,早期永康市工业用地成交价格并不突出,2010 年成交单价仅为 348 元/米^2,然而 2011 年开始与苏州、武义、缙云三地逐渐拉开差距,总成交单价迅速上涨至 759 元/米^2,此后工业用地成交单价始终维持在较高水平,并两度超过 1000 元/米^2,相比其余几个地区遥遥领先(见图 3)。基于上述分析不难发现,永康市在产业集聚和地价水平两个方面均优于邻近县市,而即使与苏州相比,在制造业集聚水平相近的情况下,永康市工业用地成交单价也呈现出明显优势,这说明永康市工业用地出让市场具有独特性。

　　(二)工业用地出让政策梳理

　　自 2004 年以来,永康市工业用地出让政策经历了数次变迁,逐步形成了差异化的工业用地出让策略。表 1 对永康市工业用地出让政策的演变历程进行梳理和总结,从中可以看出,永康市自 2004 年开始采用协议方式出让工业用地,并规定通过综合考核的办法确定工

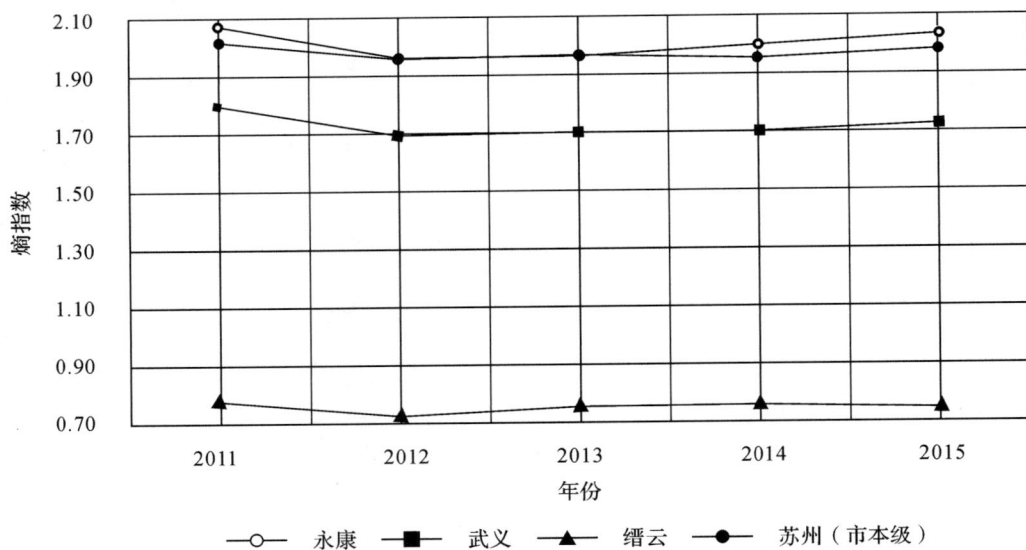

图 2　工业生产总值区位熵指数对比情况

资料来源：根据国家统计年鉴、地方统计年鉴计算。

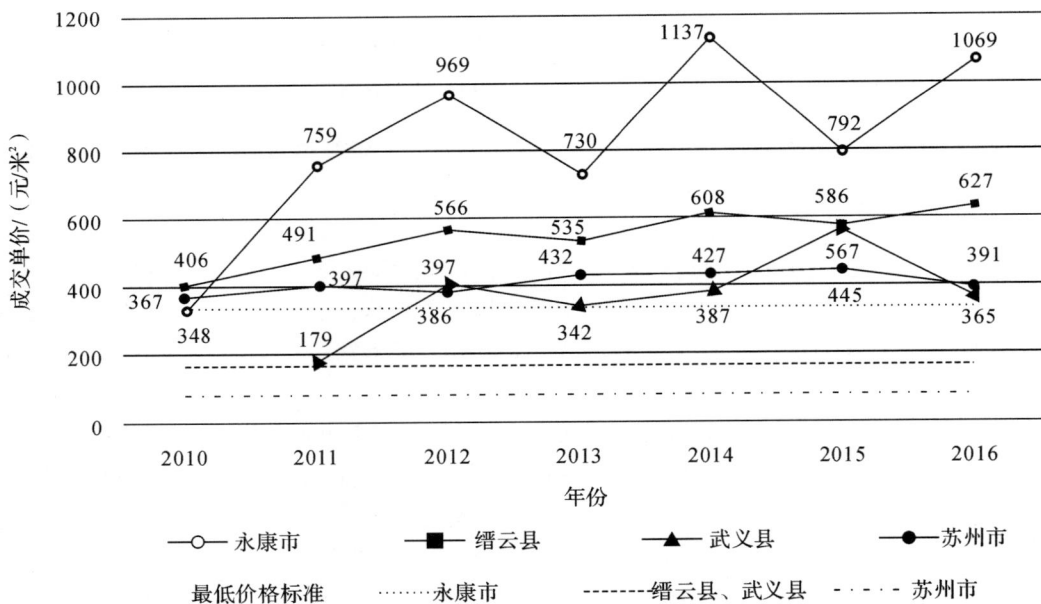

图 3　工业用地成交单价对比情况

资料来源：根据地方国土局网站土地出让数据计算。

业用地出让对象，这成为当地"选商"出让行为的开端；2006 年颁布《关于进一步规范工业用地使用的意见》，根据企业级别设置了不同的供地安排，首次提出了差异化的供地思路；随着政策的进一步完善和演进，这种针对不同企业的供地分化越来越明显，2010 年永康市国土局对不同面积工业用地的评审设置了差异化程序（见图 4），面积大于 1 公顷的待出让工业用地由市政府直接负责,由十四部门组成项目审查领导小组,严格按照产业政策、节约集约用地标准、产业升级、能耗和环保评定标准进行评审论证,只有"亩产税收"符合标准、项目会审通过、评定达标的项目,才能进入供地项目库,等待参与挂牌出让。除此之外,1公顷以下的工业用地的供地条件则相对宽松,由各镇、街、区自行负责,进入供地项目库的企业按照程序公开进行招拍挂。这一规定为工业用地差异化出让策略提供了政策依据。

表 1 永康市工业用地出让政策梳理

政策名称	出台时间	主要内容	特点
《国有土地使用权出让管理暂行办法》	2004 年 6 月	工业用地采用协议出让方式;当两家以上用地企业提出用地意向时,通过综合考核确定出让对象。	"选商"出让行为起源
《关于进一步规范工业用地促进工业经济发展的若干意见》	2004 年 12 月	确定优先引进对象及其政策优惠;对企业资格审查、投资密度、土地利用做出规定。	
《关于进一步规范工业用地使用的意见》	2006 年 7 月	优势企业和重点项目直接供地;优质中小企业和优质技改项目经过评审从高分到低分依次安排;小规模企业入围名单后参与挂牌竞价出让。	差异化供地安排
《关于实行年度亩产税收排名考核的通知》	2007 年	根据亩产税收排名决定是否具备申报工业用地资格;建立土地供应项目库制度;出台"亩产税收"保证金制度。	土地供应与"亩产税收"挂钩
《工业项目供地的若干规定》	2010 年 6 月	明确了企业申报工业项目工地的条件;对不同面积工业用地的评审实行差异化程序。	差异化出让程序

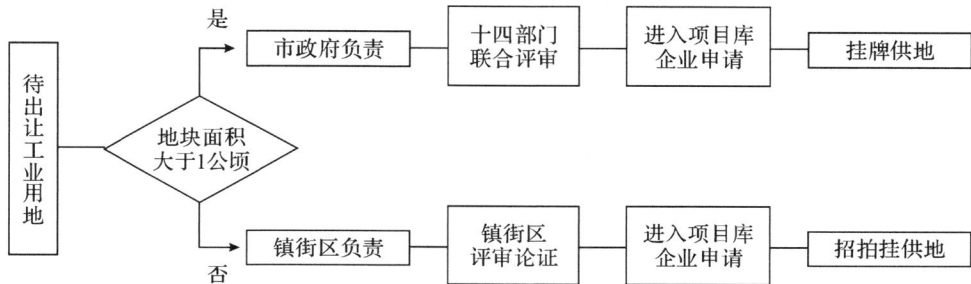

图 4 永康市工业用地出让程序设置

从出让政策的演变历程可以发现,永康市国土部门在工业用地出让中逐渐分化出两种策略倾向:一部分工业用地在出让之前会通过综合考评而来选择企业,其余则直接进行市场化招拍挂出让。在综合相关政策规定和实地访谈之后发现,二者之间的本质区别在于政府是否通过行政手段降低了土地出让过程中的竞争程度,本研究以此为切入点,将工业用地出让的策略划分为"选商"出让和竞争出让。首先,1公顷以上工业地块由十四部门联合评审,最后的市场挂牌方式只是出于制度需要的一种形式,出让过程中几乎不存在用地企业间的竞争,因此是通过"选商"方式出让的,体现出鲜明的行政干预色彩。其次,1公顷以下工业地块根据其所在区位不同,政策规定有所差异。对于"两园一区"内部的待出让地块而言，政府设置了各类准入条件和综合评价指标体系，并以此为考评依据对企业进行筛选，人为降低了企业面临的竞争，最终影响了土地价值的实现，因此同样属于"选商"出让的范畴。最后，面积在1公顷以下，且位于各个镇街区的工业用地由各镇街区自行负责，企业在申请环节面临的筛选条件大大减少，多数情况下有众多企业参与单宗地块出让。通过公开招拍挂竞价出让，价高者得，导致这部分地块竞争通常较为激烈，比"选商"出让更加接近市场化出让的方式，本文将其归纳为竞争出让策略。两种出让策略的划分标准如图5所示。

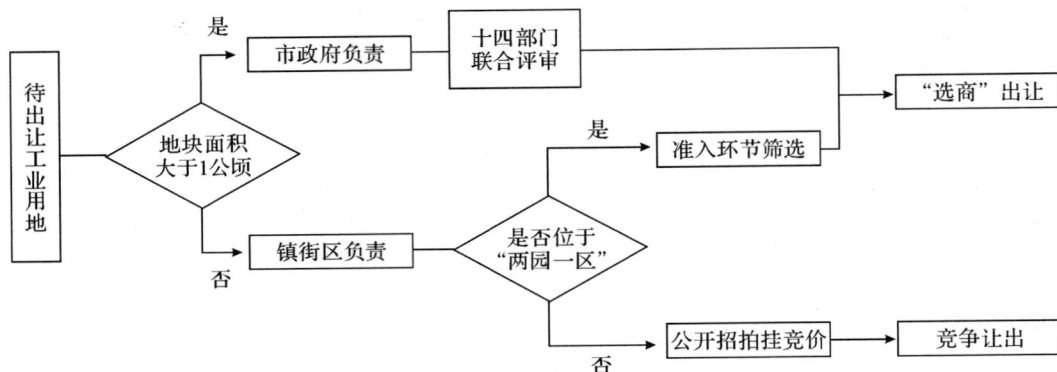

图5　两种工业用地出让策略的划分标准

（三）数据来源及空间处理

1. 工业用地出让数据

本研究通过收集地方国土局网站公布的出让地块名称、宗地坐落、面积、起始价格、出让价格、受让单位、行业、出让时间等基础信息，获得了2008—2016年出让的447宗工业用地样本点。本研究结合实地调研方法，对出让地块的地理位置进行核对和确认，取得了较为准确的第一手数据。在数据化工作之前，通过逐宗筛选剔除部分数据，剔除原则如下：

（1）保留以招拍挂方式出让的土地，剔除7宗协议出让地块；

（2）剔除出让给集体经济组织的村征地返还地，其中包括受让单位是村集体经济合作社的，以及招拍挂公告中限定申请人为村集体经济组织的地块共计68宗；

（3）剔除数据异常样本点3宗。

经初步整理，保留了永康市2008—2016年招拍挂出让的工业用地样本点共369宗，并借助 Arcgis 9.3 软件对样本点进行空间数据化处理，样本点的分布情况及出让时间如表2、图6所示。

表2　永康市2008—2016年工业用地样本点成交时间及出让方式分布情况　　单位：宗

出让方式	2008 年	2009 年	2010 年	2011 年	2012 年	2013 年	2014 年	2015 年	2016 年
挂牌	7	61	65	19	36	35	37	17	7
招标	5	9	5	10	12	3	26	0	7
拍卖	0	1	5	0	1	0	0	0	1

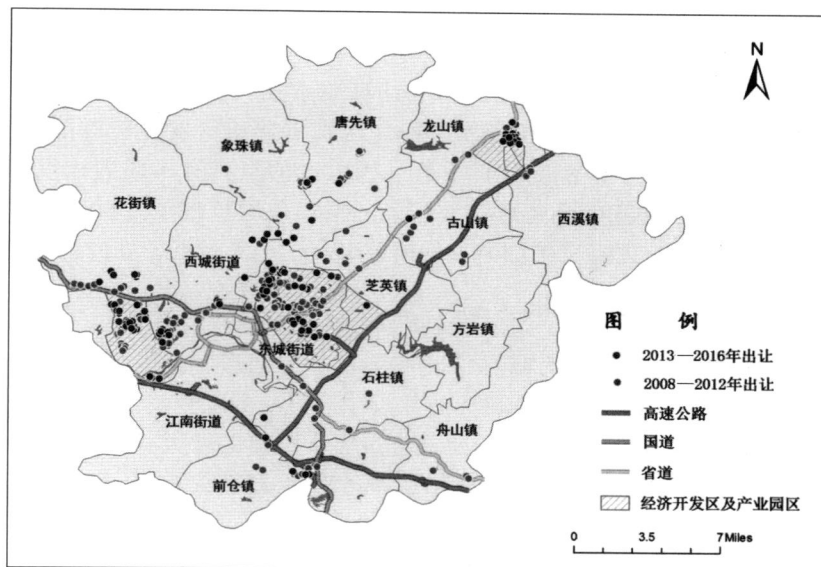

图6 永康市 2008—2016 年工业用地出让地块分布

2. 工业企业分布数据

本研究以工业企业点位分布来表征产业的空间集聚程度。由于永康市中小企业众多，各类小微工业企业和个体工业企业共计超过 17000 家，考虑到工作量与数据易获取性，本研究收集了《永康市统计年鉴》中年产值高于 2000 万元的规模以上企业名录，通过地址属性对企业进行空间化处理，并与电子地图进行人工匹配，建立规模以上企业空间数据库。永康市 2015 年规上企业分布情况如图 7 所示。

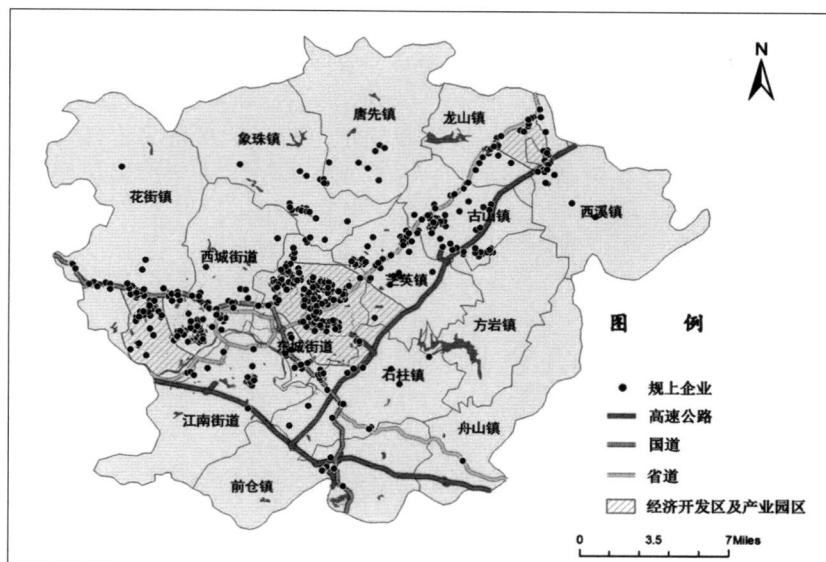

图7 永康市 2015 年规模以上企业分布

（四）研究方法

1. 空间密度分析

密度分析是空间分析中的常用方法，用于计算要素在其周围邻域中的密度或聚集状况，包括点要素/线要素密度分析与核密度分析。区别于普通密度分析对落入搜索区域的点或线要素赋予相同的权重，核密度分析中落入搜索区的点具有不同的权重，靠近搜索中心的点或线会被赋予较大权重，反之则权重较小。本文采用核密度分析方法，对点要素的空间分布密度进行统计，根据高爽等（2011）的研究，以 $f(x)$ 表示点 x 处的核密度分布函数：

$$f(x) = 1/nh \sum_{i=1}^{n} k[(x - X_i)/h]$$

其中，x 为待估计点位，X_i 是以 x 为圆心、h 为搜索半径的圆形区域内的第 i 个点，n 为点的数量，k 则是代表空间权重的核函数。由于越靠近中心区域的权重越大，因此点要素上方的曲面在点要素所在位置处的表面值最高，随着与点要素距离的增大，表面值逐渐减少，在与点要素的距离等于搜索半径的位置表面值为零，每个输出栅格像元的密度均为叠加在栅格像元中心的所有核表面值之和。

2. 空间自相关分析

地理数据由于受到空间相互作用和空间扩散的影响，彼此之间可能不是相互独立的，而是相关的。空间自相关就是用于分析要素之间相关性的分析方法，用以表示空间单元与其相邻位置的单元关于某一观察值的相关性及相关程度，多用于研究地理事物在空间上的集群现象，具体来说，包括全局空间自相关（Global Spatial Autocorrelation）和局部空间自相关（Local Spatial Autocorrelation）两种方法。

（1）全局空间自相关分析

全局空间自相关可以描述属性值在整个区域的空间特征及集聚情况，测度指标包括全局 Moran's I 和全局 Geary's C，本文选取 Moran's I 指数衡量分析区域内相近各单元指标是否相似。

在对 Moran's I 做出定义前，首先应该确定空间权重矩阵。空间权重矩阵反映空间单元之间的邻接关系，在以点为分析对象时，可以采取距离规则确定空间权重矩阵；在分析面状单元的空间自相关性时，则更宜采用邻接规则确定矩阵。这里将其定义为一个对称矩阵 $W_{n \times n} = \{w_{ij}\}_{n \times n}$，那么，以邻接规则确定的权重矩阵 W 的元素 w_{ij} 可以表示如下：

$$w_{ij} = \begin{cases} 0, & \text{区域 } i \text{ 与区域 } j \text{ 相邻} \\ 1, & \text{区域 } i \text{ 与区域 } j \text{ 将不相邻} \end{cases}$$

Moran's I 计算方法如下：

$$I = \frac{\sum_{i=1}^{n} \sum_{j=1}^{n} W_{ij}(X_i - \overline{X})(X_j - \overline{X})}{S^2 \sum_{i=1}^{n} \sum_{j=1}^{n} W_{ij}}$$

其中，X_i 表示空间单元 i 的属性值，n 为空间单元的总数，w_{ij} 为空间权重矩阵 W 的元素，$\overline{X} = \frac{1}{n} \sum_{i=1}^{n} X_i$，$S^2 = \frac{1}{n} \sum_{i=1}^{n} (X_i - \overline{X})^2$。

采用 Z 值用于检验 n 个单元之间是否存在空间自相关关系，$Z(I) = \dfrac{1 - E(I)}{\sqrt{\text{VAR}(I)}}$，$E(I)$

和 VAR(I)分别是理论期望和理论方差。如果 Z 值大于 1.96(或 1.65),说明在 0.99 (0.95)的置信水平下,n 个单元的属性值具有明显的空间正相关;相反,当 Z 值为负且显著时,说明在对应的置信水平下呈现负相关,相似属性值的空间单元趋向于分散分布。

Moran's I 取值范围为[−1,1],在特定的显著性水平下,如果 Moran's I 越接近 1,说明具有相似属性值的空间单元在空间分布上有很强的集群性;如果值接近−1,说明空间单元与周围区域的属性值呈现两极化趋势。

(2)局部空间自相关分析

本文采用空间关联局域指标(LISA)进行局部自相关分析,描述围绕对应空间单元具有相似值单元的集聚程度,借助局域 Moran's I 指数进行分析评价:

$$I_i = \frac{(X_i - \overline{X})}{S^2} \sum_{j \neq 1}^{n} W_{ij}(X_j - \overline{X})$$

其中,$S^2 = \frac{1}{n} \sum_{i=1}^{n} (X_i - \overline{X})^2$,$\overline{X} = \frac{1}{n} \sum_{i=1}^{n} X_i$。$Z(I_i) = \frac{I - E(I_i)}{\sqrt{\text{VAR}(I_i)}}$,用于检验局部 Moran's I 的置信水平。

若局部 Moran's I 为正值,表示观测单元与相似值的空间集聚;若为负值,则表示观测单元与非相似值的集聚,体现了单个样本与周围其他样本的异质性。根据 I_i 及相对应的 Z 值大小,可以制作 Moran's I 散点图,以便进一步考察空间单元属性值相互关联的四种聚集模式:若 $I_i > 0$ 且 $Z(I_i) > 0$,表示 H-H 型,即高属性值的空间单元被相似的高值区域包围;若 $I_i > 0$ 且 $Z(I_i) < 0$,即 L-L 型,指该空间单元及其邻近地区的属性值均比较低;若 $I_i < 0$ 且 $Z(I_i) > 0$,为 H-L 类型,说明高值的空间单元周围地区属性值较低;若 $I_i < 0$ 且 $Z(I_i) < 0$,为 L-H 类型,即较低值单元被高值区域所包围。

三、工业用地出让策略对产业集聚的影响

(一)工业用地出让策略的特征

1. 空间分布及面积差异

在差异化出让策略下,永康市工业用地出让呈现出不同特点。根据上文介绍的划分标准分别考察"选商"出让和竞争出让两种策略,由图8、图9可知,"选商"出让地块在成立时间最长、规划面积最大的经济开发区分布最为密集,共计 104 宗土地,出让面积超过 200 公顷,由于区位条件较同面积段的村镇用地更加优越,能够享受更完善的生产配套设施,获取地方政府政策优惠,因此这部分地块依然以"选商"的方式出让。然而,虽然出让地块数量众多,经过十多年的高强度开发,开发区大规模地块已所剩无几,近两年出让的多为剩余的零星地块,面积大多不超过 1 公顷,以 0.5 公顷以下的地块为主;现代农新产业园、浙商回归创业园目前尚处于起步阶段,出让的地块数量相对有限,但基本以面积 1 公顷(含)以上的地块为主要出让对象。研究人员通过实地走访调研还了解到,由于开发区土地资源愈发紧缺,难以维持较大的土地供应量,未来几年内两个产业园区将提供更多地块以供"选商"出让,吸引更多企业入驻园区;此外,"两园一区"以外也有零散分布的少量大面积地块出让。

相比而言,竞争出让策略下的地块面积普遍较小,且大部分零散分布于经济开发区和产业园区以外。根据图10发现,2013 年现代农新产业园成立以前,该区域内 30 宗地块采

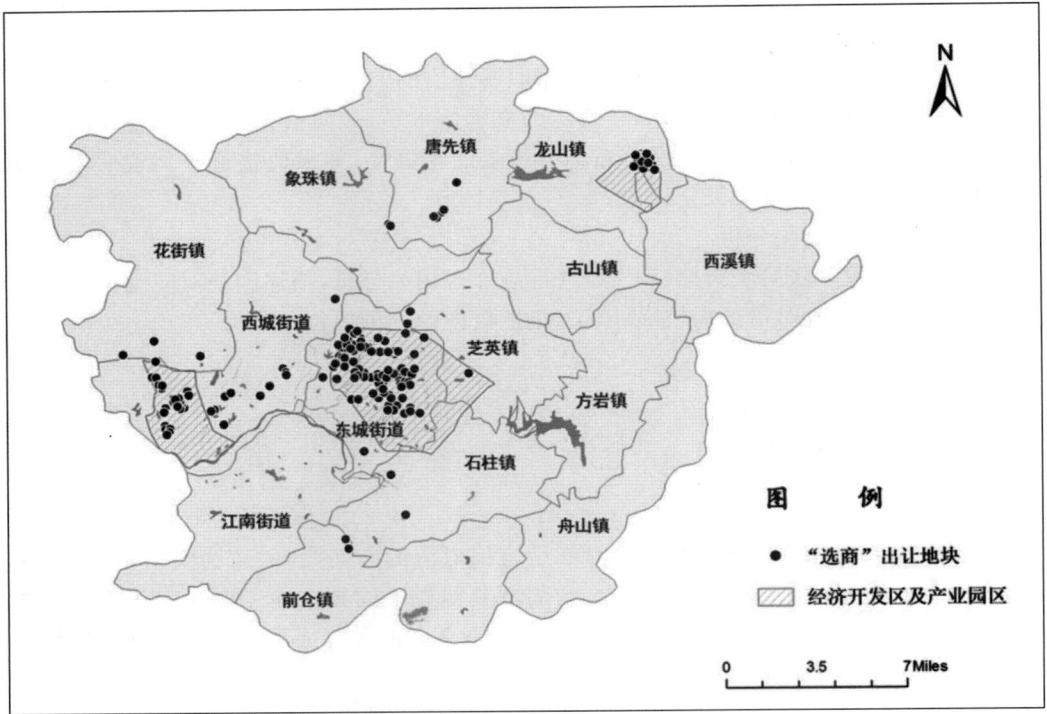

图 8 "选商"出让工业地块分布

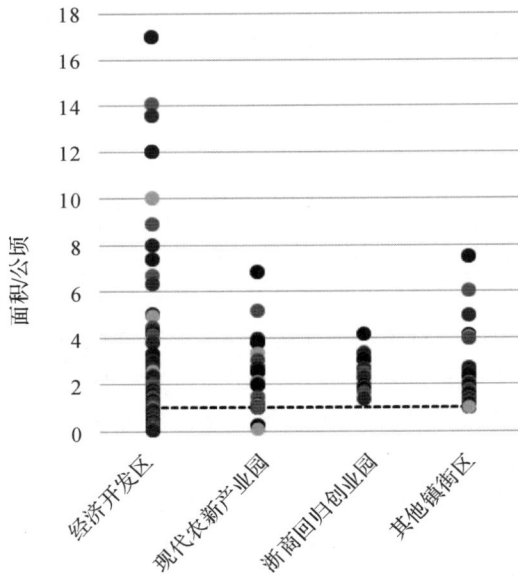

图 9 "选商"出让地块面积分类比较

取了招拍挂竞价出让的方式,园区东侧相邻的梅陇区块通过竞争方式出让地块 22 宗,这些地块的分布相对比较集中,但大部分竞争出让的地块零星分布于各个乡镇和村庄内部。从面积分布来看,面积在 0.3～0.5 公顷的地块占多数,0.5 公顷以下的占到竞争出让地块总数量的 73.5%,0.8 公顷以上的地块仅有 18 宗。由于竞争出让地块主要面向中小企业,这些企业本身生产规模有限,对于地块面积的要求也不高,0.5 公顷以下的土地是其普遍能够承受的范围,因此竞争出让的单宗地块面积大多位于这一区间(见图 11)。

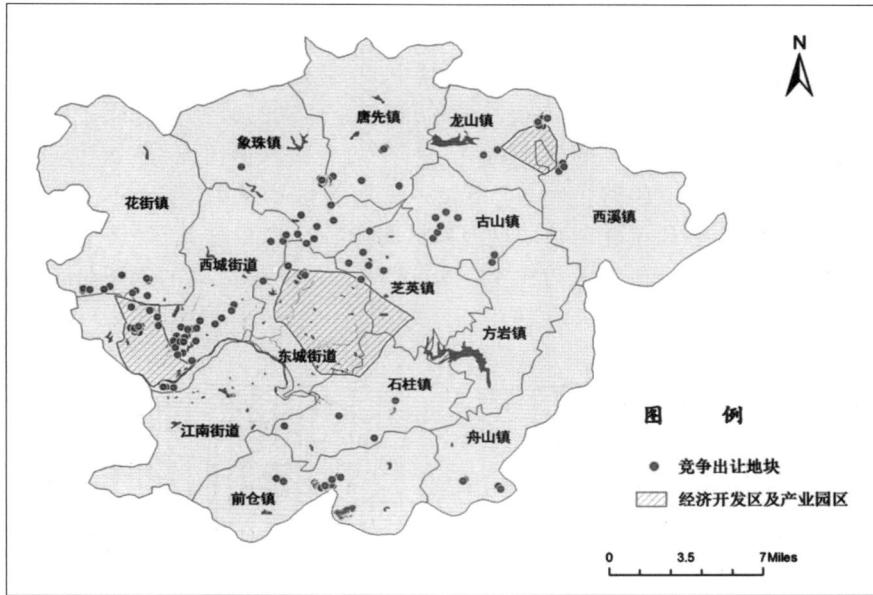

图 10　竞争出让工业地块分布

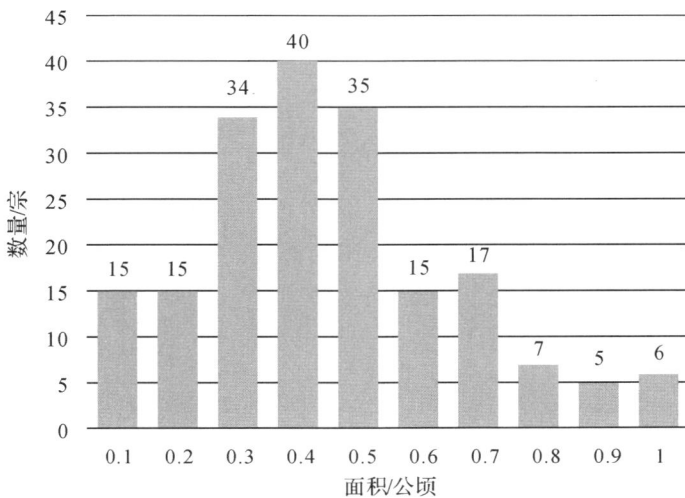

图 11　竞争出让地块面积分布

2.成交价格差异

在两种策略下,工业用地出让的差异不仅体现在空间位置和地块面积上,其成交价格也有直观的表现。通过趋势分析(Trend Analysis)将两种策略下的出让地块样本点转换为三维透视图,其中 X 轴代表东西方向,Y 轴代表南北方向,Z 轴代表样本点的某项属性值,此处以溢价率来表示。如图 12 所示,在"选商"出让策略下,大部分地块以极低的溢价率成交,仅仅个别地块出现了较高的溢价率,溢价率超过 100% 的样本点仅有 4 个,零散地分布于经济开发区边缘一带;与此相比,竞争出让策略下高溢价率的样本点更多,并呈现簇状分布的特征。从数量上看,在 135 个能够统计溢价率的有效样本点中,溢价率达到 100% 以上的有 60 宗地块,远远超过"选商"出让的水平,其中 40 宗地块溢价率达到 300% 以上,29 宗地块溢价率达 500% 以上,出让溢价率最高的地块达到了 732%,充分说明了工业用地出让的竞争激烈程度。这些高溢价率的地块集中分布于前仓镇八佰溪滩、象珠镇—经济开发区北(村集体返还地)、龙山镇四路上村、花街镇—城西新区梅陇片区一带,其中,溢价率为 100%~300% 的地块主要位于花街镇—城西新区梅陇片区和象珠镇,经济开发区北部和龙山镇四路上村区块的地块溢价率大约在 400%~600%,溢价率最高的地块位于前仓镇八佰溪滩区块,7 宗土地溢价率均超过 600%。

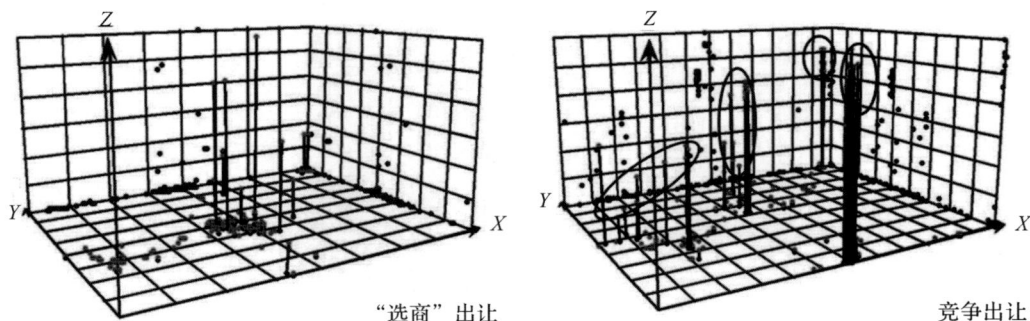

"选商"出让　　　　　　　　　　竞争出让

图 12　出让地块溢价率趋势分析

根据样本点成交单价作散点图(见图 13、图 14),对于"选商"出让而言,5 公顷以下地块的成交单价集中于 $300\sim600$ 元/米^2、$700\sim800$ 元/米^2 两个区间,仅有部分 1 公顷以下的小面积地块单价能达到 1000 元/米^2 以上;5 公顷以上的大规模地块单价基本在 $400\sim600$ 元/米^2 的范围内上下浮动。在竞争出让情况下,除单价在 1000 元/米^2 以内的地块之外,还形成了两个较高的单价区间:部分 $0.2\sim0.6$ 公顷的地块成交单价达到 $2000\sim4000$ 元/米^2,而面积在 0.2 公顷以下的部分地块成交单价则突破 4000 元/米^2。由此可见,相比"选商"出让的地块,竞争出让的地块往往能达到更高的出让单价和溢价水平。

(二)产业集聚的时空演化

本研究基于企业空间点位,运用核密度分布方法考察当地制造业的集聚情况,以 2015 年规模以上企业为对象,输出象元大小设置为 900 米×900 米,以每个网格点为中心,经过多次调试选择 1.6 千米的搜索半径,计算每个网格点的密度值,分析结果如图 15 所示。

整体来看,全市产业集聚以经济开发区为核心,沿东北—西南方向呈条带状分布,并形

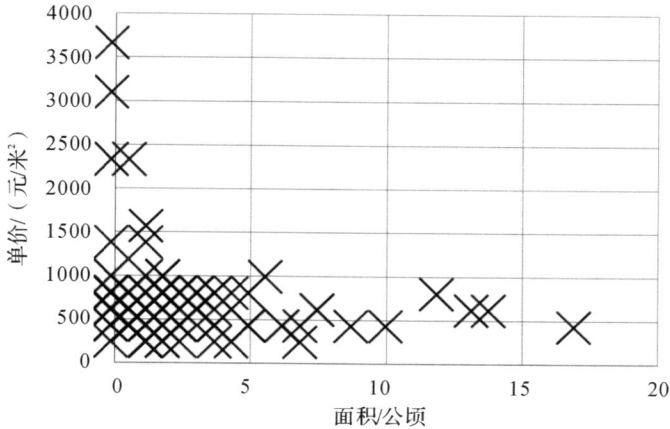

图 13　"选商"出让地块单价散点图

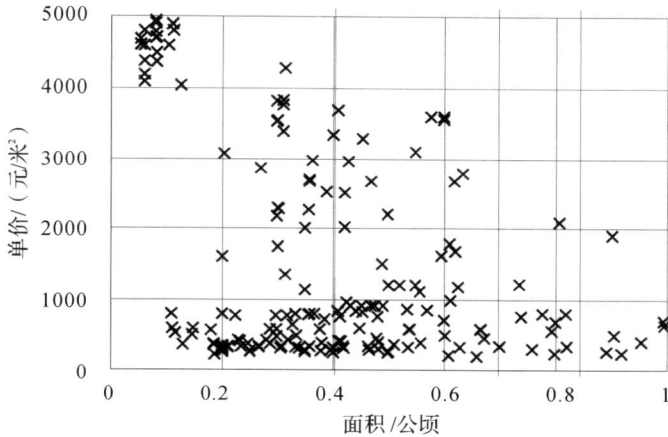

图 14　竞争出让地块单价散点图

成了三个等级的集聚中心。产业集聚程度最高的一级中心位于经济开发区西北区域,作为永康市成立时间最早、规模最大的工业园区,经济开发区是当地五金产业发展的引擎。一方面,政府在园区建设中能够提供政策优惠、优化投资环境、提升软硬件设施建设;另一方面,位于开发区的大型专业市场——中国五金科技城能够为企业提供交易平台,促进信息共享。这些优势不仅使得在当地发展壮大的龙头企业将生产中心从周边村镇转移至此,比如超人、四方、王力集团,还吸引了一批国内知名的五金企业落户,经过数十年发展,逐渐形成了以大中型企业为主的核心产业集聚区。次级中心区即城西新区梅垄区块,位于中心城区西侧、330 国道南侧、现代农业装备高新技术产业园东侧,产业集聚程度较高。城西新区在设立初期,其功能定位在于打造城市副中心,以发展中小企业为主导方向,与经济开发区形成优势互补。其中,梅垄区块是城西新区内最早开发的区域之一,中小企业分布密度较大,其中一些企业本身的生产规模逐渐扩大的同时,吸引了上下游企业在区域内集中,而随着现代农新产业园的成立,农机行业产业链也逐渐成型,农机或各类相关企业达到 1600 多家,其中很多位于梅垄区块。此外,作为永康市西部交通枢纽,该区域不仅连接了经济开发区和现代农新产业园,也是永康市通往金华市区、武义县的交通门户,规划定位和地理位置

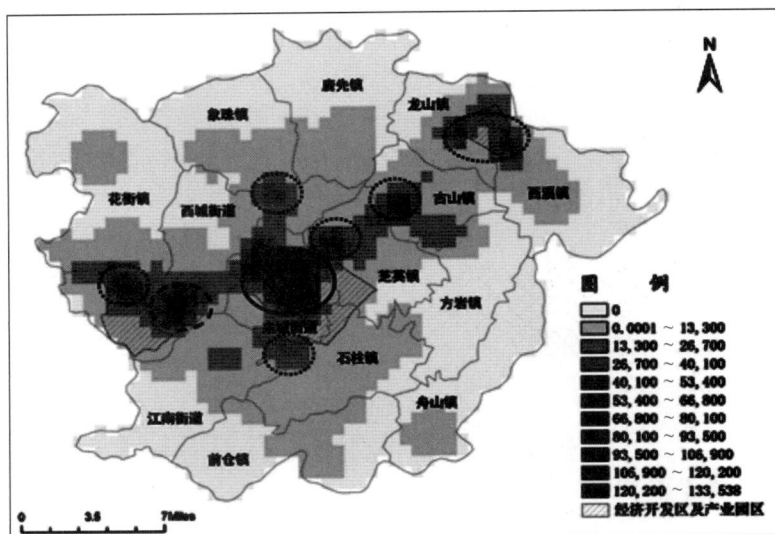

图 15　永康市 2015 年规模以上企业核密度估计

的优势使其形成了规模较大的企业集群。在现代农新产业园、浙商回归创业园，象珠、芝英、古山、石柱等乡镇有少量产业集聚，形成了三级中心区。两个产业园区成立时间不长，仍处于投资建设阶段，目前已经入驻的企业数量有限，随着大中型企业的进入，未来的集聚程度有望进一步提高；几个乡镇工业区本身规模有限，规上企业数量不多，基本分布于各乡镇的核心位置，形成了以少量中型企业为中心、小型企业环绕的集聚形态。

进一步对比 2011 年、2013 年及 2015 年规上企业分布情况，其能够反映当地产业集聚形态的变化规律（见图 16）。分析可知，五年间永康市产业集聚的整体形态没有太大变化，始终以经济开发区为核心区域，沿主要交通干线向外围延伸，但几处产业集聚中心的企业密度和集群形态均有所改变。2011 年，经济开发区企业密度还不是很高，与周边区域差距不算明显，整个开发区内约有规上企业 132 家。2015 年，企业密度明显提高，规上企业增加至 176 家，增长率约 33%，且随着经济开发区四期建设，企业密集分布区域向西北方向偏移。现代农新产业园北部的产业集聚面积有所扩大，但核密度值变化不大，说明企业的空间分布比较均匀。在龙山镇与西溪镇交界一带，2011 年仅有零星几家规上企业，自浙商回归创业园成立以来，企业陆续入驻园区，产业集聚程度有所提高，与龙山镇和西溪镇工业区成片发展，成为初具规模的集聚中心。城西新区梅陇区块的早期集聚形态不明显，但近几年来规模以上企业的数量稳步上升，至 2015 年已经达到 48 家，成为仅次于开发区的副中心区域。象珠、石柱、古山、芝英工业分区的产业布局也更加成型，并逐渐向经济开发区靠拢。

（三）不同出让策略对产业集聚的影响

1. 土地出让区位对产业集聚的影响

将两种策略下出让地块的区位分布与产业集聚形态图分别叠加，如图 17 所示。"选商"策略下的出让地块密集分布于经济开发区、现代农新产业园和浙商回归创业园内，政府通过提供政策优惠、优化投资环境来增强上述区域的吸引力，并提供土地资源的支持，通过对工业用地出让的区位配置来推动产业集聚区的培育、形成和发展。事实上，"选商"出让策

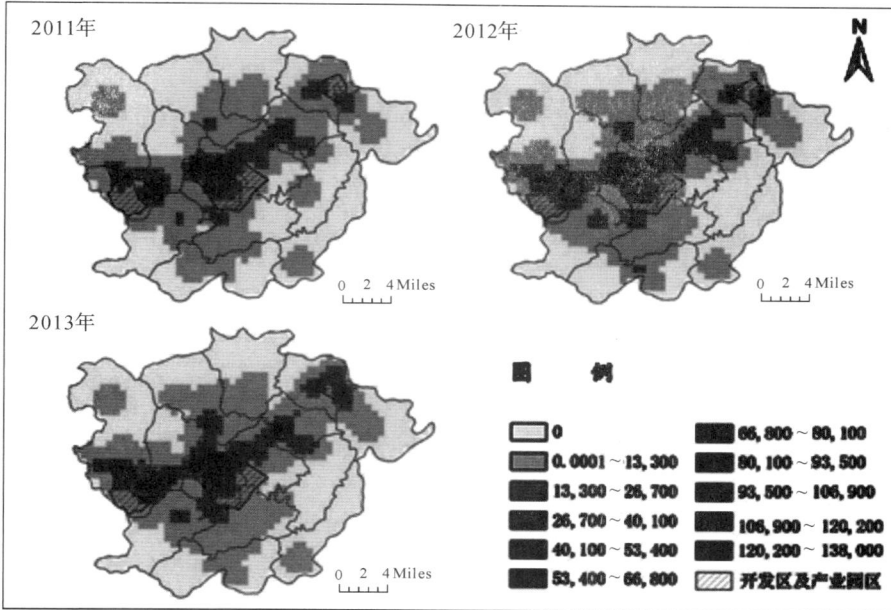

图 16　产业集聚形态的空间演变

略对于产业集聚形态的确起到了一定程度的塑造作用：在"选商"出让地块数量最多、密度最大的经济开发区，产业集聚程度最高；而在"选商"出让规模相对较大的两个产业园区，也出现了产业集群化发展的趋势，集聚水平随着园区的开发建设逐步提高。由此可见，在区域产业集聚过程中，地方政府干预的促进作用显而易见，通过规划手段划定特定的产业园区，并凭借在土地一级市场中的垄断地位来主导土地资源的配置，从而在城市产业集聚形态的塑造中扮演着重要角色。

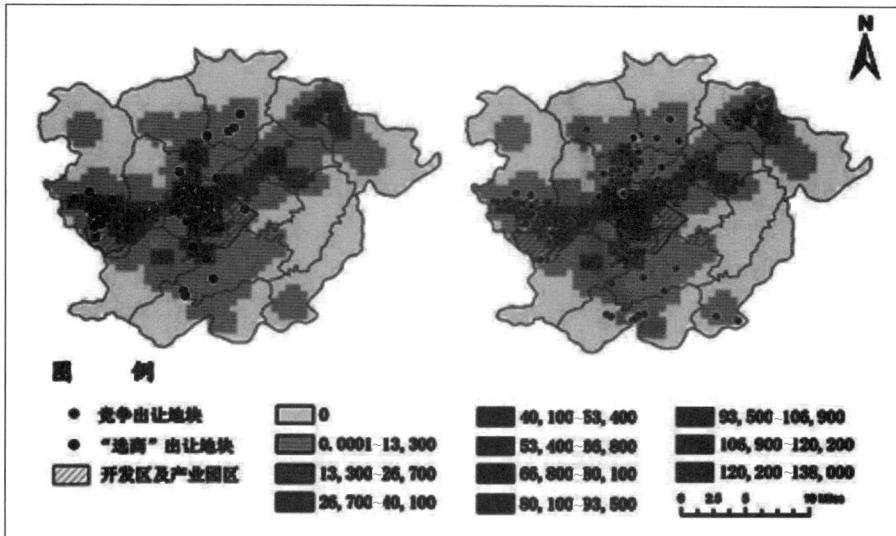

图 17　出让地块与产业集聚的空间关系

招拍挂竞争出让策略的主要对象是一些位于乡镇区域内的小面积地块,这些地块在乡镇级工业区内零散分布,与"选商"出让相比,地块面积往往更小,缺少统一规划,而且总体规模已经呈现出逐年萎缩的趋势。即使如此,这些区域也依然出现了企业集群现象,比如城西新区梅垄片区产业集聚程度较高,形成了次级产业集聚中心,象珠、古山、芝英、石柱等乡镇形成了地方性的集聚中心,近年来集聚水平也有不同程度的提高。这说明在竞争出让策略下,虽然供地规模不大,缺少后续土地资源支持,地理位置与开发条件也缺乏优势,但由于具备旺盛的市场需求,企业依然会通过公开出让获得土地或在二级市场寻求机会入驻乡镇工业区,在市场的推动下形成产业集聚中心。

2. 土地价格水平对产业集聚的影响

根据上文可知,不同出让策略下的工业用地价格水平存在明显差异,作为一项重要的投入要素,工业用地价格必然会对产业集聚产生影响,从已有研究看,土地价格梯度差异能够促进产业的集聚与扩散。因此,工业用地出让策略通过对要素价格的干预也影响着当地的产业集聚。对此,本文构建了产业集聚程度—工业地价的双变量空间自相关模型,探索在不同策略的影响下,工业用地价格与产业集聚之间的关系。考虑到地价样本点数量有限,且空间分布不均衡,根据样本点分布结合行政区划,本研究将研究区划分为15个不同的地价板块,如图18所示,每个板块的地价用内部出让地块的平均价格表示。将表征地价水平的板块价格与表征产业集聚水平的核密度分布进行叠加,生成同时具备土地价格和产业集聚程度多重属性的空间数据层,在此基础上进行全局和局部双变量自相关分析。分析结果显示,产业集聚程度—工业地价的双变量全局 Moran's I 指数为 -0.2566,通过了置信水平为 95% 的显著性检验,即从整个研究区来看,产业集聚程度与地价水平呈现负相关关系(见图19)。这说明政府通过实施不同的出让策略,对永康市工业地价梯度进行干预,从而对产业集聚程度产生影响。

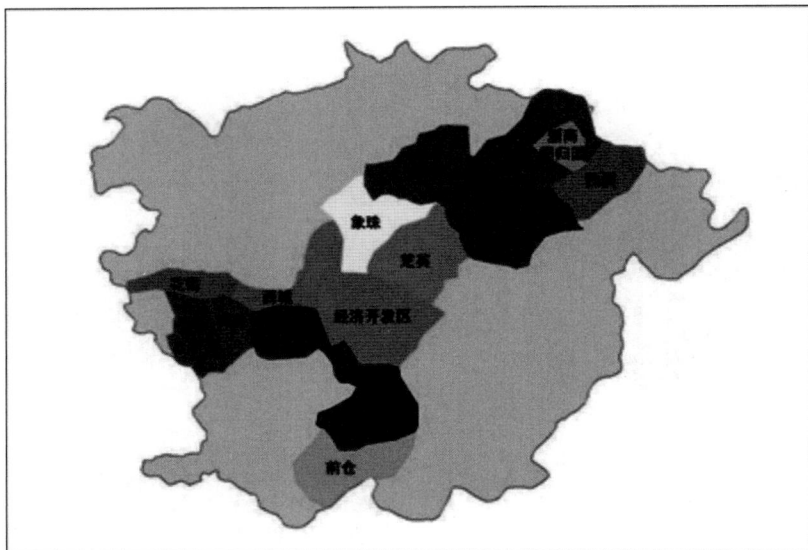

图 18　出让工业用地板块划分

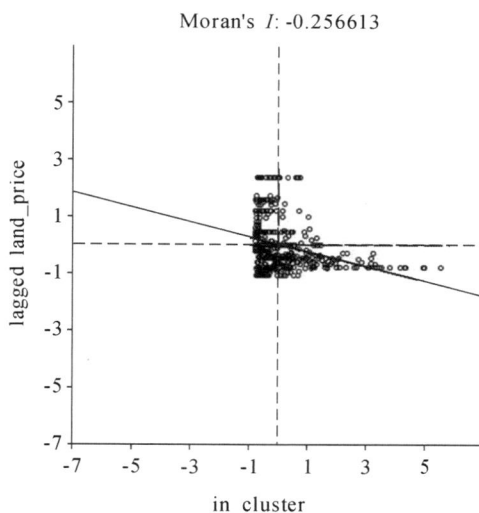

图 19　双变量 Moran 散点图

3. 不同策略下形成的产业集聚模式

为了进一步探索在不同的出让策略下形成了何种模式的产业集聚,本研究运用局部空间自相关方法分析工业地价和产业集聚程度之间的空间关联,结果如图 20 所示。根据产业集聚程度强弱和地价水平高低,可以分别识别出高集聚—高地价、高集聚—低地价、低集聚—高地价和低集聚—低地价等四类不同的区域,本研究重点关注前两种情况。其中,高集聚—低地价区是指产业集聚程度较强、工业地价水平较低的区域,广泛分布于经济开发区内部,现代农新产业园中心区域也有少量布局,上述两个区域均为地方经济发展和产业布局的重点片区,众多大中型企业在政策引导下入驻园区,规模以上企业分布密集,从而形

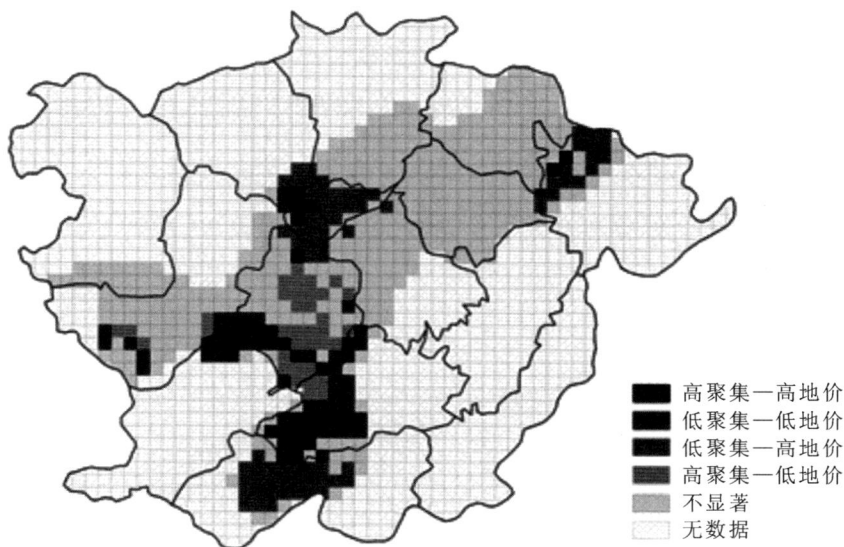

高聚集—高地价
低聚集—低地价
低聚集—高地价
高聚集—低地价
不显著
无数据

图 20　工业地价与产业集聚程度之间的空间关联示意图

成了较强的产业集聚程度；同时，由于在工业用地出让过程中采取了"选商"的策略，通过层层筛选之后的竞拍企业数量不多，竞争程度较低，导致这些区域土地成交价格偏低。高集聚—高地价区则指产业集聚程度较强、工业地价水平较高的区域，主要分布于象珠镇南部、西溪镇西北部一带，两个地区分别与经济开发区、浙商回归创业园相邻，不仅与园区内的企业往来更为便利，还能享受园区产业集聚带来的正外部性溢出。因此，这些区域吸引了一批中小企业，它们的土地需求比较强烈；加上地块出让过程中采取竞争策略，众多企业参与竞价，价高者得，推高了土地成交价格，从而形成了高集聚—高地价的特征。

总结上文的分析发现，在工业用地差异化出让策略的影响下，永康市产业集聚呈现出两种模式。一方面，在工业用地"选商"出让策略的作用下，形成了"政府主导型"的产业集聚中心，以高集聚—低地价为特征。这种政府主导模式集中分布在经济开发区和产业园区，由于设置了准入门槛，且单宗地块面积大、竞争小，因此集群内部以大中型工业企业为主，企业拿地成本较低，能够享受到更完备的配套设施和各类政策优惠，从未来发展趋势来看，由于经济开发区企业密度很大，土地利用也接近饱和，其产业集聚增长速度将趋于平缓，逐渐出现产业扩散现象；而两个产业园的土地开发和硬件设施建设持续推进，园区的产业集聚程度还将有所提高。总的说来，这种模式与我国大多数城市有相似之处，都是通过政府主导土地资源的配置来实现产业的集聚和发展。

另一方面，与其他城市不同，永康市具备深厚的五金行业历史渊源和良好的工业基础，竞争出让策略使得工业用地有机会在更大程度上由市场进行配置，在此作用下形成了"市场驱动型"的产业集聚中心，包括城西新区梅垄片区，以及象珠、芝英、古山、石柱等乡镇工业区，表现为高集聚—低地价的特征。上述小规模集聚中心分布在交通干道两侧，多与"两园一区"相邻近，虽然这些区域工业用地供应越来越少，但由于中小企业数量庞大，用地需求强烈，依然通过土地招拍挂和二级市场的使用权转让、厂房租赁等途径形成了产业集聚的次级中心。与园区的产业集聚不同，这些自发形成的集聚中心以大量小企业围绕少数大中型企业为主要组织方式，工业用地大多竞争出让，成交价格往往较高。

（四）工业用地出让策略的效果：基于产业集聚模式评价

不同于大部分城市采取的低价出让工业用地发展策略，永康市工业用地出让中出现了大量通过招拍挂竞争高价成交的案例，较好地实现了工业用地价值。然而，虽然当地已经具备了较好的工业基础和市场条件，上述竞争出让方式却并未完全推广，而是探索出了"选商"出让和竞争出让并存的差异化策略。通过进一步研究发现，在差异化出让策略的影响下，永康市形成了政府主导型和市场驱动型的产业集聚模式。那么，两种工业用地出让策略的效果如何，对于其他城市的工业用地配置改革能够提供怎样的经验借鉴，这些问题将在下文重点探讨。

基于对政府主导、市场驱动两种模式的评价，可以从产业发展的角度考察两种工业用地出让策略的效果。下文分别以经济开发区和象珠、芝英、古山三个乡镇为案例，从多个维度进行考察。其中，经济开发区是"选商"出让策略的典型区域，形成了高集聚—低地价的政府主导模式；而象珠、芝英、古山等乡镇则在竞争出让策略的作用下形成了市场驱动模式的产业集聚中心。

首先，"选商"出让有利于实现更高的投入产出效益。以地均工业投资额来表示产业集聚中心的经济投入,根据图21可以看出,经济开发区作为永康市五金制造业发展的核心区域,是工业投资的重点地区,地均投资额超过150万元/公顷,但自2014年以来投资规模有所缩减,企业投资行为更加趋于谨慎;相比而言,象珠、芝英、古山三个乡镇的地均投资额呈现平稳增长的趋势,但三个乡镇的地均工业投资均没有超过100万元/公顷,与经济开发区还存在一定的差距。从产出情况来看,不论规上企业地均工业总产值还是地均税收收入水平,经济开发区的经济产出均远远高于三个镇区(见图22、图23),尤其是近两年来优势更加突出。2010年,经济开发区规上企业的地均工业总产值为1570万元/公顷,与镇区相比产值较高,但作为省级经济开发区,领跑优势还不十分明显,至2016年,地均工业总产值达到2671万元/公顷,年均增长速度约为9.3%;与经济开发区的稳定增长相比,象珠镇地均产值水平比较低,而芝英镇、古山镇的产值变化情况则不稳定,总体而言,三个镇区增长比较缓慢,导致经济开发区与镇区工业产值的差距逐年拉大。税收方面的产出差距则更加明显,2010年经济开发区和三个乡镇的地均税收水平相近,经过六年发展,经济开发区已经从不足50万元/公顷迅速上涨至150.6万元/公顷,增长率约为216%;与此同时,象珠、芝英、古山三个乡镇地均税收水平没有明显变化,依然维持在30万元/公顷左右,2016年仅为经济开发区的1/5。由此可见,一方面,在"选商"的策略下,地方政府将工业产值、亩产税收等经济效益指标视为重要的筛选标准,这种土地出让环节的准入条件设置使更多发展稳健的大型企业入驻园区,企业生产能力更强、生产规模更大,带来了较高的投入产出效益;另一方面,竞争策略下企业以中小型为主,这些企业生产规模有限,抵御风险能力稍弱,产值水平易受市场波动影响,因此投入产出比相对较低。

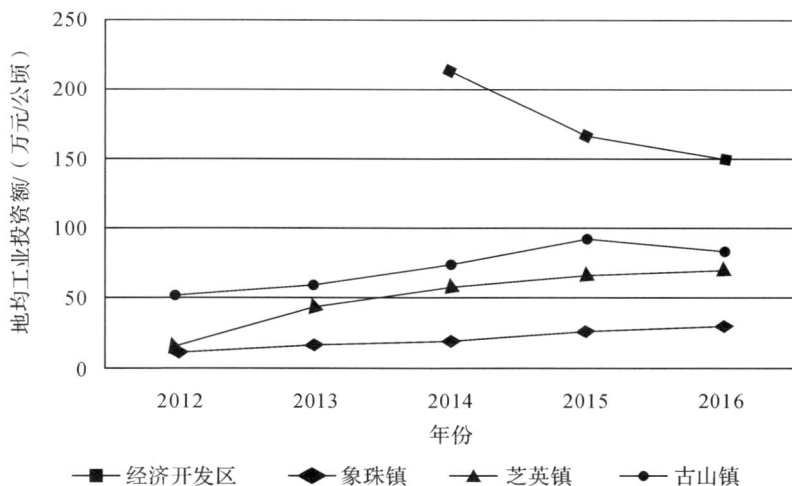

图21　地均工业投资额变化情况

注:2012—2013年经济开发区工业投资额尚未单列统计,故无法获取。

其次,"选商"出让策略下企业技术创新更具优势。作为产业重点布局区域,经济开发区内部的企业技术研发和创新活动能够得到地方政府的有效推动与引导,相比周边乡镇而言具备明显优势。1999年,经济开发区成立五金生产力促进中心,2008年联合几所高等院校共同组建了五金科技创新服务平台。平台整合了高端装备制造、新材料、新能源汽车等行业的十几家大型企业作为理事会成员,成立以龙头企业为主体的研发中心与研究院,比

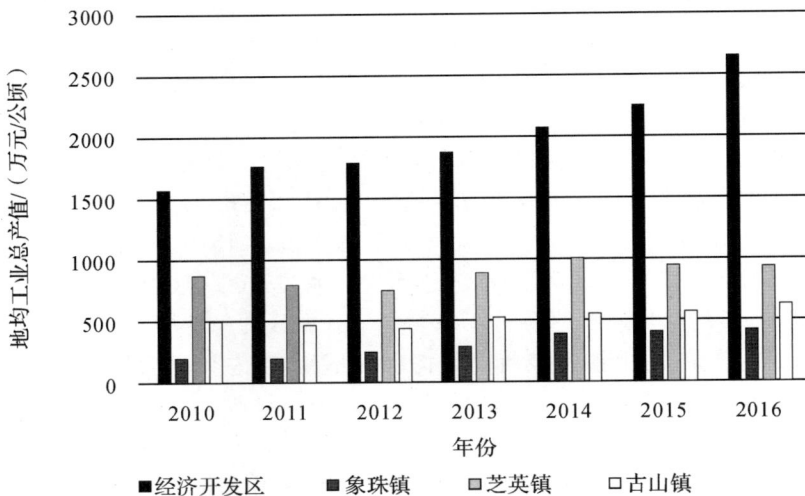

图 22 规上企业地均工业总产值变化情况

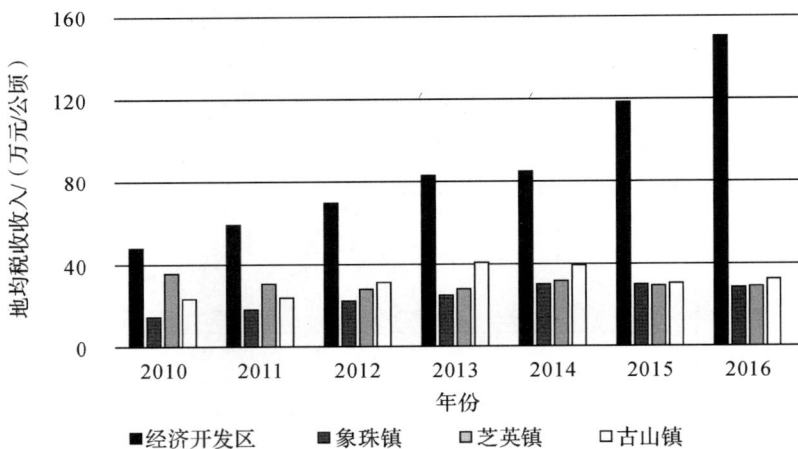

图 23 地均税收收入变化情况

如众泰集团纯电动汽车研究院、尤奈特公司电机和动力总成试验中心、四方集团和威力园林企业研究院等。这些龙头企业能够优先获得政府的专业性服务与支持，是行业发展的创新主体，在新产品研发和技术改进方面的提升速度更快；经济开发区其他企业的研发能力稍弱，但能够通过创新服务平台获得信息咨询和培训服务，在平台招标解决技术难题；乡镇工业区中小型企业缺乏自主研发能力，技术升级与进步的难度较大，直至 2016 年科技创新服务平台成立了镇（街、区）工作站，古山、芝英、象珠作为首批入选的三个乡镇，获取公共服务难的问题才稍有缓解。由此可见，"选商"策略在技术创新层面取得了明显的优势。一方面，"选商"挑选的企业规模普遍较大，这些企业往往处于行业前沿，对技术更新的需求比较强烈，也具备了一定的独立研发能力；另一方面，地方政府支持在企业技术创新能力的提升上扮演着重要角色，"选商"出让区域作为政府的重点发展对象，能够获得更多资源和政策倾斜。创新服务平台为龙头企业科研团队建设提供了极大的便利，支撑企业的长远技术储备和战略研究。即使是非核心企业,也能够以项目委托方式与高校合作,或者委托企业科研中心专注研发当前市场需求产品。相比之下,竞争出让的企业技术创新比较弱,几乎不具备自主研发能力,政府提供的技术支持也比较有限,大部分企业只能依托五金科技创新服务平台工作站,而且目前工作站还处于试点阶段,尚未在全市乡镇范围内大面积覆盖。

再次,两种策略在促进产业优化升级方面的差距并不明显。根据 2011 年及 2015 年规上企业的产业高度占比情况可以了解经济开发区和三个镇区的产业结构及其变化。从图 24、图 25 可以看出,2011 年象珠镇规上企业中高端产业占比约为 36%,比经济开发区和古山镇、芝英镇占比略高,同时其低端产业占比在四个地区中也处于首位;而经济开发区与古山镇、芝英镇的产业结构相似,以中端产业为主,高端产业占比在 30% 以下,低端产业所占比重较小,均在 10% 以下。经过五年发展,四个区域的低端产业构成比例普遍有所下降,意味着以纺织业、印刷业为代表的低端产业被逐步挤出;经济开发区高端产业占比从 27% 上升至 34%,从事汽车制造业、电气机械和器材制造业、通用设备制造业的相关企业数量有所增加,中端产业所占比重则从 65% 压缩至 58%;与此同时,古山、芝英、象珠三个乡镇中端产业占比还在持续扩大,象珠镇中端产业占比达 50% 以上,古山镇和芝英镇比例更高,分别为 82% 和 76%。总体而言,两种策略下的产业结构均以中低端为主,虽然近年来低端产业占比下降,高端产业普遍提升,但工业层次偏低的情况并没有发生本质变化。虽然"选商"策略下政府主导性大、干预能力强,理论上来说应该以产业为导向布局工业企业,率先实现产业转型升级,但作为典型的"选商"出让区域,经济开发区产业结构与三个乡镇相比并无明

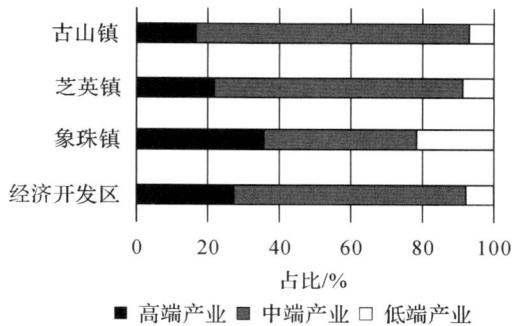

图 24　2011 年规上企业产业占比

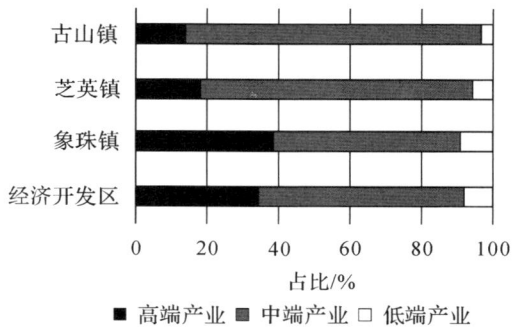

图 25　2015 年规上企业产业占比

显优势，其高端产业占比甚至比象珠镇略低，说明地方政府通过"选商"来干预工业用地出让的策略并未对产业结构优化升级起到应有的引导作用。

最后，两种策略均实现了较高的土地利用强度。从建筑密度、容积率、绿地率等指标来看，2010年前永康市土地利用率普遍较低，近几年通过整治低效工业用地和提高新增项目用地标准，土地利用强度不断提高。经济开发区建立初期，要求工业用地绿地率不得低于30%，造成土地利用水平在低位徘徊，低于金华市主要开发园区的平均水平。乡镇工业用地虽然没有详细的统计资料，但通过访谈得知，各个乡镇上存在大批建造于20世纪八九十年代的低矮厂房，这些零散生产基地和家庭作坊的土地粗放利用问题更为严重。为此，当地于2009年调整了《工业建设项目用地规划指导适建标准》，要求全市范围内的一般工业建设用房必须达到三层以上，并将企业建设项目的建筑密度由40%调整至55%，最低容积率由0.8提高至1.0，绿地率则降低至20%以下，对不能达到标准的工业企业不予发放建设许可证。自2012年下半年起，低效工业用地整治开始实施，经济开发区内部一些大中型企业的低效厂房陆续开始改造。比如群升集团作为本土一家全国500强民营企业，在房产配套建材和汽摩配生产领域具有绝对优势，集团位于经济开发区内的厂区占地面积达10万平方米，然而早期建成的厂房大多仅有一层，随着企业规模扩大，其低效利用问题也日益突出，经过改造拆除三幢单层厂房，重建了三层光电组件和钣金车间与十层研发检测基地和光电生产车间，建筑面积增加3.26万平方米，土地利用强度明显提高；又如占地面积6.7万平方米的能诚集团将原有单层厂房改造为四层，每层楼面都能承载重达10吨的大型生产设备，与同类普通厂房相比生产效能提高3倍，改造后建筑密度达55.8%，容积率也从1.0以下提升至2.1。与此同时，乡镇功能区低效用地整治也同步进行，古山镇作为试点地区率先展开，后塘弄二村拆除旧工业区300多间低矮厂房，改建为18幢四层标准厂房；芝英镇马坊村拆除20多间家庭作坊，共计2.4万平方米，重建标准厂房以引入汽车检测项目；象珠镇二利水库周边拆除4.6万平方米涉水建筑，进行区块整体改造。三个乡镇经改造后的工业用地容积率普遍提升至1.3以上，建筑密度达到50%以上，土地利用强度得到大幅度提高。根据上述情况发现，不同出让策略下土地利用强度并无太大差异。通过"选商"入驻园区的企业随着生产规模的扩大，需要拓展更大的生产空间，企业原有的单层厂房在已开发低效工业用地改造工作的指导下极大地提高了利用效率。对于竞争拿地的企业而言，在提高土地利用强度时则受自身发展和政策激励的双重驱动：一方面，由于土地成交价格较高，地块面积有限，企业需要充分利用土地资源；另一方面，地方政府为乡镇企业低效用地整治提供补贴，也在一定程度上激励了企业主动提升土地利用强度。从总体上来看，两种出让策略下土地利用强度水平相近，容积率在1.2～1.3，建筑密度约为40%，绿化率低于20%，土地利用强度现状基本高于国家标准（见表3）。但需注意的是，几个乡镇功能区的工业用地虽然容积率、建筑密度和绿化率指标达到标准，但不少企业将高层厂房用于办公或居住，办公及生活用地比例偏高问题普遍存在。

表3　工业用地控制指标的国家标准

容积率	建筑系数/%	绿地率/%	办公及生活用地比例/%
≥0.7～1.0	≥30	≤14	≤7

资料来源：《关于发布和实施〈工业项目建设用地控制指标〉的通知》（国土资发〔2008〕24号）。

四、结论与讨论

本文关注了永康市工业用地高价成交的特殊现象,发现工业用地出让与当地五金产业集聚存在着紧密的关联性。本文以此为切入点,梳理了永康市在工业用地出让中的策略选择,并进一步分析了出让策略对产业集聚的影响,研究发现,当地采取了"选商"出让和竞争出让两种策略,后者直接导致工业用地高价成交。同时,在上述两种策略的影响下,五金相关产业分别形成了政府主导型和市场驱动型两种集聚模式。通过两种集聚模式的对比分析,本文认为,两种策略各有其优劣。竞争出让策略充分实现了工业用地的价值,并通过价格机制倒逼土地的集约利用,对于部分中小企业提高土地利用效率起到了良好的促进作用。但是,采取竞争出让策略的区域往往缺乏后续政策保障,对企业的培育力度较弱,企业需要凭借自身力量实现规模拓展和技术提升。对于一些面积较大、区位条件更好的地块,地方政府更青睐通过"选商"策略实现土地出让。作为一种较为稳妥的选择,这种土地出让环节的政府干预在一定程度上能够保证较好的投入产出效益,有利于集中行业龙头企业共同开展研发活动,实现生产技术突破。但不可否认的是,"选商"策略不可避免地会带来地价损失,不利于土地价值合理回归;此外,由于市场机制缺失,政府需对产业布局起到引导作用,这在永康市实践中并未取得良好的效果。

十几年来,低价出让工业用地、高价出让商住用地的发展策略已经成为我国绝大多数城市的主流选择,即使在工业用地市场化配置改革的背景下,这种牺牲工业用地以换取资金流入的现象依然没有明显改善。然而,永康市的现实案例证明了在良好的产业基础条件下,工业用地能够实现其自身价值,并非仅仅是地方政府招商引资的工具。本文认为,在其他城市推进工业用地配置方式改革过程中,"永康模式"能够提供如下启示。首先,生产要素的集聚是改革的基础条件,只有具备了良好的工业基础,产业集聚水平达到一定程度,才能产生较高的土地需求,这是工业用地配置改革的前提条件。其次,永康市五金产业在长期发展演进过程中形成了独特的优势,对于其他城市而言,在培育地方产业过程中应该注重差异化发展,避免区域产业同构,形成独特的竞争优势。再次,从永康市两种出让策略的实施情况来看,地方政府不需要对"选商"和竞争两种手段进行严格的区分或取舍。竞争出让工业用地一方面可以充分发挥市场的作用,实现工业用地价值;另一方面企业经营更加灵活,更容易应对市场变化,然而其促进产业升级的周期和成本存在不确定性,需要政府制定产业政策,从环保、产业结构等方面加以引导,以实现提高产出水平、优化产业结构的目标。总而言之,我国土地资源日益紧缺,依靠廉价土地要素换取经济增长的发展方式难以为继,工业用地配置的改革步伐将逐步加快,在这一过程中,地方政府应该正视行政干预的目的和手段,促进政府和市场作用的有机统一,从而确保实现土地资源的价值显化和产业结构的优化升级。

参考文献

[1] 唐焱，高明娟. 工业用地供给制度及其绩效评价研究综述[J]. 地域研究与开发，2012，31（4）：113-117.

[2] 王顺祥，许晶. 工业用地供应问题浅析[J]. 中国土地，2016（8）：27-28.

[3] 王珺，万陆，杨本建. 城市地价与产业结构的适应性调整[J]. 学术研究，2013（10）：73-80.

[4] 杨亚平，张会勤. 市场潜能、要素成本与制造业的集聚与扩散——以我国电子与通信设备制造业为例[J]. 工业技术经济，2013（12）：125-136.

[5] 杨亚平，周泳宏. 成本上升、产业转移与结构升级——基于全国大中城市的实证研究[J]. 中国工业经济，2013（7）：147-159.

[6] 张会勤. 基于市场潜能、要素成本视角的中国制造业集聚与扩散研究——以我国电子与通信设备制造业为例[D]. 广州：暨南大学，2014.

[7] 王晓星. 产业集聚、土地价格与全要素生产率——基于面板数据联立方程模型的分析[J]. 经贸实践，2016（12）：1-3.

[8] 颜燕，贺灿飞，刘涛，等. 工业用地价格竞争、集聚经济与企业区位选择——基于中国地级市企业微观数据的经验研究[J]. 城市发展研究，2014，21（3）：9-13.

[9] 雷潇雨，龚六堂. 基于土地出让的工业化与城镇化[J]. 管理世界，2014（9）：29-41.

[10] 金祥荣，朱希伟，叶建亮. 浙江省永康地区企业发展与产业集聚研究[J]. 产业经济评论，2006（1）：44-61.

[11] 高爽，魏也华，陈雯，等. 发达地区制造业集聚和水污染的空间关联——以无锡市区为例[J]. 地理研究，2011，30（5）：902-912.

耕地边际化驱动力研究进展：劳动力、土地与资本

李　焕　吴宇哲

摘　要：耕地资源是农业生产最基本的物质条件，它在数量、质量和性质上的变化必将影响到粮食生产的波动，从而影响到粮食有效供给及粮食安全水平。近年来，中国农地利用过程中明显出现了农民不愿种田、耕地弃耕撂荒、耕地非农化进程加快等典型的耕地边际化现象。本研究首先讨论了耕地、边际土地以及耕地边际化三类名词的定义和内涵，然后对耕地边际化的驱动因素进行了分类整理，并探讨了不同生产要素流动与耕地边际化之间的关系。本研究最后得出结论：①目前缺少系统、科学的耕地边际化类型划分标准，也缺少相关理论支持；②耕地边际化问题缺乏科学的定量研究，同时也缺乏空间分析；③缺少耕地边际化背景下农民的时空行为研究。

关键词：耕地；边际化；驱动力；生产要素；农民行为

Research Progress on the Driving Forces of Marginalization of Cultivated Land：Labor，Land and Capital

LI Huan　WU Yuzhe

Abstract：Cultivated land resources are the most basic material for food production. Its changes in quantity，quality and nature will affect the fluctuation of grain production，further affecting the supply effect of grain and food security. In recent years，more and more farmers are reluctant to participate in agricultural work and more and more cultivated land have been abandoned. These processes are all typical marginalization of cultivated land. This article first discusses the definition and connotation of cultivated land，marginal land and marginalization of cultivated land，and then classifies the driving factors of marginalization of cultivated land，and discusses the relationship between the flow of different production factors and the marginalization of cultivated land. At the end of the article，we found that：① there is a lack of systematic and scientific classification of marginalization of cultivated land，and a lack of relevant theoretical support；② the marginalization of cultivated land research lacks scientific quantitative method，and also lacks spatial analysis；③ researchers also should pay close attention to farmers' behavior in the process of marginalization of cultivated land.

Key words：cultivated land；marginalization；driving forces；production factors；farmers' behavior

一、耕地边际化的相关定义

(一)耕 地

联合国粮农组织定义的耕地包括短期/长期的作物用地、供割草或放牧的短期草场、供应市场的菜园和自用菜园,以及暂时休闲的土地。根据中国土地利用现状分类标准(GBT 21010—2007)的规定,耕地是指种植农作物的土地,包括熟地、新开发、复垦、整理地,休闲地(含轮歇地、轮作地);以种植农作物(含蔬菜)为主,间有零星果树、桑树或其他树木的土地;平均每年能保证收获一季的已垦滩地和海涂。根据以上定义,国内耕地又可分为灌溉水田、水浇地、旱地 3 个二级地类。通过对比不难发现,联合国粮农组织对耕地界定的范围较广,甚至包括了一部分草地。国内对耕地的界定比较系统但过于细化。基于联合国粮农组织及中国土地利用现状分类标准对耕地的定义,结合本研究的实际情况,本研究将耕地具体定义为用于粮食生产的农业用地,不包括那些用于辅助粮食生产的沟、渠、路和田坎。

(二)边际土地

边际土地这一概念在经济学中被大量引用(Kleinen,2011;毕宝德,2011),经济学家习惯从土地利用的成本收益角度进行定义(Jongeneel et al.,2012),认为那些生产所得收入仅够支付生产费用和开垦投资利息,即收支相抵后无余额支付地租的土地就是边际土地(Burger,1998)。美国经济学家雷利·巴洛维(1989)认为,边际土地就是在当前所考虑的用途之下无租或处于粗放边际之外的土地,而且它是个相对概念,随土壤的肥力、距市场远近、农产品价格及生产费用而变化。在西方经济学家研究的基础上,中国经济学家也从土地利用的成本收益角度对边际土地进行了定义并补充了相关概念。比如中国经济学家殷章甫(1995)认为,再生产时,当经营土地的 TR(总收益)大于 TC(总成本),有超额利润,则该土地为超边际土地。因此边际土地这一概念最早被应用于分析土地的经济生产能力,分析方法主要是成本收益法。在经济学家研究的基础上,国内外其他领域的学者围绕各自特定的研究目的相继开展了一系列实证研究,进一步丰富了边际土地的概念。生态学家根据土地利用的不同限制因素,将边际土地分为自然边际土地、生物边际土地、环境—生态边际土地、经济边际土地,并构建了一个分层次的边际土地评估框架,再对密歇根州西南地区 9个县市的农地利用变化情况进行了研究(Kang et al.,2013)。以丘陵山区边际化为代表,定光平等(2009)将边际土地定义为因当前土地用途相对不经济而有可能向其他用途转变(包括闲置不用)的土地,具有脆弱性、易变性、渐进性等特点。也有学者在研究三峡库区土地合理开发过程中将荒山草坡及灌木杂丛视为边际土地,并将边际土地划分为水土保持型、农业生产型和林业经营型三类(吴刚 等,1998)。在全球能源危机及可耕作土地资源有限的大环境下,很多学者将视线抛向利用边际土地种植能源作物发展绿色能源(Milbrandt et al.,2014;Skevas et al.,2014;Zhang et al.,2012),从土地利用与能源开发角度来理解边际土地。比如基于对宜能边际土地开发权评价将边际土地划分为 3 类:宜能边际土地、天然草地、未利用地(王芳 等,2009)。从能源利用的角度对边际土地的划分没有考虑到自然地域系统对土地边际化的影响。因此从自然地域分异规律出发,以能源作物种植和开发为对象,将边际土地定义为两个或者多个异质系统的交错地段(或过度地段)(Glithero et al.,

2015),这是比较具有地理学家思维的定义。综上所述,边际土地概念的发展大致可以梳理出三个方向。第一,关注土地利用的经济效益,认为边际土地就是那些失去或即将失去经济生产能力的土地。第二,关注土地的生态环境保护功能,认为边际土地就是不适宜种植粮食作物的土地、被人类活动破坏的土地和被忽视而未被充分利用的土地。第三,关注土地的自然特性,认为边际土地一般是指自然条件较差的林地、天然草地、未利用地 。因为本研究是从经济学视角研究地理学的相关问题,因此对边际土地的定义更加接近经济学家的定义。本研究认为边际土地是指在一定的生产条件下,生产收益正好足以补偿所需费用的土地,由此定义又可以细分为边际内土地和边际外土地。

(三)耕地边际化

各种土地都有边际化的可能,其中耕地边际化是欧美发达国家和新兴工业国家普遍发生的土地变化现象(刘成武,2009)。耕地的弃耕撂荒、耕作的粗放化、人口的外迁是这个过程的典型表现。但是由于边际土地概念的复杂多样,耕地边际化的概念也是错综复杂的。总结国内外不同学者对耕地边际化的定义,大致可以把它们分为静态与动态两个派别。持动态观点的学者认为耕地边际化是一种在现有的土地利用和经济社会结构条件下,农地变得不再具有经济生产能力,由边际内土地沦为边际外土地的一个动态过程(李秀彬,2008;刘成武 等,2005,2006a)。类似的动态观点也从土地系统组成角度来分析,认为耕地边际化是一种在现有的土地利用结构、社会经济结构、人文结构条件下,农用地变得不再具有经济生产能力的过程(Brouwer et al.,2008)。另一方面,持静态观点的学者认为耕地边际化是农地经济生产能力处于边际化时的那种状态(Li,2006;Wang,2012),但对如何界定边际化却没有明确的提示。这方面国内学者近几年有了创新性的研究成果,研究认为农地利用的"边际收益指标""集约度指标"与"播种面积指标"是诊断耕地边际化的三大指标。一般而言,如果该农地利用的"边际收益"为负,且在随后的土地利用过程中出现了"集约度下降、播种面积缩小,甚至弃耕撂荒"等变化特征,可以初步判断该农地利用出现了边际化现象(刘成武 等,2005,2006a)。因此,本研究认为耕地边际化就是在耕地利用过程中,耕地利用纯收益不断下降,逐渐不足以补偿所需费用的过程及趋势,也就是耕地利用过程中粮食经济生产能力趋于小于等于0的过程及趋势。其具有驱动因素多样性和时空变化差异性等特征。比如由于城市扩张,耕地被建设占用而退出粮食生产,导致耕地利用纯收益为0;由于自然环境等因素的制约,进而被弃耕撂荒,导致耕地利用纯收益为0或者趋于0;由于耕地利用的经济效益比其他农地利用类型的收益低,进而退出粮食生产,导致耕地利用纯收益为0或者趋于0。不同的影响因素会导致不同的耕地边际化类型,不同的耕地边际化类型在时空变化过程中会表现出不同的特点。

二、相关理论前沿与基础

(一)人地关系理论

人地关系是人类与地理环境之间相互关系的简称。人类本身具有生产者和消费者的双重性(陆大道 等,1998)。作为生产者,人类通过个体和社会的劳动向地球获取各种自然资源,将自然界物质转为成其生存必需的产品;作为消费者,人类消耗自己生产的产品,而将许多废弃物返还给自然环境（见图1）。人地关系理论是人文地理学的重要理论，对人文地理学的各个组成要素和各个组成之间的联系都有着不同的影响（陆大道，2004）。人地关系理论目前主要是着重研究人口、资源和环境问题，以及如何协调它们之间的关系以实现可持续发展。从文化适应方面可以看到人与环境的关系体现在物质文化、制度文化和精神文化三个方面。如果能够探索、发现、证明这三种文化对环境有相关影响的关系，那么在对人与环境的关系进行深入研究时就有了科学依据。

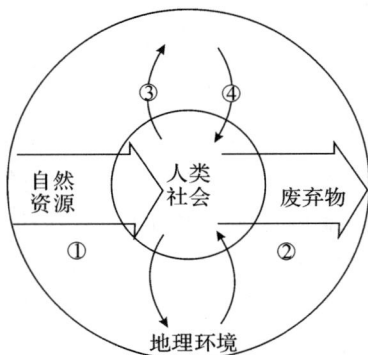

图 1　人地关系理论

人地关系理论的演变经历了以下几个阶段。一是古代朴素的人地适应思想。早期对人地关系的研究始于人口增长和出现人地关系矛盾。人地协调和因地制宜的思想在我国周代就有萌芽。管仲（前685—前645）《管子·地员》篇中有介绍："地者政之本也，辨于土而民可富。"老聃（前580—前500）《老子》第二十五章："人法地，地法天，天法道，道法自然。"二是近代地理学中的人地关系。主要理论包括地理环境决定论、可能论、适应论、生态论和文化决定论。地理环境决定论强调自然环境对社会发展的决定性作用。可能论注重人对环境的适应与利用方面的选择能力。文化决定论认为在人地关系中人起着决定性的作用，人类利用、改造、适应、认识自然的能力还在不断提高。三是和谐与可持续发展思想。自20世纪60年代以来，人地关系出现失调现象。人类活动对自然系统的破坏越来越严重地威胁着人类的未来生存和发展。人类应摆正自然的地位，人类活动不要突破生物圈的承受能力，应把自然视为调试的对象，走人与自然关系协调的可持续发展之路。

(二)边际效用与弹性理论

边际效用理论形成于19世纪中后期到20世纪初期，起源于李嘉图的地租理论，该理论的奠基者包括法国学者瓦尔拉、奥地利学者门格尔和英国学者杰文斯。就边际效用理论的起源来说，瑞士数学家伯努里在1738年首次提出了边际效用及边际效用递减的思想。意大利经济学家加里安尼在1750年较完整地开创了边际效用价值论的先河。德国经济学家戈森在1854年建立了完整的以主观价值分析为特征的经济理论体系。20世纪初，意大利经济学家帕累托提出包括序数效用与无差异曲线的一系列概念，将原本建立在计数效用上的边际效用理论提升到了数理分析的层面，避免了单独对某一商品进行效用量估计的难题。边际效用理论是边际效用学派的理论基础，是现代微观经济学的重要组成部分，对新古典经济学有着广泛而深远的影响，边际效用理论包括的主要概念有边际效用、边际收益、边际成本、无差异曲线、边际效用递减规律,其中最为核心的是边际效用递减规律(见图 2)。边际效用递减规律在经济学中指的是在一定的研究时间范围内或者假设的时间范围内,在其他相关产品的使用或者消费数量保持不变的情况下,随着消费者对某种产品使用量或者消费量(Q)的增加,消费者从该产品连续增加的每一个使用或者消费单位中所得到的满足感(效用)增量递减,即边际替代效用(MU)是递减的。当边际效用(MU)为 0 时,总效用(TU)最大。

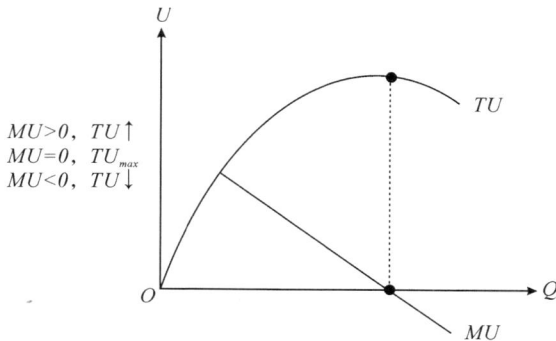

$MU>0$,$TU\uparrow$
$MU=0$,TU_{max}
$MU<0$,$TU\downarrow$

图 2　边际效用递减规律

弹性理论根据应变量 y 和自变量 x 的不同,弹性的类型可以分为很多种,比如需求价格弹性、供给价格弹性、收益—投入弹性等类型。弹性是指在基本的 $y(x)$ 函数所表示的 y 和 x 的关系时,y 对 x 变动的相对反应,是通过 y 变化的比率同 x 变化的比率进行比较而确定的。决定弹性的两个变量(x,y)都是各自变化的百分比,那么弹性的数值就不会因 x 与 y 运用的计量单位的不同而不同,弹性概念完全与计量单位无关。弹性的数值可能为正也可能为负。正值还是负值,这取决于 x 和 y 是按同方向还是逆方向变动。根据弹性的取值大小和正负关系,可以把弹性区分为三个基本类型:无弹性、缺乏弹性和有弹性。

边际效用理论是耕地边际化研究最重要的理论基础。在边际效用递减规律的作用下结合价格弹性理论,可以将耕地边际化进行细分。耕地边际化是一种受社会、经济、政策和自然环境等因素综合驱动作用的过程;是一种在现有的土地利用变化特征和社会经济结构条件下,农地变得不再具有经济生产能力的过程。农民以效用最大化来指导资源要素的投入和安排农业生产,根据其拥有的资源禀赋实现自身最大效用。

(三)土地报酬递减理论

土地报酬递减规律考察的是一定时期内,科学技术相对稳定的条件下土地报酬变化的规律。在一定的经济状况和生产技术条件下,土地肥力不可能无止境地增加(黄贤金,2008)。而在人类长期的土地生产发展过程中,生产方式在不断地变革,科学技术在不断地进步,新的生产方式下采用新的科学技术,改良土地、改进耕作制度,合理耕作、合理排灌,土地肥力在原有基础上能够改善和提高。

土地报酬递减规律作为农业经济学最基本的规律之一,从 17 世纪中期英国人威廉·配第第一次提出到现在已经过了将近 300 年的发展。土地报酬递减规律已经被广泛应用于资源经济学、土地规划与利用学等领域。根据土地利用报酬递减规律概念的阐述,在一定的时间、技术和政策环境驱动下土地利用集约度的提高具有一个上限(毕宝德,2011)。如图

3 所示，当在土地上连续投入的各种生产要素达到经济上的报酬递减点（边际产出等于边际收益）时，作为一个理性的经济人将不会再追加投入，因为投入的每一单位成本将无法在利润中收回。这一临界点就是土地利用的集约边界。达到集约边界的土地利用为集约利用；反之，未达到集约边界的土地利用为粗放利用。

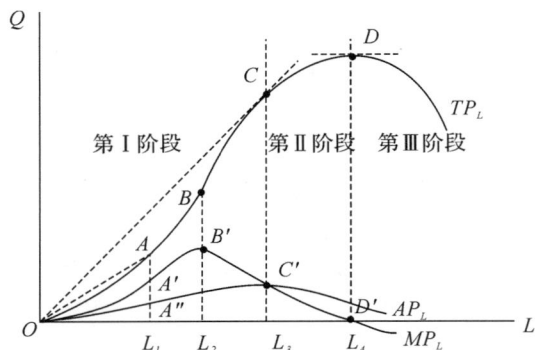

图 3　土地报酬递减规律

资料来源：毕宝德. 土地经济学［M］.6 版. 北京：中国人民大学出版社，2011.

具体分析可以发现，当生产要素从 L_1 增加到 L_2 的阶段内，土地利用的边际报酬递增且增加的速度越来越快。因此在这个区间内，提高平均报酬或者总报酬最有效的方法是不断增加各种生产要素的投入。从 L_2 到 L_3 阶段内，土地利用的边际报酬递减，平均报酬递增，且总报酬也还是递增的，但是递增速度开始放缓。因此在这个区间内，平均报酬最大值就是平均报酬等于边际报酬的时候。从 L_3 到 L_4 的阶段内，土地利用的边际报酬递减，平均报酬递减，但总报酬还是递增的。因此在这一区间内，如果有需要提高产品的总产量，还是可以不断加大各种资源投入，直到达到 L_4，此时总报酬最大。当生产要素的投入大于 L_4 的时候，再追加投资，土地利用的边际报酬可能为 0，甚至可能出现负数。所以在已有的科技、管理水平条件下，土地利用应该避免使投入超过 L_4（黄贤金，2008）。

(四)行为经济学理论

行为经济学是试图将心理学相关研究成果融入标准经济学理论的一门科学，是现代经济学发展的重大成果之一。行为经济学认为人的行为所追求的不仅限于获取最大利益，还在于关注公平、互惠和社会的许多其他方面（Kahneman et al.，1979）。行为经济学理论产生于 20 世纪 80 年代，理查德·泰勒等（2000）从进化心理学得到启示并以此为基础对人类非理性行为进行了研究，由此研究人类非理性行为的行为经济学便应运而生。马修·拉宾（1998）根据实际调查比较在各种环境中观察到的人的行为，他的研究成果对行为经济学基础理论的建立做了开创性贡献。丹尼尔·坎内曼（1994）凭借对不确定条件下的人的判断与决策行为的相关研究成果得到 2002 年诺贝尔经济学奖。行为经济学理论认为人们在做选择时所比较的是期望预期（EP），即可能受益的效用值 $U(X_i)$ 与该受益发生的心理概率 $W(P_i)$ 内积之和。这里 $W(P_i)$ 可视为一种经济效用在心理上的权重，这个权重会因为是损失还是收获而不同（Kahneman et al.，1979），而且效用曲线在第一、第三象限都是凹向原点的（见图 4）。

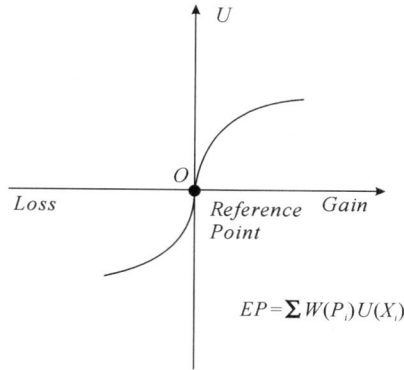

$$EP = \sum W(P_i)U(X_i)$$

图 4　行为经济学期望理论

　　行为经济学对于判断与选择的认识不断发展，对在认识能力有限和心理作用前提下的人类的有限理性行为进行探讨。近 30 年中，行为经济学的主要研究成果有：根据认知心理学的相关成果，将新古典经济学的理性人假设替换为有限理性，从而产生心理账户理论、行为决策启发及偏差理论等若干新的认知理论；根据不确定性和风险前提下偏好对决策影响的相关研究，将传统新古典经济学的期望效用理论替换为前景理论；将跨期选择理论中萨缪尔森的贴现效用模型替换为双曲线贴现效用模型；除此之外，行为经济学在公平偏好理论和行为博弈论等方面都取得了较大突破（田国英，2013），并在运用到例如分析被征地农民福利变化以及其行为研究方面（Li et al.，2015a）。行为经济学的预期理论认为人在面临收获的时候是风险规避的，而在面临损失的时候是风险寻求的。但收获或损失并不是绝对的，而是相对于参照点而言。结合该理论可以分析社会边际化过程中不同类型耕地边际化农民的行为变化。耕地边际化严重影响微观主体农民个体的耕地利用收益情况，这将导致国家、农村集体与农民在此前提下做出反应，包括对土地利用行为进行一定调整。而这一调整的方向和程度与行为经济学理论的研究成果密切相关。农民的行为决策也是在不确定性和风险性的背景下有限理性的结果，农民会根据市场信息的变化和农业生产要素的流动性及时做出反应，调整土地利用行为，以保证实现利润最大化（刘成武，2009）。对于农民行为的研究主要包括以俄国恰亚诺夫为代表的组织生产流派、以西奥金·舒尔茨为代表的理性小农流派和以美籍华人黄宗智为代表的历史学派（吴连翠，2011）。本研究即在行为经济学基本理论和农民行为经济学研究成果的基础上对耕地边际化背景下农民土地利用行为进行探讨。

三、耕地边际化驱动因素研究进展

　　探索驱动因素是耕地边际化课题的核心研究内容之一，只有准确把握耕地边际化产生的原因，才能有效地预测、防止和评估耕地边际化问题。通过对已有文献的研读和梳理，本研究认为国内外对于耕地边际化驱动因素大致可以分为四种观点：多因素驱动、地租驱动、劳动力驱动、政策驱动。

（一）多因素驱动

耕地边际化是土地利用与土地覆被变化研究中一个高度概括性的词语，耕地的弃耕撂荒、耕作的粗放化利用是其典型表现形式（Lasanta et al.，2015；Nishihara，2012）。引起耕地边际化的因素不仅包括经济因素，还包括环境因素、地理位置、农业结构、社会和政策因素，并以此为基础将弃耕类型进行了划分：社会性弃耕、基础设施性弃耕和边缘性弃耕（Brouwer et al.，2008）。该类多因素驱动理论重点在于对宏观因素的分析和理解，而缺少从微观层面的深入剖析（Rautiainen et al.，2016）。耕地边际化的产生、发展和恶化与研究区域的自身实际情况直接相关，这意味着可能的影响因素包括地理区位、当地农业生产者的年龄结构、农民的经济实力和价值取向等不同的政治、经济和环境素（Pinto-Correia，1996；Prishchepov et al.，2013）。以上两个观点通过抽象整合，可以将所有驱动因素归纳为直接因素（比如农业结构调整、非农建设、灾害毁损和开荒等）和间接因素（技术进步、经济利益驱动、人口增长、公共政策等）（许月卿 等，2001）

（二）地租驱动

地租驱动理论是目前耕地边际化研究的主流理论。持有该观点的学者认为，耕地地租的高低是影响耕地边际化方向的主要因素。比如，当耕地地租高于林业地租的时候，林地就可能转为耕地，当农业地租低于林业地租的时候，退耕还林成为可能（Jäger，2009；Rebelo，2009）。当农业地租小于等于 0 时，即土地不再具有农业利用价值，便出现了弃耕抛荒现象，沦为边际外土地（李秀彬 等，2011）。地租驱动理论的最大优点在于可以将耕地边际化过程以数学公式的形式进行表现，使定量研究边际化问题成为可能。应用比较广泛的是 $z = py - wl - qk - c - vd$ 这个公式。其中：y 代表土地利用产品的产量，p 表示价格，l 和 k 分别是劳动力和资本投入，w 为工资，q 为利润，c 表示维护土地产权（或保育土地质量）的成本，而 d 与 v 分别为距离中心市场的距离及运费（Angelsen，2007）。地租理论及相关公式大量地被应用于中国的实证研究（曹飞，2013；梁琦，2002；刘飞 等，2010；张忠根，1990）。虽然在很多相关研究中没有明确提出地租是耕地边际化的主要驱动因素，但是它们所提及的"比较效益"（Li et al.，2015a）、"比较经济利益"（Gao et al.，2014）就是地租的表现形式。比如有研究认为在中国农村经济多元化和经营行为多样化选择条件下，在比较经济利益的驱使下，粮食生产成为效益最低的产业，直接导致耕地撂荒现象。农业比较效益的降低，直接影响了农民的生产积极性（马清欣 等，2002）。

（三）劳动力驱动

新古典经济学通常把农民在粮食生产中投入的单位劳动力或者单位土地视为同质的（Caplin et al.，2014），然而在特定经济社会和自然环境背景下，农民作为一个整体在投放农业劳动、资本和土地时存在质和量的差别（Cheung et al.，2015；Song et al.，2014），正是这种差别的存在使得耕地边际化在经济学范畴内进行分析成为可能。有学者认为，劳动力价格与粮食产品和粮食生产资料价格间的变化，以及粮食产品价格与林产品价格间的相对变化是判断耕地边际化的关键变量（Komarek et al.，2014）。另外也有学者认为国家及地方政府的相关政策在促使劳动力由农村流向城市的过程中起了重要的作用，同时在耕地边际化的产生与发展过程中也扮演了重要的角色（Drummond et al.，2012；Wang et al.，2012）。

(四)政策驱动

蔡运龙等(2002)指出,耕地非农化的驱动力主要包括经济驱动与权力驱动,认为耕地非农化的主要倡导者是地方政府。耕地资源的产权制度存在缺陷(Ma et al.,2015;Xie et al.,2014),耕地资源配置的非市场化(Lichtenberg et al.,2008;Rogers,2014)、土地流转不畅(Chen et al.,2015;Long,2014)也是影响耕地边际化的制度因素。中国政府鼓励二、三产业发展的政策在数量上和执行力上都远远强于鼓励耕地保护和粮食生产的政策(Yin et al.,2015;Zacharias et al.,2015)。在政策的引导下,农民非农就业机会增多,大量农村劳动力流入城市(Liu et al.,2015),很多耕地被抛荒的原因主要是劳动力与土地的方位分离、经营土地的技术制约及非农经营与农业经营的博弈(Li et al.,2015b)。越来越多的农民将目光投向非农产业,寻求新的增收途径,从而弃田抛荒(Yu et al.,2015)。但是并不是所有学者都认为劳动力非农化是土地弃耕撂荒的原因,相反的观点认为人口城镇化和劳动力非农化不但不是耕地减少的主要原因,而且是节约土地资源的有效对策(贾绍凤 等,1997)。

四、生产要素配置与耕地利用变化研究进展

(一)劳动力要素配置

劳动力要素投入是农业生产过程中农民所投入的人力成本,市场通过劳动力要素的合理流动并向效益较好的生产部门进行转移来进行资源配置。劳动力要素投入多少直接影响农民精耕细作的程度,也影响耕地质量的日常维护和管理(陈美球 等,2013)。一般而言,投入的劳动力越多,越是精耕细作,越有利于耕地的质量保护,而在劳动力要素的配置与流动中,个人期望是其根本所在(安志东,2004)。个人期望包括收入期望、生活环境期望、工作环境期望等方面。其中收入期望是劳动者对从事某项工作所获收益的预期,收入期望是决定劳动力流动的根本因素;生活环境期望是劳动者对工作所在地生活条件舒适性的预期;工作环境期望是劳动者对工作环境舒适程度的预期。此外,在劳动力要素投入中,适度的劳动力转移使土地资源利用更为合理,并有效地转移农村剩余劳动力。但是农村劳动力的过度转移会导致农民的耕种积极性大大下降,致使农地荒芜,这将不利于农业的可持续发展(宁光杰,1995)。亚当·斯密认为,在非农产业报酬优厚条件下,资本和劳动自然会寻求最有利的使用途径,因此资本和劳动自然地流入城市而离开乡村。另外,行业之间的比较利益差异是引导农民资源向城市转移的根本原因。我国持续的经济增长为各种城市产业提供了前所未有的发展机遇和巨大的利润空间,进一步增强了城市产业积聚社会资本的力量,其中当然包括对农民资源的吸引。20世纪80年代初,中国劳动力开始从农业部门转向非农业产业、从农村向城市、从不发达地区向发达地区转移(Chang et al.,2011;Wang et al.,2011b)。20世纪末,家庭联产承包责任制的推行在很大程度上提高了农业生产率(Krusekopf,2002;Lin,1991),使得大量的农村劳动力从土地中被解放出来,从而转入非农就业。这种过程在不同地区,由于资源禀赋、经济发展水平、政府政策等的不同,劳动力要素流动特征也不同。但共同的特点就是农村劳动力要素的大量析出,并逐步开始影响农业生产(Li et al.,2014)。

（二）土地要素配置

土地要素配置是经济社会发展程度、阶段和水平在空间上的响应，体现了经济社会发展的客观要求。土地利用类型、用地结构和空间格局伴随经济社会发展和科技进步而不断演进，而资源配置的优化将助推经济社会的良性发展。不同的经济发展阶段下，资源利用呈现动态要素的替代过程，土地利用的结构和格局产生新的变革。粮食生产过程中，土地要素投入是指农民用于耕作的土地资源的投入。微观主体的农民会基于土地资源禀赋的不同对边际化现象做出不同的反应，而这种反应最直接的表现即为农民土地利用行为的调整（刘成武 等，2006）。农民用地行为的调整通过地类变更、土地集约度变化、弃耕摞荒、土地流转、退耕还林等方式表现出来，并且这些行为的调整一般会持续一段时间。目前农村土地使用制度的产权主体还比较模糊，直接导致农地流转比较困难（Wang et al.，2011a）。虽然《中华人民共和国土地管理法》规定，农村土地归集体所有，但是"集体"所包含的内容过于宽泛，产权主体虚置。这种虚置的农地所有权归属关系决定了基层政府或者组织在农地流转中充当了主角，剥夺了农民主动参与农地流转的权利（Feng et al.，2014；Li et al.，1998）。这种不明确的产权关系极大增加了农地流转的交易成本，使得想要耕种更多土地的农民得不到足够的土地（黄贤金 等，2002），想要进城务工的农民又不能出售甚至出租现有的农地，最后导致大量农地的浪费和粗放利用（Khantachavana et al.，2013；Williamson，2015）。

随着城乡建设用地增减挂钩政策的出台，土地要素更加容易流入城市，而这种土地发展权向城市流动是以大面积的农村土地综合整治为基础，将相对零星、分散的农民集中到中心镇、村居住，这导致农民的耕作半径扩大，提高了运输成本与劳动投入成本（Lai et al.，2014）。随着农村土地综合整治工作的展开，农民"被上楼"的情况将更为普遍。所以明确农村土地产权，增强农地的流转灵活性，在农村土地综合整治的过程中充分重视散居农民的意愿是有效防止耕地边际化的又一重要手段（Guanghui et al.，2015；Yan et al.，2015）。另外，也需要加大农地开发力度，扩大农地播种面积。农地开发包括两个方面，即农地利用范围的扩大和农地利用深度的加深（Hu，1997）。通过各种手段挖掘农地固有潜力，扩大农地播种面积与利用深度，充分发挥土地在农业生产和生活中的作用。

（三）资本要素配置

资本要素投入为资本存量的增加，市场促进要素流动达到最优配置是通过竞争机制和价格机制来实现的。农业资本投入对农业劳动力有替代作用，增加农业资本投入，既能促进农业发展，又能促进农村劳动力转移（程名望 等，2010）。在农业生产中，资本要素投入包括农田基础设施投入、化肥投入、设备机具投入、农药投入、先进农业技术投入等方面。其中农田基础设施投入包括灌溉水利设施、农田道路等，是现代农业生产的必要条件，一般由政府财政或集体资金投入；化肥投入包括农民对农家肥和化肥的选择，一般由农民进行投入；设备机具投入包括各种农业机械，由农民单独购买、多个农民合买或农村集体购买；农药投入包括无公害农药和普通农药的选择，由农民投入；先进农业技术投入则是经过多年实践总结推广的有利于提高农产品质量和产量的技术，一般由农村集体或政府投入。我国农业资本要素投入的来源主要有财政、信贷、集体资金和农民投入四部分，促进资本要素投入的增加是提高我国农业生产效率的前提之一。此外，由于我国的农业耕地规模不经济的现象较为严重,资本要素投入的收益受到极大限制,阻碍了农民增加农业资本投入的积极性。

随着城乡资本市场自由化程度的提高,资本要素开始从第三产业中逐渐流出,流到农业、建筑业及工业等产业。资本要素的产业间流动使得资本利润率在产业间趋于平均化,促进平均利润的形成(Chen et al.,2013)。政府应当致力于破除城乡资本要素流动和优化配置的障碍,促进城乡资本市场的一体化,让社会资本自动配置到农业、农村和农民中去。农业生产基础设施的更新换代、农民耕作知识及文化水平的提高、农业生产机械化水平的提高、种植业生产科技含量的提高等都需要大量资本投入,只有促进城乡资本要素的流动和优化配置才能实现农地利用的集约化,提高农业产值,防止出现耕地边际化问题。同时,也需要增加农业生产投入,提高农地利用效率(Qi et al.,2008)。通过增加农业生产的投入,不断提高农业生产的机械化程度、不断完善和健全农田水利设施、不断提升农业生产的科技含量是未来中国增加粮食产量保证国家粮食安全的主要方向(封志明 等,2000)。尤其在经济发达地区,缺少耕地后备资源,就必须重视农地的集约利用,切实提高农地利用效率。

五、耕地边际化应对措施与农民行为研究进展

为了应对耕地边际化的产生或者扭转耕地边际化的趋势,学者们从不同的角度提出了不同的应对措施。这些不同的观点基本上可以分为两种,即宏观与微观两个层面。但这两种观点并不是完全分割、完全不同的,而是相互借鉴和依存的。Brouwer 等(2008)认为政府应该根据当年的土地利用现状预测未来土地边际化的风险并推出相应的政策来预防和缓解耕地撂荒问题。国内学者在借鉴西方理论的基础上开展实证研究较多。以丘陵山区耕地边际化研究为例,学者认为解决丘陵山区耕地边际化问题的途径在于农业技术和组织制度的创新,改善农业生产环境,发展合作经济组织,提高耕地的边际效用(定光平 等,2009)。在边际土地开发与环境保护方面,应该认识到边际土地的合理开发并不是破坏生态环境,而是要进一步完善和落实环境保护措施(Mi et al.,2014),提高土地的自然生产能力(吴刚 等,1998)。在政策宣传方面,全面重新认识耕地资源的价值,按照可持续发展的理论,重新构建耕地资源价值评估指标体系(Tan et al.,2015),把耕地资源的社会价值、生态环境价值及对后代人的潜在价值纳入整个经济效益中,促进耕地比较效益的提高,是防止耕地沦为边际外土地的有效措施(许月卿 等,2001)。

传统经济学理论对农民经济行为分析存在一定的局限性,传统经济学理论只能对基于供给与需求的价格变化进行单项分析,但是在分析研究微观农民行为时,农民与农民所选择的生产要素投入/使用方式是相互影响的。而且这种农民决策间的关联性对政策的影响作用是不可忽视的。在农民行为研究方面,农民作为理性的经济人,其行为是由行为动机、行为合理化以及行为的反思性调节所构成的一系列过程。农民的行为动机来源于家庭利益最大化的需要,但同时又受到其他非物质因素的影响(翁贞林,2008)。该方面观点的特点在于将研究尺度缩小为农民或农民个人,将人作为改善耕地边际化风险的主力,进而研究相关的对策措施(Bucała,2014；Cui et al.,2015；Zheng et al.,2015)。比如通过从农民层面分析可持续利用耕地的激励与约束机制,认为有效防止和缓解耕地边际化的激励机制

包括产权激励、价格激励、农地税收政策、财政补贴与援助（Han et al.，2015；Qun et al.，2015）；约束机制包括土地民事法律制度、农地经济制度、农地利用行政管理制度、规划约束机制（李广东 等，2011.）。另外积极发挥村干部作用，提高农民对抛荒问题的认识，增强解决抛荒的紧迫感，因此积极鼓励种粮大户的农业生产积极性，推动区域粮食生产的经济可持续性，是防止、治理耕地弃耕撂荒（季节性撂荒）的有效措施（江激宇 等，2003）。另外也有学者从居民的粮食偏好角度出发，认为社会对绿色、有机无害农产品的偏好（Basu et al.，2004；Scott et al.，2014）会鼓励农民在边际土地上发展特色粮食，从而提高边际土地的经济产出（李秀彬 等，2011）。

有关农民经济行为的研究，国内外较多的是使用农民模型。它是用来描述农民内部各种关系的与一般经济理论原理相一致的一种经济模型（陈和午，2004）。20 世纪 20 年代苏联经济学家 Chayanov 建立的用于分析苏联小农行为的模型可以说是农民模型的先驱，他主要研究农民是如何将时间在休闲生活与农业工作之间进行合理分配（Guillem et al.，2015）。该研究认为农民模型是用来分析农民的生产、消费和劳动力供给决策的行为模型。在该理论的基础上，目前研究农民行为的模型大致可以分为两类：农民效用行为模型和农民生产行为模型（吴连翠，2011）。农民效用行为模型一般从传统的经济学理论视角出发，认为农民作为独立的经济主体，其行为目标是实现生产要素使用的效用最大化（吴诗嫚 等，2014）。效用受到家庭收入、生产效益以及休闲需求等因素的影响。如何实现效用最大化是农民效用行为模型的构建和使用的关键。一般认为，生产要素使用效用最大化取决于外部经济社会环境所提供的现实条件，农民只能在一定的外部约束条件下确定自己的效用目标并选择实现目标的手段（Chatterjee et al.，2015）。其决策行为受到收入、劳动时间以及生产技术等条件的限制。农民生产行为模型则更多地从农民与市场、自然与政府之间的博弈视角出发（刘清娟，2012），这方面的模型包括农业经营组织形式和生产技术体系，假设农民可以在不同的行业中自由分配其家庭生产要素，如土地、劳动力、资本等（Sok et al.，2015）。

六、总结

从已有的国内外相关研究来看，耕地边际化问题研究缺少理论层面的探讨，研究内容相对比较零散、不成体系。比如在新能源利用方面会涉及一些边际土地的问题（Shahid et al.，2013；Shortall，2013）；在城市化研究方面也会涉及一些耕地非农化问题（Deng et al.，2015；Price et al.，2015）；在土地经济学领域边际土地也是一个研究分支（Grădinaru et al.，2015；Lyle et al.，2015）。耕地边际化问题研究往往是在研究其他相关问题时所附带研究的一个对象，有时甚至并不以学术名"耕地边际化"作为叙述表达。另外，在耕地边际化问题研究过程中，无论是内涵界定、研究方法还是研究内容都存在一些不足和有待完善、创新的地方。

第一，缺少系统、科学的耕地边际化类型划分标准，也缺少相关理论支持。如果将"耕地边际化"作为一级类，那么根据不同的划分标准可以细分出更多的二级类、三级类。比如根据不同的驱动因素会导致不同的边际化类型。如何系统、科学地整理、梳理耕地边际化的驱动因素是划分耕地边际化类型的一个有效手段。研究和探索耕地边际化问题的核心影响因素及其内在逻辑关系是开展科学定量研究的前提条件。受不同驱动因素的影响，耕地边际化的表现形式也不相同。这种外在的不同表现形式使得科学的定量研究成为可能。

第二,耕地边际化问题缺乏科学的定量研究,同时也缺乏空间分析。目前对耕地边际化问题的研究,大多数学者采取定性分析与实证研究相结合的方法,这就使得主观判断的存在成为可能。如何进行科学定量研究是探索耕地边际化问题的重点和难点。未来耕地边际化定量研究可以从耕地边际化定量诊断和时空演变测度两个方面具体开展。耕地边际化诊断方面的工作可以包括开展耕地边际化的定量诊断方法与指标设计,构建诊断耕地边际化的理论框架。在定性回答"什么是耕地边际化"的基础上,根据所界定的耕地边际化内涵设计具体的诊断方法。诊断方法可以是科学的指标体系,也可以是合适的计量经济模型。从耕地边际化时空演变方面现有的研究资料来看,更多的是类似于土地利用变化的分析,并没有聚焦耕地边际化问题。这也是没有对耕地边际化类型进行系统划分而导致的一个问题。

第三,缺少耕地边际化背景下农民的时空行为研究。耕地边际化能够影响农民个体的行为,同时农民个体的行为也能影响耕地边际化。目前绝大部分对农民的行为响应研究是以叙述性的形式展开的。叙述性研究最大的缺点就在于无法对农民的具体行为和范围实现可视化,无法准确地反映出农民个体的真实行为轨迹。目前,时间地理学的相关理论将研究方法成功地运用于城市居民的出行、健康行为的研究。随着科技的发展和技术的进步,时间地理学的相关理论和方法也可以被应用到农民的时空行为研究。通过三维空间分析耕地边际化背景下农民的活动范围和行为轨迹特征。

参考文献

[1] ANGELSEN A. Forest Cover Change in Space and Time: Combining the von Thünen and Forest Transition Theories[R]. New York: World Bank, 2007.

[2] BASU A K, CHAU N H, GROTE U. On Export Rivalry and the Greening of Agriculture—The Role of Eco-labels[J]. Agricultural Economics, 2004, 31(2-3): 135-147.

[3] BROUWER F, RHEENEN T V, DHILLION S S, et al. Sustainable Land Management: Strategies to Cope with the Marginalisation of Agriculture[M]. Cheltenham: Edward Elgar, 2008.

[4] BUCAŁA A. The Impact of Human Activities on Land Use and Land Cover Changes and Environmental Processes in the Gorce Mountains (Western Polish Carpathians) in the Past 50 Years[J]. Journal of Environmental Management, 2014, 138: 4-14.

[5] CAPLIN A, GLIMCHER P W. Chapter 1-Basic Methods from Neoclassical Economics [M]// GLIMCHER P W, FEHR E. Neuroeconomics. 2nd ed. San Diego: Academic Press, 2014: 3-17.

[6] CHANG H, DONG X Y, MACPHAIL F. Labor Migration and Time Use Patterns of the Left-behind Children and Elderly in Rural China[J]. World Development, 2011, 39(12): 2199-2210.

[7] CHATTERJEE C, MOZUMDER P. Hurricane Wilma, Utility Disruption, and Household Wellbeing [J]. International Journal of Disaster Risk Reduction, 2015, 14: 395-402.

[8] CHEN G Q, HAN M Y. Virtual Land Use Change in China 2002-2010: Internal Transition and Trade Imbalance[J]. Land Use Policy, 2015, 47: 55-65.

[9] CHEN Y, ZOU Y Y, SHEN H L, et al. Constraints on Problems of Rural Surplus Manpower Capital Transfer in China[J]. Journal of Northeast Agricultural University (English Edition), 2013, 20(4): 87-92.

[10] CHEUNG D, PADIEU Y. Heterogeneity of the Effects of Health Insurance on Household Savings: Evidence from Rural China[J]. World Development, 2015, 66: 84-103.

[11] CUI X, WANG X. Urban Land Use Change and Its Effect on Social Metabolism: An Empirical Study in Shanghai[J]. Habitat International, 2015, 49: 251-259.

[12] DENG X, HUANG J, ROZELLE S, et al. Impact of Urbanization on Cultivated Land Changes in China[J]. Land Use Policy, 2015, 45: 1-7.

[13] DRUMMOND M A, AUCH R F, KARSTENSEN K A, et al. Land Change Variability and Human-environment Dynamics in the United States Great Plains[J]. Land Use Policy, 2012, 29(3): 710-723.

[14] FENG L, BAO H X H, JIANG Y. Land Reallocation Reform in Rural China: A Behavioral Economics Perspective[J]. Land Use Policy, 2014, 41(4): 246-259.

[15] GAO J, WEI Y D, CHEN W, et al. Economic Transition and Urban Land Expansion in Provincial China[J]. Habitat International, 2014, 44: 461-473.

[16] GRĂDINARU S R, IOJĂ C I, ONOSE D A, et al. Land Abandonment as a Precursor of Built-up Development at the Sprawling Periphery of Former Socialist Cities[J]. Ecological Indicators, 2015, 57: 305-313.

[17] JIANG G, WANG X, YUN W, et al. A New System Will Lead to an Optimal Path of Land Consolidation Spatial Management in China[J]. Land Use Policy, 2015, 42: 27-37.

[18] GUILLEM E E, MURRAY-RUST D, ROBINSON D T, et al. Modelling Farmer Decision-making to Anticipate Tradeoffs Between Provisioning Ecosystem Services and Biodiversity[J]. Agricultural Systems, 2015, 137: 12-23.

[19] HAN L, KUNG J K S. Fiscal Incentives and Policy Choices of Local Governments: Evidence from China[J]. Journal of Development Economics, 2015, 116: 89-104.

[20] HU W. Household Land Tenure Reform in China: Its Impact on Farming Land Use and Agro-environment[J]. Land Use Policy, 1997, 14(3): 175-186.

[21] JÄGER J. Land Rent Theory[M]//KITCHIN R, THRIFT N. International Encyclopedia of Human Geography. Oxford: Elsevier, 2009: 112-117.

[22] KHANTACHAVANA S V, TURVEY C G, KONG R, et al. On the Transaction Values of Land Use Rights in Rural China[J]. Journal of Comparative Economics, 2013, 41(3): 863-878.

[23] KOMAREK A M, SHI X, HEERINK N. Household-level Effects of China's Sloping Land Conversion Program Under Price and Policy Shifts[J]. Land Use Policy, 2014, 40: 36-44.

[24] KRUSEKOPF C C. Diversity in Land-tenure Arrangements Under the Household Responsibility System in China[J]. China Economic Review, 2002, 13(2-3): 297-312.

[25] LAI Y, PENG Y, LI B, et al. Industrial Land Development in Urban Villages in China: A Property Rights Perspective[J]. Habitat International, 2014, 41: 185-194.

[26] LASANTA T, NADAL-ROMERO E, ARNÁEZ J. Managing Abandoned Farmland to Control the Impact of Re-vegetation on the Environment. The State of the Art in Europe[J]. Environmental Science & Policy, 2015, 52: 99-109.

[27] LI G, ROZELLE S, BRANDT L. Tenure, Land Rights, and Farmer Investment Incentives in China[J]. Agricultural Economics, 1998, 19(1-2): 63-71.

[28] LI Y, LI Y, WESTLUND H, et al. Urban-rural Transformation in Relation to Cultivated Land

Conversion in China：Implications for Optimizing Land Use and Balanced Regional Development[J]. Land Use Policy，2015，47：218-224.

[29] LI Y，LIU Y，LONG H，et al. Community-based Rural Residential Land Consolidation and Allocation Can Help to Revitalize Hollowed Villages in Traditional Agricultural Areas of China：Evidence from Dancheng County，Henan Province[J]. Land Use Policy，2014，39：188-198.

[30] LI Y，LONG H，LIU Y. Spatio-temporal Pattern of China's Rural Development：A Rurality Index Perspective[J]. Journal of Rural Studies，2015，38：12-26.

[31] LICHTENBERG E，DING C. Assessing Farmland Protection Policy in China[J]. Land Use Policy，2008，25(1)：59-68.

[32] LIN J Y. The Household Responsibility System Reform and the Adoption of Hybrid Rice in China [J]. Journal of Development Economics，1991，36(2)：353-372.

[33] LIU Y，LUO T，LIU Z，et al. A Comparative Analysis of Urban and Rural Construction Land Use Change and Driving Forces：Implications for Urban-rural Coordination Development in Wuhan，Central China[J]. Habitat International，2015，47：113-125.

[34] LONG H. Land Use Policy in China：Introduction[J]. Land Use Policy，2014，40：1-5.

[35] LYLE G，BRYAN B A，OSTENDORF B. Identifying the Spatial and Temporal Variability of Economic Opportunity Costs to Promote the Adoption of Alternative Land Uses in Grain Growing Agricultural Areas：An Australian Example[J]. Journal of Environmental Management，2015，155：123-135.

[36] MA X，HEERINK N，FENG S，et al. Farmland Tenure in China：Comparing Legal，Actual and Perceived Security[J]. Land Use Policy，2015，42：293-306.

[37] MI J，LIU W，YANG W，et al. Carbon Sequestration by Miscanthus Energy Crops Plantations in a Broad Range Semi-arid Marginal Land in China[J]. Science of the Total Environment，2014，496：373-380.

[38] NISHIHARA M. Real Option Valuation of Abandoned Farmland[J]. Review of Financial Economics，2012，21(4)：188-192.

[39] PINTO-CORREIA T. Land Abandonment：Changes in the Land Use Patterns Around the Mediterranean Basin[J]. Institute of Geography，1996，45：97-112.

[40] PRICE B，KIENAST F，SEIDL I，et al. Future Landscapes of Switzerland：Risk Areas for Urbanisation and Land Abandonment[J]. Applied Geography，2015，57：32-41.

[41] PRISHCHEPOV A V，MÜLLER D，DUBININ M，et al. Determinants of Agricultural Land Abandonment in Post-Soviet European Russia[J]. Land Use Policy，2013，30(1)：873-884.

[42] QI L，CHUNYUE Y. Characteristics of Rural Labor Emigration in Minority Areas of Honghe，Yunnan and Its Impact on New Socialist Countryside Construction in the 21st Century[J]. China Population，Resources and Environment，2008，18(4)：85-86.

[43] WU Q，LI Y，YAN S. The Incentives of China's Urban Land Finance[J]. Land Use Policy，2015，42：432-442.

[44] RAUTIAINEN A，VIRTANEN T，KAUPPI P E. Land Cover Change on the Isthmus of Karelia 1939-2005：Agricultural Abandonment and Natural Succession[J]. Environmental Science & Policy，2016，55：127-134.

[45] REBELO E M. Land Economic Rent Computation for Urban Planning and Fiscal Purposes[J]. Land Use Policy，2009，26(3)：521-534.

[46] ROGERS S. Betting on the Strong：Local Government Resource Allocation in China's Poverty Counties [J]. Journal of Rural Studies，2014，36：197-206.

[47] SCOTT S, SI Z, SCHUMILAS T, et al. Contradictions in State- and Civil Society-driven Developments in China's Ecological Agriculture Sector[J]. Food Policy, 2014, 45: 158-166.

[48] SHAHID S A, AL-SHANKITI A. Sustainable Food Production in Marginal Lands—Case of GDLA Member Countries[J]. International Soil and Water Conservation Research, 2013, 1(1): 24-38.

[49] SHORTALL O K. "Marginal Land" for Energy Crops: Exploring Definitions and Embedded Assumptions[J]. Energy Policy, 2013, 62: 19-27.

[50] SOK J, HOGEVEEN H, ELBERS A R W, et al. Farmers' Beliefs and Voluntary Vaccination Schemes: Bluetongue in Dutch Dairy Cattle[J]. Food Policy, 2015, 57: 40-49.

[51] SONG Z, ZHANG C, YANG G, et al. Comparison of Biogas Development from Households and Medium and Large-scale Biogas Plants in Rural China[J]. Renewable and Sustainable Energy Reviews, 2014, 33: 204-213.

[52] TAN R, ZHOU T. Decentralization in a Centralized System: Project-based Governance for Land-related Public Goods Provision in China[J]. Land Use Policy, 2015, 47: 262-272.

[53] WANG H, TONG J, SU F, et al. To Reallocate or Not: Reconsidering the Dilemma in China's Agricultural Land Tenure Policy[J]. Land Use Policy, 2011, 28(4): 805-814.

[54] WANG J, CHEN Y, SHAO X, et al. Land-use Changes and Policy Dimension Driving Forces in China: Present, Trend and Future[J]. Land Use Policy, 2012, 29(4): 737-749.

[55] WANG X, HUANG J, ZHANG L, et al. The Rise of Migration and the Fall of Self Employment in Rural China's Labor Market[J]. China Economic Review, 2011, 22(4): 573-584.

[56] WILLIAMSON O E. Transaction Costs and Property Rights[M]//WRIGHT J D. International Encyclopedia of the Social & Behavioral Sciences. 2nd ed. Oxford: Elsevier, 2015: 528-532.

[57] XIE Y, GONG P, HAN X, et al. The Effect of Collective Forestland Tenure Reform in China: Does Land Parcelization Reduce Forest Management Intensity? [J]. Journal of Forest Economics, 2014, 20 (2): 126-140.

[58] YAN J, XIA F, BAO H X H. Strategic Planning Framework for Land Consolidation in China: A Top-level Design Based on SWOT Analysis[J]. Habitat International, 2015, 48: 46-54.

[59] YIN M, BERTOLINI L, DUAN J. The Effects of the High-speed Railway on Urban Development: International Experience and Potential Implications for China[J]. Progress in Planning, 2015, 98: 1-52.

[60] YU A T W, WU Y, SHEN J, et al. The Key Causes of Urban-rural Conflict in China[J]. Habitat International, 2015, 49: 65-73.

[61] ZACHARIAS J, MA B. Industrial Zone Development Policy Related to Real Estate and Transport Outcomes in Shenzhen, China[J]. Land Use Policy, 2015, 47: 382-393.

[62] ZHENG H W, SHEN G Q, WANG H, et al. Simulating Land Use Change in Urban Renewal Areas: A Case Study in Hong Kong[J]. Habitat International, 2015, 46: 23-34.

[63] 安志东. 市场经济条件下劳动力要素流动的经济性思考[J]. 经济师, 2004(5): 28-29.

[64] 蔡运龙, 霍雅勤. 耕地非农化的供给驱动[J]. 理论探讨, 2002(7): 20-22.

[65] 曹飞. 从农地到市地的地租理论分析——兼对征地低补偿和高房价问题的思考[J]. 中国经济问题, 2013(1): 35-42.

[66] 陈和午. 农户模型的发展与应用：文献综述[J]. 农业技术经济, 2004(3): 2-10.

[67] 陈美球, 刘桃菊, 黄建伟. 农户耕地保护行为对农业补贴政策的响应分析[J]. 农村经济, 2013(2): 7-10.

[68] 程名望, 阮青松. 资本投入、耕地保护、技术进步与农村剩余劳动力转移[J]. 中国人口·资源与环境,

2010,20(8):27-32.

[69] 定光平,刘成武,黄利民. 惠农政策下丘陵山区农地边际化的理论分析与实证[J]. 地理研究,2009,28
(1):109-117.

[70] 封志明,李香莲. 耕地与粮食安全战略:藏粮于土,提高中国土地资源的综合生产能力[J]. 地理学与
国土研究,2000,16(3):1-5.

[71] 黄贤金,方鹏. 我国农村土地流转的形成机理、运行方式及制度规范研究[J]. 江苏社会科学,2002
(2):48-54.

[72] 贾绍凤,张豪禧,孟向京. 我国耕地变化趋势与对策再探讨[J]. 地理科学进展,1997,16(1):24-30.

[73] 江激宇,叶依广,周建春. 农地可持续利用激励约束机制[J]. 中国土地科学,2003,17(5):19-23.

[74] 李广东,邱道持,王平. 地方政府耕地保护激励契约设计研究[J]. 中国土地科学,2011(3):46-50.

[75] 李秀彬,赵宇鸾. 森林转型、农地边际化与生态恢复[J]. 中国人口·资源与环境,2011,21(10):
91-95.

[76] 梁琦. 关于增加农民收入的分析——基于马克思地租理论的思考[J]. 南京社会科学,2002(5):
26-33.

[77] 刘成武,李秀彬. 对中国农地边际化现象的诊断——以三大粮食作物生产为例[J]. 地理研究,2006,
25(5):895-904.

[78] 刘飞,陈江龙,朱红云,等. 基于级差地租理论的岸线资源开发价值评价——以镇江市为例[J]. 资源
科学,2010(12):2364-2370.

[79] 刘清娟. 黑龙江省种粮农户生产行为研究[D]. 哈尔滨:东北农业大学,2012.

[80] 马清欣,何三林. 对当前农村耕地撂荒和耕地质量下降问题的探讨[J]. 中国农业资源与区划,2002,
23(4):19-21.

[81] 宁光杰. 经济增长与农业剩余劳动力转移[J]. 经济问题探索,1995(4):54-59.

[82] 翁贞林. 农户理论与应用研究进展与评述[J]. 农业经济问题,2008(8):93-100.

[83] 吴刚,高林. 三峡库区边际土地的合理开发及其可持续发展[J]. 环境科学,1998,19(1):89-93.

[84] 吴连翠. 基于农户生产行为视角的粮食补贴政策绩效研究[D]. 杭州:浙江大学,2011.

[85] 吴诗嫚,杨钢桥,曾艳,等. 农地整理项目后期管护中农户出资行为研究——基于交易效用理论的实
证分析[J]. 中国人口·资源与环境,2014(5):131-138.

[86] 许月卿,李秀彬. 河北省耕地数量动态变化及驱动因子分析[J]. 资源科学,2001,23(5):28-32.

[87] 张忠根. 马克思的地租理论与社会主义产生地租的条件[J]. 浙江社会科学,1990(6):23-27.

多维视角下我国土地用途管制制度
解构与重塑

张　群　吴次芳　施昊坤

摘　要：土地制度和土地政策对社会经济发展影响深远。土地用途管制制度是当今世界各国所普遍遵循的基本的土地公共管理制度。在我国的土地公有制下，土地用途管制制度更肩负着对土地市场中土地使用权的初始界定的重大责任。然而，在该制度推行多年后的今天，伴随土地资源市场化配置的推进，耕地抛荒、小产权房、以租代征等违法现象的频频涌现，却昭示着围绕土地的各种利益冲突正在越来越强硬的管制下越发尖锐。在"空间治理现代化""农村土地制度改革""全域空间用途管制"等土地制度改革大讨论的背景下，对土地用途管制制度在我国土地公有制度体系中的地位、土地用途管制制度存在的价值、现行制度的逻辑困境及未来的走向进行全面的解构已成必然。本文从法学、管理学、经济学、空间规划等多学科视角下的土地用途管制概念界定入手，梳理我国土地用途管制制度的演变历史，证明土地用途管制制度在我国的确立是我国土地管理制度的一次伟大革新，但其本身也处在不断调整与完善的进程中，并从法学和社会学等层面，对现行土地用途管制制度运行的逻辑困境进行反思，从土地用途管制价值路径、法律地位、逻辑机制、委托代理机制等视角提出对我国现行的土地用途管制制度设计层面的重塑建议。

关键词：土地用途管制；多维视角；解构与重塑；土地制度

The System of Land Using Regulation in China from
Multidimensional Perspective：Deconstruction and Reconstruction

ZHANG Qun，WU Cifang，SHI Haokun

Abstract：Land system and land policy have far-reaching impact on social and economic development. The land using regulation system is the basic public land management system which is universally followed by the present countries. Under the land ownership system of our country, the land use control system is more responsible for the initial definition of the land use right in the land market. However, after years of implementation of the system, agricultural land reclamation, small property room, land leasing and other illegal phenomena frequently emerged, indicating that the various conflicts of interest around the land under intense control has intensified. Under the background of the discussion of land system reform, such as "modernization of space governance" "rural land system reform" and "global space use control", the status and value of land using regulation system in China's public land system, the logical dilemma and the future direction of a comprehensive deconstruction are inevitable. This article begins with the definition of land use regulation from the perspective of jurisprudence, management, economics and spatial planning. By combing the evolution history of land using regulation system in our country, it is proved that the land using regulation system is established in our country, which is a great innovation of our land management system, but it is also in the process of continuous adjustment and perfection. Through the reflection of the logical dilemma of the current land using regulation system, this article puts forward some suggestions on the reconstruction of the current land using regulation system from the perspective of the land using regulation value path, legal status, logical mechanism and principal-agent mechanism.

Key words：land using regulation；multidimensional；deconstruction and reconstruction；land system

一、土地用途管制制度基本概念

(一)法学视角下的土地用途管制概念的界定

"土地用途管制是旨在严格保护耕地,有效地配置土地资源,提高土地利用集约水平等一系列的行为过程。"不少学者赞同此观点,并在此基础上予以发展,并各有侧重。董柞继(1997)认为土地用途管制是依据法律和行政规章,对规定土地用途实行强制性管理的制度。也有学者提出土地用途管制是国家为了农地,对土地利用实行严格控制的一项具有财产所有权性质的法律制度(沈守愚 等,1997)。王万茂(1999)认为其是旨在严格保护耕地,有效地配置土地资源,提高土地利用集约水平等一系列的行为过程。所谓土地用途管制,是指国家或者政府依据土地利用规划对土地的使用和土地用途的变更进行强制性干预的法律制度(刘俊,2008)。这些学者将土地用途管制视为加强农用地特别是耕地的保护,防止建设用地恣意扩张的制度,与我国用途管制产生的历史背景有关,典型例证为1997年4月15日《中共中央国务院关于进一步加强土地管理切实保护耕地的通知》在"二、进一步严格建设用地的审批管理"中明确规定:"对农地和非农地实行严格的用途管制。"虽然1998年《中华人民共和国土地管理法》(以下简称《土地管理法》)首次确立土地用途管制的立法初衷可能源于此,但是,从逻辑上来讲,因之而产生的土地用途管制并非只能具有此种功用。这正如土地用途(利用)分区管制概念一样,在其产生之初,指的是对城市土地的分区(zoning),《布莱克法律辞典》将之解释为依据立法性规制措施将城市分为相应地区,在不同地区预先规定与适用房屋结构和建筑设计或规定在此范围内房屋的特定用途。随着时代的发展,其后才逐渐将农村土地纳入分区管制,英美至今对农地的管制仍呈粗线条状态,而日本、我国台湾地区在引入该制度后,农地的分区管制得到加强和补充。

综上,为了整个法制的完善,我们可以对土地用途管制在原来的基础上做出扩张性解释:土地用途管制是指国家为了实现土地资源的最优配置和合理利用,促进社会经济与环境协调发展,依据土地利用规划、城市规划等确定的土地利用分区及每个土地利用分区的土地利用规划,对土地利用做出许可、限制许可或不许可并监督、检查、跟踪管理直至追究法律责任的一种法律制度。

(二)管理学视角下的土地用途管制概念的界定

我国土地制度的演进历程,是一个由城市化与市场化共同推动的强制性制度变迁与诱导性制度变迁相融合的进程。这个进程围绕着推进土地公有制下的土地资源市场化配置的目标,一方面体现为土地私权结构的不断重组与再造,另一方面则体现为土地公权力配置的不断调整与重塑。土地用途管制制度作为土地公共管理制度体系中核心和基础的组成部分,其确立与发展的过程正是这一演进历程的重要一环。在管理学上,"土地用途管制的实质就是政府为促进社会整体协调发展,采取各种方式对上地利用活动进行调节控制的过程,是国家管理公共物品(土地)的重要措施"。刘书楷(1997)对土地使用管制、土地用途管制和耕地保护的概念及其实质含义进行了界定和辨析,指出加强土地管理、切实保护耕地是土地用途管制的重要内容,耕地保护是土地用途管制的中心目标;徐日辉(1998)从国情、土地利用规律、土地管理的角度,阐明了建立土地用途管制制度符合我国国情,提出实施用途管制的"双线控制"方法;黄贤金等(2003)在比较分析区域土地用途管制三种主要方式——直接管制、税费制度、产权安排实施效果的基础上,认为将不同的管制方式结合起来实施将会起到更为有效的土地用途管制效果,并认为随着中国市场经济体制的不断完善,以及政府职能的不断转变,税费制度、产权安排等管制方式将在公共管理领域发挥越来越重要的作用;除此以外,也有学者对当前土地用途管制制度存在的缺陷进行了研究,认为土地用途管制过程中僵硬的计划实施机制制约了土地用途管制政策调控效能的发挥,引入市场机制是土地用途管制创新的方向(王成艳 等,2009)。

综上,本文采用张全景(2007)对土地用途管制的研究,并从管理学角度提出土地用途管制的新定义,即为能实现土地资源的最优配置和合理利用,在土地利用分区基础上,制定和公示土地利用规则,并据此对土地利用做出许可、限制许可或不许可的规定,从而确保土地利用、规划实施的法律或行政的强制性制度和措施。

(三)经济学视角下的土地用途管制概念的界定

自亚当·斯密的自由竞争理论开始,市场机制在西方国家便一直是资源配置的最主要和最基础的手段,但庇古提出的外部性概念(Piguo,1938)瓦解了这个共识。市场失灵的原因有很多,包括生产与消费的外部性、公共产品供给不足、信息不完全与不对称、独占、市场力量不均、私人部门与公共部门对风险规避的差异性、成本价值与效益价值被扭曲等。土地资源配置中的市场失灵主要涉及外部性、公共产品供给不足、信息不完全与不对称,"市场失灵"是市场配置资源时无法避免的现象(李昌麒 等,2001),尤其是对于土地这种具有有限性、固定性、整体性、不可替代性以及不可或缺性的特殊资源,如果完全采取单一的市场配置,则"市场失灵"将更为严重。这为政府介入私人土地利用决策、实行土地用途管制提供了根本的理由。透过科学的规划分区与用途管制规则的实施,土地用途管制制度可以矫正土地资源市场配置中的外部性、公共产品供给不足以及信息不完全与不对称等问题,也可以降低土地开发的交易成本,从而提高社会整体的效率。因此,笔者认为,在土地管理制度体系中,土地用途管制更体现为实现公益的一种常态工具。从经济学角度出发,土地用途管制是为了纠正市场失灵,由行政机关进行的对土地利用主体行为的限制。有学者通过分析其经济效率,认为实施土地用途管制能够有效控制建设用地的供给量,合理引导不同土地利用主体的土地开发利用行为,避免因盲目开发建设而造成社会和经济成本损失(张富刚,2006);但也有学者从经济学的资源配置角度出发,认为土地用途管制制度的实行可能损害整体经济效益(茅于轼,2001)。

综上,土地用途管制是国家凭借公权力干预私人土地利用自由,以克服土地市场失灵和实现土地资源合理配置、有效利用的一项制度安排。

(四)空间规划视角下的土地用途管制概念的界定

空间规划导向的管制中,土地利用规划是土地用途管制实施的依据,规划对每一块土地用途、分区等的划定表现为管制规则的一部分,是管制发挥作用的基础和前提,而规划目标的实现常常还需要借助其他制度来实现,如为了实现其目标需要和建筑许可制紧密配合,为实现其效果还需要和指标控制体系相互配合(陈利根,2000;王文革,2008)。因此,空间规划作为土地用途管制的制度体现形式存在着,而土地用途管制更是空间规划的法理依据。两者在用途、分区等规定范围内重合,有学者总结了现行国土空间用途管制相关制度设计,重点就用途管制的基本手段、执行效果和存在的问题进行深入剖析,指出构建协调统一的国土空间规划体系,进行科学、合理的国土空间用途分区是建立全域的国土空间用途管制制度的关键(周璞 等,2016);也有学者从空间界限、功能定位、指标控制等角度揭示空间规划与空间管制的相似性和差异性,并对两者进行解构与重组,尝试探索城市总体规划和管制空间的耦合关系(韩青 等,2011);此外,还有学者对其进行了拓展,从城市群角度出发,依据城市群土地利用面临的核心问题和规划采取的主要方法总结了城市群土地用途管制策略的特征,并对实际的管制成效进行了剖析(吕斌 等,2006)。

综上,土地用途管制可定义为国家为了实现土地资源的最优配置和合理利用,促进社会经济与环境协调发展,依据土地利用规划、城市规划等确定的土地利用分区及每个土地利用分区的土地利用规划,对土地利用做出许可、限制许可或不许可并监督、检查、跟踪管理直至追究法律责任的一种机制。

二、我国土地用途管制制度的演变

(一)1949—1986 年:多头分散的用地管理阶段

中华人民共和国成立初期,我国曾实行过几年短暂的土地统一管理体制。国家在中央内务部设置地政司,作为全国土地管理机构,统一管理土地改革、国家建设征用土地、城镇房地产以及调解土地权属纠纷、土地租税、城市营建规划及考核等工作;而地方一般也在民政部门中设立地政机关,有的城市还设立地政局。不过,随着社会主义改造的完成,加上受苏联土地使用模式的影响,我国政府的用地及用地管理观念发生了根本性的改变。农、工、商生产管理与经济组织模式的分散导致多头分散的土地管制模式开始出现。这一阶段的土地管制被视为土地空间组织的经济措施,土地使用与管制的重点是国营农场土地规划设计与实施农业学大寨的需要,开始了人民公社土地使用审批管制工作(王万茂,2010)。计划经济体制和农村土地集体所有制的矛盾,加之土地规划要突出"以粮为纲"和"愚公移山"的精神,土地规划与使用方案的重点放在了以移山改水为中心的山、水、林、田、路的综合改造上。这时的土地规划对象主要是农业土地利用,工作的内容是公社内的土地规划设计,资源分类合理利用和土地用途管制意识还十分淡薄。

(二)1986—1998 年:分级限额审批的用地管理阶段

改革开放后,我国的用地管理逐渐由"多头分散"的管理模式向"统一的分级限额审批"的管理模式转型,1982 年,国务院进行机构改革,确定在农牧渔业部设置土地管理局,作为统一管理全国土地的职能机关。这种统一管理体制对于抑制乱占滥用土地的现象起到了明显的作用,但是,由于土地管理机构隶属于某一职能部门,级别低,权威性不高,难以协调管理各职能部门用地问题,加上旧习惯、旧体制的干扰和冲击,土地管理工作混乱,乱占滥用土地的问题未得到根本解决。最终政府成立了直属国务院的土地管理机构——国家土地管理局,负责全国土地、城乡地政的统一管理工作(李寿廷,2010)。1986 年 6 月《土地管理法》颁布,标志着我国"统一的分级限额审批"的用地管理模式的确立,但其尽管建立起了一套建设用地的审批管理体系,却无法有效地控制建设用地的扩张与耕地的流失,表现最突出的就是农地承包制度的改革下农村集体土地用途自治机制和政府划拨的供地模式下的公有用途用地的扩张。

(三)1998—2004 年:土地用途管制制度的确立阶段

1998 年国家对《土地管理法》进行了修改,土地用途管制是这次土地管理法修改的重点,也是修订后的土地管理法新增加的主要内容。它规定,土地用途管制制度,是指国家为保证土地资源的合理利用,经济、社会和环境的协调发展,通过编制土地利用总体规划划定土地用途区域,确定土地使用限制条件,土地的所有者、使用者严格按照国家确定的用途利用土地的制度,从而以法律的形式将用途管制确定为我国土地管理的根本制度。土地用途管制制度与用地分级限额审批制度的主要区别在于前者主动依据土地利用规划划定土地用途,并依法规范土地利用行为,划分土地管理权限,控制土地用途变更。此外,土地用途管制制度采用规划公示的办法,向社会公众告示土地用途分区和用途限制,有利于社会公众对土地利用和管理实施监督。

(四)2004 年至今:土地用途管制制度的强化阶段

2004 年 12 月国务院颁布《关于深化改革严格土地管理决定的通知》,标志中国进入新一轮土地管理的调整和强化的阶段。此后,围绕着"强化中央政府对土地利用的行政管制权力"这一核心,一系列中央调控土地利用管制的法律、法规、机制改革相继出台,如:改革国土资源管理体制,增设土地督察制度,强调行政问责制,调整土地有偿使用费,试行城乡建设用地增减挂钩进一步严格限制农用地转用。新时期,随着公民的财产权利意识和法律意识提高,调整因物的归属和利用而产生的民事关系,解决土地利用规划和用途管制制度与《中华人民共和国物权法》的衔接问题是当前制度讨论的重点。同时,现代社会治理背景下,多重规划的目标融合与空间用途管制的功能协调成为该阶段土地用途管制强化的重点。

三、现行土地用途管制制度的逻辑困境

(一)法律性困境:从"小产权房"看城乡分治对平等保护原则抵触

所谓"小产权房",一般是指在农民集体所有的土地上建设的住宅,部分或全部销售给集体经济组织以外的人,由于其产权证不是由国家房管部门颁发,而是由乡政府或村政府颁发,所以叫作乡产权房,又被称为"小产权房"。"小产权房"虽然表现为房屋流转的争议,根本问题却在于土地的使用制度。立法通过严格的城乡土地用途分治强化了地方政府对土地市场的垄断控制权,但也剥夺了集体土地权利人应当享有的平等待遇。如果我们可以把"小产权房"现象的泛滥看作农村居民为争夺土地增值利益而发动的一场财产权运动,这场运动已然暴露出我国政府土地用途管制权面临的合宪性危机。按宪法"平等保护原则"的精神,土地用途管制权的运行应当同时兼顾"同等对待"与"差别对待"的双方面要求,既

应为相同情形下的土地利用人确定和适用同样的管制标准,为作相同用途使用的土地利用人提供同等的保护或限制,也应从不同用途的需要出发为不同的土地利用人提供不同的管制要求。为此,尽管我们不能一概地认为"将小产权房与大产权房区别对待就侵犯了宪法规定的平等保护原则"(杨惠 等,2010),但显然,现行立法禁止所有集体土地的商品房开发是有欠妥当的,因为集体的经营性建设用地理应与城市经营性建设用地一样获得一定的商业性开发利用的权利;同时,从"合理差别"考虑,即便其他用地本不应具有商业性开发的资格,但也有必要在充分考虑客观经济背景和农户个人愿望的基础上,建立并逐步完善不同用途农村土地间的转用机制,尤其是集体建设用地内部保障性用地和公益性用地向经营性用地的转用机制,如此方能有效化解个人、集体与政府间的紧张与对立,确保我国房地产市场的健康发展与社会的和谐共荣。

(二)公平性困境:从"农用地抛荒"看行政强制对公平分配的侵蚀

中国改革开发史是一部气势恢宏的城镇化运动史,农地非农化现象毫无疑问是这部历史的深刻载体,农民收入来源多元化减弱了农民对土地的依赖,也导致了"耕地抛荒"和"农村空心化"等社会问题。《中华人民共和国农村土地承包法》的意义其实并非仅仅在于农民土地权利的一次伟大解放,它同时也暴露出了我国土地用途管制制度存在的公平性困境。站在土地用途管制制度的角度分析,为什么农民宁愿放弃土地承包经营权,也不愿意再从事农业生产? 农民作为理性的"经济人",只能是因为农地利用中的利益分享存在严重不公,以致农民在经过缜密的利益权衡后只能出此"下策"——农用地抛荒。笔者认为,现行土地用途管制制度以严格的禁限性规范来强制农地农用并且强制农民从事农业生产的做法导致严重分配不公。首先,立法强制农地农用的正当性理由来自于保障粮食安全与环境生态利益的需要,但这些利益相对于农地产权人而言乃是一种外部利益,而我们的管制思路中隐含的产权逻辑可以归结为:农地外部效益被直接视为一种"公共利益",并理所当然地归属于社会公众所有,而外部效益的供给者——农民不仅没有主张其所提供的外部效益的权利,反而被理所当然地强迫承担免费提供此"公共利益"的义务。在过去农业所得具有比较优势的时代,这种规定不存在太大的公平性问题,因为外部效益毕竟带有公共利益属性。但是,在农业生产的利润不断下降甚至入不敷出的情形下,立法仍然坚持必须由农民免费提供外部利益,就有违社会正义。正是这种利益分享上的严重不公导致农民普遍的不合作,加大了制度执行的成本,使得管制效率低下(丁同民,2014)。重管制而轻激励的农地保护制度抑或可阻遏农地的不当利用,但却无法增进农户提供具有公共产品性质的农地外部效益的意愿,不利于达成创造外部利益的目标(杨惠 等,2008)。因此,为了实现农地资源从量到质的最优化供给,我们必须改变过去单纯强调政府"消极限制"农地利用行为的单一农地管制方式,将"激励相容"的理念引入农地管制中,把"强迫"农户提供外部效益转变为"激励"农户提供外部效益。

(三)有效性困境:从"土地批租"看地方权益对中央调控力的消解

"选择性执行"是欧博文和李连江(1999)在研究中国农村基层干部行为模式时提出的用以描述基层官员在执行上级政策时的自主性,以及由此造成的政策"执行问题"。容志博士进一步指出,由于代理人出于自身利益考虑而产生的执行问题绝不仅仅限于乡镇基层,所谓"上有政策,下有对策"的现象其实遍布各级政府(杨惠,2010)。这里用"选择性执行"

指代中国基层干部能够根据自己的利益和意志来取舍其对中央政策的态度的各种现象，包括对是否执行的选择与执行方式的选择。特别是自分税制改革以来，地方财税压力日益扩大，而通过土地用途改变的地租极差会给地方政府带来巨大收益，土地用途管制制度中的"选择性执行"突出表现在地方政府对土地批租政策的推崇和落实中央宏观调控政策的消极对待，除了农用地征转带来的建设用地指标的兑现外，最显著的土地用途变更"冲动"来源于高出让价位的商业用地批租，全国 CBD 商服的阶段性过剩就是批租周期的典型印证，很显然，地方政府的这种"选择性执行"极大地制约了中央调控作用的发挥，导致中央政府对地方调控的失效（饶映雪，2013）。

(四)实施性困境：从"边界管控"看自由裁量权对管制效率的置信

在土地用途管制制度确立以前，土地开发管制主要是走分级限额审批的通道，这对于效率至上主义引导下的土地利用是一种实施快通道，但分级限额审批背后的自由裁量权也带来了权力寻租空间，看似"弹性"的用地管制制度实则增加了土地使用者和所有者沟通的成本，损耗了政府公信力。自 20 世纪 80 年代中后期开始，以保护耕地资源为出发点，全国第一轮土地利用总体规划工作异军突起，并借助陆续建立的层层分解、环环相扣的土地规划—计划—供应—监督—执法等体系，形成了从中央到地方刚性较为突出的土地行政管理体系。30 多年的规划实践确定了我国土地利用规划的重要特点：以"保护耕地，严格控制非农建设用地"为重点，制定"刚性"指标"自上而下"层层控制为手段（滕龙妹，2015）。这对于我国处在工业化和城镇化的快速发展阶段，解决人多地少、人地矛盾突出的问题，有其合理的一面。但是过于强调土地利用规划的刚性，缺少针对社会经济发展的应变解决方案，使现行土地利用规划在实施操作中出现很多问题，最突出的就是"刚性有余，弹性不足"。土地用途管制是土地利用规划的核心部分，是国民经济各部门在地域空间上的具体体现。由于规划是对规划区内未来 10 年甚至更长时间内的空间和布局的控制，决策者很难准确界定规划区在未来如此长时间内的具体发展形态，确定某种类型的土地在什么位置，在现实的土地利用中容易导致规划发展趋向和实际发展趋向不一致，从而造成城市内部土地利用结构不合理，反向制约社会、经济和生态环境的发展（杨忠伟 等，2011）。在规划实施阶段，规划的超前性导致的规划与实际脱节的现象层出不穷，但过于严格的刚性的用途管制边界制度又使得规划实施或调整的成本很高。

四、我国土地用途管制制度的演变趋势

(一)管制目标：从"耕地保护"向"多重目标"演变

土地用途管制制度无论是从土地利用基本方针的制定，或者规划指标的确定（规划指标包括农用地转用计划指标、耕地保有量计划指标、土地开发整理计划指标以及建设用地指标，四个指标中三个围绕耕地），都表现出了以"耕地保护"为中心的基本思路，而对建设保障与生态保护（尤其是生态保护）缺少对称性的关注。从上文可知，这种目标定位与我国土地用途管制制度演变的背景有关，但耕地保护是否应成为土地用途管制制度的最优位甚至唯一的价值追求，值得商榷。土地用途管制制度对于土地市场来说，绝不意味着一项单纯的耕地保护工具，而更应当成为协调各种土地用途需要、确保土地市场稳定运行的基础

性的制度。与以往快速城镇化阶段片面追求经济增长的单目标模式相比,国土空间用途管制在管制目标层面上应该逐步转向注重经济、社会和生态效益的统一,在管制区的规划编制阶段还应在确保"底线约束"的前提下注重创新、协调、绿色、开放、共享五大发展理念引领下的多维度可持续发展目标。在管制区的实施阶段应该重点研究城镇空间、农业空间、生态空间的统筹协调,必须改变过去单纯强调政府"消极限制"农地利用行为的单一农地管制方式,将"激励相容"的理念引入农地管制中,通过建构利益共享、损益均衡的诱因制度,"积极引导"农户在努力追求私人效益的同时促进外部效益的增加。

(二)管制范围:从"各自为政"向"全域统筹"演变

土地作为资源承载的主体,其地下、地上的资源管控也受各资源主管体系约束,由于部门种类繁多,缺乏全域层面的空间统筹,规划体系庞杂,各类各层级不够清晰,各自为政的土地用途管制制度长期存在。自党的十八大以来,中央对国土空间用途管制有着一系列的部署和要求。2013年,中央城镇化工作会议上提出"建立空间规划体系,推进规划体制改革,加快规划立法工作,形成统一衔接、功能互补、相互协调的规划体系",探索经济社会发展、城乡、土地利用规划的"三规合一"或"多规合一"。2014年,国家发改委、国土资源部、环保部、住建部联合印发《关于开展市县"多规合一"试点工作的通知》,要求形成"一个县(市)一本规划一张蓝图"的管理目标。2015年,国务院印发《生态文明体制改革总体方案》,强调"构建以空间治理和空间结构优化为主要内容,全国统一、相互衔接、分级管理的空间规划体系"。2016年,国务院印发《关于进一步加强城市规划建设管理工作的若干意见》,要求"加强城市总体规划和土地利用总体规划的衔接,推进两图合一"。通过梳理,可以看出建立国家空间规划体系的思路越来越清晰,其中的核心趋势就是通过多规合一平台构建全域统筹的土地用途管制制度,实现空间治理现代化。

(三)管制重点:从"科学规划"向"保障实施"演变

中国整体的快速城镇化使得城乡生态、环境、资源、产业、人口、就业、交通、居住、休憩、社会贫富差距等一系列矛盾层出不穷,特别是城市建设存量时代的到来,规划作为土地用途管制的实施平台,正承受着超越自身学科能力和公共管理职能的巨大压力。要发挥土地用途管制制度资源配置基础性作用,适应市场的需求不断变化,真正体现土地用途管制制度参与城乡社会治理的韧性,就需要土地用途管制制度在技术层面既要有科学性又要有很强的实施性,在此背景下,土地用途管制的实施策略成为空间发展理念落地和土地资源配置的实际之重。作为中央城市工作会议召开后第一个展望至2040年并向国务院报批的超大城市总体规划——《上海市城市总体规划2016—2040》在土地用途管控层面,一方面建立"3+X+Y"的控制线体系,"3"指永久基本农田、生态保护红线、城市开发边界;"X"指总规空间控制线,包括工业区块、历史风貌保护区、次干道及以上的道路、骨干河流蓝线等;"Y"指市政控制线,包括次干道以下道路,非骨干河流蓝线、黄线、绿线等其他各类市政控制线,从而基本实现全域土地的规划精细化管控。另一方面,建立规划实施的动态监测、定期评估和及时维护制度,对总体规划确定的各项指标进行跟踪监测,及时了解和评估规划目标实现程度,根据评估结果及时调整相关实施策略,并指导近期建设规划、年度实施计划的编制。

（四）管制方式：从"计划干预"向"市场主体"演变

在土地用途管制制度确立以前，土地开发管制主要是走分级限额审批的通道，这对于效率至上主义引导下的土地利用是一种实施快通道，但分级限额审批背后的自由裁量权也带来了权力寻租空间，看似"弹性"的用地管制制度实则增加了土地使用者和所有者沟通的成本，损耗了政府公信力。自20世纪80年代中后期开始，以保护耕地资源为出发点，全国第一轮土地利用总体规划工作异军突起，并借助陆续建立的层层分解、环环相扣的土地规划—计划—供应—监督—执法等体系，形成了从中央到地方刚性较为突出的土地行政管理体系。这对于我国处在工业化和城镇化的快速发展阶段解决人多地少、人地矛盾突出的问题，有其合理的一面。但是过于强调土地利用规划的刚性，缺少针对社会经济发展的应变解决方案，使现行土地利用规划在实施操作中出现很多问题，最突出的就是"刚性有余，弹性不足"。在规划实施阶段，规划的超前性导致的规划与实际脱节现象层出不穷，但过于严格刚性的用途管制边界制度又使得规划实施或调整的成本很高。从管制手段层面看，20世纪70年代后美国传统的土地利用分区管制制度越来越朝弹性化和市场化方向发展，各种浮动分区、奖励激励分区、成组分区等更具弹性的分区管制工具以及"发展权移转"等更具市场化特点的管制手段的采用即是明证（卢为民，2015）。此外，如何在管制体系中体现"政府—公众"利益的协调性原则，体现市场缓冲器功能，也成为当下研究的重点。在"重塑政府"和"协商主义"理论的推动下，西方国家的行政管制方式越来越跳出传统的"命令—控制"思维，而更多地趋向于更具弹性和民主观念的市场化管制。同样，在土地制度改革大讨论的背景下，提出政府与市场管制边界的确定性问题也是未来土地用途管制制度演变的趋势之一。

五、我国土地用途管制制度重塑

（一）重塑土地管制用途管制价值路径

一系列全球性的生态危机说明地球再也没有能力支持工业文明的继续发展，需要开创一个新的文明形态来延续人类的生存，这就是"生态文明"。在此价值导向下，党的十八届三中全会通过的《中共中央关于全面深化改革若干重大问题的决定》明确提出，"划定生产、生活、生态空间开发管制界限，落实用途管制"。《中共中央国务院关于加快推进生态文明建设的意见》要求，"健全用途管制制度，明确各类国土空间开发、利用、保护边界"。中共中央、国务院印发的《生态文明体制改革总体方案》对自然生态空间用途管制制度建设做出明确部署。国土资源部《自然生态空间用途管制试点方案》更是构建了覆盖全部自然生态空间的开发保护制度框架。土地用途管制路径的价值依赖再也不是单一的"耕地保护中心"，多重心协调和全域统筹越来越成为支撑新价值体系的路径依赖。在统筹平台层面，以"多规合一"为框架的空间规划和国土规划正在探索运行；在技术环节层面，土地利用指标和土地用途分类体系正在探索创新，增加土地自然生态用途必须经权威机构论证和有关部门许可（曹祖涛，2004），各地还要根据本地区的实际情况来确定生态用地和生态用地的保护与建设指标，以便合理确定生态用地的利用方式和其他类型土地的生态服务功能。同时，要想土地用途管制得到顺利和高效的实施，就必须将建设用地按照相关标准严格划分为公共利益用地和非公共利益用地,并且绝对禁止这两类建设用地之间的随意互相转用(张延昉,2011)。

(二)重塑土地用途管制权的法律地位

政府管制行为的法律定位是现代政府经济职能转换,尤其是正处于转型期的我国制度变迁的核心问题。转型中的土地用途管制制度的重塑,其核心乃是要改变政府传统的经济治理方式,明晰现代土地用途管制与传统行政方式的界限,重建政府的土地用途管制权。从推进国家治理体系和治理能力的现代化角度来思考土地问题,目前我国的土地管理制度尚不完善,也有很多不公现象,一段时间以来,关于土地问题的讨论,更多偏重土地权利人的权利实现,出现这样的情况,是因为我国长期以来对土地权利人的权利保障不够,农地外部效益被直接视为一种"公共利益",并理所当然地归属于社会公众所有,而外部效益的供给者——农民不仅没有主张其所提供的外部效益的权利,反而被理所当然地强迫承担免费提供此"公共利益"的义务,合理的产权收益和补偿没有得到应有的重视。规划的制定要公开、透明、科学,否则可能导致规划结果不公平、不公正,在此基础上实行的用途管制也不会为社会所认可。但无论如何,一项完整的土地制度中,保障权利人的权利和实行用途管制两者必须平衡,如果前者发生了偏差,大量权利人的权利得不到实现,就不能维持正常的市场运行;如果后者得不到实现,同样会产生严重的后果。所以,既要落实党的十八届三中全会关于农村土地改革的要求,也要考虑如何建立一套符合中国特色社会主义的农村土地管理制度。进一步来说,完善并建立平衡的土地产权制度和用途管制制度是现代化国家土地制度的基本内容(陈锡文,2014)。在此基础上,土地用途管制权是借由限制私人的土地利用权以达成公共利益的目的,并使之成为土地市场的常态性和基础性的规制权,如此方能建立起一个结构合理、运转有力的土地公权力体系,并确保土地利用有秩序地展开。

(三)重塑土地用途管制运行逻辑机制

加强规划实施监测和评估调整,变静态规划为动态规划。土地利用总体规划不能再用以往的僵硬的计划经济方法,要适应市场经济现实需要,更加注重土地用途的弹性,使规划编制方法更具有适应市场经济变化的能力。一方面,在规划中明确规定未来比较确定的部分,并坚持贯彻。如生态环境和历史文化遗产保护的规划,地方应该严格按照中央政府土地利用规划实施执行。另一方面,对于一些在未来难以把握的部分尤其是市场经济的不确定性所带来的各种变化,要适时调整规划的内容,允许通过科学评估和法定程序对规划方案予以适当调整或补充。比如,对于符合规划要求和政策导向,确有市场需求和社会需要,在坚持建筑结构基本不变、用地性质不变、土地权利人不变的前提下,可对存量的、零星的、临时使用的土地用途变更行为给予临时变更规划的通道,通过补办手续、补交土地价款等方式使土地得到合法使用,疏导那些因规划调整滞后造成的违法用地。同时还可以采取土地发展权转移、整体计划发展、表性分区等措施以及赋予行政机关自由裁量权以应对市场经济变化带来的挑战(许迎春 等,2015)。借鉴国外的经验,建立能够灵活有效地应对市场需要的裁量权机制,乃是我国土地用途管制制度重塑必须完成的使命。从国外的立法看,土地用途管制制度从最初单纯地旨在控制土地利用的"外部性",发展到今天的旨在全面协调各种用地需要、科学规划未来发展模式,以促成国家"理性增长"的重要制度工具,政府的"自由裁量权"空间也在不断扩张。相较于战前的土地利用分区管制,英国在战后普遍施行的"开发许可制"本质上就是一种"裁量权"导向的土地用途管制制度。规划机关以个案审查的方式，就开发者提出的开发计划，斟酌规划目的、现行实质环境以及未来发展需要做出准许开发、附条件开发或不准开发的决定，由此形成了不同土地利用人的不同用地条件。而美国选择在坚持分区管制的基础上，不断地改良分区制度的弹性，同时增加政府的权力类型，实质上也是在扩张政府的自由裁量空间。在打破政府垄断的基础上，强化并确保各级政府部门都有与其能力相匹配的在管理协调整个土地利用（而不单单是建设利用）方面的裁量权力，同时通过完善相关立法、健全利益衡量、完备事后救济，从多方位健全相应的制约机制，以确保该裁量权得以负责任地行使（杨慧，2010）。

（四）重塑用途管制中的委托代理机制

土地用途管制制度在实施的过程中，严格地限制了一部分土地使用者对土地用途的转用，以致不能获得转用时的高额收益，导致了利益分配上的不公平，进而造成了委托代理机制的失灵。解决土地用途管制制度中的委托代理机制失灵问题，其关键在于在委托代理的框架内设置合理的激励监督机制。具体而言，激励机制可以通过一系列的利益刺激和权责平衡的手段得以实现，如：对于一些以创造经济效益为主要目的，但可能破坏生态环境的分区，实行高地价和高税收，提高其土地使用成本；对于一些以保护生态环境为主要目的，但直接经济效益较低的分区，给予经济和政策上的补偿，从而减小不同分区间的收入差距；对于地方政府合理规划土地用途、依法用地的行为加大奖励力度，对于地方政府土地使用中的违法行为加大惩罚力度，将违法用地的治理纳入政府绩效考核的硬指标，从而提升地方政府配合完成土地用途管制的积极性和主动性；对于政府领导实行权责平衡的考核，政府领导不仅要合理利用手中权力对用地行为进行审批，而且对于土地利用的有效性、用地行为的合法性负责到底，即对辖区内出现的违法违规用地行为、耕地保护措施执行不到位、效果不明显等现象都要追究相关人员的责任并严肃处理，以此来保证作为代理人的地方政府与委托人中央政府在土地用途管制的目标上具有一致性。除设置有效的激励措施之外，加强对代理人的监管也不可或缺。我国当前土地用途管制制度在地方的实施中存在明显的监管漏洞。首先，本应独立于土地管理部门的土地监管机构一般内设于当地的土地管理部门，这使得土地监管机构对部门内部的土地操作行为无法全程监管，由于部门级别设置的原因，即使发现当地政府部门的土地违法行为也基本无法有效干预，直接导致的结果就是土地监管的部门被架空、监管的效果被削弱。其次，对地方的土地管理部门而言，由于其行政上属于垂直部门管辖，领导人任免等不受地方人大决定，因此在对地方土地的管理上存在权力滥用的风险，而且这种风险难以通过地方人大的监督进行规避。再次，尽管我国自2006年起创新实施了土地督察制度，由国家派驻督察专员进驻地方督办当地的土地管理工作，但是由于中国国情的特殊性，这些派驻地方的专员是否具备协调一个地区的管理工作的能力、能否在督查工作中不受地方影响保持其独立性都是有待实践证明的问题（杨扬，2016）。

参考文献

[1] IMBERNON J. Patterm and Development of Changes in the Kenyan Highlands Since the 1950s[J]. Agriculture, E-cosystems and Environment,1999,76:67-73.

[2] UNDERKUFFLER L S. When Should Rights "Trump"? An Examination of Speech and Property[J]. Maine Law Review, 2000(52):322.

[3] MICELI T. The Economic Theory of Eminent Domain [M]. Cambridge: Cambridge University Press, 2011.

[4] O'BRIEN K J, LI L. Selective Policy Implementation in Rural China[J]. Comparative Politics, 1999, 31(2):167-186.

[5] PIGOU A C. The Economic of Welfare[M]. 4th ed. London: Macmillan and Co., 1932.

[6] THOMSON C N, HARDIN P. Remote Sensing/GIS Integration to Identify Potential Low-income Housing Sites[J]. Cities, 2000,17(2):97-109.

[7] 陈利根. 土地用途管制制度研究[D]. 南京:南京农业大学,2000.

[8] 丁同民. 关于现行农地非农化收益分配模式的思考[J]. 区域经济评论,2014(1):93-98.

[9] 董柞继. 漫谈土地用途管制[N]. 中国土地报,1997-02-15.

[10] 费孝通. 村经济:中国农民的生活[M]. 北京:商务印书馆,2001.

[11] 韩青,顾朝林,袁晓辉. 城市总体规划与主体功能区规划管制空间研究[J]. 城市规划,2011(10):44-50.

[12] 黄贤金,王静,濮励杰,等. 区域土地用途管制的不同方式[J]. 南京大学学报(自然科学版),2003(3):411-422.

[13] 李昌麒,应飞虎.论经济法的独立性——基于对市场失灵最佳克服的视角[J]. 山西大学学报(哲学社会科学版),2001(3):26.

[14] 李寿廷. 土地征收法律制度研究[D]. 重庆:西南政法大学,2010.

[15] 林毅夫,等. 中国的奇迹:发展战略与经济改革[M]. 上海:三联书店,1999.

[16] 刘国臻. 论我国土地利用管理制度改革[M]. 北京:人民法院出版社,2005.

[17] 刘俊. 土地所有权国家独占研究[M]. 北京:法律出版社,2008.

[18] 刘书楷. 论土地使用管制——土地用途管制和耕地保护与中国社会经济可持续发展[M]//国家土地管理局.土地用途管制与耕地保护.北京:北京大学出版社,1997.

[19] 卢为民. 城市土地用途管制制度的演变特征与趋势[J]. 城市发展研究,2015(6):83-88.

[20] 吕斌,陈睿. 我国城市群空间规划方法的转变与空间管制策略[J]. 现代城市研究,2006(8):18-24.

[21] 茅于轼. 限制非农用地的政策后果[J]. 中国改革,2001(8):20.

[22] 饶映雪. 地方政府土地违法行为的治理研究[D]. 武汉:华中科技大学,2013.

[23] 邵一希. 多规合一背景下上海国土空间用途管制的思考与实践[J]. 上海国土资源,2016(4):10-13,17.

[24] 沈守愚,等.论土地用途管制的法权基础[M]//国家土地管理局.土地用途管制与耕地保护.北京:北京大学出版社,1997.

[25] 滕龙妹. 土地利用总体规划、城乡规划等"多规合一"[J]. 浙江国土资源,2015(2):23-24.

[26] 王成艳,靳相木. 土地用途管制实施机制市场取向改革初探[J]. 国土资源情报,2009(2):31,48-51.

[27] 王万茂. 土地利用规划学[M].北京：科学出版社,2010.

[28] 王万茂. 土地用途管制的实施及其效益的理性分析[J].中国土地科学,1999(3):10-13.

[29] 王文革. 城市土地配置利益博弈及其法律调整[M].北京：法律出版社,2008.

[30] 吴次芳,叶艳妹. 20世纪国际土地利用规划的发展及其新世纪展望[J].中国土地科学,2000(1):15-20,33.

[31] 徐日辉. 关于建立土地用途管制制度的探讨[J].中国土地科学,1998(6):11-13,29.

[32] 杨惠,熊晖. 农地管制中的财产权保障——从外部效益分享看农地激励性管制[J].现代法学,2008(3):70-79.

[33] 杨惠,熊晖. 土地用途管制权的正当性求解——"小产权房"引发的宪政思考[J].西南民族大学学报(人文社科版),2010(7):101-105.

[34] 杨惠. 土地用途管制法律制度研究[D].重庆：西南政法大学,2010.

[35] 杨忠伟,王震. 城市白色用地与灰色用地规划比较研究[J].现代城市研究,2011(12):28-33.

[36] 张富刚. 土地用途管制制度的经济效率分析[C]//中国自然资源学会土地资源研究专业委员会.中国土地资源战略与区域协调发展研究.北京：中国自然资源学会土地资源研究专业委员会,2006:5.

[37] 张全景. 我国土地用途管制制度的耕地保护绩效研究[D].南京：南京农业大学,2007.

[38] 周璞,刘天科,靳利飞. 健全国土空间用途管制制度的几点思考[J].生态经济,2016(6):201-204.

自然资源管制:国外政策现状与研究进展

傅婷婷　吴次芳

摘　要:对自然资源进行管制的目的在于解决人类在提取、提供自然资源时产生的市场失灵问题。本文依据管制研究领域对管制的定义,将当前世界各国自然资源管制的实践分为两类:单层次单主体的管制方式和多层次多主体的管制方式。第一类是政府用数量和价格管制的工具,即通过管制技术、绩效和市场运行等形式,解决自然资源提取和提供中的市场失灵问题。第二类是个人、企业、政府及其他组织构成的多元主体,通过建立社会网络,实现传播信息、建立共识等目标,最终改变网络中行动者的行为选择。研究认为,当前各类管制方式虽然具有各自的优势,但也存在共同的缺陷。它们都无法完全解决市场配置自然资源时的失灵问题。自然资源分类复杂、属性多样,使用过程面临不同类型的市场失灵,而管制主体在设计和实施管制政策时缺乏对自然资源属性和自然资源使用特点的更深入研究,这就造成了管制手段的相对单一性和一定程度的失效。因此,解决管制手段的单一性和管制对象的复杂性之间的不匹配问题,是未来自然资源管制研究的方向。

关键词:自然资源;管制;市场失灵;主体;政策

Natural Resource Regulations：Foreign Policy and Research Advance

FU Tingting，WU Cifang

Abstract：Regulations on natural resources aim to solve the problem of market failure that occurs in the process of natural resources appropriation and provision. Referring to the concept of regulation defined by the regulation theory，the article categorizes two types of natural resources regulation strategies：single-level centered regulation and multi-level decentered regulation. In the first type，the state is the only subject to implement the control with the instruments of quantities and prices. Precisely，the state takes the form of technology-based，performance-based and market-based regulations，to deal with the market failure problem of natural resources appropriation and provision. In the second type，regulations are carried out by a host of bodies，including individuals，corporations，governments，and other institutions. They create social networks to disseminate information and build consensus affecting behaviors of actors within the social network. Scholars argue that although these regulatory instruments and forms have their advantages，they all share the common flaw. That is，all of them cannot perfectly solve the market failure problem. Natural resources systems are complex in terms of complicated categories，diverse attributes，and different kinds of market failure problems that arise in the using process. However，the design and implementation of regulations are relatively simple，which lack the deeper research on the nature of natural resources and their using attributes. Thus，solving the mismatch between the monotonicity of regulatory strategies and the complexity of regulatory objects is the promising direction of future research.

Key words：natural resources；regulation；market failure；main body；policy

一、引言

联合国环境规划属（1972）认为自然资源是在一定时间、地点条件下，能够产生经济价值的、以提高当前和未来福利的自然环境因素的总称。总体而言，学界对自然资源的概念和分类方式有很多，各有不同的侧重点，但都认为自然资源关乎人类福祉，对世界经济和社会发展至关重要。因此，如何实现自然资源的可持续利用是自 20 世纪以来不断被讨论和研究的问题。

许多学者从制度设计的角度提出自然资源的可持续治理模式。在 Ostrom(1990)之前，学者提出的制度设计主要基于 Hardin(1968)提出的"公地悲剧"假设：在利用开放进入的自然资源时，由于不能排除其他人对这类资源的使用和收益，个人缺乏激励机制保护资源，因此集体对公共资源的使用将会产生公地悲剧。因此，当时主要的制度设计思路是将产权明晰化，包括：所有权私有化，将渔、木材、水等获取权力给予分散的个体所有者；或所有权国有化，由国家负责，通过直接控制或外部强加的规制来管理自然资源。但是由于许多自然资源产权界定成本很高（如渔业等流动性资源），单纯依靠市场的运作难以有效提取和配置资源，因此自然资源的市场治理模式需要国家进行管制。因此在早前基于公地悲剧的共识而产生的这两种治理模式中，自然资源管制主要是政府对国有自然资源使用者的行为的直接干预或者市场失灵问题的纠正。

Ostrom(1990)认为从市场和国家分裂地设计制度是十分僵化的。她从许多自治渔业的案例中发现，实践中的资源管理方式比文献研究的"市场"或"政府"主导的治理模式更加丰富。人们有能力自主开发许多适应本土文化的自然资源管理方案。由此她提出了治理公共池塘资源的第三种方式——社区自主治理制度。但是自主治理也并不是解决公共池塘资源问题的万能药，它在理论上和实施中存在着各种各样的问题，如内部监督机制失灵等。此外，随着集体规模扩大，集体行动的谈判协调成本会迅速上升，占用者的搭便车激励和概率也会随之增加。因此，她强调，自然资源管理方案的选择需要依据具体情况进行讨论。

本文对国外自然资源管制实践的分析，按照以下四步展开：①首先分析管制概念的产生和发展过程，为下一步归纳各国自然资源管制的实践类型提供理论上的分类依据；②分类归纳、举例世界各国自然资源管制在主体、方式和结构上的主要类型与特点；③整理和分析学者对当前自然资源管制实践的评价；④综合以上的分析，从自然资源的属性、人类提取和配置自然资源的特点分析自然资源管制的复杂性，这是未来完善自然资源管制需要重点关注的内容。

二、管制的产生与发展

市场失灵（market failure）问题是政府管制产生的主要依据（Baldwin et al.，2011）。综合而言，与自然资源产品或服务相关的市场失灵或市场缺失主要由以下原因造成：垄断、意外利润、外部性、信息不足与不对称、道德风险、不平等议价能力、无法配置稀缺资源、无法跨期规划等。在这些情况下，市场不能产生符合公共利益的行为或结果，因此就需要政府或者其他主体对物品或服务的提取与供应进行管制。

管制（regulation）的概念和实践很早就存在于西方国家的历史中（Breyer，1982）。英国自都铎和斯图亚特时期起就开始实行国家管制（Baldwin et al.，2011）。尽管已经有许多学者对管制的实例进行了大量的研究，但对于管制的定义问题并没有形成统一的看法。由于英美国家管制市场失灵方式自 20 世纪 80 年代以来发生了两次重要的变革，相应地，学界发展出了三种不同的管制定义。

（一）管制是政府的行政命令

美国的第一个现代管制机构是成立于 1887 年的州际商业委员会（Interstate Commerce Commission，ICC），其目的是限制铁路公司的歧视性定价（Breyer，1982）。在 20 世纪 60 年代英美大量监管机构出现之前，行政机构的管制主要针对铁路、自来水、天然气和电力等垄断供应的公用事业的价格、安全和服务质量方面，主要措施包括对企业进行登记、许可、监督和指导等（Shuren，2001；Shleifer，2002）。自 20 世纪 60 年代中期开始，美国联邦管制机构扩大了管制的范围，开始设立国家标准，对能源生产、环境污染和消费品安全等多个方面进行统一和规范（Baldwin et al.，2011）。

因此，这一时期，学者普遍认为管制是政府对市场进行的"命令和控制"（command and control）活动——政府以发布命令和法规的形式规定企业使用统一的技术或绩效标准。技术标准规定了企业必须使用的方法；绩效标准为企业制定了统一的控制目标，但允许企业实现目标的手段具有一定的灵活性。

但是，20 世纪 60—70 年代管制机构的膨胀和管制范围的扩大不仅给中央政府带来了高额的管制成本支出，还造成了市场扭曲和低效率（Breyer，1982；Arrow et al.，1996）。因此，20 世纪 70 年代末，对政府管制的缺陷——组织成本高昂、收效甚微、程序不公、决策延迟、民主缺失、效果不可控等问题的研究也逐渐发展起来（Breyer，1982）。

（二）管制是多种形式的政府干预

从 20 世纪 80 年代开始，管制无论在学术研究还是政府的实践方式上，与以前相比，都发生了实质性变化。自 1981 年起，为了解决美国经济的"滞胀"问题，里根总统发布了多项解除管制的行政命令，美国联邦政府开始削减大量的管制机构。1993 年，克林顿总统上任后发起了重塑政府职能的改革，明确提出了改革传统的"命令与控制"的管制方法，采用绩效标准、市场激励和信息战略等更灵活的管制方式，政府管制的目标转为使社会公共利益最大化的同时，更为有效地满足个人偏好和企业利润目标。

因此，在 20 世纪 80—90 年代，政府管制的方式从限制行为和防止不良活动发生的强制性管制，发展到了更为广泛的同时包含促进和激励的引导式管制。管制被认为不仅包括政府以命令和指挥形式对企业进行的控制，还包括政府对市场产生影响力的其他方式，例如经济政策的实施（如税收或补贴）、产权的管制（如特许经营权）、政府对信息或技术的提供（Baldwin et al.，2011）等。

（三）管制是一系列产生社会影响的机制

自 20 世纪末以来，由于传统的政府管制方式在解决全球更加紧密的贸易、环境、气候和新产品的出现（如转基因食品）等问题上存在很多局限性，政府机构和社会开始探索"非传统"(non-traditional)的管制方式。英国政府成立了更好的管制工作组（Better Regulation Taskforce，BRT），号召公众对管制制度进行"更具想象力"(more imaginative)的思考，并强调极简主义和自我管制将是政府管制政策改革的第一要务。在国际层面，越来越多国际机构将管制纳入工作议程，例如经合组织（OECD）对高质量管制（high-quality regulation）的倡导和欧盟对其管制的影响力的评估（Baldwin et al.，2011）。"新型管制政府"（new regulatory state）、"去中心化管制"（decentered regulation）和"精明管制"（smart regulation）等管制理念开始涌现。

在这一背景下，管制的理念、方式、结构等都有了更加丰富的扩展，管制制度开始出现多层面、分散、复杂和公私边界模糊的特点（Julia，2003）。因此，许多学者认为管制在当代情境下是所有社会控制或者影响力的机制。它可以产生于任何来源，无论是否故意。定义的变迁表现了学者认识论上的变化——许多学者开始认为知识、信息甚至科学不再是客观的，它们是由人类和非人类组成的行动网络所建构出来的，在这一建构活动中，任何一方的因素都没有特别的优先权。因此，企业不再被认为比政府知道更多信息，市场、政府只是影响个体观念和行为的其中一部分。Gunningham 和 Grabovsky（1998）在他们的著作《精明管制》（*Smart Regulation*）中，以环境问题为例，认为管制是通过管理广泛的行动者来解决某项或一系列特定问题的社会控制的形式。

从对管制研究和实践的回溯中可以发现，管制演变至今已经成了一个集群式的概念（cluster concept）。对它定义需要嵌入本土的实践，即考量在具体案例中管制所涉及的行动者、形式、领域和运行机制等多个因素。Julia（2003）认为管制只有从如下角度进行定义才能适用于不同的应用背景：管制是持续和集中的尝试，根据规定的标准或目的改变他人的行为，旨在产生广泛、确定的结果或后果，这可能涉及标准制定、信息收集和行为改变的机制。

三、一般的单层次单主体管制方式

对管制概念定义的争议源于学者对管制主体、管制实施方式存在不同见解。根据这些不同的角度，结合当前自然资源管制领域的实践案例，可将当前世界各国自然资源管制的实践分为两类：单层次单主体的管制方式和多层次多主体的管制方式。第一类是政府利用数量管制和价格管制的方式，分别从过程和结果的角度，解决个体在提取和提供自然资源中的市场失灵问题。第二类是个人、企业、政府及其他组织构成的多元主体，通过建立社会网络，实现传播信息、建立共识等目标，最终改变网络中自然资源使用者的行为选择。

以政府为主体的管制市场失灵问题，在方式选择上面临两个经典问题：一是为实现整体利益而实施控制的最佳方式是什么；二是政府是直接管制活动还是通过修改市场变量，依靠市场自身利益或效用最大化，以分散的方式实现同样的目标（Weitzman，1974）。

（一）管制主体的结构

1. 相对大的地方自主管理权

在行政管制机构的分工上，许多西方国家的地方政府有相对大的自主管理权。因此在涉及自然资源管制的具体问题时，国家和各省之间更多的是一种协调、合作关系。

例如,在加拿大,即使是国有林,国家林务局也将管理权下放给当地的林业管理部门。各省制定自己的林业法规政策,规定本省的采伐额度和立木价格,按规定的立木价格收取费用,以及负责省内的资源及生产情况的数据收集(Canadian Forest Service,2015)。澳大利亚根据宪法也规定了联邦政府和州或地区政府之间明确有相对独立的管制分工。联邦政府的职责包括税收、出口管制、外商投资计划的审批,以及为土著居民土地所有权(native title)进行确权;州或地区政府则负责矿产租赁和经营活动,以及大多数环境评估、批准和监管,水资源管制,区域规划,基础设施和教育培训(Andrew et al.,2016)。在欧洲,自 1993 年起,瑞典林业部门放松管制,国家对森林经营的干预下降;德国的森林政策基本上下放给各个州自己制定。

2. 中央政府与地方政府的分工关系

行政管制结构的设计背后是中央和地方两个层级的行政机构对自然资源的不同功能进行分工管理的表现。总体而言,中央政府管制自然资源的主要类型为管制"市场缺失"——可持续地利用自然资源的生态服务功能,调节可能因为自然资源使用而产生的社会公平问题等;而地方政府管制自然资源的主要类型为管制"市场失灵"——可持续地经营自然资源的经济功能。例如,在加拿大,约有 6.92% 的公共所有的森林用地被作为野生动物栖息地、生态服务和自然资源保存地等生态用途被国家严格保护起来;77% 的省级官方土地(crown lands)占了加拿大每年工业用木材总量的 85% 以上。在美国,1990 年花斑猫头鹰(northern spotted owl)被列入濒危物种后,美国北部环太平洋地区国有林的木材产量比 20 世纪 80 年代减少了 80%,主要用于承担保护濒危物种和生态环境建设方面的功能。

(二)基于数量的管制

基于数量的管制是政府对自然资源进行命令与控制式的管制方式,具体可分为基于技术的管制和基于绩效的管制。这两类管制分别从过程和结果的角度对自然资源的提取和提供过程进行管理。

1. 技术管制(technology-based regulation)

(1)针对可再生资源的技术管制

对于可再生资源而言,技术管制的主要目的在于:第一,保证通过生物量的再生使生态系统的物质和能量的存量维持在临界值以上;第二,调节因技术购买能力不同而产生的资源收益分配差距问题;第三,降低后期的绩效管制的成本。技术管制主要是对提取和提供的过程进行管理,主要方式有限制资源提取技术(设定技术标准)、规定资源恢复的技术和限制资源提取的时空范围等。

在林业管理中,政府主要管制森林恢复所使用的技术。在加拿大,用于木材采伐的省级所有的林地都需要以自然再生(这种方式占开采区域的 40%),或者使用人工方式(即种植和播种,这种方式占开采区域的 60%),或两者混合强制进行森林恢复(近几年的恢复量达 100%)(Canadian Forest Service,2015)。在渔业管理中,许多国家都建立了 200 海里专属经济区,详细地限制了船只和技术装备的类型与数量;基于鱼类种群生长规律,规定渔获物上岸规格与种类、禁渔区(期)和幼体保护区制度。但有些不一定是破坏性但可能更有效的技术,例如涉及增强网络和使用诸如灯光或声呐搜索设备来吸引或寻找鱼类的技术,有时也受到政府限制(Crutchfield,1982)。这些限制有时被许多学者视为保护某些弱势群体的生活和利益的一种方式(Aarseta et al.,2009)。

(2)针对不可再生资源的技术管制

对于不可再生的耗竭性资源而言,技术管制的目的主要是解决资源开采过程对社会、环境和气候产生的负外部性问题。例如,尽管近年来自然气体提取技术的进步(如水力压裂技术)已经显著地增加了美国的自然气体存储量,但由于水力压裂过程会造成水和空气的污染,美国环保局于2012年发布新法规,要求到2015年,所有采用水力压裂技术进行开采的页岩气井都必须安装相关的设备,以减少可挥发性有机化合物及其他有害空气污染物的排放,这也是美国控制页岩气开采造成环境污染的首个法规(Blohm,2012)。

2.绩效管制(performance-based regulation)

绩效管制是指政府机构为管制对象设定标准化、可测量的绩效目标,但是政府不参与自然资源提取和提供过程的管理,而主要依据绩效的实现情况给予管制对象相应的奖励或惩罚的管制方式。限制进入、限制总量和责任制是政府依次逐渐发展起来的绩效管制方式。

(1)限制进入管制

许可证作为一种限制进入的政策工具,通常有很多表现形式。美国和澳大利亚尊重和承认原住民对自然资源的传统权利,从法律上承认原住民的土地所有权(native title)。许多国家都对使用公共池塘资源和公共资源的个体颁发许可证,例如入渔许可证分配、森林采伐权的拍卖或投标等。限制进入制度在一定程度上减缓了自然资源衰退的速度,但实践表明,这种管理不能有效地控制自然资源的过度使用,因为许可证的发放并没有解决信息不对称问题,同时又带来了寻租、腐败、社会矛盾等新问题。

(2)限制总量管制

鉴于许可证制度存在的问题,政府开始建立产出控制型的管制方式,即对自然资源的生物收获量进行限制。加拿大省政府通过规定允许的年度削减量(allowable annual cut,AAC)来管制森林开采水平,年度削减量是特定地区(多数情况下为5~10年)的年度水平,对这一数值的预测受到对森林产品的市场需求量预测的管制。在具体操作中,各省林业管理部门和私营林产品公司签订长期租地合同,省林业管理部门制定年度及长期(一般是10年)采伐额度计划,公司每年的采伐量可以在一定范围内浮动,但长期累计的采伐量要符合省林业管理部门的计划。日本于1995年召开海洋法研究会,开始实行渔业TAC(total allowable catch)管理。设定TAC鱼种的选择有3条标准:一是渔获量大且经济价值高;二是渔业资源必须立即实施管理的品种;三是日本周边国家也捕捞的品种。

(3)责任制管制

为了减少资源使用产生的存量的负外部性,一些国家制定了法律制度和执法政策,确保破坏或损害自然资源或环境的使用者将损害恢复到基准状态。例如,美国于1980年制定了"综合环境响应,赔偿和责任法"(CERCLA),于1990年制定了"油污染法案"(OPA),要求责任公司赔偿石油泄漏带来的损失。在讨论基于恢复的补偿措施时,对自然资源损坏的评估非常重要。使用等价性分析来计算与损失的生态服务所需的同等的资源或服务的数量的方式受到许多国家的欢迎(Jones et al.,1997;Flores et al.,2002;Roach et al.,2006;Riera,2008),具体的补偿措施是补偿损害所需的物质自然资源(资源对资源或生境对栖息地的补偿)或损害的社会价值。一些国家特别列出了环境目标,例如为鸟类留下死树或沿着河流留下保护走廊,作为整体林业法规的一部分(Sterner et al.,2011)。在加拿大,私营公司和政府的合同中通常都规定,企业要负责制定林业生产、森林经营及管护计划(Nelson,2006)。对强制性的森林恢复效果主要从以下指标进行衡量:采伐地区成为森林,并继续生产木纤维,提供重要的生态系统服务,如储存碳、调节水质、提供野生动物栖息地和娱乐机会。而对这些生态系统服务功能如碳服务的计算,如何将具体指标纳入政府的特定指导方针也是当前学界的研究热点。

(三)基于价格的管制

除了私人资源,当代许多公共池塘资源、公共物品资源和俱乐部资源的管理也趋向市场化,市场即使有缺陷,但在供给自然资源的产品和服务上的效率依旧具有重要意义。因此,许多政府不是通过解决市场失灵,而是通过改变市场运行的变量,来实现预期的管制目标:对这些非私人产权的资源进行产权设定;通过改变市场激励约束个体行为;运用财务责任管制个人不道德行为等。

1.许可与交易制度

基于市场的许可证制度是国家在预定的时间内出售开发一定数量的自然资源的权利,对自然资源的总体收获量进行管制,但是总体收益交给市场进行分配。许可与交易制度的设计的主要目的是政府机构通过对公共资源和公共池塘资源进行产权上的重新设计,主导市场机制的建立,使得非私有自然资源能够在(也许是不完全的)市场机制的作用下实现优化配置。

目前比较成功的可交易许可证体系是渔业个人可转让配额(Individual Transferable Quota,ITQ)制度(Costello et al.,2008)。渔业资源的几个属性使ITQ特别有效:资源的高价值,资源的流动(根据领土创造普通的私有财产权很困难)以及强大的负面外部性(Christy,1973)。ITQ是一种将TAC集中控制与市场交换相结合的制度。其基本的运作方式是,将总可捕量(TAC)划分成若干个配额分配给个体渔民,渔民在配额范围内进行捕捞,并允许对配额进行买卖。按照某些学者的理解,个别渔船配额(IVQ)、社区配额(CDQ)可看作ITQ的变形。新西兰是世界上实行渔业资源ITQ制度管理最早的国家。1983年,新西兰率先在远洋渔业管理方面将总可捕量分配给9家渔业公司。从1986年起,新西兰正式将ITQ制度作为其渔业管理的基本制度框架。自20世纪70年代末以来,当各国通过建立专属经济区开始关闭海洋公共领域时,ITQ制度开始在冰岛和澳大利亚等国家被广泛使用,之后也被用于加拿大和美国的渔业中。ITQ似乎普遍实现了经济租金增长的经济目标,也被证明可以提供更好的生物资源管理的激励措施。

自然资源管理中的可交易许可证计划的其他例子包括美国的Tahoe湖流域管理的可交易发展权(Tradable Development Rights for Lake Tahoe Watershed Management)、松林地的可交易发展权(Tradable Development Rights for Pinelands Management)和湿地保护的可转让权(Transferable Rights for Wetlands Conservation)。这些与土地有关的可转让发展权(Transferrable Development Rights,TDR)设立的目的是解决土地分区带来的收益分配不公问题,通过各州设立土地发展权的总量配置权和单位额度配置权,由政府主导并借助市场的力量实现低收益用途(或保护区)的土地能通过市场交易土地发展权,实现收益共享。但是,近年来美国发生了大量土地发展权转让定价方面的违法案件,让土地发展权转让倍受争议与挑战。Radford(1999)梳理了联邦最高法院判决的土地所有者 Suitum 与地方区域土地规划机构(TRPA)在土地发展权转让定价方面的纠纷案件,TRPA 利用信息不对称与外部性内在化估值方面的缺陷,对占用 Suitum 的土地发展权进行歧视性定价,没有给予其公平、合理的补偿。

2. 经济政策

经济政策指政府通过税收、补贴、收费等政策,通过影响自然资源开采的成本、原材料的价格等来控制资源的开采率。经济政策是政府向市场发出的价格信号,通过改变市场个体的激励来改变个体对(可能是私有化的)自然资源的开采行为,在不影响市场运作效率的情况下实现政府管制的目的。

在实践中,尽管政府的很多补贴是为了帮助社会弱势群体(对本土渔民的技术补贴)或者支持初创产业,但补贴被认为会导致自然资源的低效使用,并且增加市场失灵(Beers et al.,2001;Bull et al.,2006)。在渔业方面,一个主要的例子是补贴个体渔民在捕捞量下降时购买更多的设备(如渔船、渔网和技术),而更高效的设备却会加速库存枯竭。为使美国捕鱼船更加"现代化",联邦政府用财政补助支持美国新型商业船只的建造。这些鼓励政策在可以维持的水平上开始刺激船只过度膨胀。随着渔民使用先进机器的增加,20 世纪 90 年代,渔民们已经走到了毁坏大量主要渔业资源的边缘。环境组织(如环保法基金会)最后只能通过诉讼有效约束他们的行为。

由于环境破坏和污染是资源开采和原料使用中的一种非排他性的连带产品,因此许多发展中国家采取补贴移除的政策来改变自然资源的开采量。据世界银行(1997)的统计,20世纪 90 年代,发展中国家和经济转型国家对能源、公路运输、用水和农业的补贴每年超过 2400 亿美元,与 20 世纪 80 年代相比大幅度下降。孟加拉国和印度尼西亚政府于 1978 年开始减少农药和化肥补贴。厄瓜多尔已经完全淘汰了除柴油(Huber et al.,1998)以外的农业投入物(农药和化肥)、燃料油和机动燃料的补贴。同样,印度、墨西哥、南非、沙特阿拉伯、巴西和牙买加也在 20 世纪 90 年代中期大大削减了燃料补贴(Fischer et al.,1998;Huber et al.,1998)。

在美国,私有林通常由所有者本人(家庭)或聘请的专业技术人员经营,在法律允许的范围内,采伐决策完全由私人根据市场和自身情况来决定(Irland,2005)。因此,美国政府主要通过经济政策影响木材的生产和交易量。由于美国自 20 世纪 60 年代以来实施了一系列环境保护政策,濒危物种保护法案(Endangered Species Act)指出保护濒危物种要时刻被放在优先地位,甚至可以不计代价以避免物种灭绝。上文已经提及,1990 年花斑猫头鹰被列入濒危物种后,美国北部环太平洋地区国有林的木材产量比 20 世纪 80 年代减少了 80%。为了保证林木的开采数量,美国政府利用市场的手段——木材收入税收优惠来鼓励林业投资。自 1980 年起,美国政府实行了另一项造林税收激励计划(Reforestation Tax Incentive Provision),规定私人造林(或迹地更新)的投资费用可以抵消收入税。公有林木材产量的减少及稳定甚至不断增加的木材需要,刺激了木材市场价格的攀升,加之政府在木材生产和重新造林上的税收优惠政策,增加了私有林的投资和产量。

3. 财务责任

为了管理难以通过市场交易来解决的自然资源使用的负外部性,以及减少个体不道德行为,许多国家实行押金—退款(deposit-return)制度,对特许权获得者或配额获得者的环境绩效实施责任债券(Ruzicka,1979;Paris et al.,1989)。例如,环保表现债券是自然资源管理领域的一种押金—退款制度。个人或公司向相关政府部门上缴一份债券,但只有在造成环境损害或者补救后的环境损害在一定范围内,个人或公司才能得到全部退款。

O'Connor(1994)基于对印度尼西亚政府推行的林业表现债券情况的研究发现,如果上缴的押金的费用远低于重新造林的费用,那么伐木公司并没有足够动力去重新造林;由于对重新造林的效果评估的不足,林业表现债券反而激励了印度尼西亚的伐木公司用种植园替代重新造林,由此获得退款的资格。类似的案例也发生在菲律宾(Steele et al.,1994),林业债券的费用约为400美元/公顷,而造林成本约为500美元/公顷,这导致林业债券对重新造林的激励非常有限。Palmer et al.(2009)认为,当恢复工作针对森林砍伐、采矿或开发的水库时,若不能解决如何衡量恢复效果的问题,市场很可能会加速环境退化。

四、新型的多层次多主体管制方式

新型的多层次多主体的管制方式,主要指个人、企业、政府及其他组织构成的多元主体,通过建立社会网络,实现传播信息、建立共识等目标,最终改变自然资源使用者的行为选择。这种方式自20世纪90年代以来在社区、国家、地区、全球等多个尺度下出现和发展。自然资源的政府管制形式开始受到更高层级的主体和更本土层级的主体的共同影响。

(一)出现新型方式的原因

当前这种多尺度、多层级、多主体、多方式的管制结构的出现,主要有三方面的原因。

1. 解决信息问题

"私人资源"的有效管理在很大程度上取决于市场机制和相关机构(如确保关于价格的信息是公开的或财产权是可强制执行的)。而对公共池塘资源、公共物品资源和俱乐部资源的管理在很大程度上取决于国家或者社区在设计和实践规则和制度(无论是正式的还是非正式的)上的有效性。所有政策工具要实现有效性,都需要信息的运作,政府对自然资源使用的直接干预和间接干预都没能完全解决信息不对称问题以及由此带来的道德风险等问题。这些问题为新型管制模式的出现和广泛应用提供了土壤。随着公众参与在决策过程中的比重的增加以及全球化带来的行政管制边界的突破,新的管制主体开始出现,它们采用新的方式来解决管理过程中的信息不对称问题,进而对自然资源的使用行为进行更有效的约束。

2. 社会政治环境的变化

以Ostrom(1990)提出社区自主治理的模式为标志,自20世纪90年代以来,自然资源管理的"去中心化"逐渐成为管制实践的趋势和许多学者的研究热点。在本土,公众参与对国家决策的影响程度开始变大,社会上涌现了许多环保运动组织、非政府组织、基金会等机构,它们的行动直接影响了国家自然资源政策目标的制定,并且它们和政府机构一起监管自然资源的使用行为。在国际层面,联合国粮农组织(Food and Agriculture Organization of the United Nations,FAO)、联合国开发计划署(United Nations Development Programme,UNDP)等机构开始对全球的自然资源的使用情况进行统计,并指导了许多国家自然资源管制政策的制定。

世界资源研究所（World Resources Institute，2003）的统计表明，截至 2003 年，"去中心化"是全球 60 个国家自然资源政策的重要组成部分。

3.认识论的转变

在西方语境中，"社会"这个词源自"联结"（association），不只是人与人的联结，也包含人与物的联结。不同于早期社会学家对康德的自然—社会客观二分法的承认，法国社会学家 Latour（1980）认为科学、知识、概念甚至信息的产生源于社会建构，它们通常是社会网络中以个体主动转译的方式在个体之间进行流传，进而影响个体的选择和行为。这一后现代的思想改变了许多学者的认识与研究兴趣。在自然资源制度设计领域，越来越多的学者认识到，与选择使用规则和组织模式相关的生物物理条件是众多且异质性的。Ostrom（2005）等人引入了 Ostrom 等在 1961 年所提的"多中心系统"概念，认为需要制度多样性和多中心治理来规范人与环境的相互作用。基于 Ostrom 所提的多中心治理文献，同时又借鉴了Me'nard（2004）对混合（hybrid）系统的思考，Hagedorn（2007）提出了自然资源管理的混合制度设计，认为应该将自然—人类系统作为一个相互关联的、丰富的混合型体系来对待。

（二）基于社会网络的管制

对多中心制度和混合制度发展研究比较多的自然资源管理研究方向的学者主要有Ostrom（后期的研究重心）和 Me'nard。Me'nard（2004）设计了自然资源管理领域的混合制度（Verhaegen et al.，2002；Van Huylenbroeck，2003；Me'nard et al.，2005），认为将治理结构确定为混合型的最低要求的特征是"合法自主的实体在一起做生意的协议，在价格体系的帮助下相互调整，共享或交换技术、资本、产品或服务，但没有统一所有权"（Me'nard，2004）。实现这些安排的标准是：分包，公司网络，供应链系统，特许经营，集体商标，合作伙伴关系，合作社和企业之间的联盟等（Me'nard，2004）。

由于混合和多中心组织的主要设计原则有合作单位的独立性、合同安排的协调和一些处理分配和冲突问题的集权制，因此本文认为建立社会网络是这些多元主体的主要管制方式。社会网络将个人、企业、政府及其他组织等所有行动者转变成了网络中的点，通过信息在社会网络的点之间的流传和转译，最终改变网络中行动者的行为。当前具体的管制方式有：建立本土社会网络（社区、非政府组织和自愿协议）、建立国际社会网络（国际和地区组织，国际条约、标签和认证）。

1.社区管理和公众参与

在本土层面，社区管理和公众参与成为许多国家自然资源管制的主要方式。在加拿大的一些省份，由于森林部门的经济结果令人不满，环保人士和原住民对政府的森林政策产生了诸多批评（Nilsson，2015）。作为回应，联邦和省级政府推行促进权属多样化的举措，并将森林管理决策从当局转移到社区。社区管制模式的假设为，长期以来一直在资源系统中生活和收获的本土居民将会对生物物理系统的运作模式有更深的了解（Hayek，1948；Ostrom et al.，1990），能直接和迅速地为治理系统提供关于自然资源使用的反馈（Wilson 2002；Acheson，2003）。由于这种本地知识，本地用户更有可能针对大量资源系统制定适合本土的自然资源管制的规则（Tang，1992，1994）。让当地用户制定自己的规则，他们可能会制定限制对资源访问的规则，鼓励纳入可信赖的参与者，并排除不属于此的个人。这样的规则反而会增加参与者的相互信任并利用正面互惠的可能性（Horning，2005）。这降低了政府对不遵守规则的个体的监督和制裁的费用（Gibson et al.，2005）。

在美国，由于森林管理权力下放和森林私有数量的增加，产业界、地方社区和环保倡导者的行为在增强。由非政府组织倡导的法案包括1990年"森林管理法"、1990年"合作林业援助法"、1995年和1998年农场法案、1973年"濒危物种法"等。1993年，克林顿提出的"可持续经济和环境林业计划"的重要内容之一就是倡导美国内陆鱼类和野生动物管理局（FWS）与数十家联邦和州机构、私人保护组织和地方政府建立伙伴关系，以恢复和管理这些迁徙物种的森林栖息地。1998年，美国森林服务局局长发起了可持续森林圆桌会议，汇集了联邦、州和地方政府机构、非政府组织和工业界的代表，讨论如何在公共和私人森林实施蒙特利尔进程（Montreal PCI）。

自愿协议在自然资源管理中的一些例子有濒危物种保护（Langpap et al.，2007）和私有森林保护（Juutinen et al.，2007）等。自愿协议是企业为改进生态系统和解决环境问题，在生产前主动做出的一些承诺。自愿协议有两种方式：一种是企业主动采取措施；另一种是政府部门和企业之间通过协商达成协议，协议中明确各自解决环境和生态系统负外部性的目标和责任。这也是一些国家的自然资源管理局和环保局以低成本吸引具有环境保护意识的企业的有效方法（Langpap et al.，2007）。

2.国际条约和国际支付

国际政策制定在提供公共物品和应对气候变化、跨界渔业、海洋污染或生物多样性丧失等跨界环境威胁方面发挥了重要作用。例如，《生物多样性公约》致力于促进可持续发展，它是由150个政府领导人在1992年里约地球首脑会议上签署的，着力于保护和可持续利用生物多样性的国家战略。蒙特利尔进程是国际森林问题领域关于温带及北方森林保护与可持续经营重要的区域进程，也是联合国粮农组织森林状况评估的重要合作者和推进者。自1993年成立以来，进程围绕推进区域内森林可持续经营标准体系的建立完善和发展应用。1998年7月，美国森林部门将蒙特利尔进程正式制度化为美国对7600万公顷国家森林的未来森林清查、评估、监测和绩效问责制的框架。根据FAO（2015）的统计，蒙特利尔进程成立至今，在全球森林面积持续减少的背景下，12个成员国范围内的森林面积净增5900万公顷，人工林增加7000万公顷，原木供给量增长了22%，森林多功能效益显著提高。

在地区层面，RFMOs（regional fisheries management organizations）作为通过联合国渔业储备约定（UN Fish Stocks Agreement）和其他约定创办的管理机构，帮助公海渔业资源（high seas fisheries resources）在地区层级内实现可持续利用。1982年《联合国海洋法公约》允许各国将海洋经济权利拓展到领海之外200海里的专属经济区。由于欧洲各国面积都普遍较小又相对比较密集，各国为了避免海洋经济权利的冲突，在渔业方面采取了结盟措施，于1983年成立欧盟共同渔业政策（Common Fishery Policy，CFP），从规则制定、资金技术支持、市场保护等方面确定了共同渔业政策的发展方向，并在发展过程中进行持续改革。此外，美国通过美国国际开发署（USAID）和其他联邦机构向发展中国家和经济转型期国家提供大量与森林有关的援助，以及通过向国际组织和金融机构捐款，如世界银行，以及各种创新减债举措，资助许多美国环保组织和学术机构在国外进行森林治理的研究活动和项目。

国际支付规则的制定和实施，是指用罚款的方式制止各国签署条约后的违规行为。跨国合作管制自然资源的一般结论是，如果签署协议的国家或地区能支付违约款，解决和管理冲突、加强条约的参与将会更加容易。支付款可能有许多形式，例如采用直接货币补偿或通过为国际市场重新分配和管理自然资源。例如，在气候变化的背景下，由于毁林和森林退化（deforestation and forest degradation，REDD）被认为会增加碳排放量，因此国际层面发展了许多碳支付基金，以货币补偿的形式，鼓励发展中国家减少毁林和森林退化（Angelsen，2008，2009）。

然而，国际上没有国际权威机构能对违约国施加足够的可信处罚。因此在实际操作中，国际协议纳入了和平解决争端的规则。例如，印度和巴基斯坦之间，根据梧桐水条约（Indus Waters Treaty），划分梧桐河（Indus River）和两国的流域地区。在具体管理中，两国合作建立一个永久的梧桐委员会（Indus Commission），通过定期开会的形式，讨论潜在的纠纷，规划梧桐河流域的经济发展，在合作过程中无法解决的分歧、争议均已通过国际谈判或仲裁进行解决（Ambec et al.，2008）。

3. 标签和认证

绿色标签和认证主要用于解决信息不对称问题，为消费者提供企业管理实践中与环境可持续性有关的信息。森林认证是 20 世纪 90 年代初，在联合国环境与发展大会以后逐渐兴起的促进森林可持续经营的一种市场机制。PEFC（Programme for the Endorsement of Forest Certification）和 FSC（Forest Stewardship Council）是目前国际上公认的两种森林认证体系。FSC（森林管理委员会）体系作为由非政府组织发起的全球体系，制定了全球统一的 FSC 原则与标准，通过其认可的认证机构认证森林，并提供全球统一的 FSC 认证标志。截至 2010 年 5 月，FSC 在 80 个国家已经认证了超过 1.25 亿公顷的森林，其中，瑞典有1000 多万公顷，波兰有 700 万公顷，美国有 1300 多万公顷。在发展中国家中，巴西、墨西哥和玻利维亚共有大约 780 万公顷的 FSC 认证森林，而马来西亚和印度尼西亚则只有 130 万公顷（FSC，2010）。FSC 体系在国际市场上得到了非政府组织、贸易组织和消费者的广泛认可，其反映在越来越多的木材工厂寻求和接收"监管链"证书，以及许多大型企业零售商，如家得宝，世界第三大木材零售商，只销售认证的木制品。在欧洲，大多数工业和零售公司联合起来，只购买认证的森林产品。通过 FSC 认证，将具体避免以下负外部性问题的发生：①非法采伐的木材；②违反传统或者侵犯民事权利的木材采伐；③在商业活动危及具有很高保护价值的森林中进行木材采伐；④在转为种植园或者非林业用地的林地进行木材采伐；⑤从种植有转基因树木的林地进行木材采伐（Sedjo，2006）。

五、自然资源管制的评价

当前对自然资源管制实践和研究的评价，主要有两个方面：一是管制方式的有效性的问题；二是管制结果如何评价的问题。它们既是评价的角度，又是当前自然资源管制所面临的挑战，都为更精确地理解和更有效地管理自然—社会系统指出了可以具体努力的方向。

（一）管制方式的评价

学者对管制方式的评价主要从以下几个方面讨论：手段和目标的直接相关性；管制主体的局限性；当前手段是否是实现目标的最优选择等。

1. 手段和目标的匹配性

自然资源经济学者研究发现,如果产权系非衰减产权(如森林、农地等可以被私有化),控制生物资源的生命周期和收获量等被认为是有效的管制手段。而当前并没有理论能证明政府用经济政策干预原材料的市场与生物资源的使用量有直接相关性。对于海洋渔业这类流动性极强的资源,只有渔获量被自然资源经济学家认为是可控的。因此具体的管制手段有直接控制收获量(捕捞量)、通过市场配额限制鱼的销售量等。也有些学者认为许多国家的政府所采纳的管制手段和它们宣称的目标之间存在不匹配的问题。例如,2010 年巴西议会修改森林行动(The Forest Act)是为了改善保护自然草木无效和森林行动法规阻碍农业发展的问题。但是 Sparovek(2012)认为,新法规对市场补偿的引进反而可能增加森林砍伐和阻碍自然恢复。在管制方式的应用中,有些更适合私人物品,而其他更适合公共和公共池塘资源,应选择符合资源类型构成的激励机制的措施。例如,公共池塘资源的管理需要明确、可靠的获取和使用规则,这些规则可以通过当局(法规)执行,也可以通过加强社区(合作)执行。

2. 管制主体的优势和局限性

在 20 世纪 70—80 年代,自然资源管制的最佳方式被认为是将所有权和责任转移给国家政府(Grainger,1993)。有些学者认为只有一个强大的中央政府才有能力约束公民的资源需求。但是,政府直接和间接管制的最优平衡建立在信息准确、监督能力强、制裁有效以及行政费用为零这些假定的基础上。因此政府若想制定在各种不同的地方情况下都有效的规则,就需要了解当地人民的不同需求、规范、问题和知识,以及他们使用的资源的特点(Fitzpatrick,2006)。这些要求会极大地增加政府的管制成本和导致管制政策改革的拖延。同时,若没有准确、可靠的信息,政府机构可能会犯各种各样的错误,其中包括管制成本收益不匹配、主观确定资源负债能力、罚金太高或太低、制裁了合作的牧人或放过了背叛者等问题。在多中心机制倡导下产生的基于社会网络的管制机制,既建立了个体认可的契约网络,又能呈现任何来源的信息,从而以更低的私人和公共成本实现公共利益。但基于社会网络的管制方式在实践中也存在许多限制。虽然 Ostrom(1990)证明许多本地用户会在自然资源管制中投入大量精力和时间,但也存在很多本地用户不组织的案例。原因主要有:资源依赖的减少(Baker,2005),用户之间的相当大的冲突(Libecap,1989),高政治成本(Gibson et al.,2003),缺乏领导力(Johnson,2001),担心上级推翻他们的努力(Epstein,1997;Shivakumar,2005)等。这些都是社区自组织是否有效的关键。Van Huylenbroeck(2003)和 Verhaegen et al.(2002)通过研究多中心制度管制农业产品生产和营销的案例,发现由于产权的相互独立,资产特异性和不安全性会为机会主义行为创造激励机制。因此如何控制和规训合作伙伴(Me'nard,2004)是多中心制度有效管制自然资源面临的挑战。

鉴于以上缺陷,许多决策者和学者都认为没有一个单一的管制方式必然优于另一个管制方式。因此,如何综合利用单一的管制方式和工具的优势来相互抵消缺陷是当前部分学者努力的方向(Sayer et al.,2004)。

(二)管制结果的评价

对自然资源管制结果的评价,主要从经济利益、评价的指标体系建设等方面进行。

1. 经济效益评价

关于经济利益的讨论主要关注经济—生态目的之间的平衡、利益分配的问题。在许多贫穷地区,政府对自然资源使用的干预给许多人带来了更多的痛苦。例如,政府为了设立国家公园保护区,将原土地上的居民重新安置在公园边界外,这改变了农村社区使用自然资源的规则并且使其变得更穷,因此在公园保护区的边界产生了许多冲突(Cernea et al.,2006)。然而,即使将当地人的需求纳入政策设计和实施,利益的公平分配也面临挑战(Sommerville et al.,2010)。例如,在渔业管理中,即使ITQ能有效管制渔获量,它也常常使渔民对与其他渔民个体之间的经济收入差距非常敏感。因此ITQ的一些反对者支持社区发展配额(CDQs),其中可转让的捕捞权被赋予社区而不是个人。在中央政府放松管制后实践合作型治理的一些国家也有许多利益分配不均和利益剥夺的案例,主要表现为地方暴政的问题(Johnson,2001;Platteau et al.,2003;Platteau,2004;Andersson et al.,2007)。在玻利维亚的Samaipata,国家权力下放的改革进一步增强了主导该市政治和经济的精英群体的力量。Flores(1998)指出,"市政工作计划包括投入城镇和旅游业的基础设施,但忽视了农村穷人(该市最主要的群体)的需求。负责旅游业的市政官员,忘记了农民组织的要求,或者忽视了他们"。

2. 指标体系评价

为了减少资源使用带来的负外部性,一些国家制定了法律制度和执法政策,确保破坏或损害自然资源或环境的使用者将损害恢复到基准状态,具体的补偿措施是补偿损害所需的物质自然资源(资源对资源或生境对栖息地的补偿)或损害的社会价值。Palmer et al.(2009)认为,当前对生态系统服务的恢复设计大多是基于生态系统的结构特征,但当前学界依旧缺乏明确的理论证明生物物理因素是不同生态系统的服务和组合的基础。他们认为生态恢复可以成功评估的假设,以及认为可以使用像生物多样性这样的单一生态逻辑措施来评估最后的结果,而忽视了生态系统内部所发生的全部过程。因此当前针对森林砍伐、采矿或水库开发等活动的恢复工作,即使采用科学方法,也不可能恢复全套生态系统服务(Palmer et al.,2009)。Palmer et al.(2009)认为设计生态系统恢复的评价必须着重于恢复支持人类感兴趣的生态系统服务的过程,并仔细测量目标过程如何恢复和恢复后的长期监测。Ostrom(2012)认为需要找到收集时间序列数据的方式,知道哪个变量需要进行连续研究,以便能做好跨期研究。另一个方面是如何测算自然资源库存。自然资源库存很复杂:因为自然系统包含了多个种群和/或亚群,它们都在确保库存生存力和遗传变异性方面发挥重要作用。库存多样性的持续存在应成为一种管理原则,特别是采取预防措施,因为不同的亚种不相互滋生,需要在估计允许配额的模型中加以考虑。

六、自然资源管制的复杂性

复杂性是当前学界对生态系统、社会—制度环境等问题的研究中重点关注的领域。对自然资源管制进行研究分析时,需要重点关注复杂性这一概念。自然资源管制需要关注复杂性的原因在于自然资源分类复杂、属性多样、使用过程复杂,会产生多种不同的市场失灵问题,这些应在政策制定时被考虑到。而当前各国的自然资源管制政策的制度设计和实践中并没有充分考虑这个问题。因此,解决管制手段的单一性和管制对象的复杂性之间不匹配的问题,是未来完善自然资源管制制度的重要方向。对这一问题的探索也对完善我国自然资源管制制度具有重要的意义。

（一）自然资源分类复杂

资源经济学对自然资源进行了分类。按照空间形态不同的标准,自然资源可被分为存储资源和流动资源;再以资源的增值性能为标准,存储资源可被分为耗竭性不可再生资源和耗竭性可再生资源,流动资源可被分为不可存储流动资源和可存储流动资源(Bergstrom et al.,2015)。

耗竭性不可再生资源的特点是在人类有意义的时间内不可再生的可耗竭供应,如煤、原油和天然气等自然资源,因此这类资源的消耗的关键在于对它们进行跨期优化利用与管理。耗竭性可再生资源是指在经济时间尺度范围内,在使用上有耗减效应,但是具有一个明显的生物增长率的资源,因此这类资源的可持续利用的关键在于遵循生物学规律。不可存储流动资源指在目前的技术情况下不能获得和储存以备将来之用的资源,如风和太阳辐射。可存储流动资源指在目前的技术情况下可获得且能以备将来之用的资源,如降雨。流动资源的显著特征是供给数量和质量预先确定,不受人类控制;但同时它们的形成与生态系统过程、功能和服务密切相关。因此,对此类资源优化利用的关键在于提高能量的转换效率。

除了以上特点外,自然资源还具有三个特点:①自然资源经常集聚在偏远地区;②许多自然资源覆盖多个管辖区域或由多个机构共同管理;③生态系统反馈的时滞效应。在制定管制制度时,需要考虑这三个特点的影响(OECD,2008)。

（二）自然资源属性多样

Samuelson(1954)根据物品使用中排他性和消费的竞争性的不同,认为应该将商品分为私人物品(对应到制度设计就是市场管理的私人产权物品的交易)和公共物品(对应到制度设计就是公共体系管理产权为国家所有的物品)两类。在这个分类系统中,排他性程度是指物品由自然或人的活动生产出来以后,它们排除或限制潜在受益者(使用者)进行消费的难易程度与成本高低。能否从法律和经济意义上排除或限制潜在受益者,取决于物品的自然属性及其所属地区的相关制度安排。竞争性程度是指个人消费该物品时,对他人从该物品所能获得的收益的减损程度。

Ostrom(1994)发展了 Samuelson(1954)的分类,认为可以依据排他性和竞争性这两个评价标准,将自然资源分为四种类型:私人物品、公共物品、俱乐部物品和公共池塘资源。私人物品主要指在使用上有高竞争性和高排他性的,为私人所有的土地、森林或矿产,但私人物品的产权不必一定在私人手中。如果国家能强制排除未经授权的用户使用国有自然资源,那么国有自然资源也属于私人物品的类别。公共物品是不能排除他人使用,但是使用过程并不具有竞争性的商品或服务。由于产生或保护这些商品的动机非常低,因此这类物品被认为需要公共供应,如自然资源的碳存储功能。俱乐部物品是可以排除用户进入但俱乐部内部的用户可以共同使用,并且每个用户利益并不会减少的资源,如可以通过付费进入的自然保护区。公共池塘资源是指在资源使用中具有高竞争性,但是不能或很难排除其他人使用的自然资源。对于一些可耗竭的自然资源的使用,资源的高衰减性、进入的低排他性带来的问题是个体倾向于过度使用资源来最大化个人福利,典型的例子是海洋鱼类资源、地下水资源、矿产资源等。

在现实案例中,同一自然资源或其产品可以同时兼具多种属性。例如,天然林作为私人物品，提供可销售的木材产品；作为俱乐部物品，可以保护一定流域内为所有社区共享的水资源；作为公共物品，可以为全球公共物品的生物多样性和碳存储提供服务（OECD，2008）。在制定政策时，需要考虑同一自然资源不同属性之间的相关性。

（三）自然资源使用过程的问题

自然资源的自然属性和使用属性直接影响资源使用者对资源的提取和配置的行为选择。Ostrom（1994）将公共池塘资源使用者所面临的问题分为两类：提供问题与提取问题。提供是指自然资源本身的供应规模，因此提供问题与资源生产力和资源遭到破坏的情况有关；提取是指使用者利用自然资源进行生产，因此提取问题与资源的投入和收益关系有关（Ostrom，1994）。在这两类问题中，分别包含着自然资源管制要解决的原因不同的子问题。

1. 提供过程面临的问题

（1）外部性问题

由于自然资源是生态系统和系统环境的组成部分，因此自然资源产品或服务的价格不能反映生产它们的自然—社会的真实成本，相应地产生过度消费。同时，对自然资源再生能力和库存的维持所形成的正外部性，还会产生搭便车的问题。

（2）信息不完全问题

自然资源系统的复杂性使得人类对这一系统的生态过程、生态结构和生态功能的信息并不完全掌握。

（3）社会公平问题

市场可以确保个人的消费偏好得到满足，但是并不对其子孙后代的需求进行规划。

2. 提取过程面临的问题

（1）外部性问题

对于公共池塘资源情境下的耗竭性资源的提取而言，一个使用者增加提取就意味着其他使用者可获收益的减少，无论后者对提取活动的投入水平如何。如果这种外部性的后果不能被合理分担，那么它将带来提取过程的次优投入配置。

（2）超额利润问题

空间异质性和技术异质性都会造成资源的收益与生产该收益所需要的投入之间的生产关系也充满异质性，从而使一部分资源使用者存在获取超额利润的可能，造成资源分配和社会收入分配不均的问题。

（3）信息不对称问题

信息的获取受到资源使用者自身专业水平和社会地位及市场上的勾结和竞争不足等问题的影响。信息的不对称所造成的结果是资源使用者或者企业违反市场规则、产生道德风险等。

（4）稀缺资源配置问题

对某些供应不足的商品进行分配时，公共利益的目标可能优先于效率。例如，在汽油短缺的情况下，配置它的通常不是价格工具而是民主情况下生成的优先事项清单。

（5）垄断问题

在当前世界上大多数国家，有些自然资源产品和服务的提取，如市政用水、电力供应、石油开采等，是被大公司垄断的。在大公司占据垄断地位的情况下，由于竞争不足，市场是失灵的。与完全竞争相比,垄断的影响是产出下降、价格上涨,以及消费者向生产者转移收入。

七、总结与展望

经过对西方国家更全面的管制理论的研究和自然资源管制的实践的整理,可以发现自然资源管制的主体、形式、机制、路径的发展呈现多元化的特点。各国在自然资源管制上的多样性实践也印证了Ostrom(2012)所提倡的实现自然资源可持续管理的实践方向,即:①克服"万能药陷阱"(panacea trap);②建立跨学科、多层级的框架以分析可持续的社会—生态系统,让不同学科的研究者都可以使用;③创造更好的理论来解释和预测行为。这些持续改善市场失灵问题的努力也取得了一定的成果。例如,全球森林面积的净流失量由20世纪90年代的730万公顷/年下降至2010—2015年的330万公顷/年(UN,2016)。但是,由于自然资源复杂性的存在,当前世界各国管制制度的实施无法完全解决自然资源使用过程中所面临的多种问题,对复杂性的分析和评价是未来重要的研究方向。

由于文章篇幅限制,本文没有对全球各个国家的多个自然资源领域的多个管制方法进行更全面的论述,这使得本文中的观点和例子难免片面。通过对自然资源管制的实践和研究的整理,本文希望能够有更多的学者去研究世界各地的自然资源管理实践,为自然资源管制的政策工具库增加更丰富的经验借鉴和方案选择。

参考文献

[1] AARSET B, KAKOBSEN S E. Political Regulation and Radical Institutional Change: The Case of Aquaculture in Norway[J]. Marine Policy, 2009, 33(2): 280-287.

[2] ANDERSSON K, LAERHOVEN F V. From Local Strongman to Facilitator Institutional Incentives for Participatory Municipal Governance in Latin America[J]. Comparative Political Studies, 2007, 40 (9):1085-1111.

[3] ANDERSSON K P, OSTROM E. Analyzing Decentralized Resource Regimes from a Polycentric Perspective[J]. Policy Sciences, 2008, 41(1):71-93.

[4] ANGELSEN A. How Do We Set the Reference Levels for REDD Payments? [M]//ANGELSEN A. Moving Ahead with REDD (Reducing Emissions from Deforestation and Degradation): Issues, Options and Implications. Bogor: Center for International Forestry Research, 2008.

[5] ARROW K J, CROPPER M L, EADS G C, et al. Is There a Role for Benefit-Cost Analysis in Environmental, Health, and Safety Regulation? [J]. Environment and Development Economics, 1997, 272(2): 221.

[6] BAKER M. The Kuhls of Kangra: Community-managed Irrigation in the Western Himalaya[M]. Seattle: University of Washington Press, 2005.

[7] BALDWIN R, CAVE M, LODGE M. Understanding Regulation: Theory, Strategy, and Practice [M]. 2nd ed. Oxford: Oxford University Press, 2012.

［8］ BEERS C V，JEROEN C J M． Perseverance of Perverse Subsidies and Their Impact on Trade and Environment［J］． Ecological Economics，2001，36(3)：475-486．

［9］ BLACK J． Critical Reflections on Regulation，CARR Discussion Paper 4［R］． London：London School of Economics，2003．

［10］ BLOHM A，PEICHEL J，SMITH C，et al． The Significance of Regulation and Land Use Patterns on Natural Gas Resource Estimates in the Marcellus Shale［J］． Energy Policy，2012，50(11)：358-369．

［11］ BREYER S． Regulation and Its Reform［M］． Cambridge，MA：Cambridge University Press，1982．

［12］ BULL G Q，BAZETT M，SCHWAB O，et al． Industrial Forest Plantation Subsidies：Impacts and Implications［J］． Forest Policy & Economics，2006，9(1)：13-31．

［13］ CAIMS R D． The Constitution as Regulation：The Case of Natural Resources［J］． Canadian Public Policy，1981，7(1)：66-74．

［14］ Canadian Forest Service． The State of Canada's Forests：Annual Report 2015［EB/OL］． http://cfs. nrcan. gc. ca/seriesread90? page＝1．

［15］ COGLIANESE C，LAZER D． Management-based Regulation：Prescribing Private Management to Achieve Public Goals［J］． Law & Society Review，2002，37(4)：691-730．

［16］ CRUTCHFIELD J A． The Economics of Fisheries Management［M］//HOWE C W． Managing Renewable Natural Resources in Developing Countries． Boulder，CO：Westview，1982．

［17］ CERNEA M M，KAI S S． Poverty Risks and National Parks：Policy Issues in Conservation and Resettlement［J］． World Development，2006，34(10)：1808-1830．

［18］ CHRISTY F T． Fisherman Quotas：A Tentative Suggestion for Domestic Management［J］． Law of the Sea Institute，1973：1-12．

［19］ CORIA J，STERNER T． Policy Instruments for Environmental and Natural Resource Management ［M］． 2nd ed． Washington D. C. ：Resources for the Future Press，2011．

［20］ CORIA J，STERNER T． Natural Resource Management：Challenges and Policy Options［J］． Working Papers in Economics，2011，3(1)：203-230．

［21］ COSTELLO C，DEACON R． The Efficiency Gains from Fully Delineating Rights in an ITQ Fishery ［J］． Marine Resource Economics，2007，22(4)：347-361．

［22］ DJANKOV S，PORTA R L，SHLEIFER A． The Regulation of Entry［J］． Quarterly Journal of Economics，2002，117(1)：1-37．

［23］ DOREMUS H，TARLOCK A D． Science，Judgment， and Controversy in Natural Resource Regulation［J］． Public Land and Resources Law Review，2005，26：1-37．

［24］ EPSTEIN R A． Enforcing Norms：When the Law Gets in the Way［J］． The Responsive Community，1997，7：4-15．

［25］ SPULBER N，SABBAGHI A． The Economics of Water Resources：From Regulation to Privatization ［M］． New York：Springer，1994．

［26］ FAO． Global Forest Resources Assessment 2015：How Have the World's Forests Changed? ［R］． Rome：FAD，2015．

［27］ MOMBO F，SPEELMAN S，HELLA J，et al． How Characteristics of Wetlands Resource Users and Associated Institutions Influence the Sustainable Management of Wetlands in Tanzania［J］． Land Use Policy，2013，35(14)：8-15．

［28］ FITZPATRICK D． Evolution and Chaos in Property Rights Systems：The Third World Tragedy of Contested Access［J］． Yale Law Journal，2006，115(5)：996-1048．

［29］ FISCHER C，KERR S，TOMAN M． Using Emissions Trading to Regulate U. S. Greenhouse Gas

Emissions: An Overview of Policy Design and Implementation Issues[J]. National Tax Journal, 1998, 51(3):453-464.

[30] FLORES N E, THACHER J. Money, Who Needs It? Natural Resource Damage Assessment[J]. Contemporary Economic Policy, 2002, 20(20):171-178.

[31] GIBSON C C, LEHOUCQ F E. The Local Politics of Decentralized Environmental Policy in Guatemala[J]. Journal of Environment & Development, 2003, 12(1):28-49.

[32] GIBSON C C, WILLIAMS J T, OSTROM E. Local Enforcement and Better Forests[J]. World Development, 2005, 33(2):273-284.

[33] GRAINGER A. Controlling Tropical Deforestation[M]. London: Earthscan, 1993.

[34] GULLIVER J, ZILLMAN D. Innovative Regulation for Energy and Resources[J]. Journal of Energy & Natural Resources Law, 2006, 24(3):315-354.

[35] GUNNINGHAM N, GRABOSKY P. Smart Regulation: Designing Environmental Policy[M]. Oxford: Clarendon Press, 1998.

[36] HAGEDORN K. Towards an Institutional Theory of Multifunctionality[M]//MANDER U, WIGGERING H, HELMING K. Multifunctional Land Use. Berlin: Springer, 2007.

[37] HAYEK F A V. Individualism and Economic Order[M]. London: Routledge, 1949.

[38] HILBORN R. Defining Success in Fisheries and Conflicts in Objectives[J]. Marine Policy, 2007, 31(2):153-158.

[39] HOLLING C S, MEFFE G K. Command and Control and the Pathology of Natural Resource Management[J]. Conservation Biology, 1996, 10(2):328-337.

[40] IRLAND L C. US Forest Ownership: Historic and Global Perspective[J]. Maine Policy Review, 2005.

[41] JENSEN F, FROST H, ABILDTRUP J. Fisheries Regulation: A Survey of the Literature on Uncertainty, Compliance Behavior and Asymmetric Information[J]. Marine Policy, 2017, 81:167-178.

[42] JOHSON C. Community Formation and Fisheries Conservation in Southern Thailand[J]. Development & Change, 2010, 32(5):951-974.

[43] JONES C A, PEASE K A. Restoration Based Compensation Measures in Natural Resource Liability Statutes[J]. Contemporary Economic Policy, 1997, 15(4):111-122.

[44] JUUTINEN A, MANTYMAA E, MONKKONEN M, et al. Voluntary Agreements in Protecting Privately Owned Forests in Finland — To Buy or to Lease?[J]. Forest Policy & Economics, 2008, 10(4):230-239.

[45] LANGPAP C, WU J J. Voluntary Conservation of Endangered Species: When Does No Regulatory Assurance Mean No Conservation?[J]. Journal of Environmental Economics & Management, 2004, 47(3):435-457.

[46] LATOUR B. Science in Action[M]. Cambridge: Harvard University Press, 1987.

[47] LINDAHL K B, SANDSTROM C, STENS A. Alternative Pathways to Sustainability? Comparing Forest Governance Models[J]. Forest Policy & Economics, 2016, 77:69-78.

[48] LIBECAP G D. Distributional Issues in Contracting for Property Rights[J]. Journal of Institutional & Theoretical Economics, 1989, 145(1):6-24.

[49] LIBECAP G D. State Regulation of Open-Access, Common-Pool Resources[M]//MENARD C, SHIRLEY M M. Handbook of New Institutional Economics. Dordrecht: Springer, 2005.

[50] MENARD C. The Economics of Hybrid Organizations[J]. Journal of Institutional & Theoretical

Economics，2004，160(3)：345-376.

[51] MENARD C，VALCESCHINI E. New Institutions for Governing the Agri-food Industry [J]. European Review of Agricultural Economics，2005，32(3)：421-440.

[52] MITCHELL A D，CASBEN J. Natural Resources and Energy Regulation in Australia：The Energy White Paper in Context [M]//MATSUSHITA M，SCHOENBAUM T J. Emerging Issues in Sustainable Development. Tokyo：Springer，2016.

[53] NELSON H，VERTINSKY I. The Canada-U. S. Softwood Lumber Disputes[J]. Research in Global Strategic Management，2004，10(10)：237-262.

[54] NILSSON S. Transition of the Canadian Forest Sector [M]//WESTHOLM E，LINDAHL K B，KRAXNER F. The Future Use of Nordic Forests. Cham：Springer International Publishing，2015.

[55] O'CONNOR D. Managing the Environment with Rapid Industrialisation：Lessons from the East Asian Experiences [J]. Etudes du Centre de Developpement-OCDE （France），1994，28（3-4）：211-222.

[56] OECD. Natural Resources and Pro-Poor Growth：The Economics and Politics Online [R]. Paris：OECD，2008.

[57] OSTROM E. Governing the Commons：The Evolution of Institutions for Collective Action [M]. Cambridge：Cambridge University Press，1990.

[58] OSTROM E，GARDNER R，WALKER J. Rules，Games，and Common-pool Resources[M]. Ann Arbor：University of Michigan Press，1994.

[59] OSTROM E. Understanding Institutional Diversity [M]. Princeton，NJ：Princeton University Press，2005.

[60] OSTROM E. Beyond Markets and States：Polycentric Governance of Complex Economic Systems[J]. American Economic Review，2009，100(3)：641-672.

[61] PARIS R，RUZICKA I. Barking Up the Wrong Tree：The Role of Recent Appropriation in Tropical Forest Management[R]. Manila：Asian Development Bank，1991.

[62] PALMER M A，FILOSO S. Restoration of Ecosystem Services for Environmental Markets [J]. Science，2009，325(5940)：575.

[63] PLATTEAU J P. Monitoring Elite Capture in Community-driven Development[J]. Development and Change，2004，35(2)：223-246.

[64] PLATTEAU J P，GASPART F. The Risk of Resource Misappropriation in Community-driven Development[J]. World Development，2003，31(10)：1687-1703.

[65] RADFORD R S. Takings and Transferable Development Rights in the Supreme Court：The Constitutional Status of TDRs in the Aftermath of Suitum [J]. Stetson Law Review，1998，28：686-699.

[66] REES J A. Regulation and Private Participation in the Water and Sanitation Sector [J]. Natural Resources Forum，1998，22(2)：95-105.

[67] RIERA P. Does the Equivalency Analysis of the European Environmental Liability Directive Pass a Social Cost-benefit Analysis Test? [J]. Journal of Forest Economics，2008，14(4)：225-226.

[68] RUZICKA I. Rent Appropriation in Indonesian Logging：East Kalimantan 1972/3-1976/7 [J]. Bulletin of Indonesian Economic Studies，1979，15(2)：45-74.

[69] SAYER J A，CAMPBELL B J. The Science of Sustainable Development[M]. New York：Cambridge University Press，2004.

[70] SCOTT A，ROBINSON J，COHEN D. Managing Natural Resources in British Columbia：Markets，

Regulations，and Sustainable Development[J]. Canadian Public Policy，1995，23(2).

[71] SEDJO R A. Comparative Views of Different Stumpage Pricing Systems：Canada and the United States[J]. Forest Science，2006，52(4)：446-450.

[72] SHIVAKUMAR S. The Constitution of Development：Crafting Capabilities for Self-governance[M]. New York：Palgrave MacMillan，2005.

[73] SHUREN J E. The Modern Regulatory Administrative State：A Response to Changing Circumstances [J]. Harvard Journal on Legislation，2001，38(2)：291-329.

[74] SOMMERVILLE M，JONES J P G，RAHAJAHARISON M，et al. The Role of Fairness and Benefit Distribution in Community-based Payment for Environmental Services Interventions：A Case Study from Menabe，Madagascar[J]. Ecological Economics，2010，69(6)：1262-1271.

[75] SPAROVEK G，BERNDES G，KLUG I L F. The Revision of the Brazilian Forest Act：Increased Deforestation or a Historic Step Towards Balancing Agricultural Development and Nature Conservation? [J]. Environmental Science & Policy，2012，16(7)：65-72.

[76] SPILLER P T，TOMMASI M. The Institutions of Regulation：An Application to Public Utilities [M]//MENARD C，SHIRLEY M M. Handbook of New Institutional Economics. Dordrecht：Springer，2008.

[77] STEELE P，OZDEMIROGLU E. Examples of Existing Market-based Instruments and the Potential for Their Expansion in the Asian and Pacific Region[R]. Manila：Asian Development Bank，1994.

[78] SUMAILA U R，BELLMANN C，TIPPING A. Fishing for the Future：An Overview of Challenges and Opportunities[J]. Marine Policy，2016，69：173-180.

[79] TANG S Y. Institutions and Collective Action：Self-governance in Irrigation[M]. San Francisco：Institute for Contemporary Studies，1992.

[80] VAN HUYLENBROECK G. Hybrid Governance Structures to Respond to New Consumer and Citizens' Concerns About Food[M]//VAN HUYLENBROECK G，VERBEKE W，LAUWERS L，et al. Importance of Policies and Institutions for Agriculture. Gent：Academia Press，2003.

[81] VERHAEGEN I，VAN HUYLENBROECK G. Hybrid Governance Structures for Quality Farm Products：A Transaction Cost Perspective[M]. Aachen：Shaker Verlag GmbH，2002.

[82] WEITZMAN M L. Prices vs. Quantities[J]. Review of Economic Studies，1973，41(4)：477-491.

[83] World Bank. World Development Report 2008：Agriculture for Development[R]. Washington，D. C. ：World Bank，2007.

[84] World Resouces Institute. World Resources 2002-2004：Decisions for the Earth：Balance，Voice，and Power[R]. Washington D. C. ：World Resources Institute，2002.

[85] 奥斯特罗姆. 规则、博弈与公共池塘资源[M]. 王巧玲，任睿，译. 西安：陕西人民出版社，2011.

[86] 奥斯特罗姆. 公共事物的治理之道：集体行动制度的演进[M]. 余逊达，陈旭东，译. 上海：上海译文出版社，2012.

[87] 奥斯特罗姆. 公共资源的未来：超越市场失灵和政府管制[M]. 郭冠清，译. 北京：中国人民大学出版社，2015.

[88] 伯格斯特罗姆，兰多尔. 资源经济学：自然资源与环境政策的经济分析[M]. 谢关平，朱方明，译. 北京：中国人民大学出版社，2015.

[89] 思纳德. 环境与自然资源管理的政策工具[M]. 张蔚文，黄祖辉，译. 上海：上海人民出版社，2005.

[90] 向青，尹润生. 美国、加拿大林地产权制度及森林经营管理[J]. 林业经济，2006，7：70-77.

[91] 宇燕，席涛. 监管型市场与政府管制：美国政府管制制度演变分析[J]. 世界经济，2003，5：3-26.

索　引